图 5-1　硫酸亚铁晶体（绿矾）

图 5-2　氯化铁晶体

（见第 131 页）

图 5-3　铁丝在充满氧气的
集气瓶中燃烧

图 5-4　硫在充满氧气的
集气瓶中燃烧

图 5-21　硫 $CuSO_4 \cdot 5H_2O(s)$ 与 $NaHCO_3(s)$
晶体的溶解（见第 155 页）

（见第 132 页）

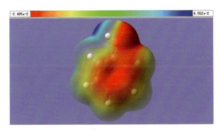

图 5-23　Gaussview 计算绘制的
苯酚静电势图（见第 159 页）

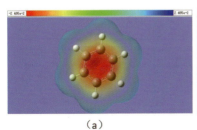

（a）

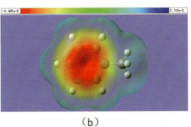

（b）

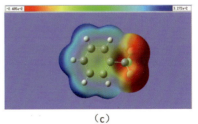

（c）

图 5-24　高斯计算软件绘制的三种物质静电势图（见第 160 页）

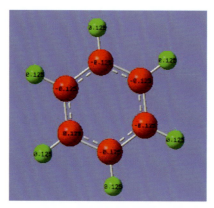

图 5-25　苯分子的原子电荷分布图（见第 162 页）

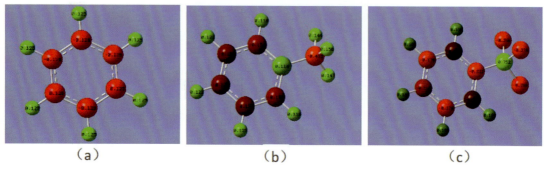

（a）　　　　　　　　（b）　　　　　　　　（c）

图 5-26　高斯软件计算绘制的三种物质原子电荷分布图（见第 163 页）

- s轨道
- p轨道
- d轨道
- f轨道

$T_i + T_{i-1} = [1 + 2 + 3 + \dots + i]$
$[1 + 2 + \dots + (i - 1)]$
$= 1 + 3 + 5 + \dots + (2i - 1)$
$s + p + d + f + \dots$

图 5-29　N4 层二分之一的三角形数原点可以分
解为 s，p，d，f 的轨道数之和（见第 166 页）

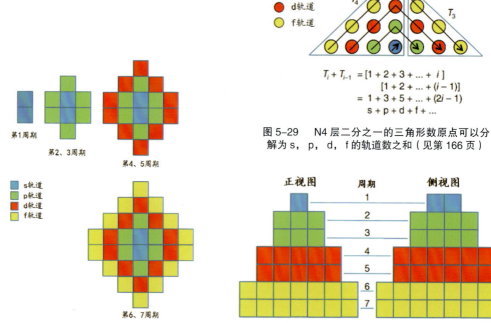

第1周期

第2、3周期

第4、5周期

- s轨道
- p轨道
- d轨道
- f轨道

第6、7周期

图 5-30　各周期所对应的周期金字塔层
（见第 167 页）

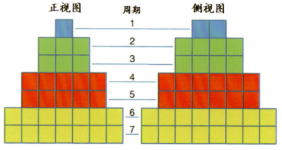

正视图　　　周期　　　侧视图

1
2
3
4
5
6
7

图 5-31　元素周期金字塔的正面和侧面视图，
每层包含对应周期的元素（见第 167 页）

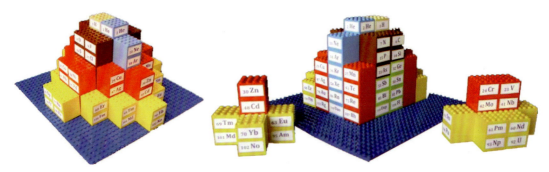

图 5-33　包含元素符号和原子序数的周期性金字塔原型，并在一侧展显露出其内部的元素
（见第 168 页）

图 7-4　外层黄色（粒度小）内层蓝色（粒度大）的变色浴球（见第 244 页）

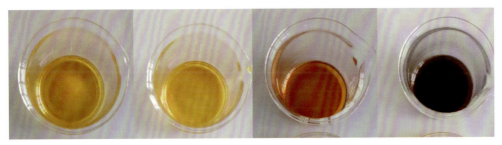

图 7-5　加硫酸时加热之前溶液变得稍暗（左图）和加热后溶液变成深褐色（右图）
（见第 247 页）

图 7-6　加热后溶液出现白色浑浊（见第 248 页）

图 7-8　浴球的蓝色部分（左）、黄色部分（右）
溶液两相边界处出现紫色环（见第 249 页）

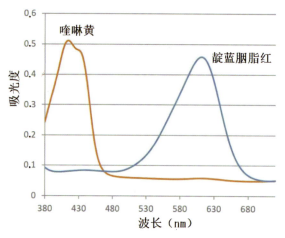

图 7-10　染料在 380—720nm（纳米）波段的吸收光谱
（见第 250 页）

图 7-11　纸层析结果（见第 251 页）

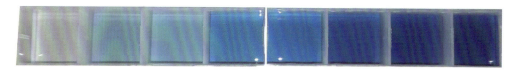

图 7-12　一系列浓度的靛蓝胭脂红溶液颜色（见第 253 页）

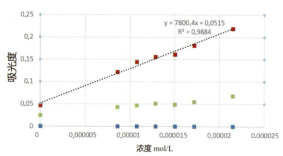

图 7-13　用智能手机记录的
"吸光度 y—靛红溶液序列浓度"（见第 254 页）

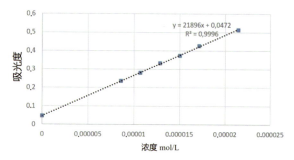

图 7-14　用分光光度计记录的
"吸光度 y—靛红溶液序列浓度 x"（见第 255 页）

图 7-15　自制浴球溶解于水时的颜色变化（见第 256 页）

新标准学科教育系列教材

中学化学课程与教学

丁　伟◎著

XUEKE

JIAOYU

XILIE

JIAOCAI

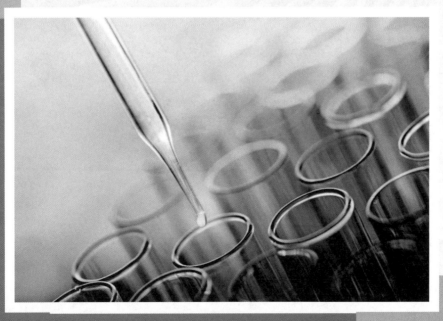

华东师范大学出版社
·上海·

图书在版编目(CIP)数据

中学化学课程与教学/丁伟著. —上海:华东师
范大学出版社,2024. —ISBN 978 - 7 - 5760 - 4666 - 3

Ⅰ. G633. 82

中国国家版本馆 CIP 数据核字第 2024U5P880 号

中学化学课程与教学

著　者　丁　伟
项目编辑　范美琳
责任校对　董　亮　时东明
装帧设计　俞　越

出版发行　华东师范大学出版社
社　　址　上海市中山北路 3663 号　邮编 200062
网　　址　www. ecnupress. com. cn
电　　话　021 - 60821666　行政传真 021 - 62572105
客服电话　021 - 62865537　门市(邮购) 电话 021 - 62869887
地　　址　上海市中山北路 3663 号华东师范大学校内先锋路口
网　　店　http://hdsdcbs.tmall.com

印 刷 者　上海龙腾印务有限公司
开　　本　787 毫米×1092 毫米　1/16
印　　张　19
插　　页　2
字　　数　402 千字
版　　次　2025 年 4 月第 1 版
印　　次　2025 年 4 月第 1 次
书　　号　ISBN 978 - 7 - 5760 - 4666 - 3
定　　价　55.00 元

出 版 人　王　焰

本书对当下的中学化学课程与教学领域作了勾勒描绘,详细描述了《义务教育化学课程标准(2022 年版)》和《普通高中化学课程标准(2017 年版2020 年修订)》的主旨内容。本书基于化学知识的三重表征,提出了化学知识的多重表征,即宏观表征、微观表征、化学符号表征和数学表征等,强调化学多重表征教学。化学课程标准注重大概念统领化学学习主题,提倡基于大概念整体设计单元教学,重视探究与实践活动的设计与实施,由此,本书集中探讨了化学大概念教学、项目式学习和跨学科实践等教学组织形式的内涵意蕴,描述了相关的教学实践案例。

本书的结构

本书共分为八章。

第一章至第三章描述了中学化学课程。着重勾勒了新颁布的《义务教育化学课程标准(2022 年版)》和《普通高中化学课程标准(2017 年版 2020 年修订)》展现的中学化学课程的风貌,包括课程理念、课程目标、课程内容与教学建议等。

第一章的主题是中学化学课程,介绍了中学化学课程及其发展历程和课程目标。

第二章的主题是化学课程标准,分别描绘了《义务教育化学课程标准(2022 年版)》和《普通高中化学课程标准(2017 年版 2020 年修订)》规定的中学化学课程。

第三章的主题是中学化学教科书,重点阐述了中学化学教科书的编写逻辑。

第四章至第八章讨论了中学化学教学。提出了化学教学线索设计;发展了化学三重表征为化学多重表征,描述了作为常态的化学多重表征教学的样貌;着重探讨了新颁布的课程标准所提倡的化学大概念教学、项目式学习和跨学科实践等多种形式的教学活动的理论基础、内涵理解、价值意蕴,并描述了相关教学实践案例。

第四章的主题是中学化学教学,阐明了教学、教学设计和教学设计模式的含义和化学教学设计的基本模式。

第五章的主题是化学多重表征教学。化学多重表征是指宏观表征、微观表征、化学符号表征和数学表征等。基于化学学科特征,强调数学表征在化学科学中的工具性和表达性,将作为常态教学模式的化学三重表征教学进一步完善为化学多重表征教学,即在宏观、微观和化学符号三重表征的基础上,强调作为专业术语的化学符号,应独立出来成为一种特殊的化学表征方式,即化学符号表征;而作为重要思想工具的数学表征也是化学知识表征不可或缺的方式,补充成为了化学知识的数学表征。

第六章的主题是化学大概念教学,讨论了大概念的学科结构理论、内涵理解、应用价值和实施举措,描绘了实践单元下的化学大概念教学案例。

第七章的主题是化学项目式教学,讨论了项目式学习的内涵、价值、设计和实施建议,描绘了项目式教学案例。

第八章的主题是跨学科实践,讨论了跨学科实践的活动学习理论基础、内涵理解、应用价值和实施建议,描绘了跨学科实践活动案例。

本书的特点

本书就新颁布的《义务教育化学课程标准(2022 年版)》提出并强调的主旨问题进行了进一步的深入讨论,如化学多重表征教学、化学大概念教学、项目式学习和跨学科实践等,探析了它们的内涵意蕴,尝试了实践路径,呈现了教学实践案例。

本书提出了化学教学线索设计。教学线索是教师在遵循教学规律的基础上,依照教学目标的要求,为帮助学生构建知识体系,达到教与学的双向目标而设置的贯穿整个课堂教学环节的脉络或探究问题的路径,可作为一种贯穿教学过程的逻辑维度,如以内容逻辑、认知过程、问题情境、活动任务等为线索设计化学教学。

本书提出了化学知识的多重表征,即宏观表征、微观本质、化学符号表征和数学表征等。在化学知识的三重表征理论基础上,基于数学是化学科学中重要的思维和表现工具,本书还补充提出了数学表征,并把化学符号表征独立出来,强调其所代表的化学专业的学术特殊性。化学知识的数学表征,是用数学符号、符号运算、形式推理、模型构建等数学方法对化学科学研究对象的数量和数量关系、图形和图形关系进行理解、交流和表达的方式。通过数与代数、图形与几何、统计与概率等数学语言,简约精确地描述化学世界中物质及其变化过程中的数量关系、几何关系与空间关系,表达物质及其变化过程中的意义和关系、本质和规律。化学符号表征即化学专业符号语言在人脑中记载和呈现的方式。本书突出强调化学多重表征应用于常态化化学教学,描述呈现了化学多重表征教学的实践案例。

本书讨论了化学大概念教学,阐释了大概念的丰富内涵,其作为学科框架性的思想,能够统摄学科内容。本书详细阐释了三种类型的大概念:关于内容的大概念、关于领域的大概念和关于高质量学习的大概念。结合《义务教育化学课程标准(2022 年版)》明确提出的化学大观念和化学大概念,本书讨论了化学大概念的单元教学路径,描述了实践单元的化学大概念教学案例。

本书探索了项目式学习和跨学科实践等过程导向的教学组织形式。项目式学习强调学生在任务驱动下解决现实问题的过程导向的学习方式,注重学生亲力亲为地"像科学家一样地工作",从中贯彻落实知识、技能和价值观等育人目标。跨学科实践强调超越单一的学科边界而运用两个或两个以上学科的知识和方法解决问题的方式,其目的是在更加广阔的学科背景下深化和拓展学习者对学科知识与方法的理解和应用。本书描述了项目式学习和跨学科实践的具体案例,让不同学科的课程内容相互交织,彼此联系在一起。

本书得到赣南师范大学"协同提质计划"教师教育高质量发展研究专项课题资助。赣南师范大学张世勇教授、李永东教授参与了部分教学案例的教学实践。

第一章 中学化学课程

本章目标预览

通过本章学习,你能够:

● 知道中学化学课程的含义。
● 知道中学化学课程的发展。
● 知道中学化学课程的目的。

本章内容引导

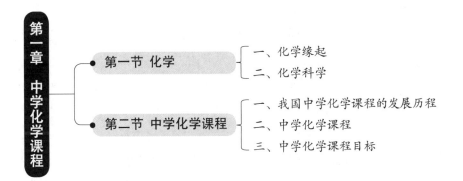

第一节 化　　学

一、化学缘起

中国古代文化发展过程中产生了丰富的化学知识和技艺。火药的发明、炼丹术的流传等，反映出中国古代的实用化学有其灿烂的历史。然而，现代中国化学并非继承我国古代形式的化学实践而生，而是移植西方化学学科体系并进行本土化融合的结果。

在西方，现代化学脱胎于多个源流，其中包括古希腊时期的"元素说"、阿拉伯人的化学和炼金术、文艺复兴时期的医学化学等。波义耳 1661 年在牛津出版的《怀疑的化学家》（Sceptical Chymists）一书中提出了 10 个问题，对 17 世纪 60 年代之前的相关化学研究进行了全面的质疑与批判。化学史家曾经不止一次地指出，正是该著作使古老的"黑术"（古埃及"化学"概念的直译）走上了科学的道路。[①] 法国化学家拉瓦锡引领了化学革命，于 1778 年提出燃烧的氧化学说，阐明了燃烧现象的本质，并创建了用以描述其理论体系的一套化学术语，使其化学理论和化学符号语言成为了化学科学的核心内容。[②] 此后，随着原子论和分子论的提出，物质转化及物质组成问题得到了圆满的解释，一系列化学基本概念和化学基本原理得到了阐明和确立，有机化学、无机化学、物理化学等分支学科也相继建立。至此，化学的研究目的、范式和方法已经清晰明确，化学基本上成为一门独立的学科。到了 19 世纪中期，以法国、英国和德国为代表的西方现代化学实现了职业化和建制化，建立了全国性的化学学会、融教学与研究为一体的现代化学实验室，化学开始进入教育和科研体系。[③]

"化学"直接来源于英文 Chemistry 一词的意译。Chemistry 源于希腊文 Khemia，后者是埃及一个古国的名字，因该国的土地为黑色，因而该词含有"埃及学"或"神秘学"的意思，而后逐渐演化成 Chemistry。而在之前的汉语中，并没有"化学"一词，只是在唐末五代时期有一本道教著作《化书》。据郭宝章等人考证，[④]我国最早出现"化学"一词是在 1856 年，英国人韦廉臣出版了《格物探源》一书，该书卷三论"元质"（元素）时写道，"轻二养一成为水，鏀一绿一成为盐（NaCl），鉀一淡一养三成为火硝（KNO$_3$）。读化学一书，可悉其事"。同年，英国人伟烈亚力在其执笔的《六合丛刊》发刊号《小引》中写道："比来西人之学此者，精益求精，超前轶古，启明哲未言之奥，辟造化未泄之奇。今略举其纲：一为化学，言物各有质，自有变化，精诚之上，条分缕析，知有六十四元，此物未成之质也。"此后，"化学"一词迅速流传开来，因为"化"在汉语中有"变化""造化"的意思，用"化学"来翻译 Chemistry，"既典雅又切当"。"化

---

① 张功耀，余刚.《怀疑的化学家》怀疑什么？[J].自然辩证法通讯，2003，(04)：62—68+111.

② 吴国盛.科学的历程（第二版）[M].北京：北京大学出版社，2002.

③ J. R. 柏廷顿.化学简史[M].胡作玄，译.北京：中国人民大学出版社，2010.

④ 郭保章，梁英豪，徐振亚.中国化学教育史话[M].南昌：江西教育出版社，1993：9—11，1—2，47，43—46.

学"一词先在我国出现,而后传到了日本。

1867 年,江南制造局在徐寿的倡议下,开始主持翻译科学技术书籍工作。1871 年底,徐寿和傅兰雅翻译的《化学鉴原》出版,这是我国近代第一部专门的化学译著,译自美国韦尔斯所著的《韦尔斯化学原理和应用》一书中的无机化学部分。1875 年,徐寿和傅兰雅又翻译出版了《化学鉴原续编》,该书译自英国国王学院化学教授蒲陆山所著《化学》一书中的有机化学部分。[①]

二、化学科学

化学科学是人们对物质世界之意义的一种表征方式。不论是从科学发现的过程,还是从所获得的某些科学结论来看,化学科学都是化学家共同体基于研究物质世界的目的、借助科学手段、运用科学方法、从化学科学的视角对世界的一种解释。

化学是以实验为基础,在原子、分子水平上研究物质的组成、结构、性质、转化及其应用的自然科学。"化学"一词,若单是从字面上进行解释就是"变化的科学"。世界是由物质组成的,化学研究的对象涉及物质之间的相互关系,以及物质和能量之间的关联。化学通常是关于两种或两种以上物质之间的接触及其后的变化,即化学反应,又或者是一种物质变成另一种物质的过程。化学学科的本质特征就是在原子、分子层次上认识和创造物质。

何为原子、分子层次?

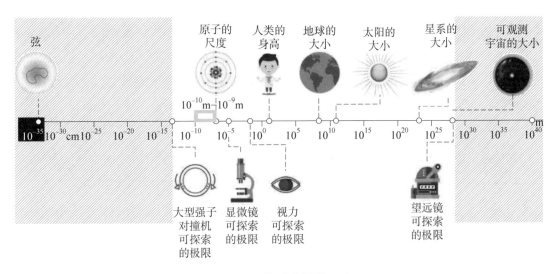

图 1-1　物质世界的尺度

---

① 李雁冰,邹逸. 我国化学学科的诞生与早期发展:历史经验及当下意义[J]. 全球教育展望,2013,42(05):80—90.

从物质尺度大小的视角来看,物质世界可以划分为微观世界、中观世界和宏观世界。相对人类自身的尺度大小而言,人类感官所及的物质世界是一个中观世界,其观测的尺度限制在人类感官所能触及的范围之内,单位"米"是人们最直观的衡量物质尺度的单位,例如人的身高大部分分布在 1.5—2.0 米,人的头发的直径大约是 0.05 毫米。而借助科学技术的观察、测量手段以及思想实验,可理解和认识到物质的微观世界和宏观世界。

在物质的微观世界里,通常使用的单位是纳米(manometer,缩写为 nm),1 纳米等于十亿分之一米(10^{-9} 米)。在 1 纳米的长度上看物质的尺度大小:病毒(100 nm)→分子(1—0.1 nm)→原子(0.1 nm)→原子核(10^{-5} nm)→质子(10^{-6} nm)→电子($<10^{-8}$ nm)。普朗克长度是目前物理学意义上最小的距离单位,大约是 $1.616\times^{-35}$ 米。弦理论(string theory)中的弦的长度大约是普朗克长度。

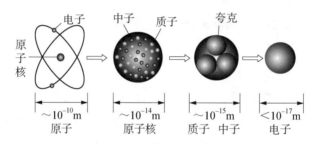

图 1-2　微观粒子的空间尺度

在物质的宏观世界,单位"米"不能够满足大尺度空间衡量的需要。太阳系内通常用天文单位作为衡量空间的尺度,1 个天文单位也就是地球与太阳的平均距离,约为 1.5 亿千米。太阳系直径约为 123 亿千米,约为 82 个天文单位。太阳系内以物质世界中运行速度最快的光在一年内所经过的距离作为空间单位,称为光年。光年用来衡量大尺度空间。1 光年的距离约为 9 460 730 472 580 800.8 米,约 9.46 万亿千米,约为 6.32388 万个天文单位。人类目前所能观测到的宇宙的空间尺度约为 150 亿光年,即约为 10^{26} 米。

物质是由原子组成的,原子由质子、中子、电子组成。化学科学所研究的物质大致"在原子、分子层次上",即化学是在"分子(10^{-9} 米－10^{-10} 米,1—0.1 纳米)→原子(10^{-10} 米,0.1 纳米)"这个尺度范围上研究物质的组成、结构、性质、转化及其应用的自然科学。不同于研究尺度更小的粒子物理学与核物理学,化学研究的原子、分子、离子(团)的物质结构和化学键、分子间作用力等相互作用,其所在的尺度是微观世界中最接近宏观的,因而它们的自然规律也与人类生存的宏观世界中物质和材料的物理、化学性质最为息息相关。作为沟通微观与宏观物质世界的重要桥梁,化学则是人类认识和改造物质世界的主要方法和手段之一。

《义务教育化学课程标准(2022 年版)》在"课程性质"中对"化学"的表述为:

化学是研究物质的组成、结构、性质、转化及应用的一门基础学科,其特征是从分子层次认识物质,通过化学变化创造物质。化学是自然科学的重要组成部分,与物理学共同构成物质科学的基础,是材料科学、生命科学、环境科学、能源科学、信息科学和航空航天工程等现代科学技术的重要基础。化学是推动人类社会可持续发展的重要力量,在应对能源危机、环境污染、突发公共卫生事件等人类面临的重大挑战中发挥着不可替代的作用。

《普通高中化学课程标准(2017 年版 2020 年修订)》在"课程性质"中对"化学"的表述为:

化学是在原子、分子水平上研究物质的组成、结构、性质、转化及其应用的一门基础学科,其特征是从微观层次认识物质,以符号形式描述物质,在不同层面创造物质。化学不仅与经济发展、社会文明的关系密切,也是材料科学、生命科学、环境科学、能源科学和信息科学等现代科学技术的重要基础。化学在促进人类文明可持续发展中发挥着日益重要的作用,是揭示元素到生命奥秘的核心力量。

第二节　中学化学课程

一、我国中学化学课程的发展历程

1840 年后,大量化学译著的出版促进了化学科学系统知识在我国的传播。1865 年,京师同文馆内正式开设化学课程。1902 年,清政府颁布《钦定学堂章程》,开始设置化学课程,1923 年,由任鸿隽起草的《新学制课程纲要高级中学公共必修的科学概论课程纲要》正式颁布,较为详细地介绍了化学课程的授课时间、学分、目的、内容,并将实验内容单独列出,已具备现代化学课程标准的雏形。1949 年,我国化学课程经历了"师学苏联""课程大革命"等一系列探索,初步建立了中学化学课程体系,统一了教学计划、教学大纲和通用教材。[1]

(一)清末时期

1867 年(清同治六年),京师同文馆增设算术馆,教授算术、天文、化学等课程,这是我国最早开设的化学课程,可以认为是我国化学教育的开始。1902 年颁布的《奏定学堂章程》,粗略地规定了化学的教学目的及其主要内容。

(二)民国时期

1912 年,民国政府教育部公布《中学校令》,之后陆续公布《中学校令施行规则》《中学校课程标准》,规定了四年学制,以及化学课程要旨、教授年级和时效、教学内容等。

1922 年,民国政府颁布实行"六三三"学制,在初中和高二年级各开设一个学年。

---

[1] 徐洁. 迈向"核心素养":新中国成立 70 年基础教育课程改革的逻辑旨归[J]. 教育科学研究,2020,(01):12—17.

1923年，由任鸿隽起草的《新学制课程纲要高级中学公共必修的科学概论课程纲要》正式颁布，较为详细地介绍了化学课程的授课时间、学分、目的、内容，并将实验内容单独列出。

1929年颁发的《中学暂行课程标准》，提出中学设置综合课程，有综合（自然）与分科（分植物、动物和理化）两类，由学校自选。

1936年，把中学化学改在初中三年级开设的同时，初、高中化学每周课时略有减少。

（三）1949年以后

1950年，中央人民政府教育部印发《化学精简纲要（草案）》。

1952年4月，以苏联教学大纲为蓝本，草拟了《中学化学科课程标准草案》，12月修订改为教学大纲，公布了《中学化学教学大纲（草案）》。

1956年颁发的《中学化学教学大纲（修订草案）》和1963年5月制订并颁布的《全日制中学化学教学大纲（草案）》，对化学课程的设置和要求不断进行调整和修正。

1978年1月，教育部颁布了《全日制十年制中小学教学计划（试行草案）》，规定了在初三、高一、高二均设置化学课，同年颁发了《全日制十年制学校中学化学教学大纲（试行草案）》。

1981年，制订并颁发了《全日制五年制中学教学计划（试行草案）的修订意见》和《全日制六年制重点中学教学计划（试行草案）》，提出开设不同类型（单课性、文理分科性）的化学选修课。

1986年，参照调整教学内容的意见，颁布了《全日制中学化学教学大纲》。

1988年，草拟并颁发了《九年制义务教育全日制初级中学化学教学大纲（初审稿）》。

1992年，国家教委颁布了《九年义务教育全日制初级中学化学教学大纲（试用）》。该大纲的颁布，结束了我国多年来基础教育初、高中一贯制的做法，将义务教育作为一个独立的阶段，确定了其课程的任务、教学目的、教学内容和教学要求等。该大纲及根据其编写的教材，在教学实践中得到了师生们的肯定，师生们都认为它比过去的大纲和教材难度低，易于接受，与实际联系较为紧密。

2000年，对《九年义务教育全日制初级中学化学教学大纲（试用）》进行了修订，颁发了试用修订版，以更好地突出时代性，进一步加强化学与社会的联系，以及培养学生的创新精神和实践能力；对教学内容和教学要求"削枝强干"，以进一步减轻学生的学习负担，着眼于促进学生的终身发展。[①]

2001年，国家启动了新世纪基础教育课程改革，于2003年发布了《普通高中化学课程标准（实验）》，标志着使用多年的教学大纲被正式替代。

2001年颁布了《全日制义务教育化学课程标准（实验稿）》，首次提出以发展学生的科学素养为宗旨，确立知识与技能、过程与方法、情感态度与价值观三维目标，基于学习主题组织

① 龙琪.中学化学课程与教学论[M].长春：东北师范大学出版社，2006.

课程内容,将"科学探究""化学与社会发展""身边的物质""物质构成奥秘""物质的化学变化"作为义务教育化学课程标准的一级学习主题,并提出"从生活走向化学,从化学走向社会""基于科学探究学习化学"和"多样化评价方式"等重要的课程、教学和评价理念。经过十年新课程的实践探索及修订完善,2011 年教育部正式颁布《义务教育化学课程标准(2011 年版)》,该标准反映了时代和教育发展的新趋势,更新了学习情境素材,提出了超越具体性知识建构核心观念的教学理念。基于实践中存在的突出问题,明确规定了学生必做实验的要求,系统修订了教学建议和评价建议,提高了对教学实践的针对性指导。

2017 年,为落实党的十八大、十九大关于立德树人的要求,进一步深化基础教育课程改革,教育部发布了修订后的《普通高中化学课程标准(2017 年版)》,后于 2020 年发布了《普通高中化学课程标准(2017 年版 2020 年修订)》。

2022 年 4 月,教育部印发《义务教育化学课程标准(2022 年版)》,并于 2022 年秋季学期开始执行。该标准描绘了育人蓝图,增强了思想性,系统融入习近平新时代中国特色社会主义思想,强化社会主义先进文化、中华优秀传统文化等方面的教育;增强了科学性,遵循学生认知规律,注重与学生生活、社会实际的联系;增强了时代性,反映经济社会发展新变化、科学技术进步新成果;增强了整体性,注重学段纵向衔接、学科横向配合;增强了指导性,加强了课程实施指导,做到好用、管用。

二、中学化学课程

化学课程是为了实现化学教育的培养目标,对所传播的化学学科的科学知识的教育目标、学习内容、教学活动、学习评价等进行有序规划并实施的过程。化学课程的规划一般通过化学课程标准等纲领性指导文件进行规定,通过化学教科书等文本呈现具体的课程内容。

国家通过课程标准规定课程的主要内容和要求。化学课程标准规定了不同教育阶段(如义务教育阶段、普通高中教育阶段)的化学课程性质、课程理念、课程目标、课程内容、学业质量和课程实施等内容,是化学教科书编写、教学、考试评价以及课程实施管理的直接依据。

遵循并落实课程标准的基本要求,基于核心素养精选素材,确保内容的思想性、科学性、适宜性与时代性,编撰供学生学习和教育者参考的化学教科书,则具体描述、呈现了相应教育阶段的化学学习的系列主题内容。

化学课程是通过设计规划化学课程标准,并依据课程标准,开发撰写教科书,并在学校教育中参照化学课程标准和化学教科书,为实现化学教育目标而展开的教学实践的全部内容。

我国中等教育阶段化学课程,包含了义务教育阶段化学课程和普通高中阶段化学课程,分别由《义务教育化学课程标准(2022 年版)》和《普通高中化学课程标准(2017 年版 2020 年修订)》对义务教育阶段和普通高中的化学课程教育目标、学习内容等进行了规划,对教学活动、学习评价以及教科书编写提出了相关要求和教学活动建议。人民教育出版社等有相关教科书出版资质的出版社,遵循并依据《义务教育化学课程标准(2022年版)》和《普通高中化学课程标准(2017年版2020年修订)》,编撰出版了不同版本的系列化学教科书。

我国义务教育是国家依法统一实施的所有适龄学生、少年必须接受的教育,旨在保障每位适龄学生、少年接受教育的权利,提高国民素质。义务教育课程坚持以习近平新时代中国特色社会主义思想为指导,全面贯彻党的教育方针,落实立德树人根本任务,反映时代特征,体现中国特色,遵循教育规律和学生身心发展规律,突出了全纳性、全面性和基础性,发展素质教育,培养时代新人,为全面建成社会主义现代化强国、实现中华民族伟大复兴奠定人才基础。[①] 义务教育的培养目标是要在坚定理想信念、厚植爱国主义情怀、加强品德修养、增长知识见识、发扬奋斗精神、增强综合素质上下功夫,使学生有理想、有本领、有担当,培养德智体美劳全面发展的社会主义建设者和接班人。

我国普通高中教育是在义务教育的基础上进一步提高国民素质、面向大众的基础教育,其任务是促进学生全面而有个性的发展,为学生适应社会生活、高等教育和职业发展作准备,为学生的终身发展奠定基础。普通高中的培养目标是进一步提升学生的综合素质,着力发展核心素养,使学生具有理想信念和社会责任感,具有科学文化素养和终身学习能力,具有自主发展能力和沟通合作能力。[②]

《义务教育化学课程标准(2022年版)》在课程性质中对"义务教育阶段化学课程"的说明:

义务教育化学课程作为一门自然科学课程,具有基础性和实践性,对落实立德树人根本任务、促进学生德智体美劳全面发展具有重要价值。义务教育化学课程有利于激发学生对物质世界的好奇心,形成物质及其变化等基本化学观念,发展科学思维、创新精神与实践能力,养成科学态度和社会责任,为学生的终身发展奠定基础。

《普通高中化学课程标准(2017年版2020年修订)》在课程性质中对"普通高中化学课程"的说明:

普通高中化学课程是与义务教育化学或科学课程相衔接的基础教育课程,是落实立德树人根本任务、发展素质教育、弘扬科学精神、提升学生核心素养的重要载体;化学学科核心素养是学生必备的科学素养,是学生终身学习和发展的重要基础;化学课程对于科学文化的传承和高素质人才的培养具有不可替代的作用。

《义务教育课程方案(2022年版)》中规定了课程标准编制和教科书编写的要求:

国家课程标准规定课程性质、课程理念、课程目标、课程内容、学业质量和课程实施等,是教材编写、教学、考试评价以及课程实施管理的直接依据。

教材编写须落实课程标准的基本要求,基于核心素养精选素材,确保内容的思想性、科

① 中华人民共和国教育部.义务教育课程方案(2022年版)[S].北京:北京师范大学出版社,2022.
② 中华人民共和国教育部.普通高中课程方案(2017年版2020年修订)[S].北京:人民教育出版社,2020.

学性、适宜性与时代性。创新体例,吸收学习科学的最新成果,强化内容词的内在联系。创新教材呈现方式,注重联系学生学习、生活、思想实际,用小故事说明大道理,用生动案例阐释抽象概念,增强吸引力和感染力。加强情境创设和问题设计,引导学习方式和教学方式变革。充分利用新技术优势,探索数字教材建设。关注学生认知发展特点,强化教材学段衔接。

《普通高中课程方案(2017 年版 2020 年修订)》中规定了课程标准编制和教科书编写的要求:

国家通过课程标准规定普通高中课程的主要内容和要求。

课程标准研制应遵循本课程方案的总体要求,明确学科的育人价值,确定学科核心素养和目标,明确内容和学业质量要求,以指导和规范教材编写、教学与评价。

教材编写以课程标准为依据,遵循思想性、时代性、基础性、选择性和关联性的基本原则精选课程内容,创新呈现方式,充分反映课程性质和理念。教材编写应有利于学校组织安排教学,有利于促进教与学方式的转变。

三、中学化学课程目标

化学课程目标是指化学课程本身要实现的具体目标和意图,是化学课程培养的期望和宗旨。它规定了义务教育阶段和普通高中教育阶段的学生通过化学课程学习以后,在全面发展方面期望实现的程度,它是确定化学课程内容、教学目标和教学方法的出发点。从某种意义上说,化学课程本身就可以被理解为是使学生达到化学教育目的的手段。化学课程目标阐释说明了化学课程培养的宗旨和意图,使教育者不仅注意学科的逻辑体系,而且还关注教与学以及课程内容与社会需求的关系。

化学课程目标明确了化学教育进展的方向,选择理想的化学学科学习经验,界定了化学教育计划的范围,提示化学教育计划的要点,以此作为化学学习评价的重要基础。

化学课程目标的具体功能主要体现在四个方面。第一,为课程内容与教学方法的选择提供依据。判断"什么知识最有价值"(课程内容的选择)和"什么方法最有价值"(教学方法的选择)均应以课程与教学目标为重要依据。第二,为课程与教学的组织提供依据。把课程组织为怎样的类型(化学学科理论课程或实践课程,必修课程或选修课程),把教学组织为怎样的形式(讲授教学或活动教学),这在某种意义上决定于课程与教学目标,因为目标反映了特定的教育价值观。第三,为课程实施提供依据。课程实施过程在某种意义上是创造性地实现课程与教学目标的过程,因此,课程与教学目标必然是课程实施过程的重要依据。第四,为课程与教学评价提供依据。课程与教学评价是用一种标准对课程与教学过程进行价值判断,而课程与教学目标则是这种价值判断的基本标准。

《义务教育化学课程标准(2022 年版)》在"三、课程目标"中指出了课程的"目标要求",如

表 1-1 所示。①

表 1-1 《义务教育化学课程标准(2022 年版)》中课程目标的"目标要求"

目标要求	具 体 内 容
1. 形成化学观念,解决实际问题	初步认识物质的多样性,能对物质及其变化进行分类;能从元素、原子、分子视角初步分析物质的组成及变化,认识"在一定条件下通过化学反应可以实现物质转化"的重要性;初步学会从定性和定量的视角研究物质的组成及变化,认识质量守恒定律对资源利用和物质转化的重要意义;能通过实例认识物质的性质与应用的关系,形成合理利用物质的意识;能从物质及其变化的视角初步分析、解决一些与化学相关的简单的实际问题,发展辩证唯物主义世界观。
2. 发展科学思维,强化创新意识	初步学会运用观察、实验、调查等手段获取化学事实,能初步运用比较、分类、分析、综合、归纳等方法认识物质及其变化,形成一定的证据推理能力;能从变化和联系的视角分析常见的化学现象,能以宏观、微观、符号相结合的方式认识和表征化学变化;初步建立物质及其变化的相关模型,能根据物质的类别和信息提示预测其性质,并能解释一些简单的化学问题;能从跨学科角度初步分析和解决简单的开放性问题,体会系统思维的意义;能对不同的观点和方案提出自己的见解,发展创新思维能力,逐步学会辩证唯物主义方法论。
3. 经历科学探究,增强实践能力	认识实验是科学探究的重要形式和学习化学的重要途径,能进行安全、规范的实验基本操作,独立或与同学合作完成简单的化学实验任务;能主动提出有探究价值的问题,从问题和假设出发确定探究目标,设计和实施探究方案,获取证据并分析得到结论,能用科学语言和信息技术手段合理表述探究的过程和结果,并与同学交流;能从化学视角对常见的生活现象、简单的跨学科问题进行探讨,能运用简单的技术与工程的方法初步解决与化学有关的实际问题,完成社会实践活动;在科学探究与实践活动中,能根据自己的实际情况制订学习计划,开展自主学习活动,能与同学合作、分享,善于听取他人的合理建议,评价、反思、改进学习过程与结果,初步形成自主、合作、探究的能力。
4. 养成科学态度,具有责任担当	具有对物质世界及其变化的好奇心、探究欲和审美情趣;热爱科学,逐步形成崇尚科学、严谨求实、大胆质疑、追求真理、反对伪科学的科学精神及勇于克服困难的坚毅品质;学习科学家胸怀祖国、服务人民的爱国精神,勇攀高峰、敢为人先的创新精神,淡泊名利、潜心研究的奉献精神;认识科技创新在我国现代化建设全局中的核心地位,努力把科技自立自强信念自觉融入人生追求之中。 赞赏化学对满足人民日益增长的美好生活需要和社会可持续发展作出的重大贡献;具有安全意识和合理选用化学品的观念,提高应对意外伤害事故的意识;初步形成节能低碳、节约资源、保护环境的态度和健康的生活方式;初步认识科学、技术、社会、环境的相互关系,遵守与化学、技术相关的伦理道德及法律法规,能积极参加与化学有关的社会热点问题的讨论并作出合理的价值判断,初步形成主动参与社会决策的意识;树立人与自然和谐共生的科学自然观和绿色发展观,具有为建设社会主义现代化强国、实现中华民族伟大复兴而学习化学的志向和责任担当。

① 中华人民共和国教育部.义务教育化学课程标准(2022 年版)[S].北京:北京师范大学出版社,2022.

《普通高中化学课程标准(2017 年版 2020 年修订)》在"二、学科核心素养与课程目标"中具体提出了"学科核心素养",并根据化学学科核心素养对学生发展的具体要求阐述了"课程目标"。具体内容如表 1－2 所示。[①]

表 1－2　化学学科核心素养及高中化学课程目标

学科核心素养	高中化学课程目标
素养 1　宏观辨识与微观探析	通过观察能辨识一定条件下物质的形态及变化的宏观现象,初步掌握物质及其变化的分类方法,能运用符号表征物质及其变化;能从物质的微观层面理解其组成、结构和性质的联系,形成"结构决定性质,性质决定应用"的观念;能根据物质的微观结构预测物质在特定条件下可能具有的性质和发生的变化,并能解释其原因。
素养 2　变化观念与平衡思想	认识物质是在不断运动的,物质的变化是有条件的;能从内因与外因、量变与质变等方面较全面地分析物质的化学变化,关注化学变化中的能量转化;能从不同视角对纷繁复杂的化学变化进行分类研究,逐步揭示各类变化的特征和规律;能用对立统一、联系发展和动态平衡的观点考察化学反应,预测在一定条件下某种物质可能发生的化学变化。
素养 3　证据推理与模型认知	初步学会收集各种证据,对物质的性质及其变化提出可能的假设;基于证据进行分析推理,证实或证伪假设;能解释证据与结论之间的关系,确定形成科学结论所需要的证据和寻找证据的途径;能认识化学现象与模型之间的联系,能运用多种认知模型来描述和解释物质的结构、性质和变化,预测物质及其变化的可能结果;能依据物质及其变化的信息建构模型,建立解决复杂化学问题的思维框架。
素养 4　科学探究与创新意识	能发现和提出有探究价值的化学问题,能依据探究目的设计并优化实验方案,完成实验操作,能对观察记录的实验信息进行加工并获得结论;能和同学交流实验探究的成果,提出进一步探究或改进的设想;能尊重事实和证据,破除迷信,反对伪科学;养成独立思考、敢于质疑和勇于创新的精神。
素养 5　科学态度与社会责任	具有安全意识和严谨求实的科学态度;形成真理面前人人平等的意识;增强探究物质性质和变化的兴趣,关注与化学有关的社会热点问题,认识环境保护和资源合理开发的重要性,具有"绿色化学"观念和可持续发展意识;能较深刻地理解化学、技术、社会和环境之间的相互关系,认识化学对社会发展的重大贡献,能运用已有知识和方法综合分析化学过程对自然可能带来的各种影响,权衡利弊,强化社会责任意识,积极参与有关化学问题的社会决策。

本章学习任务

1. 你如何向刚开始学习化学的学生介绍化学科学?

2. 你如何理解中学化学课程的内涵?

[①] 中华人民共和国教育部.普通高中化学课程标准(2017 年版 2020 年修订)[S].北京:人民教育出版社,2020.

3. 你如何向初中生和高中生描述中学化学课程的目标?

4. 结合你熟悉的化学科学某一内容主题,描述中学化学课程与大学化学课程在课程目标、课程内容和课程学习方式等方面有何区别?

第二章 化学课程标准

本章目标预览

通过本章学习,你能够:

- 知道课程标准的内涵和功能。
- 掌握《义务教育化学课程标准(2022 年版)》的课程性质、理念、目标、内容、学业质量和实施建议。
- 掌握《普通高中化学课程标准(2017 年版 2020 年修订)》的课程性质、理念、目标、结构、内容、学业质量和实施建议。
- 掌握《义务教育化学课程标准(2022 年版)》与《普通高中化学课程标准(2017年版 2020 年修订)》的课程内容框架。

本章内容引导

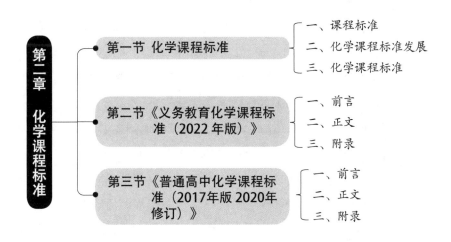

第一节　化学课程标准

一、课程标准

《义务教育课程方案(2022年版)》指出："国家课程标准规定课程性质、课程理念、课程目标、课程内容、学业质量和课程实施等,是教材编写、教学、考试评价以及课程实施管理的直接依据。"[①]

教育部印发《义务教育课程方案(2022年版)》和《义务教育化学课程标准(2022年版)》,以习近平新时代中国特色社会主义思想为指导,落实立德树人根本任务,强调育人为本,依据"有理想、有本领、有担当"的时代新人培养要求,明确了义务教育阶段的培养目标。该义务教育课程方案描绘了育人蓝图,增强了思想性,系统融入习近平新时代中国特色社会主义思想,强化社会主义先进文化、革命文化、中华优秀传统文化等方面的教育;增强了科学性,遵循学生认知规律,注重与学生生活、社会实际的联系;增强了时代性,注重体现马克思主义中国化最新成果,反映经济社会发展新变化、科学技术进步新成果;增强了整体性,注重学段纵向衔接、学科横向配合;增强了指导性,加强了课程实施指导,做到好用、管用。为义务教育优质均衡、高质量发展提供了有力支撑。

课程标准强调属性、阐释文本结构、规定了作用。第一,强调课程标准的属性。课程标准体现的是国家意志,是国家教育意志在课程层面的体现,是国家教育标准的重要组成部分。第二,阐明课程标准的文本构成。国家课程标准主要由课程性质、课程理念、课程目标、课程内容、学业质量和课程实施六个主体板块组成。其中课程性质是对一门学科课程的"定性",回答了这是一门什么样的学科课程,这门课程的育人价值和教育意义是什么;课程理念是对课程的"定位",主要阐述课程的立场、方向和观点;课程目标是对学生学习学科课程所应达到的发展水平和最终结果的预设和期待;课程内容是学科课程所规定的学习范围和对象;学业质量是学生在学完阶段性内容之后的学业成就表现;课程实施是根据课程标准进行的教材编写、教学、评价考试等活动。这六个板块相对完整地阐述了一门课程的主要教育教学问题。第三,规定课程标准的作用。所有标准都具有"准绳""尺子"的规范、依据作用,课程标准"是教材编写、教学、考试评价以及课程实施管理的直接依据"。何谓直接依据? 所谓直接依据也就是刚性的要求,国家和学校组织的一切有关课程的活动都必须基于课程标准,教科书必须依据课程标准编写,教学必须依据课程标准展开,考试评价必须依据课程标准命制试题。课程标准是带有法规性质的课程活动纲领、准则,是国家规范基础教育课程运作的

---

① 中华人民共和国教育部.义务教育课程方案(2022年版)[S].北京:北京师范大学出版社,2022.

纲领性文件,也是教育行政部门推进课程实践行动的指导性文件。[①]

2022 年版义务教育课程标准,在属性上强调国家教育意志在课程层面的体现,通过课程性质、课程理念、课程目标、课程内容、学业质量、课程实施等几个部分,形成相对完整的逻辑体系。在立意上,强化凸显学习者的因素,将课程目标指向核心素养,深入挖掘课程的独特育人价值。在结构上,课程标准包含内容标准、活动标准、质量标准三个方面,其中内容标准强调课程内容的结构化,聚焦学科大观念,提供有利于学生核心素养发展的少而精、有机整合的课程内容;活动标准以育人方式变革为核心,突出学科实践,通过教学理念、教学提示、教学建议和教学案例等,加强标准对教师教学的指导性和约束性;质量标准让学科核心素养可见,确保和检验学习达成的水平和成果;核心素养贯穿、统领这三个方面,使三者构成有机的整体。

二、化学课程标准发展

从 1902 年颁布的《钦定学堂章程》中首次明确开设化学课程到《普通高中化学课程标准(2017 年版 2020 年修订)》,再到《义务教育化学课程标准(2022 年版)》的实施,我国中学化学课程标准走过了百年沿革。1912 年,国家统一使用"课程标准";1956 年,受苏联教育模式影响,"课程标准"全部改称为"教学大纲",并沿用至 2000 年;2001 年后,"教学大纲"统一改称为"课程标准"。

从 1978 年我国改革开放至今,教育部共出台了 15 份教学指导文件,含 9 份教学大纲和 6 份课程标准,其中部分文件为上一版本的修订本,具体包括:初中 6 份、高中 5 份、初高中合订 4 份。例如,1980 年《全日制十年制学校中学化学教学大纲》、1990 年《全日制中学化学教学大纲》、2000 年《全日制普通高级中学化学教学大纲》、2001 年《全日制义务教育化学课程标准(实验稿)》、2003 年《普通高中化学课程标准(实验)》、2011 年《义务教育化学课程标准(2011 年版)》、2020 年《普通高中化学课程标准(2017 年版 2020 年修订)》、2022 年《义务教育化学课程标准(2022 年版)》等。

三、化学课程标准

我国通过不同学科课程标准规定了学科课程的主要内容和要求。

化学课程标准是教育部根据我国教育培养目标和课程方案制订的关于义务教育化学课程和普通高中化学课程的指导性文件,规定了化学课程性质、课程理念、课程目标、课程结构、课程内容、学业质量,并提出课程实施建议等,是化学教科书编写、教学实践、考试评价以

[①] 余文森,龙安邦.论义务教育新课程标准的教育学意义[J].课程.教材.教法,2022,42(06):4—13.

及课程实施、课程管理的直接依据。

化学课程标准全文一般由"前言""正文""附录"三大板块内容构成。"前言"部分给出"指导思想和修订原则"等内容;"正文"部分给出化学课程性质、课程理念、课程目标、课程结构、课程内容、学业质量、课程实施等方面的具体内容;"附录"部分则呈现化学课程有关内容的示范样例等。

我国化学课程分为义务教育阶段和普通高中教育阶段两个阶段,新颁布的《义务教育化学课程标准(2022 年版)》和《普通高中化学课程标准(2017 年版 2020 年修订)》分别对初中和高中两个教育阶段的化学课程作出了明确规定,提出了相关要求和实施建议。

第二节 《义务教育化学课程标准(2022 年版)》

《义务教育化学课程标准(2022 年版)》的文本内容框架包括前言、正文和附录三大结构。前言部分从指导思想、修订原则和主要变化三个层面,对课程标准提出了构建思想、原则和方向。正文部分,从课程性质、课程理念、课程目标、课程内容、学业质量和课程实施等六个层面对义务教育阶段化学课程进行了规定并提出要求。附录部分呈现了教学案例,示范了实践活动的样态,规定了科学实验主题,对跨学科实践活动选题提出了相关建议。

围绕"培养什么人、怎样培养人、为谁培养人"这一根本问题,《义务教育化学课程标准(2022 年版)》系统凝练了义务教育化学课程理念,形成了全面育人的义务教育化学课程设计思路。从学习的角度来说,课程标准完整地回答了学习的三个重要问题:学什么、怎么学、学得怎么样(学会什么)。从教育的角度来说,课程标准回应了教育的三个核心问题:用什么培养人(教学内容)、怎么培养人(教学活动)、培养到什么程度(教学质量)。"育人"是义务教育化学课程理念的"魂"。在"充分发挥化学课程的育人功能"这一理念的统摄下,《义务教育化学课程标准(2022 年版)》系统阐述了课程的四个要素,即课程目标、课程内容、课程实施和课程评价,其主要观点有:(1)以发展核心素养为宗旨,整体规划了核心素养培养要求,确立了与之匹配的课程目标体系;(2)强调基于核心素养设计学习主题、根据学习主题设计化学课程内容结构,充分发挥大概念统领作用;(3)注重基于大概念整体设计单元教学,重视探究与实践活动的设计与实施,开展基于教学系统有效实施素养导向的教学;(4)设计和实施凸显发展学生核心素养理念的化学教学评价体系,优化基于核心素养发展的过程性评价和终结性评价,深化基于学生核心素养发展的综合评价,探索增值性评价路径。[①]

《义务教育化学课程标准(2022 年版)》提出了"化学观念""科学思维""科学探究与实践""科学态度与责任"四个方面的核心素养发展要求,构建了素养导向的学习主题,设计了大概

---

① 郑长龙,迟铭.从理念看变化:《义务教育化学课程标准(2022 年版)》解析[J].教师教育学报.2022,9(03):129—136.

念统领的课程内容,注重实验和跨学科实践,提出了学业质量标准及其对各学习主题的学业要求,明确了素养导向的教学要求,给出了对各学习主题的教学策略建议、情境素材建议和学习活动建议。①

一、前言

《义务教育化学课程标准(2022 年版)》的前言部分阐明了指导思想、修订原则和主要变化。

"指导思想"强调:"以习近平新时代中国特色社会主义思想为指导,全面贯彻党的教育方针,遵循教育教学规律,落实立德树人根本任务,发展素质教育。以人民为中心,扎根中国大地办教育。坚持德育为先,提升智育水平,加强体育美育,落实劳动教育。反映时代特征,努力构建具有中国特色、世界水准的义务教育课程体系。聚焦中国学生发展核心素养,培养学生适应未来发展的**正确价值观**、**必备品格**和**关键能力**,引导学生明确人生发展方向,成长为德智体美劳全面发展的社会主义建设者和接班人。"

"修订原则"提出了"坚持三个导向",即"坚持目标导向""坚持问题导向""坚持创新导向"。

"主要变化"说明了本次课程方案"完善了培养目标""优化了课程设置""细化了实施要求";本次课程标准"强化了课程育人导向""优化了课程内容结构""研制了学业质量标准""增强了指导性""加强了学段衔接"。

二、正文

《义务教育化学课程标准(2022 年版)》的正文部分说明了义务教育化学课程性质,阐明了义务教育化学课程理念,指明了义务教育化学课程目标,规定了义务教育化学课程内容,描述了义务教育化学课程学业质量要求,提出了义务教育化学课程实施建议。

(一)义务教育化学课程性质是什么

《义务教育化学课程标准(2022 年版)》在"课程性质"中回答并界定了 2 个基本课程问题:(1)化学是一门怎样的学科?(2)义务教育化学课程的使命是什么?

"一、课程性质"

化学是研究物质的组成、结构、性质、转化及应用的一门基础学科,其特征是从分子层次认识物质,通过化学变化创造物质。……

① 义务教育化学课程标准修订组.促进基础化学教育高质量发展——义务教育化学课程标准(2022 年版)解读[J].基础教育课程,2022(10):53—60.

一、课程性质

二、课程理念

三、课程目标

四、课程内容

五、学业质量

六、课程实施

图 2-1 《义务教育化学课程标准(2022 年版)》正文内容框架

义务教育化学课程作为一门自然科学课程,具有基础性和实践性,对落实立德树人根本任务、促进学生德智体美劳全面发展具有重要价值。义务教育化学课程有利于激发学生对物质世界的好奇心,形成物质及其变化等基本**化学观念**,发展**科学思维**、**创新精神与实践能力**,养成**科学态度和社会责任**,为学生的终身发展奠定基础。

让学生习得化学家的思维方式与自觉意识,也就是化学观念,使其像化学家一样研究问题、分析问题与处理问题。化学观念是对于化学学科的总括性认识和理解,是基于化学学科理解升华出来的认识世界与改造世界的价值观和方法论,能够让学生自觉基于化学学科视角思考问题与解决问题,具有超越事实的持久价值和迁移价值。学生化学观念的获得是持续的从具体到抽象的生成过程,需要来自学科大概念的引导学习。埃里克森指出学科大概念能够随着时间的推移被应用于许多其他纵向的学科内情境和横向的学科间情境,以及学校以外的新的情境。①

(二)义务教育化学课程理念是什么

《义务教育化学课程标准(2022 年版)》在"课程理念"中,强调了"充分发挥化学课程的育人功能""整体规划素养立意的课程目标""构建大概念统领的化学课程内容体系""重视开展核心素养导向的化学教学""倡导实施促进发展的评价"等五大内涵。

(三)义务教育化学课程目标是什么

《义务教育化学课程标准(2022 年版)》从"核心素养内涵""目标要求"两个层面,凝练出

---

① Erickson, H. L. Stirring the head, heart, and soul: redefining curriculum and instruction. [M] Thousand Oaks: Corwin Press, 1995:221.

"化学观念""科学思维""科学探究与实践""科学态度与责任"等核心素养,阐释了其内涵,据此指明了义务教育化学课程的目标要求分别是"形成化学观念,解决实际问题""发展科学思维,强化创新意识""经历科学探究,增强实践能力""养成科学态度,具有责任担当"。

化学观念是化学科学的基本观念,包含了元素观、分类观、结构观、变化观和转化观等方面的内容。

科学思维是化学的认识方式,包含了科学方法和思维能力等方面的内容。

科学探究与实践是综合运用化学等学科的知识和方法解决真实情境问题的能力与品格,包括了科学探究、自主学习、设计制作、调查实践和交流合作等方面的内容。

科学态度与责任是对化学促进社会可持续发展的正确认识和责任担当,包括了探究兴趣、可持续发展、科学精神、科学规范、生态文明、爱国强国等方面的内容。

"化学观念""科学思维""科学探究与实践""科学态度与责任"等化学核心素养的内涵特征及其包含的内容如表2-1所示。[①]

表2-1 《义务教育化学课程标准(2022年版)》中的化学核心素养及其内涵

化学核心素养	内 涵 特 征	包 含 内 容
化学观念	是人类探索物质的组成与结构、性质与应用、化学反应及其规律所形成的基本观念; 是化学概念、原理和规律的提炼与升华; 是认识物质及其变化,以及解决实际问题的基础	元素观:物质是由元素组成的; 分类观:物质具有多样性,可以分为不同的类别; 结构观:物质是由分子、原子构成的,物质结构决定性质,物质性质决定用途; 变化观:化学变化有新物质生成,其本质是原子的重新组合,且伴随着能量变化,并遵循一定的规律; 转化观:在一定条件下通过化学反应可以实现物质转化;等等。
科学思维	是在化学学习中基于事实与逻辑进行独立思考和判断,对不同信息、观点和结论进行质疑与批判,提出创造性见解的能力; 是从化学视角研究物质及其变化规律的思路与方法; 是从宏观、微观、符号相结合的视角探究物质及其变化规律的认识方式。	科学方法:在解决化学问题中所运用的比较、分类、分析、综合、归纳等科学方法; 思维能力:基于实验事实进行证据推理、建构模型并推测物质及其变化的思维能力,在解决与化学相关的真实问题中形成的质疑能力、批判能力和创新意识。

① 中华人民共和国教育部.义务教育化学课程标准(2022年版)[S].北京:北京师范大学出版社,2022.

续　表

化学核心素养	内　涵　特　征	包　含　内　容
科学探究与实践	是指经历化学课程中的实验探究，基于学科和跨学科实践活动形成的学习能力； 是综合运用化学等学科的知识和方法，通过一定的技术手段，在解决真实情境问题和完成综合实践活动中展现的能力与品格。	科学探究：以实验为主的科学探究能力； 自主学习：通过网络查询等技术手段获取和加工信息的自主学习能力； 设计制作：运用简单的技术与工程方法设计、制作与使用相关模型和作品的能力； 调查实践：参与社会调查实践、提出解决实际问题初步方案的能力； 交流合作：与他人分工协作、沟通交流、合作问题解决的能力等。
科学态度与责任	是指通过化学课程的学习，在理解科学、技术、社会、环境相互关系的基础上，逐步形成对化学促进社会可持续发展的正确认识，以及所表现的责任担当。	探究兴趣：发展对物质世界的好奇心、想象力和探究欲，保持对化学学习和科学探究的浓厚兴趣； 可持续发展：对化学学科促进人类文明和社会可持续发展的重要价值具有积极的认识； 科学精神：具有严谨求实的科学态度，敢于提出并坚持自己的见解、勇于修正或放弃错误观点、反对伪科学的科学精神； 科学规范：遵守科学伦理和法律法规，具有运用化学知识对生活及社会实际问题作出判断和决策的意识； 生态文明：形成节约资源、保护环境的习惯，树立生态文明的理念； 爱国强国：热爱祖国，增强为实现中华民族伟大复兴和推动社会进步而勤奋学习的责任感。

（四）《义务教育化学课程标准（2022 年版）》规划了哪些课程内容

知识是课程的内核，知识内容标准是课程标准的主体。课程标准的本体就是知识内容标准，或者说，内容标准是整个课程标准的主干，教学活动和学业质量的相关要求都是依据知识内容标准的。《义务教育化学课程标准（2022 年版）》为化学课程初学者选择了从化学科学视角理解自然界的必备"化学观念""科学思维""科学探究与实践""科学态度与责任"等化学核心素养，作为支撑化学科学知识的生长壮大的基础，统领"科学探究与化学实验""物质的性质与应用""物质的组成与结构""物质的化学变化"和"化学与社会·跨学科实践"五大主题内容中的静态的化学知识，动态解决化学科学问题的思维模式、实践路径和技术方法等，培育学生正确价值观、必备品格和关键能力。

《义务教育化学课程标准（2022 年版）》从学科、领域和跨领域三个层次对学生核心素养发展提出的具体要求,是对化学课程育人功能和价值的高度凝练。化学观念反映了核心素养的学科特质,科学思维、科学探究与实践体现了作为科学课程重要组成部分的核心素养的领域特质,科学态度与责任彰显了化学课程在义务教育阶段不可或缺的作用及核心素养的跨领域特质。

课程标准强调大观念,一方面旨在对学科知识内容进行精选和提炼,实现少而精的目标;另一方面旨在对学科知识内容进行重构和组织,实现有机整合的目标。《义务教育课程方案(2022 年版)》规定:课程标准应基于核心素养培养要求,明确课程内容选什么、选多少,注重与学生经验、社会生活的关联,加强课程内容的内在联系,突出课程内容结构化,探索主题、项目、任务等内容组织方式。

我国素养本位的课程标准在研制时提出了学科内容建构的两条原则:(1)以学科大观念统领课程内容,关注学科知识技能的结构化;(2)凸显基于学科或跨学科实践,强调学科思维方式和探究模式的渗透。课程标准用大观念、学科或跨学科实践建构课程内容,梳理学科知识、思维和价值的内在关系。

《义务教育化学课程标准(2022 年版)》在"课程理念"第 3 条中提到"构建大概念统领的化学课程内容体系",即"精心选择促进学生核心素养发展的化学课程内容,注重结合学生已有生活经验,反映化学科学发展的新成就,体现化学课程内容的基础性、时代性和实践性,注重学科内的融合及学科间的联系,明确学习主题,凝练大概念,反映核心素养在各学习主题下的特质化内容要求。每个学习主题围绕大概念选取多维度的具体学习内容,既包括核心知识,又包括对思维方法、探究实践和情感态度价值观等方面的要求,充分发挥大概念对实现知识的结构化和素养化的功能价值。"

化学大概念提供了化学课程内容的学科逻辑的思维框架、认知结构的组织工具、价值概念的指向路标。化学核心概念不能是静态孤立的,而是广泛联系的、动态的,伴随着学生的主动活动而不断进阶、扩展、深化。素养本位的义务教育化学课程不仅体现在为学生构筑化学科学领域基本轮廓和基础性的知识谱系,凸显化学学科核心内容,还为学生"像科学家一样亲历化学科学实践"提供基本参照框架。

《义务教育化学课程标准(2022 年版)》中的"课程内容",规定了"科学探究与化学实验""物质的性质与应用""物质的组成与结构""物质的化学变化""化学与社会·跨学科实践"五大主题,以"化学科学本质""物质的多样性""物质的组成""物质的变化与转化""化学与可持续发展"等大概念统领相关学习内容。

在每个主题内容模块中设置了"内容要求""学业要求"和"教学提示",具体阐述该内容模块上的课程内容,并对学生的学习结果和教育者的教学举措等方面给出了明确规定,提出相关要求和具体建议。"内容要求"规定了学生必须学习的基本内容,体现化学课程的基本内容及其逻辑;"学业要求"预设了学生通过学习该内容应获得的发展;"教学提示"明确指出学生应该经历哪些基本的、典型的活动才能学习这样的内容、达到这样的学业要求。

每个学习主题由五个维度的内容构成,包括大概念、核心知识、基本思路与方法、重要态度、必做实验及实践活动,围绕大概念构建学习主题的内容结构,将课程目标具体化为各学习主题的内容要求。

大概念反映学科本质,具有高度概括性、统摄性和迁移应用价值。结合学习主题特点,明确了"化学科学本质""物质的多样性""物质的组成""物质的变化与转化""化学与可持续发展"等大概念及其具体内涵要求。

表2-2 义务教育化学课程的内容结构

学习主题	主 题 内 容	内容维度
1. 科学探究与化学实验	1.1 化学科学本质	大概念
	1.2 实验探究 　1.2.1 科学探究的能力 　1.2.2 基本的化学实验技能	核心知识
	1.3 化学实验探究的思路与方法	基本思路与方法
	1.4 科学探究的态度	重要态度
	1.5 学生必做实验及实践活动	必做实验及实践活动
2. 物质的性质与应用	2.1 物质的多样性	大概念
	2.2 常见的物质 　2.2.1 空气、氧气、二氧化碳 　2.2.2 水和溶液 　2.2.3 金属与金属矿物 　2.2.4 常见的酸、碱、盐	核心知识
	2.3 认识物质性质的思路与方法	基本思路与方法
	2.4 物质性质的广泛应用及化学品的合理使用	重要态度
	2.5 学生必做实验及实践活动	做实验及实践活动
3.物质的组成与结构	3.1 物质的组成	大概念
	3.2 元素、分子、原子与物质 　3.2.1 元素 　3.2.2 分子、原子 　3.2.3 物质组成的表示	核心知识
	3.3 认识物质的组成与结构的思路与方法	基本思路与方法
	3.4 研究物质的组成与结构的意义	重要态度
	3.5 学生必做实验及实践活动	必做实验及实践活动

续　表

学习主题	主题内容	内容维度
4. 物质的化学变化	4.1　物质的变化与转化	大概念
	4.2　化学反应及质量守恒定律 　　4.2.1　化学变化的特征及化学反应的基本类型 　　4.2.2　化学反应的定量关系与质量守恒定律	核心知识
	4.3　认识化学反应的思路与方法	基本思路与方法
	4.4　化学反应的应用价值及合理调控	重要态度
	4.5 学生必做实验及实践活动	必做实验及实践活动
5. 化学与社会·跨学科实践	5.1　化学与可持续发展	大概念
	5.2　化学与资源、能源、材料、环境、健康	核心知识
	5.3　化学、技术、工程融合解决跨学科问题的思路与方法	基本思路与方法
	5.4　应对未来不确定性挑战 　　5.4.1　科学伦理及法律规范 　　5.4.2　社会性科学议题的合理应对	重要态度
	5.5　跨学科实践活动	必做实验及实践活动

每个学习主题的学业要求,明确学生学习该主题后能完成哪些活动任务,体现怎样的核心素养等,是课程目标和学业质量在学习主题层面的具体表现期望。

每个学习主题的教学提示,包括教学策略建议、情境素材建议和学习活动建议,提供核心素养发展导向的学习机会和学习环境建议,旨在设计课程目标和学业质量在每个学习主题中的实现途径,促进教学方式和学习方式的转变,教师可以根据实际情况选用。

《义务教育课程方案》规定,各学科用不少于本学科总课时的 10%开展跨学科主题学习(实践)活动。在学习主题 5 中,围绕学生核心素养的目标要求,设计了 10 个跨学科实践活动供选择使用,建议与各学习主题中的核心内容及学生必做实验的教学进行整合。

如何培养学生的化学核心素养? 通过何种途径落实? 学生要经历哪些活动,什么性质的活动,才能把握化学学科内容的内在逻辑,同时满足学生发展的基本规律?

《义务教育课程方案(2022 年版)》强调以核心素养为纲,构建以真实问题解决为目标,以大观念、大单元等为形式的教学内容结构单位,在问题解决过程中渗透学科思维模式和探究模式,凸显学习过程的综合性和实践性。在教学活动上强调"学科实践"。《义务教育课程方案(2022 年版)》将"变革育人方式,突出实践"作为基本原则,强调"加强课程与生产劳动、社会实践的结合,充分发挥实践的独特育人功能"。[①] 学科实践是"具有学科意蕴的典型实践,

---

① 中华人民共和国教育部. 义务教育课程方案(2022 年版)[S]. 北京:北京师范大学出版社,2022.

即学科专业共同体怀着共享的愿景与价值观,运用该学科的概念、思想与工具,整合心理过程与操控技能,解决真实情境中的问题的一套典型做法"。[1] 在教育的视域中,学科实践具有学科立场的学习,强调尊重学科的性质和特点,学习方式和学习活动要体现学科的精气神。课程学习不是简单的、直觉的、常规的日常学习,而是高于或超越生活世界的学科学习。学生作为"形成中的专家",[2]要像学科专家一样探究和学习学科,深入触及学科本质、学科精神、学科方法等学科深层意蕴,建构起高于日常观念的"学科大观念"。

《义务教育化学课程标准(2022 年版)》提出一个重要的实践范式即跨学科实践,设计了"跨学科实践"活动。关于"如何让学科知识更有力",学术界存在两种观点:一是知识是"学科交叉"(interdisciplinary),交叉学科,就是不同学科交叉所形成的新学科,这种新学科来自于被交叉的已有学科,但是又不同于已有学科。二是"跨越边界"(boundary crossing),跨越边界,是指跨越了学科领域的边界的研究,是指主体跨越两个或者多个学科的研究。这种观点认为学科知识原有的范畴和理论处于不断的断裂、分化与交融过程之中。学科知识所表达的本质和规则逐步超越固定的意义。因此,让化学知识更加强有力,需要将化学学科知识置于特定的情境和具体的背景中,跨越化学学科的边界,使用多学科知识去解决问题,使学生增长真才实学。

知识的创造永远伴随着经验的生长,反之亦然。如果一定要为二者的结合搭建一个载体,那就是"问题解决"。因为"科学总是以问题开始,并以问题告终"。[3] 在探寻科学知识的过程中,其主要目的是理解并回答"如何"的问题和"为什么"的问题,这些是通过做出解释来回答的问题。这种问题很可能起始于实际的问题,并由此而衍生出诸多理论知识。

知识的创造始于问题,有意义的经验离不开思维,思维运作于问题解决之中,以此推论,有意义的经验就是问题解决。科学知识的本质是个体通过科学实践认识与把握周围世界的过程,该过程的核心就是要"理解"周围世界,这种理解是要把个体能够经验到的世界纳入一定的系统之中。科学理解就是一种特殊的理解,即将对周围世界的知觉经验转换成个人对某种科学系统(例如物理学、化学、生物学等科学知识系统)的理解,是一种"知道为什么""知道事物如何在世界中"[4]的能力。理解的实质是主体将知觉经验纳入一个世界图景的实践活动中,是一种更高阶的认知成就。对科学知识而言,当主体将知觉经验纳入某种科学的世界图景中时,就形成了科学理解。科学理解引导学习者建立一种基于科学家把握世界的动机与实践的科学知识规范,科学为学习者理解世界提供了一个学科视角,科学知识成为了学习

① 崔允漷,张紫红,郭洪瑞.溯源与解读:学科实践即学习方式变革的新方向[J].教育研究,2021,42(12):55—63.

② Tsang, A. The evolving professional(EP)concept as a framework for the scholarship of teaching and learning [J]. International journal for the scholarship of teaching and learning, 2010(01):1−10.

③ 郁振华.人类知识的默会维度[M].北京:北京大学出版社,2012.

④ Peter Lipton. Inference to the best explanation [M]. New York: Routledge, 2004:28.

者对这个世界最深刻和最有价值的认识。从理解出发来建构科学知识,是认知主体"给出理由与索取理由"的实践活动,理解是一种关于理由的行动和实践。由此,参与化学科学实践和跨学科实践是化学课程知识转化成学习者经验过程的重要媒介,从事化学科学实践活动以及跨学科实践是科学知识理解的有效方式和根本途径。

《义务教育课程方案(2022年版)》提出了"加强课程综合,注重关联""变革育人方式,突出实践"两条基本原则,并在"深化教学改革"部分明确提出"推进综合学习"。[①]《义务教育化学课程标准(2022年版)》设计"化学与社会·跨学科实践"主题内容的核心价值,体现在能够促进学生在知识之间、知识与生活之间、知识与自我之间建立"联结",从而推进综合学习。学科实践即"像学科专家一样思考与行动",是指在教学情境中,运用该学科的概念、思想与工具,整合心理过程与操控技能,解决真实情境中的问题的一套典型做法。[②]

义务教育阶段要培育的是学生在基础层面的核心素养,体现了基础性、起始性,为学生在高中阶段乃至终身发展打下坚实根基。

"化学与社会·跨学科实践"不仅在"学什么"的层面超越学科内容本位的知识观和学习观,而且对"怎么学"的问题提供了跨学科实践的范式,强调核心素养引领下跨学科课程内容的整合、实践和反思。

学科实践活动和跨学科实践活动是"化学观念""科学思维""科学探究与实践""科学态度与责任"等核心素养形成的路径,学生在身体参与和亲身经历中进行学习,把认知与行动、理论与实践、化学知识与日常生活有机融为一体。化学知识的价值和使用不只局限于单一学科的问题,总是强烈地依赖于相关学科知识的联系和交叉,跨学科在加工意义上解决的是复合性问题。实施跨学科实践,创设多种层面的、多种组织形式的问题情境,运用化学与相关密切学科的知识内容,通过有意义的关联,实施全面的、以实践为导向的学习。

(五)《义务教育化学课程标准(2022年版)》对学业质量有何要求

在"学业质量"部分,《义务教育化学课程标准(2022年版)》分别从"学业质量内涵""学业质量描述"两个层面阐明了"学生在完成课程学习后的学业成就表现,反映了核心素养的培养要求"。

学业质量是学生在完成课程学习后的学业成就表现,反映了核心素养的培养要求。义务教育化学课程学业质量标准是以化学课程对核心素养的目标要求为依据、结合课程内容对学生学业成就的具体表现特征进行的整体刻画,用于反映课程目标的达成程度。学业质量标准是化学学业水平考试命题的重要依据,对化学教材编写、教学和评价实施具有重要的

① 中华人民共和国教育部.义务教育课程方案(2022年版)[S].北京:北京师范大学出版社,2022.
② 崔允漷,张紫红,郭洪瑞.溯源与解读:学科实践即学习方式变革的新方向[J].教育研究,2021,42(12):55—63.

指导作用。

学业质量是指学生在修习完特定学段的课程之后应该具备的学业成就。[1] 它具备两个基本特征:一是表现性(performance-based),学业质量需要阐明在特定学段学习结果的构成及其表现特征;二是规范性(normative),学业质量是对学生在学习结果上应然水平的规定。[2] 素养不只是知识与技能,它是在特定情境中通过利用和调动心理社会资源(包括技能和态度)以满足复杂需要的能力。[3]

素养本位的学业质量明确了学生在完成义务教育化学课程学习时应该具备的核心素养构成、发展水平及表现特征。它是素养本位教育理念下对学生学业成就的规范性预期,阐明了学生全面发展的实质内涵。素养本位学业质量蕴含了具体化学课程的现实价值,超越了只专注知识点的学业质量观,树立了一种整合的、实践取向的学业质量观。素养本位的学业质量标准构建有机整合的核心素养框架,用大观念和学科实践重构课程内容,重新梳理学科知识、思维和价值的内在关系;以核心素养为纲,整合重构的课程内容,划分学业质量水平并描述其表现特征,完善了义务教育化学课程育人目标和学业质量体系。

(六)《义务教育化学课程标准(2022年版)》提出了哪些实施建议

在"实施建议"部分,《义务教育化学课程标准(2022年版)》分别从"教学建议""评价建议""教材编写建议""课程资源开发与利用""教师培训与教学研究"五个方面提出了相关意见。为了理解和有效实施课程与教学实践,描述并强调"教学建议""评价建议"和"课程资源开发与利用"三个方面的建议内容。

1. 教学建议

化学教学是落实化学课程目标,引导学生达成义务教育化学课程学业质量标准的基本途径。教师应紧紧围绕发展学生的核心素养这一主旨,积极开展核心素养导向的化学教学,充分发挥化学课程的育人功能,落实立德树人根本任务。[4]

有关"教学建议"方面,课程标准给出了四个方面的建议,如图2-2所示。

中国学生发展核心素养是对党的教育方针的具体化,反映有理想、有本领、有担当时代新人的培养要求。义务教育化学课程从学科、领域和跨领域三个层次对学生核心素养发展提出的具体要求,是化学课程育人功能和价值的高度凝练。

化学观念反映了核心素养的学科特质,科学思维、科学探究与实践体现了作为科学课程

① Kendall, J.S., Marzano, R.J. The systematic identification and articulation of content standard and benchmarks [R]. Aurora, CO: Mid-continent Regional Educational Lab, 1995:3.
② 杨向东.基础教育学业质量标准的研制[J].全球教育展望,2012,41(05):32—41.
③ Organization of Economical and Cooperative Development. The definition and selection of key competencies, executive summary [R]. Paris: OECD, 2005:4.
④ 中华人民共和国教育部.义务教育课程标准(2022年版)[S].北京:北京师范大学出版社,2022.

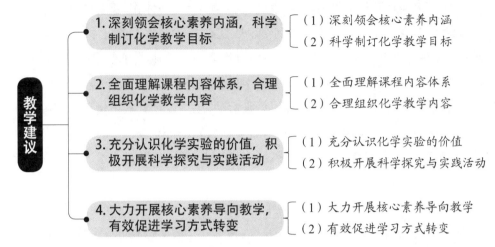

图 2-2 《义务教育化学课程标准(2022 年版)》"教学建议"内容框架

重要组成部分的核心素养的领域特质,科学态度与责任彰显了化学课程在义务教育阶段不可或缺的作用及核心素养的跨领域特质。教师应系统规划化学教学目标,体现核心素养发展的全面性和进阶性。依据核心素养内涵、课程目标及内容要求、学业要求和学业质量标准,结合学生的已有经验和认知特点,设计教学目标。教师可从规划大概念单元教学、组织科学探究、重视教学评一体化和创设挑战性实践任务等方面着手。

教师应注重基于大概念来组织单元教学内容,发挥大概念的统摄作用。重视选择和组织体现科学、技术、社会、环境相互关系的内容,紧密联系生产生活实际,使学生认识到化学能够创造更丰富的物质以满足人民日益增长的美好生活需要,使学生能综合运用所学的化学知识解释相关现象和解决有关实际问题。重视跨学科内容的选择和组织,加强化学与物理、生物学、地理等学科的联系,引导学生在更宽广的学科背景下综合运用化学和其他学科的知识分析、解决有关的实际问题。保证跨学科实践活动课时的有效落实,积极引导学生亲身经历创意设计、动手制作、解决问题、创造价值的过程,增强学生认识真实世界、解决真实问题的能力。

充分认识化学实验的价值,积极开展科学探究与实践活动。以实验为基础是化学学科的重要特征之一,化学实验对全面发展学生的核心素养有着极为重要的作用。建议教师在教学中高度重视和加强实验教学,充分发挥实验的教育功能。通过化学实验激发学生学习化学的兴趣,创设生动活泼的学习情境,帮助学生理解和掌握化学知识和技能,引导学生学习科学方法,发展学生的科学思维和创新意识,培养学生的科学态度与责任。科学探究是一种重要的科学实践活动,是化学课程要培养的核心素养不可或缺的组成部分。教师应充分认识科学探究对促进学生核心素养发展的独特价值,根据学生认知发展水平,精心设计探究活动,有效组织和实施探究教学。

教师应秉持化学课堂教学的核心素养导向理念,积极探索大概念引领的课堂教学改革,教学方式注重探究实践和科学思维培养,重视"教—学—评"一体化,实现课堂教学从掌握知识到发展素养的转变。注重运用启发式、探究式、建构式、线上线下混合式等多样化的教学方式,促进学生自主学习和深度学习,发展科学思维能力。教师尽可能设计多样化的学习任务,结合教学内容的特点和学生的实际,引导学生开展分类与概括、证据与推理、模型与解释、符号与表征等具有化学学科特质的高阶思维活动;注意设计真实情境下不同陌生度和复杂度的问题解决活动,引导学生通过小组合作、实验探究、讨论交流等多样化方式解决问题;注重开展项目式学习活动和跨学科实践活动,引导学生"做中学""用中学""创中学",促进学生核心素养的发展。

注重综合应用化学知识,设计和开展具有挑战性的实践任务,充分利用学习资源,让学生经历调研访谈、创意设计、动手制作、展示表达、方案评价、反思改进等多样化活动,促进学生形成运用多学科知识、技术、工程融合解决问题的系统思维,鼓励学生有意识地使用信息技术解决问题。设计跨学科实践活动,注重将问题解决、知识逻辑、素养发展紧密结合,拆解复杂任务和设计系列活动,实现问题解决过程与核心知识的获得、能力和素养的发展自然融合,让学生经历自主思考、合作探究、深度互动、交流、总结、反思等完整的问题解决过程,实现深度学习,提升解决真实问题的能力,促进学生核心素养的融合发展。综合运用体验和表达、成就和激励、反馈和深化等策略促进学生知、情、意、行的统一,充分发挥跨学科实践对课程内容和教学实施的整合功能。

2. 评价建议

有关"评价建议"方面,课程标准给出了"日常学习评价"和"学业水平考试"等方面的建议,如图 2-3 所示。

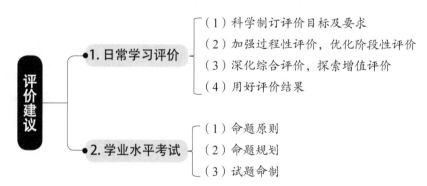

评价建议
- **1. 日常学习评价**
  - (1)科学制订评价目标及要求
  - (2)加强过程性评价,优化阶段性评价
  - (3)深化综合评价,探索增值评价
  - (4)用好评价结果
- **2. 学业水平考试**
  - (1)命题原则
  - (2)命题规划
  - (3)试题命制

图 2-3 《义务教育化学课程标准(2022 年版)》"评价建议"内容框架

教学评价的主要形式有结果性评价和表现性评价。结果性评价以单位时间内学生接受了多少知识为评价教学高效还是低效的主要标准;表现性评价因知识具有生成性,具备个人维度和情境意蕴,没办法通过量化的方式评价,所以要依据学生的行为表现,特别是学生在

特定问题情境下解决问题的行为表现。

课程标准对教学目标的划分使得教学目标成为一个个可观察、可测量的具体指标。教师要引导学生在具体情境中解决问题,考查学生在解决问题中形成的知识、能力和品格,教师对学生的评价不能只取决于成果,还要关注学生在情境活动中的"过程性"和"参与性",即学生的表现性。只有让学生回归到学科知识应用的复杂情境中,教师才能观察评价其行为和参与度。知识的生成需要有其存在的情境或背景,需要教师在教学中引导学生在具体学科问题或现实背景中对话、协商从而解决问题。因此,表现性评价要关注学生在解决问题过程中的行为。这同时也要求教师对知识和技能的类型有清楚的认识,这样才能对学生具备何种知识和能力进行评价。

3. 课程资源开发与利用

有关"课程资源开发与利用"方面,课程标准提出"加强化学实验室建设""配备和组织开发文本资源""重视信息技术资源建设""建设和利用社会教育资源"等四个方面的建议。

加强化学实验室建设,建议教师利用数字化实验装备改进传统实验,让学生借助可视化的数据认识化学问题的本质,培养学生多视角收集证据解决化学问题的能力。

配备和组织开发文本资源,建议教师系统梳理化学史中具有代表性的史实,让学生认识我国化学家在化学研究和生产生活中的贡献;鼓励教师开发项目式学习的资料,引导学生对有价值的化学主题开展专题实践活动。

重视信息技术资源建设,建议教师借助平板电脑、智能手机开展教学,合理运用移动智能网络终端提供的交互功能,丰富课堂教学手段,形成生成性资源;鼓励教师根据教学内容,充分利用微课等资源开展线上线下混合式教学,优化传统教学方式。

建设和利用社会教育资源,建议教师指导和组织学生开展实地调研,让学生经历调查、实验、数据采集、解释论证、社会交往等活动。

三、附录

《义务教育化学课程标准(2022年版)》的附录部分,呈现了"跨学科实践活动案例""教学案例""评价案例"等方面的课程实践活动样例,为课程教学提供了参考。同时明确规定了"学生必做实验"主题和"跨学科实践活动"选题。

其中,《义务教育化学课程标准(2022年版)》明确规定了学习者必做的8个化学实验主题:

（1）粗盐中难溶性杂质的去除。

（2）氧气的实验室制取与性质。

（3）二氧化碳的实验室制取与性质。

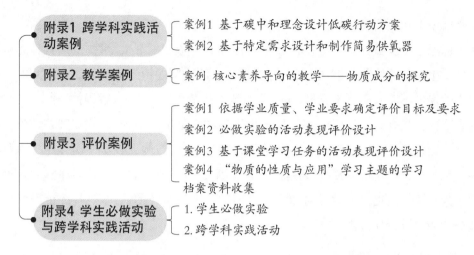

图2-4 《义务教育化学课程标准(2022年版)》"附录"中的案例内容

(4) 常见金属的物理性质和化学性质。

(5) 常见酸、碱的化学性质。

(6) 一定溶质质量分数的氯化钠溶液的配制。

(7) 水的组成及变化的探究。

(8) 燃烧条件的探究。

第三节 《普通高中化学课程标准(2017年版 2020年修订)》

《普通高中化学课程标准(2017年版2020年修订)》全文内容框架包括前言、正文和附录三大结构。前言部分,从修订工作的指导思想和基本原则、修订的主要内容和变化两个层面对课程标准提出构建思想、原则和方向。正文部分,从课程性质与基本理念,学科核心素养与课程目标,课程结构,课程内容,学业质量和实施建议等六个层面对普通高中阶段化学课程进行了规定和提出要求。附录部分,呈现了化学学科核心素养的水平划分、教学与评价案例、学生必做实验索引。

《普通高中化学课程标准(2017年版2020年修订)》中的课程内容和学业要求基于以下原则和思路进行:学科核心素养导向,彰显知识的素养发展功能,明确学习内容和学业要求,明确规定学生必做实验,基于主题进行教学指导,提供教学策略、学习活动和情境素材等。[1]

---

[1] 王磊,魏锐.学科核心素养发展导向的高中化学课程内容和学业要求——《普通高中化学课程标准(2017年版)》解读[J].化学教育(中英文),2018,39(09):48—53.

所谓素养,是指一个人在完成一件工作或解决一个问题时所表现出来的能力和品格。具备素养的人,在社会中可以产生"正能量",也有可能带来"负能量"。也就是说,素养是有价值取向的。课程标准中所提出的化学学科核心素养,反映的是"社会主义核心价值观下化学学科育人的基本要求"。所谓化学学科核心素养,是指学生通过化学学科学习而逐步形成的正确价值观、必备品格和关键能力。"正确价值观"属于价值取向,"必备品格"主要属于非智力因素,"关键能力"属于智力因素。[①]

一、前言

课程标准在前言部分强调,基础教育课程承载着党的教育方针和教育思想,规定了教育目标和教育内容,是国家意志在教育领域的直接体现,在立德树人中发挥着关键作用。

课程标准基于学科本质凝练了学科核心素养,明确了学生学习该学科课程后应形成的正确价值观、必备品格和关键能力,对知识与技能、过程与方法、情感态度价值观三维目标进行了整合。

课程标准围绕核心素养的落实,精选、重组课程内容,明确内容要求,指导教学设计,提出考试评价和教材编写建议。进一步精选了学科内容,重视以学科大概念为核心,使课程内容结构化,以主题为引领,使课程内容情境化,促进学科核心素养的落实。

课程标准研制了学业质量标准。明确学生完成学习任务后学科核心素养应该达到的水平,其中各水平的关键表现构成了评价学业质量的标准。引导教学更加关注育人目的,更加注重培养学生核心素养,更加强调提高学生综合运用知识解决实际问题的能力,帮助教师和学生把握教与学的深度和广度,为阶段性评价、学业水平考试和升学考试命题提供重要依据,促进教、学、考有机衔接,形成育人合力。

课程标准增强了指导性。本着为编写教材服务、为教学服务、为考试评价服务的原则,突出课程标准的可操作性,切实加强对教材编写、教学实施、考试评价的指导。

二、正文

《普通高中化学课程标准(2017年版2020年修订)》的正文部分,说明了化学课程性质,阐明了化学课程理念,提出了化学学科核心素养,指明了化学课程目标,设计了化学课程结构,规定了化学课程内容,描述了化学课程学业质量要求,提出了化学课程实施建议。

---

① 郑长龙.2017年版普通高中化学课程标准的重大变化及解析[J].化学教育(中英文),2018,39(09):41—47.

一、课程性质与基本理念

二、学科核心素养与课程目标

三、课程结构

四、课程内容

五、学业质量

六、实施建议

图 2-5 《普通高中化学课程标准(2017 年版 2020 年修订)》正文内容框架

(一) 普通高中化学的课程性质与基本理念是什么

在"课程性质"部分,回答并界定了 2 个基本课程问题:(1)化学是一门怎样的学科? (2)普通高中化学课程的使命是什么?

化学是在原子、分子水平上研究物质的组成、结构、性质、转化及其应用的一门基础学科,其特征是从微观层次认识物质,以符号形式描述物质,在不同层面创造物质。……

普通高中化学课程是与义务教育化学或科学课程相衔接的基础教育课程,是落实立德树人根本任务、发展素质教育、弘扬科学精神、提升学生核心素养的重要载体;化学学科核心素养是学生必备的科学素养,是学生终身学习和发展的重要基础;……

在"基本理念"部分,阐述了普通高中化学课程将秉持的"以发展化学学科核心素养为主旨""设置满足学生多元发展需求的高中化学课程""选择体现基础性和时代性的化学课程内容""重视开展'素养为本'的教学""倡导基于化学学科核心素养的评价"等五大内涵的课程精神。

(二) 普通高中化学的课程目标是什么

《普通高中化学课程标准(2017 年版 2020 年修订)》提出了"宏观辨识与微观探析""变化观念与平衡思想""证据推理与模型认知""科学探究与创新意识""科学态度与社会责任"等化学学科核心素养,并具体阐释了其内涵,据此指明了课程目标,旨在推进化学课程帮助学生形成未来发展需要的正确价值观、必备品格和关键能力。

核心素养包含了知识,但又超越了知识。素养不是知识种类的简单组合,而是将知识运用于情境之中,通过建构各种复杂关系,由此形成的一种解决复杂问题的能力。

什么是学科核心素养?

学科核心素养是学科育人价值的集中体现,是学生通过学科学习而逐步形成的正确价值观、必备品格和关键能力。高中化学学科核心素养是高中学生发展核心素养的重要组成部分,是学生综合素质的具体体现,反映了社会主义核心价值观下化学学科育人的基本要求,全面展现了化学课程学习对学生未来发展的重要价值。

什么是化学学科核心素养?

化学学科核心素养包括"宏观辨识与微观探析""变化观念与平衡思想""证据推理与模型认知""科学探究与创新意识""科学态度与社会责任"5 个方面。[①]

表 2-3　化学学科核心素养及其内涵

化学学科核心素养	具 体 内 涵
素养 1　宏观辨识与微观探析	能从不同层次认识物质的多样性,并对物质进行分类;能从元素和原子、分子水平认识物质的组成、结构、性质和变化,形成"结构决定性质"的观念。能从宏观和微观相结合的视角分析与解决实际问题。
素养 2　变化观念与平衡思想	能认识物质是运动和变化的,知道化学变化需要一定的条件,并遵循一定规律;认识化学变化的本质特征是有新物质生成,并伴有能量转化;认识化学变化有一定限度、速率,是可以调控的。能多角度、动态地分析化学变化,运用化学反应原理解决简单的实际问题。
素养 3　证据推理与模型认知	具有证据意识,能基于证据对物质组成、结构及其变化提出可能的假设,通过分析推理加以证实或证伪;建立观点、结论和证据之间的逻辑关系。知道可以通过分析、推理等方法认识研究对象的本质特征、构成要素及其相互关系,建立认知模型,并能运用模型解释化学现象,揭示现象的本质和规律。
素养 4　科学探究与创新意识	认识科学探究是进行科学解释和发现、创造和应用的科学实践活动;能发现和提出有探究价值的问题;能从问题和假设出发,依据探究目的,设计探究方案,运用化学实验、调查等方法进行实验探究;勤于实践,善于合作,敢于质疑,勇于创新。
素养 5　科学态度与社会责任	具有安全意识和严谨求实的科学态度,具有探索未知、崇尚真理的意识;深刻认识化学对创造更多物质财富和精神财富、满足人民日益增长的美好生活需要的重大贡献;具有节约资源、保护环境的可持续发展意识,从自身做起,形成简约适度、绿色低碳的生活方式;能对与化学有关的社会热点问题作出正确的价值判断,能参与有关化学问题的社会实践活动。

上述 5 个方面立足高中生的化学学习过程,各有侧重,相辅相成。"宏观辨识与微观探析""变化观念与平衡思想""证据推理与模型认知"要求学生形成化学学科的思想和方法;"科学探究与创新意识"从实践层面激励学生勇于创新;"科学态度与社会责任"进一步揭示了化学学习更高层次的价值追求。

[①] 中华人民共和国教育部.普通高中化学课程标准(2017 年版 2020 年修订)[S].北京:人民教育出版社,2020.

上述化学学科核心素养将化学知识与技能的学习、化学思想观念的建构、科学探究与问题解决能力的发展、创新意识和社会责任感的形成等多方面的要求融为一体,体现了化学课程在帮助学生形成未来发展需要的正确价值观、必备品格和关键能力中所发挥的重要作用。

知识的产生是在探究、解决问题的过程中实现的,这一过程也成为个体经验成长和改变的过程。核心素养理念清晰、明确地指向学生在面对多样化情境时,会在参与活动或者与世界交往中产生创造性知识。知识是在探究中生成的。探究是知识与情境的交互作用。这种交互作用是知识在某一特定情境中,通过系列操作解决问题的结果。教科书中的文字知识不一定能完全表现事物的意义,而应将其放在更复杂的系统中来理解。也就是说,在问题情境中,在背景信息充足丰富的条件下,知识与探究融合贯通成为解决问题的工具与手段,在这一交互作用中生成了知识。[1] 学生在参与、探索并与知识的对话过程中实现自我的内在理解建构与知识的意义生成。[2] 认识的发生是个体与环境交互作用的动态性过程与结果。情境也不单单是纯粹的物质客体,而是包含着与个体生活紧密相连的自然、社会以及由人构成的各种团体。对于教学实践,课程知识的生成就依赖于教师与教科书、课堂环境以及学生的交互作用。[3]

康德把知识的结构界定为内容和形式。知识是基于个人经验生产的,形式则是个体意识固有的、先验的,内容只有通过先天形式的组织才具有规律性和秩序性。[4] 这表明人对信息的加工过程是一系列心理加工过程,学习就是获得心理表征。[5]

三维目标的"过程与方法"是对知识的认知和运用过程,它强调个体为实现一定的目的而采用的具体方式和手段。认识的目的是由感性认识上升到理性认识,透过事物的现象认识事物的本质,在实践中深化认识、发展认识、获得真理。基于个人对事物的认知而确立的目的是单一的、具有个人属性的。当个体接收到问题时,个体已有的经验系统首先会对问题进行分析,然后在经验系统内检索与之相关的系统。但若个体在识别阶段无法通过检索经验系统内的知识找到解决问题的相关策略知识,或经验系统内的知识不全面,则可能会触发其获取新知识的需求。这就是说,学生掌握新的知识依赖于自己的知识生产体系,三维目标对教学目标的划分使得教学目标成为一个个可观察、可测量的具体指标。在三维目标的要求下,教师成为传递知识的首要也是主要来源。教师与学生认知的不同,使得教师认知下的教学方式与学生认知下的学习方式之间产生了矛盾,在课堂教学中就会出现教师"灌输"、学生成为"容器"的传统教学问题。"过程与方法"涵盖的程序性知识是学生自身接受、吸纳新

① 约翰·杜威.民主主义与教育[M].王承绪,译.北京:人民教育出版社,2001:180—181.
② 张良.课程知识观研究——从表征主义到生成主义[D].上海:华东师范大学,2015.
③ 刘亚,赵建梅.论素养本位的知识观转型:从客观主义到生成主义[J].教育理论与实践,2019,39(04):12—15.
④ 康德.纯粹理性批判[M].北京:商务印书馆,1960:27.
⑤ Mayer, R.E. Learners as information processors: Legacies and limitations of educational psychology's second metaphor [J]. Educational Psychologist, 1996,31(03):151 - 161.

知识转化为自身的陈述性知识与适当条件相互作用而产生的,它侧重的是知识加工过程中的元认知监控作用。学生本应是知识的创造者、过程中的实施者,但对如何获取知识、技能和方法的不明确性,又使得教师成为隐形的主导者。对学生来说,基于教师个人知识加工产生的新知识,其吸收和接纳的数量和质量都是有限的。

（三）普通高中化学课程结构是怎样的

课程标准在"课程结构"部分,分别从设计依据、结构、学分与选课等层面中说明并规定了普通高中化学课程由"必修课程""选择性必修课程""选修课程"三类课程构成。

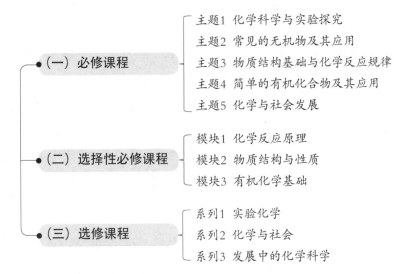

图 2-6 《普通高中化学课程标准(2017 年版 2020 年修订)》的课程结构

为什么普通高中化学课程要设置"必修课程""选择性必修课程""选修课程"三类课程的结构?

经济合作与发展组织(organization for economic co-operation and development,简称 OECD)在 2018 年提出的 2030 课程框架中,设计了支撑素养形成的课程内容体系,包括知识、技能、态度与价值观三个维度,其中,知识维度由学科知识、跨学科知识、程序性知识、认识论知识(认知知识)构成。[1] 科学教科书的主题围绕科学核心概念组织单元内容,科学核心概念的深度和难度会在不同年级逐渐加大,不断进阶。同时,每个主题或单元中也会有科学探究的内容,探究方法在不同主题之间、在不同年级之间也需要有连续性、进阶性。

《普通高中化学课程标准(2017 年版 2020 年修订)》设置了满足学生多元发展需求的高中化学课程。通过有层次、多样化、可选择的化学课程拓展学生的学习空间,在保证学生共

---

① 吕立杰.大概念课程设计的内涵与实施[J].教育研究,2020,41(10):53—61.

同基础的前提下,引导不同的学生学习不同的化学,以适应学生未来发展的多样化需求。将课程类别调整为必修课程、选择性必修课程和选修课程,在保证共同基础的前提下,为不同发展方向的学生提供有选择的课程。明确各类课程的功能定位,与高考综合改革相衔接:必修课程根据学生全面发展需要设置,全修全考;选择性必修课程根据学生个性发展和升学考试需要设置,选修选考;选修课程由学校根据实际情况统筹规划开设,学生自主选择修习,学而不考或学而备考,为学生就业和高校招生录取提供参考。合理确定各类课程学分比例,在毕业总学分不变的情况下,对原必修课程学分进行重构,由必修课程学分、选择性必修课程学分组成,适当增加选修课程学分,既能保证基础性,又能兼顾选择性。

高中化学课程设计了不断进阶、深化和拓展的紧密衔接的三类课程结构。《普通高中化学课程标准(2017年版2020年修订)》在正文“三、课程结构”中指出设计依据,以及“必修课程”“选择性必修课程”“选修课程”三类课程对学生要求的相关说明:[①]

依据普通高中课程方案,在义务教育化学或科学课程的基础上,为学生提供基础性、多样化和可选择的课程。必修课程为全体学生奠定共同基础,选择性必修课程根据学生个性发展和升学考试的需要设置,选修课程满足不同学生的学习兴趣与个人需求。三类课程不仅适应学生不同层次和不同取向的多元发展需求,而且赋予学生和学校更大的选择权和自主权。

必修课程是全体学生必须修习的课程,是普通高中学生发展的共同基础。必修课程努力体现化学基本观念与发展趋势,促进全体学生化学学科核心素养的发展,以适应未来社会发展需求。必修课程内容包括5个主题。

选择性必修课程是学生根据个人需求与升学考试要求选择修习的课程,培养学生深入学习与探索化学的志向,引导学生更深入地认识化学科学,了解化学研究的内容与方法,提升学生化学学科核心素养的水平。选择性必修课程设置3个模块。

选修课程是学生自主选择修习的课程,面向对化学学科有不同兴趣和不同需要的学生,拓展化学视野,深化对化学科学及其价值的认识。选修课程设置3个系列。

(四)普通高中化学课程内容有哪些

《普通高中化学课程标准(2017年版2020年修订)》将“化学核心素养”视为学生能力发展的目标,化学核心素养不只是强调知识,而且超越了知识,要求学生能够在具体情境中应用化学课程知识解决问题,即学生不仅拥有学科的知识,还能够应用学科知识解决具体情境中的问题。课程标准选择了体现基础性和时代性的化学课程内容。“精选了学科内容,重视以学科大概念为核心,使课程内容结构化,以主题为引领,使课程内容情境化,促进学科核心素养的落实。结合学生年龄特点和学科特征,课程内容落实习近平新时代中国特色社会主义思想,有机融入社会主义核心价值观,中华优秀传统文化、革命文化和社会主义先进文化教育内容,努力呈现经济、

---

① 中华人民共和国教育部.普通高中化学课程标准(2017年版2020年修订)[S].北京:人民教育出版社,2020.

政治、文化、科技、社会、生态等发展的新成就、新成果,充实丰富培养学生社会责任感、创新精神、实践能力相关内容。"

在"课程内容"部分,分别对"必修课程"内容明确规划了 5 个主题、"选择性必修课程"设置 3 个模块、"选修课程"设置 3 个系列。

"必修课程"内容明确规划了 5 个主题。

主题 1:化学科学与实验研究。该主题界定了化学是在原子、分子水平上研究物质的组成、结构、性质、转化及其应用的一门基础学科,其特征是认识物质和创造物质;描述了科学探究过程包括提出问题和假设、设计方案、实施实验、获取证据、分析解释或建构模型、形成结论及交流评价等核心要素;要求初步学会物质检验、分离、提纯和溶液配制等化学实验基础知识和基本技能;发展对化学实验探究活动的好奇心和兴趣,养成注重实证、严谨求实的科学态度,增强合作探究意识,养成独立思考、敢于质疑和勇于创新的精神,树立安全意识和环保意识,规定了在必修课程中 9 个学生必做实验。在元素及其化合物性质相关实例的基础上,认识并应用氧化还原反应和离子反应相关原理。

主题 2:常见的无机物及其应用。该主题中明确要求结合真实情境中的应用实例或通过实验探究,从物质类别、价态、元素周期表系统了解钠、铁、氯、氮、硫及其重要化合物的主要性质及其转化。认识有化合价变化的反应是氧化还原反应,了解氧化还原反应的本质是电子的转移,知道常见的氧化剂和还原剂;认识酸、碱、盐等电解质在水溶液中或熔融状态下能发生电离,通过实验事实认识离子反应及其发生的条件,了解常见离子的检验方法。

主题 3:物质结构基础与化学反应规律。该主题要求知道元素周期表的结构,以第三周期的钠、镁、铝、硅、硫、氯,以及碱金属和卤族元素为例,了解同周期和主族元素性质的递变规律;建立化学键概念及化学反应中物质变化的实质及能量变化的主要原因;掌握可逆反应、化学平衡、化学反应平均速率和影响化学反应速率的因素等内容;认识吸热反应与放热反应,了解化学反应体系能量改变与化学键的断裂和形成有关;以原电池为例认识化学能可以转化为电能,从氧化还原反应的角度初步认识原电池的工作原理。

主题 4:简单的有机化合物及其应用。该主题要求以甲烷、乙烯、乙炔、苯为例认识碳原子的成键特点及其空间结构;以乙烯、乙醇、乙酸、乙酸乙酯为例认识有机化合物中的官能团以及同分异构现象;知道氧化、加成、取代、聚合等有机反应类型。

主题 5:化学与社会发展。该主题要求结合实例认识化学原理、化工技术对于节能环保、清洁生产、清洁能源等实现可持续发展的途径;结合实例认识金属材料、无机非金属材料、高分子材料等常见材料类型、组成、性能与应用;结合合成氨、工业制硫酸、石油化工等实例了解化学在生产中的具体应用;以海水、金属矿物、煤、石油等的开发利用为例,了解依据物质性质及其变化综合利用资源和能源的方法;以酸雨的防治和废水处理为例,体会化学对环境保护的作用;树立自觉遵守国家关于化学品应用、化工生产、环境保护、食品与药品安全等方面的法律法规的意识。

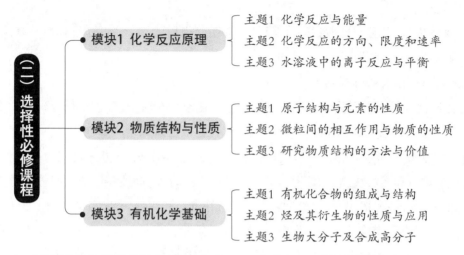

图 2-7 《普通高中化学课程标准(2017 年版 2020 年修订)》"选择性必修课程"三个模块内容

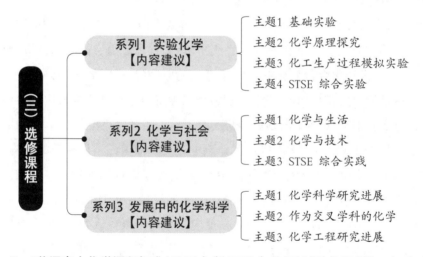

图 2-8 《普通高中化学课程标准(2017 年版 2020 年修订)》"选修课程"三个系列内容

(五) 普通高中化学课程对学业质量有何要求

在"学业质量"部分,课程标准分别从"学业质量内涵""学业质量水平""学业质量水平与考试评价的关系"三个层面阐明了对学生在完成本学科课程学习后学业成就表现的要求。

学业质量是学生在完成一门课程的阶段性学习后的学业成就表现,是学生在学完相应的课程内容后所发生的变化和收获。学业质量标准以课程培育的核心素养及其表现水平为主要维度,结合课程内容,对学生学业成就表现进行刻画和描述,用以反映课程目标的达成度。化学核心素养本位的学业质量以育人目标为宗旨,化学核心素养内涵不是割裂的,而是立体交融在具体的化学实践活动中,构成了一个有机的整体,阐明了化学课程承载的共同和独特育人价值。它指向的既不是习得孤立零碎的学科知识和概念,也不是在固定情境下简单应用知识或技能,而是应对和解决各种复杂的、不确定的复杂化学专业领域问题或任务。在解决复杂真实化学问题的过程中,个体需要选择、重组和运用在化学课程学习中习得的知识和技能、思维方法、情感态度或价值观,以认识和理解情境,形成行动计划,提出解决方案。在这一过程中,化学学科知识、方法和价值得到了不断的整合和重构,而素养就是学生在这一过程中逐渐发展起来的应对各种场景、任务或问题需求的灵活心智。[1]

素养本位学业质量是一种整合的、综合性的学习结果,学业质量标准不是对单个核心素养不同表现水平的描述,而是整合化学核心素养与化学课程的内容,对学生学业成就进行整体界定和描述。

化学学业质量被划分为若干个水平。每一级水平都是多种核心素养的综合表现,主要刻画在特定复杂程度的情境中,学生选择、组织或运用化学观念、思维或方法等,应对和解决各种任务或问题的关键特征。不同水平在组织结构和呈现原则上是相同的,但在表现特征上存在由低到高、由简单到复杂的递升关系。

《普通高中化学课程标准(2017 年版 2020 年修订)》中使用了以素养本位的学业质量水平的表述方式,不再采用"了解""知道""理解""应用"的话语体系来表示进阶关系。化学核心素养的形成过程不是先"了解"某个素养,然后"理解"其内涵或功能,最后学会如何"应用"的过程。这种表述方式是一种从知到行、先学后用的进阶观。所有学业水平——包括最低水平,刻画的都是学生已经形成相关素养之后,在应对各种复杂现实情境或任务时不同层次的理解、思维或实践特征。因此,表述时应采用"分类""概括""阐释""解释""推断""预测""论证""鉴赏""评析""设计""创造"等话语体系。[2] 利用这种话语,学业表现可以表述为"能根据物质组成和性质对物质进行分类","能运用所学的化学知识和方法分析讨论生产、生活中简单的化学问题","能运用宏观、微观、符号等方式描述、说明物质转化的本质和规律","能收集并用数据、图表等多种方式描述实验证据,能基于现象和数据进行分析推理得出合理结论"等形式。

(六)普通高中化学课程提出了哪些实施建议

教学活动标准从"做什么""怎么做""用什么做"等方面为教师提供了适合课程的规范性、可操作的教学方法与策略,实现"教什么"与"怎么教"的统一、目标与手段的统一,以及过程与结果的统一。

在"实施建议"部分,分别从"教学与评价建议""学业水平考试命题建议""教材编写建

[1] 杨向东.关于核心素养若干概念和命题的辨析[J].华东师范大学学报(教育科学版),2020,38(10):48—59.
[2] 杨向东.素养本位学业质量的内涵及意义[J].全球教育展望,2022,51(05):79—93.

议""地方和学校实施本课程的建议"四个方面提出了相关意见。其中"教学与评价建议"主旨强调的内容如图 2-9 所示。

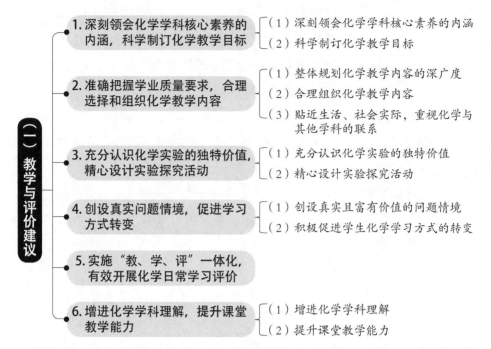

图 2-9 《普通高中化学课程标准(2017 年版 2020 年修订)》"实施建议"部分的"教学与评价建议"

三、附录

《普通高中化学课程标准(2017 年版 2020 年修订)》在"附录"部分呈现了"附录 1 化学学科核心素养的水平划分"标准,"附录 2 教学与评价案例"内容,以及"附录 3 学生必做实验索引"主题。

在附录 3 中,明确规定了必修课程和选择性必修课程中学生必做的化学实验主题。

必修课程学生必做实验:

1. 配制一定物质的量浓度的溶液

2. 铁及其化合物的性质

3. 不同价态含硫物质的转化

4. 用化学沉淀法去除粗盐中的杂质离子

5. 同周期、同主族元素性质的递变

6. 化学反应速率的影响因素

7. 化学能转化成电能

8. 搭建球棍模型认识有机化合物分子结构的特点

9. 乙醇、乙酸的主要性质

选择性必修课程学生必做实验：

1. 简单的电镀实验

2. 制作简单的燃料电池

3. 探究影响化学平衡移动的因素

4. 强酸与强碱的中和滴定

5. 盐类水解的应用

6. 简单配合物的制备

7. 乙酸乙酯的制备与性质

8. 有机化合物中常见官能团的检验

9. 糖类的性质

本章学习任务

1. 解释课程标准在中学化学课程与教学中扮演什么角色？说明课程标准与你的专业有何关系？

2. 如何从文本特点、结构框架和主体内容等方面介绍课程标准？

3. 描述并分析讨论《义务教育化学课程标准（2022 年版）》的内容。

4. 描述并分析讨论《义务教育化学课程标准（2022 年版）》的学业质量要求。

5. 描述并分析讨论《普通高中化学课程标准（2017 年版 2020 年修订）》的内容。

6. 描述并分析讨论《普通高中化学课程标准（2017 年版 2020 年修订）》的学业质量要求。

第三章 中学化学教科书

本章目标预览

通过本章学习,你能够:

- 知道教科书的内涵和功能。
- 知道化学教科书的编写逻辑。
- 能够梳理出化学教科书的主题内容统领下的知识体系。
- 掌握教科书编写的价值、知识、阅读、教学等基本逻辑。

本章内容引导

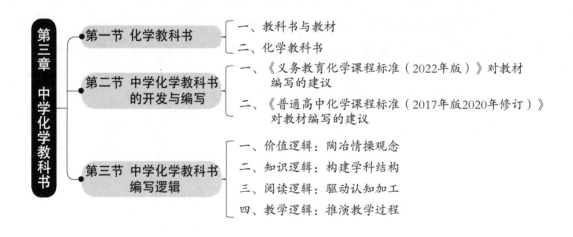

第一节 化学教科书

教科书一向被认为居于教育系统的核心地位,因为它不仅是教学的主要资源,而且传递了文化的精华,塑造了社会的价值,对于个人的认知发展及国家文化水准的提高具有非常重要的作用。教科书是支配性的学校课程教学资源,甚至决定该学科 80% 的课程内容。教科书是学校教育的心脏,没有教科书就没有学校。[①] 教科书使得大规模的公共教育成为可能。[②]

一、教科书与教材

(一) 教科书的含义

因强调的视角或侧重的观点不同,不同学者对"教科书是什么"有不同的理解,例如:

- 教科书是一种教育工具,在教学过程中担负着重要的任务。
- 教科书是教育的媒介物。
- 教科书是社会的稳定元素,是一种社会控制的主要工具,传递信息,用以规范或禁止下一代的行为。
- 教科书是印成的有结构的知识,用以结合教与学的活动。
- 教科书是用于教室中精选的知识。
- 教科书是塑造人,赋予认同体的知识。
- 教科书是自文化遗产中为学习者所精挑细选的知识。
- 教科书兼具经验的与规范的(empirical and normative)的陈述。
- 教科书是学校教育中对话的一部分。
- 教科书是文化与意识形态的浓缩体。

上述这些不同的定义,皆强调教科书的重要性:教科书作为国家意志、文化传承和学科发展的集中体现,既是寄寓着意识形态的合法知识,也是师生对话的桥梁。

从教育学的角度看,教材、教育者、教学设施是教育的三大支柱,教科书属其中之一。它作为教学内容的物化形态,是教学系统中的重要组成部分,凝结了教学目标、教学内容和教学模式等。[③] 从教学论的角度看,教科书是教学活动文本系统,它不仅要成为师生对话的中

---

① 欧用生,洪孟珠.社会领域教科书审查历程分析[M]//台湾教育资料馆.教育资料集刊:第二十九辑(教育评鉴专辑).台北:台湾教育资料馆,2004:225—246.

② 威尔伯·施拉姆,威廉·波特.传播学概论[M].陈亮,周立方,李启,译.北京:新华出版社,1984:18.

③ 曾天山.教材论[M].北京:人民教育出版社,2019:24—25.

介,而且要成为师生对话的直接参与者。① 从文化的角度看,教科书不只是一般的学习材料、素材或资源,更是人类优秀文明成果的精华,是国家意志的体现,是社会主流价值观的重要载体,自然科学课程的教科书所传承和弘扬的主要是科学文化,同时也体现了科学与人文的结合。从国家和社会的角度看,教科书反映国家的主流意识形态和核心价值观念,我国的大中小学教科书要落实立德树人根本任务,体现培根铸魂、启智增慧的总要求。

教科书,又称课本,是依据课程标准编制的、系统规范地呈现课程内容的教学用书。它以简明易懂的文字,具体阐述一门学科课程的系统内容,一般由目录、课文、习题、练习、实验、图表、注释、附录、索引等部分构成。教科书是课程标准的具体化,是学生获得系统学科知识的核心资源,是教师进行教学活动的内容载体和实施工具。通常按照学年或学期分册,划分单元或章节,课文是教科书的主体部分。② 教科书一般是对某学科现有知识和成果进行综合归纳和系统阐述,具有全面、系统、准确的特征。教科书一般都要经过教育部门审定,经过试用、修订,然后推广使用。

对学生而言,教科书是传递知识的读本,是学生在学校教育中获得系统知识、进行学习的主要材料,是学科课程内容的主要载体,可帮助学生阅读掌握教学内容,展开预习、复习等学习活动,执行实验、实践等作业任务。教科书具有激发兴趣和引导活动、知识呈现和观念引领、思维训练和学业评价等作用。

对教师而言,教科书是教本,是教学的蓝本,是教师实施教学的主要依据和课程内容参考的材料,帮助教师明确课程理念、确立教学目标、设计教学活动、规划学习任务、布置课后作业以及对学生的学习过程与结果进行评价,具有教学依据、资源提供、教法指导、评价支撑等功能。

就达成的目标而言,教科书是传递知识的载体和工具,是保障教育均衡、维护教育公平、推动教育普及的有力工具,还是传播人类文明、社会文化、国家价值体系的媒介。教科书强调其知识传承功能。

就与教学的关系而言,教科书是教学、评价的主要依据。③ 教科书内容需要转化为教学实践活动和让学生经历的实践体验或科学探究等学习活动,依据教科书中的内容性质确定教学活动、实验活动、实践活动或其他社会活动的展开形式,并对各教学阶段的课堂教学和实验实践活动做出统筹安排。

作为信息传播媒介,教科书以文字、符号、数据、图表等形式呈现了学科课程系统内容,是信息的来源。

① 孙智昌.主体相关性:教科书设计的基本原理[M].北京:教育科学出版社,2011:135,172.
② 王本陆.课程与教学论(第3版)[M].北京:高等教育出版社,2017:66.
③ 赵占良.中学生物学教材编制的基本理论问题刍议[J].课程·教材·教法,2011,31(01):55—63.

（二）教科书与教材的区别

教科书与教材是否为同一概念？

杜威认为："所谓教材，就是在一个有目的的情境的发展过程中所观察的、回忆的、阅读的和谈论的种种事实，以及所提出的种种观念。学习传授的各种知识或教材都是人类长期积累的文化遗产经过逻辑加工而成的，是教育者预先制定完善的向学习者讲授的分门别类的原则或理论。学习要安排种种作业，如园艺、纺织、木工、金工、烹饪等，把基本的人类事物引进学校，作为学校的教材。"[①]从杜威的经验主义教育学角度分析，教材的概念是很宽泛的，各种事实，各种观念都是教材。教材的载体除了教科书之外，各种分门别类的原则、理论以及各种活动、各种技术都可以称作教材。

《中国大百科全书》中对教材的解释是："教材，一般有两种解释：（1）根据一定学科的任务，编选和组织具有一定范围和深度的知识和技能的体系。它一般以教科书的形式来具体反映。（2）教育者指导学习者学习的一切教学材料。它包括教科书、讲义、讲授提纲、参考书刊、辅导材料以及教学辅助材料（如图表、教学影片、唱片、录音、录像等）。教科书、讲义和讲授提纲是教材整体中的主体部分。"[②]

李诚忠主编的《教育词典》中对教材的定义是："教材，根据教学大纲和实际需要，为师生教学应用而编选的材料。主要有教科书、讲义、讲授提纲、参考资料等。"[③]

还有学者指出，教材是为达到教学目的而使用的教授或学习的材料。[④]

在这些解释中，对教材的理解有广义和狭义之分。从广义上来说，教材，字面上的意思即"教学的材料"，即凡是为了达到一定的教育目的，在教学过程中所使用的材料或工具，都在教材的范围内。即以教科书为核心的所有教学材料，包括教辅、教参、教具、学具等。例如，教学参考书、练习题册、数字教材、图书音像制品、报纸杂志、网络信息资料、教学实物等教学资源。总之，广义的教材泛指有利于学生增长知识或发展技能的材料。教科书仅仅是教材组成中的一部分。教科书属于教材，但教材不一定是教科书。

狭义的教材就是教科书。教科书，是通过审定出版、遵循并依据课程标准精心编撰、呈现学校教育中学生发展需要的学科课程系统内容的教学用书。教科书是一种课程内容更加系统、规范、标准的教材。教科书作为课程标准的下位材料，服从于课程标准，旨在体现课程标准。教科书遵循课程标准，将课程标准转变为学生习得的内容，达到预期的课程目标。不同版本的教科书往往具有不同的编写体例、切入视角、呈现方式、内容选择及图像系统。影响教科书文本的质量的因素，集中体现为教科书的内容、组织结构、印刷制作

---

① 约翰·杜威. 民主主义与教育［M］. 王承绪，译. 北京：人民教育出版社，1990.
② 中国大百科全书总编辑委员会，中国大百科全书出版社编辑部. 中国大百科全书［M］. 北京：中国大百科全书出版社，2009.
③ 李诚忠. 教育词典［M］. 哈尔滨：黑龙江科学技术出版社，1989.
④ 筑波大学教育学研究会. 现代教育学基础［M］. 钟启泉，译. 上海：上海教育出版社，2003.

与教科书的特色等方面。教科书的特色既可以体现在教科书的整体设计风格上,也可以体现在教科书的单项特色上;既可以体现在教科书的内容质量上,也可以体现在教科书的外在质量(如印刷、包装等)上。因而,教科书须遵循课程标准,而课程标准也给了教科书一个适度的创造空间,同时又能规范教科书的编写。

二、化学教科书

教科书是按学科编写的。不同学科有不同学科的教科书。

化学教科书,是通过审定出版、遵循并依据化学课程标准开发编撰的化学课程的教学用书,反映了化学课程标准对化学课程性质、课程理念、课程目标、课程内容、课程实践、课程评价等方面的规定,系统化、结构化、具体化地呈现了规范的、标准的化学课程内容。

化学教材是化学课程重要的物化形态与文本素材,是实现化学课程目标的重要载体,是实施化学教学的主要资源之一。[①] 化学教材,是依据化学课程标准开发设计的各种教学材料,是教育者和学习者据以展开教与学活动的课程资源。不仅包括化学教科书,还包括如教学参考书、实验用书等其他书面文字材料,以及音像、媒体、工具、网络资料等。

改革开放后的第一套通用教科书是十年制教科书,于 1978 年秋季出版使用。教科书关注学生的学习发展,强调"通过基础知识的学习、基本技能的训练,启迪学生的智力,培养学生的能力"。但这套教科书也存在内容深广、知识偏难等问题,在有限的学制内,较难完成教学任务。因此,国家教育委员会又颁发了十二年制的教学计划,形成了十年制和十二年制两种学制。1982 年,针对两种学制,人民教育出版社一方面按照降低难度、减轻分量的原则,着手修订原来的十年制教科书;另一方面,组织编写十二年制教科书。但这些教科书总体上仍然存在课程内容深、难,学习任务繁、重等问题。针对这些问题,国家教育委员会采取了两个策略:一是直接降低学科内容的难度;二是开始探索教科书多样化,以不同版本的教科书应对不同地域、不同学校对教科书的不同需求。其中,影响比较大的探索是实施两种水平的教科书。20 世纪 80 年代中期,我国开始进行基础教育课程与教材的改革探索。1983 年,国家教育委员会成立中小学教材办公室,着手开展教材改革工作。针对数理化等教科书在具体实施过程中,师生普遍感觉课程内容深、难与学习任务繁、重等弊端,于 1983 年发布关于高中数理化三科实行两种教学要求的"通知":数理化三个学科供应适合较高教学要求的甲种本教科书和适合基本教学要求的乙种本教科书。相比较甲种本教科书,乙种本教科书的课程内容减少了,学习难度也降低了。1985 年《中共中央关于教育体制改革的决定》颁布后,中小学教科书开始重大改革,打破了垄断的统一教科书体制,确立了"一纲多本"的教科书制度。

---

① 中华人民共和国教育部.义务教育化学课程标准(2022 年版)[S].北京:北京师范大学出版社,2022.

1986年,国家教育委员会提出在统一基本要求、统一审定的前提下,实现教材的多样化方针,之后决定将教材的"国定制度"转变为"审定制度"。国家教育委员会成立了中小学教材审定委员会,负责审查中小学各学科的教材。

1988年8月,国家教育委员会提出义务教育教科书编写的指导思想,特别强调:根据我国地域辽阔、人口众多、经济文化发展不平衡的国情,九年制义务教育的教科书,必须在统一基本要求、统一审定的前提下,逐步实现教科书的多样化,以适应各类地区、各类学校的需要。把竞争机制引入教科书建设,通过竞争促进教科书事业的繁荣和教科书质量的提高。鼓励各个地方,以及高等院校,科研单位,有条件的专家、学者、教育者个人按照国家规定的教育方针和教学大纲的基本要求编写教科书。在教材内容的选择和体系的安排上,允许有不同的风格和不同的层次。[①]

我国现行的化学教科书,有义务教育和普通高中两个教育阶段,分别由不同出版单位负责开发、编写,经审定后出版发行,供不同地域或者不同学校选用。不同版本化学教科书的出版信息如表3-1和表3-2所示。

表3-1　义务教育教科书　化学

主　编	出版单位	书名	册次
王晶　郑长龙	人民教育出版社	义务教育教科书化学	九年级上册 九年级下册
毕华林　卢巍	山东教育出版社		
北京教育科学研究院	北京出版社		
江琳才	科学出版社 广州教育出版社		
北京市仁爱教育研究所	科学普及出版社		
中学化学国家课程标准研制组	上海教育出版社		

表3-2　普通高中教科书　化学

主编	出版单位	书名	册次
王晶 郑长龙	人民教育出版社	普通高中教科书化学	必修　第一册 必修　第二册
王磊	山东科学技术出版社		选择性必修1　化学反应原理
王祖浩	江苏凤凰教育出版社		选择性必修2　物质结构与性质
麻生明 陈寅	上海科学技术出版社		选择性必修3　有机化学基础

[①] 教育部教育管理信息中心,咸立亭. 中华人民共和国教育法律法规全书[M]. 北京:兵器工业出版社,2001:3922—3927.

第二节　中学化学教科书的开发与编写

化学课程标准对化学教材的开发和编写提出了相关要求和建议。《义务教育化学课程标准(2022 年版)》和《普通高中化学课程标准(2017 年版 2020 年修订)》分别对义务教育阶段和普通高中阶段的化学教材提出了开发和编写建议。

一、《义务教育化学课程标准(2022 年版)》对教材编写的建议

《义务教育化学课程标准(2022 年版)》在"实施建议"部分提出了教材编写原则(如表 3 - 3 所示)和教材内容选择的建议(如表 3 - 4 所示)。

表 3 - 3　《义务教育化学课程标准(2022 年版)》教材编写原则

教材编写原则	细 化 内 容
(1) 全面贯彻党的教育方针,落实立德树人根本任务	坚持正确的政治方向,体现社会主义核心价值观,充分发挥化学学科的育人价值,引导学生认识化学对社会发展的重要贡献,积极关注人类面临的与化学有关的社会问题,培养社会责任感和参与意识,树立正确的世界观、人生观和价值观,全面落实立德树人根本任务。
(2) 以课程标准为依据,促进学生核心素养发展	以课程标准为依据,全面落实课程标准体现的课程理念和课程目标。以发展学生的核心素养为主线,将内容要求与学业要求紧密结合,依据义务教育化学课程中核心素养要求的内涵和发展水平,整体建构化学教材的知识框架和内容体系,努力将大概念的建构、思路方法的形成、态度责任的养成与化学核心知识的学习、科学实践活动的开展有机融合,促进学生核心素养的全面发展。
(3) 加强学生必做实验和跨学科实践活动设计	以大概念为统领,精选教材内容,处理好学习过程与学习结果的关系,落实课程标准中规定的学生必做实验和跨学科实践活动。通过化学实验、交流讨论、社会调查等科学探究活动,引导学生积极主动地学习,增进对所学内容的理解;结合教材不同内容主题的学习,系统规划、设计跨学科实践活动,引导学生运用多学科知识和方法解决实际问题。
(4) 注重教材编写的创新与特色	教材编写是一个不断学习、研究和创新的过程。教材编写的创新体现在内容素材、体系结构、呈现方式、版式设计等多方面,其核心是编写理念的转变和更新。只有正确理解和深刻把握课程改革的理念,才能真正实现教材编写的创新,编写出具有鲜明特色的教材。教材编写要突出学科特点,考虑不同区域、不同学生的发展需求,留有一定的弹性和灵活性,为教师的创造性教学和学生的个性化发展提供基础。

表 3–4　《义务教育化学课程标准(2022 年版)》教材内容选择

教材内容选择	细 化 内 容
(1) 合理把握内容的深度和广度	教材内容选择力求凸显化学学科特征和育人价值,重视知识间的内在联系,精选有利于促进大概念形成和发展的核心知识。综合考虑每个学习主题的内容要求和学业要求,依据学科逻辑和学生的认知特点,合理把握教材内容的深度和广度,实现基础性与发展性的统一。
(2) 体现化学与人文的融合	教材内容选择着力体现化学对人类文明发展的重要贡献,关注化学科学发展史和科学家的故事,注重从中华优秀传统文化中汲取营养,介绍我国化学家的创造发明,引导学生认识科学本质,传承科学精神,感悟民族智慧,增强文化自信。
(3) 密切联系社会生活经验	教材内容选择密切联系学生的生活经验和社会发展现实,反映时代特点和现代意识,体现跨学科知识内容,帮助学生了解科学、技术、社会、环境的相互关系,对某些社会问题作出积极的思考和决策,培养学生从化学学科及跨学科视角分析和解决实际问题的能力,为学生的终身发展奠定基础。
(4) 重视实验探究活动	教材内容选择重视实验探究活动,围绕核心知识精选实验内容,设计有科学探究意义的实验活动,为学生提供亲身经历和体验实验探究的机会,充分发挥化学实验的教学功能,培养学生的创新意识和实践探究能力。高度关注实验安全问题,引导学生养成规范操作的习惯和自觉的安全意识。

二、《普通高中化学课程标准(2017 年版 2020 年修订)》对教材编写的建议

　　《普通高中化学课程标准(2017 年版 2020 年修订)》在"实施建议"中的"教材编写建议"部分提出了"教材编写指导原则"(如表 3–5 所示)、"化学教材内容的选择"(如表 3–6 所示)、"教材内容的编排与呈现"(如表 3–7 所示)等方面的建议。

表 3–5　《普通高中化学课程标准(2017 年版 2020 年修订)》教材编写指导原则

教材编写指导原则	细 化 内 容
(1) 立足于立德树人的根本任务	化学教材编写要全面贯彻党的教育方针,以社会主义核心价值观为导向,落实立德树人的根本任务,充分发挥化学课程的育人功能,促进学生形成正确的世界观、人生观和价值观。
(2) 依据化学课程标准,以发展化学学科核心素养为主旨	化学教材编写应依据化学课程标准,以发展化学学科核心素养为主旨,设计化学教材的整体结构和内容体系,选择教材内容和设计学习活动。

续　表

教材编写指导原则	细 化 内 容
(3) 体现基础性、时代性和人文性	化学教材在内容选择、编排思路和呈现方式上,应处理好知识基础、能力发展和品格修养三者的辩证关系;帮助学生了解化学科学发展前沿,体会化学对科技发展和社会进步的重要作用;增强文化自信,提升人文素养。
(4) 密切结合学生实际	化学教材编写应以学生的生活经验为基础,充分关注学生的心理特点和认知发展水平,设计梯度合理、丰富多样的活动,引导学生在解决实际问题的活动中提升化学学科核心素养水平。
(5) 体现先进的教学理念	化学教材编写应以先进的教学理念为指导,促进教师教学方式与学生学习方式的转变,设计探究性实验和思考性问题,体现学生的自主性,培养学生的创新精神和实践能力。

表 3-6　《普通高中化学课程标准(2017 年版 2020 年修订)》教材内容的选择

教材内容的选择	细 化 内 容
(1) 凸显化学学科核心观念,精选化学核心知识	化学教材应精选化学学科基本概念、原理和事实性知识,为学生化学学科核心观念的形成奠定基础;依据课程内容、学业要求和学业质量水平的要求,确定化学知识的深广度。
(2) 重视实验探究与实践活动	化学教材应精心设计学生必做实验,适当增加微型实验、家庭小实验、数字化实验、定量实验和创新实践活动等,让学生在实验探究活动中学习科学方法,认识科学探究过程,体会、认识技术手段的创新对化学科学的重要价值,形成严谨求实、勇于实践的科学态度,发展实践能力。
(3) 关注社会生活,体现科技发展趋势	化学教材内容的选择应关注学生现实的生活经验,反映化学发展的特点和发展趋势,凸显现代科学技术发展的新成就,尤其是我国科技工作者取得的重大成果;应具有真实情境性,体现时代性,有利于学生知识视野的拓宽,感悟科学、技术、社会和环境的相互影响;应适当融合跨学科知识,发展学生解决综合问题的能力。
(4) 体现科学与人文的融合	利用科学技术发展进程中的优秀案例,引导学生认识科学本质,体会科学事业的特征,自觉传承科学文化,弘扬科学精神。化学教材内容的选择应注重挖掘中华优秀传统文化蕴含的思想观念、人文精神,传承和弘扬工匠精神和技术创新思想。应培养学生的国际视野,关注人类命运共同体的建设,具有共同创造人类美好未来的情怀。
(5) 重视化学习题设计的创新	应充分发挥习题在促进学生化学学科核心素养发展方面的作用。习题设计应具有针对性与层次性,发挥习题在学生概念建构、知识迁移、问题解决等多方面的作用。习题设计应具有情境性,应以学生已有经验为基础,创设合理生动的问题情境,提高学生运用化学知识解决实际问题的能力;习题应具有开放性,鼓励学生从不同角度分析和解决问题,培养学生的发散思维和创新精神。

表 3-7 《普通高中化学课程标准(2017 年版 2020 年修订)》教材内容的编排与呈现

教材内容的编排与呈现	细 化 内 容
(1) 注重化学知识的结构化	化学知识结构化是学生化学学科核心素养形成和发展的重要途径,化学教材内容编排应注重化学知识的结构化,反映化学学科知识之间的内在逻辑。
(2) 关注学生的认知发展规律	应根据学生认知的发展性和阶段性特点,组织和呈现化学知识。以学生的已有知识和生活经验为基础呈现化学知识,使教学内容体系符合学生的认知发展规律,促进学生在不同水平上的发展。
(3) 注重情境、活动和问题解决的整体设计,促进学习方式的转变	化学教材应围绕化学核心概念确定教材内容主题,将核心概念与情境、活动和问题解决融为一体,凸显教材内容主题的素养发展功能。应注重学生自主建构、实验探究和问题解决等学习活动的设计,应注重学习方法的引导,促进学生化学学习方式的转变。
(4) 注重凸显教材的教学属性	化学教材应为教师提供丰富的教学素材和可借鉴的教学策略和教学方法,为教师有效开展教学活动提供帮助,为教师选择、整合教学内容预留空间,方便教师创造性地使用教材,使教材成为一种动态的课程资源。
(5) 重视教材助读系统的设计	化学教材应结合学生的身心发展规律,对前言、提示、注解、附录等助读学习辅助材料进行科学、系统、合理的设计,促进学生自主学习。

《普通高中化学课程标准(2017 年版 2020 年修订)》在"实施建议"中的"教材编写建议"部分还对"重视信息技术的应用""化学教材的物理形态设计""化学教材的辅助材料"提出了若干建议。

重视信息技术的应用。应重视化学教材信息资源平台的建设,促进化学教材的信息化发展,为各种潜力的学生和教师提供多种多样的学习资源;提倡化学教材示范性地指导运用化学软件处理数据,培养学生运用软件技术学习化学及处理数据的能力。

化学教材的物理形态设计。化学教材应开本恰当,装帧良好,易于保存和阅读;纸质、纸张颜色具有视觉美感;版面设计清爽美观、疏密得当;文本与图表等搭配符合学生身心健康要求,体现艺术性。

化学教材的辅助材料。化学教材的编写应重视教师用书和学生自主学习材料的编写。教育者用书应对教学目标进行阐述,提示教学的重点和预期的教学效果,解析疑难问题,对学生的学习活动特别是探究性实验和参观、调查活动的组织提出针对性的建议。学生自主学习材料应满足不同层次学生学习的需要,应有助于学生课外自主学习。

第三节　中学化学教科书编写逻辑

教科书的编写是一项系统工程,是通过顶层设计实现教科书的意义和功能。教科书编写以课程标准为依据,遵循思想性、时代性、基础性、选择性和关联性的基本原则,精选课程内容,创新呈现方式,充分反映课程性质和理念。教材编写应有利于学校组织安排教学,有利于促进教与学方式的转变。①

教科书作为课程与教学的重要中介,面临着进一步深化素养导向的人才培养目标、变革知识呈现方式、优化学生学习过程、引导教师深度教学等众多挑战。教科书的编写首先应遵循课程方案和课程标准对培养学生正确价值观的底层逻辑,通过对价值体系的统筹规划、学科内容的精准言说以及背景描述的深层透视,实现培养目标的形态转化;其次,应基于学生的认知结构,厘清教科书编写的知识逻辑,实现教科书中少量主题的深度覆盖及科学概念的横向关联与纵向深入;最后,教科书作为学生自主学习与教师开展教学活动的工具与媒介,应明确编写的阅读逻辑与教学逻辑。一方面,设计编写可理解的,兼具感染力、互动性、指导性与差异性的文本;另一方面,通过过程化的内容呈现真实化的情境创设、可视化的认知过程及整体化的单元活动,为教师的创新性教学提供可能。

在教育过程中,教科书传递课程的理念,指导学生自主学习,为教师教学设计提供思路。教学设计可把课程理念与内容变得易学、可教、能操作。作为课程与教学的媒介,曾有研究将教科书的功能概括为促进学生发展、传授科学知识、传播国家意识形态、传承和创新文化四个大方面。② 从学生的视角,总结了教科书发挥着兴趣激发和活动指导、学科展示和内外衔接、思想引领和思维训练、总结拓展和学业评价等功能;从教师的视角,总结了教科书发挥着教学依据、资源提供、教法指导和评价支撑等功能。③ 这个研究强调教科书的价值观沁润性,把它当作立德树人、培养正确价值观念的有力工具。④ 强调教科书的静态性,是它能够容纳、承载和传播系统学科知识;强调教科书的动态性,是它能够指导教育教学进程的环节和路径;强调教科书的立体化,是它能够引导学生体验其中的科学探究实践,并在其中收获经验、增长见识、养成科学价值观。

教科书是如何达成其功能的?其背后隐藏着怎样的编写逻辑?

下面就从教科书应达成的价值涵养、知识载体、学生自主学习指导、教师教学设计等参考功能属性出发,梳理化学教科书编写中遵循的价值逻辑、知识逻辑、阅读逻辑及教学逻辑。

一、价值逻辑:陶冶情操观念

当前国家对基础教育人才培养提出了一系列要求,颁布了习近平新时代中国特色社会

① 中华人民共和国教育部.普通高中化学课程方案(2017年版2020年修订)[S].北京:人民教育出版社,2020.
② 石鸥.教科书概论[M].广州:广东教育出版社,2019:38—55.
③ 赵占良.试论教材的功能定位[J].课程·教材·教法,2021,41(12):4—10.
④ 吕立杰,宋晓乐.课程与教学中介视角下教科书编写的多重逻辑[J].教育研究,2021,42(12):64—70.

主义思想、国家安全教育、劳动教育、革命传统、中华优秀传统文化等重大主题教育进课程教材指南。课程教材要发挥培根铸魂和启智增慧的作用,坚持马克思主义的指导地位,体现马克思主义中国化最新成果,体现中国和中华民族风格,体现党和国家对教育的基本要求,体现国家和民族基本价值观,体现人类文化知识积累和创新成果。明确"培养什么人、怎样培养人、为谁培养人",课程教材体现国家意志,在立德树人中发挥着关键作用。聚焦中国学生发展核心素养,培养学生适应未来发展的**正确价值观**、**必备品格**和**关键能力**。① 教科书有序、合理、有效地呈现系列培养目标,帮助学生形成政治认同、思想认同、情感认同。国家课程方案中系统提出义务教育及普通高中阶段的培养目标,各科课程标准也以核心素养为引领,规划具有学科特性的学科课程目标。教科书编写需要依据学科课程理念与目标、学科内容特质、学生认知发展阶段特征,将课程方案中的培养目标进行形态转化。

化学教科书中呈现的学科内容是化学知识,化学知识是一个"符号世界",也是"意义世界"。教学活动作为"知识密集型"实践,是以学生与知识互动为基础的意义实践,教科书中的语言和符号知识承载着化学科学内涵、科学思想意蕴、文化历史、科学精神与价值观,让学生获得对于个人成长"强有力的知识"。教科书发挥着课程知识作为思想种子、文化种子、精神种子的育人价值。②

化学教科书不仅仅是知识的协调者,还包含公认的科学范式和科学思想,它们传递认同的结构,产生感知世界的特定模式。化学教科书利用科学技术发展进程中的史料、事实、成果,引导学生认识化学本质,体会化学的特征,注重从中华优秀传统文化中汲取营养,关注化学科学发展史和科学家的故事,传播化学家的创造发明,引导学生认识科学本质,传承科学精神,感悟民族智慧,增强文化自信。

(一)化学教科书传播中华传统文化中的科技智慧

人民教育出版社版《普通高中教科书 化学 必修 第一册》绪论对化学科学起源与发展内容的介绍中,再现了《本草纲目》《天工开物》等著作中蕴含的化学知识和经验,传承和弘扬了中华优秀传统文化中的化学智慧;结合"1943 年侯德榜发明联合制碱法""1965 年我国科学界第一次用化学方法合成了具有生命活性的蛋白质——结晶牛胰岛素""20 世纪 80 年代我国在世界上首次合成了一种与天然分子相同的化学结构和完整生物活性的核糖核酸"等国家科技进步成果,彰显了我国迈向国家强盛、民族崛起复兴的事实证据,陶冶浸润着学生,使其增强国家民族认同感,激励着他们爱国强国的心志。教科书中提供的背景信息传递出中华优秀传统文化的信息,学生运用最新习得的学科思想去解读这些背景信息,从而认同

① 中华人民共和国教育部.义务教育化学课程标准(2022 年版)[S].北京:北京师范大学出版社,2022.
② 郭元祥.知识的性质、结构与深度教学[J].课程·教材·教法,2009,29(11):17—23.

中华优秀传统文化的博大精深。

山东科学技术出版社版《普通高中教科书　化学　必修　第一册》第 2 页在"第 1 章认识化学科学第 1 节走进化学科学"中同样介绍了中华传统文化中的化学智慧:"早在远古时代,我们的祖先就知道了如何取火和保存火种。可以说,从那时起人类就开始了'化学活动'。在长期的生产和生活实践中,人们学会了烧制陶瓷、冶炼金属、酿造酒类。"同时,也呈现了我国化学科学的进步成果:"1965 年,我国科学家成功地合成了结晶牛胰岛素,在世界上首次实现了蛋白质的人工合成,标志着人类在认识生命、探索生命奥秘的征途上迈出了关键的一步。"

(二)化学教科书刻画科学家形象,承载科学范式和科学精神

教科书通过形象塑造来传递正确价值观。教科书选取化学家人物介绍、科学史实、科学故事等题材,来表达化学为人类做出的巨大科技贡献,让学生不仅能从中学习科学范式、收获相关科学知识,还能深切感受到国家民族认同和励志图强等科学精神,陶冶了情操信念和价值认同。

科学范式是科学研究的一种规范,由美国科学哲学家库恩于 1962 年在《科学革命的结构》一书中提出。科学界公认的信仰、理论、模型、模式、事例、定律、规律、应用、工具仪器等都可能成为某一时期、某一科学研究领域的范式。范式(paradigm)为某一研究领域的进一步探索提供了共同的理论框架或规则,标志着一门科学的形成。

科学精神是反映科学发展内在要求并体现在科学工作者身上的一种精神状态,如科学探索者的信念、勇气、意志、工作态度、理性思维、人文关怀和创新精神等。

如人民教育出版社版《普通高中教科书　化学　必修　第一册》第 37 页在"科学史话"栏目中呈现"侯德榜和侯氏制碱法"的相关信息,从化学科学发展、化学工业进步的视角让学生了解侯德榜爱国敬业的精神品格,探索创新的科学范式,认识"工业制碱"相关的化学工艺和原理。

江苏凤凰教育出版社版《普通高中教科书　化学　必修　第一册》第 32 页"科学史话"栏目展现了"屠呦呦提取青蒿素的研究",由此在"科学提炼"栏目中梳理出"物质分离提纯的思想方法",通过介绍科学家及其科学成果,让学生既了解了科学家的工作方式和科学贡献,又认识了其中蕴含的化学原理和化学科学研究的基本方法和范式。

山东科学技术出版社版《普通高中教科书　化学　必修　第一册》第 4 页"资料在线"专栏中给出了"研究领域与化学相关的国家最高科学技术奖获得者"的相关科技成果信息。这些信息不仅为学生普及了科学研究内容和具体方向,弘扬了科学精神,还为学生认识和选择将来从事科学研究的专业铺垫了职业认知,对培育学生正确价值观、必备品格和关键能力发挥着持久的激励作用。

山东科学技术出版社版《普通高中教科书 化学 必修 第一册》第 5 页在"交流·研讨"专栏中,介绍我国科学家屠呦呦获得诺贝尔生理学或医学奖,以及青蒿素的发现、研究和应用中蕴含的化学原理和科学技术,据此背景信息,提出问题,引发学生思考,并展开交流讨论,收获新知。教科书叙写科学家故事,不论是展现科学范式,厚植弘扬科学家精神,还是榜样示范科学家形象,都会对学生的科学思想和科学信念、科学态度和社会责任、专业认识和职业倾向等产生深远影响。

紧随青蒿素的发现、研究与应用内容之后,该教科书在第 6 页对相关内容概括升华,提炼勾勒出时间轴上不同年代有关青蒿素发现、研究与应用的科技成果发展图式——"青蒿素的发现、研究与应用之旅"。结合化学科学发展史内容,提炼其中蕴含的科学价值观,挖掘了化学教科书内容所承载的"为国家强盛而学习""为民族复兴而奋斗""陶冶科学态度""承担科学责任"等正确价值观的导向功能。教科书刻画了我国科学家的科技成果和科学发现,这些资料信息不仅承载了丰富的化学知识、化学原理与化学技术,还凸显了我国的化学科学技术为世界人民带来的重大贡献,渗透了文化自信,彰显了中华智慧。

(三)化学教科书承载学科内容达成价值理解

教科书作为学校教育的重要载体,具有强大的价值塑造功能。但教科书未必会通过显性叙事来表达信念或价值取向,不能被"读尽"的文本意义还隐藏于教科书选编的资料、描写的人物、绘制的图片当中,以渗透正确价值观,陶冶必备品格,理解科学文化。

如人民教育出版社版《普通高中教科书 化学 必修 第一册》第 78 页"科学·技术·社会"栏目呈现了"用途广泛的稀土金属"的资料,其中提到"我国是稀土大国……。我国化学家徐光宪……"等信息,蕴含了"珍惜保护、科学开发我国国土资源"的意识和"可持续发展"理念;通过描画科学家形象,示范榜样的力量,激励学生要像科学家一样,为生活更加美好和推动科技进步作出努力和贡献。教科书透过知识、技能、信息资料的言说,潜移默化育人价值,并与学科知识一脉相承、融会贯通。

(四)化学教科书联系专业发展与职业理想

教育实质上是为学生提供将来社会生活的有效准备。学校课程选择当代社会生活经验作为课程的部分内容,以适应当代社会的需要为根本宗旨,将典型社会生活经验转化为学生的学习活动。杜威的教育思想强调知识与实践相结合的"社会中心课程",并赋予了社会因素以极其重要的地位,因为"学生心理发展的过程主要是一个社会的过程,一个参与的过程"。[1]

怎样实现学校课程对社会生活的主动适应? 杜威认为,学校课程应是"经验课程",而

---

[1] 约翰·杜威. 学校与社会·明日之学校[M]. 赵祥麟,任钟印,吴志宏,译. 北京:人民教育出版社,1994.

"经验课程"的基本形态是"主动作业"(active occupations)。杜威倡导的"主动作业",就是把社会生活中的典型职业加以提炼概括,使之成为学生能够了解认识甚至在学校从事的活动。学生在从事学习活动和互动合作的过程中,会不断生成社会情感、社会态度和社会价值观。

化学教科书在彰显化学学科专业范式方面,不仅可以通过刻画科学家形象,叙写化学事实故事等方式,还可以通过展示从事化学专业相关的职业性质和特色,为学生描绘相关方向的职业理想。人民教育出版社版《普通高中教科书 化学 必修》中设计了"化学与职业"栏目,展示了"化学科研工作者""水质检验员""测试工程师""考古研究人员""化工工程师""电池研发人员""营养师""环境保护工程师"等化学专业方向的职业风貌。同时,"化学与职业"栏目的内容使学生对化学相关职业有了初步了解,激发学生学习化学的兴趣和动机,树立化学科学方向的职业理想,发展适应未来职业和社会所需要的化学学科核心素养。

"化学与职业"栏目对化学相关职业进行了简要介绍,同时指出了该职业工作所必备的化学知识、科学技能和思想品格。例如:人民教育出版社版《普通高中教科书 化学 必修 第一册》第一章"物质及其变化"中"化学与职业"栏目的内容是介绍"化学科研工作者"。该栏目对化学科研工作者的工作做了简单的介绍,并指出对科研工作具有浓厚兴趣,具备扎实的化学专业知识和技能,掌握系统的科学研究方法等,是成为化学科研工作者的必要条件。此外,还列举了从事化学科研工作的就业单位,以及化学科研工作者对社会的贡献等。总之,"化学与职业"栏目的内容编排将化学与生产、生活实际密切联系在一起,强调化学在人类生产、生活中的重要地位,充分彰显了化学科学知识的社会需求价值,突出"化学与职业"栏目的教育价值,熏陶积极的化学情感和职业理想。

人民教育出版社版《普通高中教科书 化学 必修》的"化学与职业"栏目作为显性内容,直观地呈现了高中阶段学生需要了解的化学相关职业,凸显了与化学科学相关职业的重要性,并提供了教学素材参考。该栏目对相关职业的特点、工作内容、就业领域等进行了介绍,学生可以通过对该栏目的学习,了解将来可从事的与本学科相关的职业。

人民教育出版社版《普通高中教科书 化学 必修》的各章节其他栏目所涉及的与化学科学相关的职业有隐性表述,在大部分栏目中均有渗透,主要分布于"科学史话""研究与实践""探究""资料卡片"等拓展性和实践性的栏目,涉及化工生产、电子产业、医药健康、农业、新能源、污染防治、考古、食品等诸多方面,与生产生活息息相关。

化学专业与未来职业的联系及其相关认知,各版本化学教科书都或多或少地有明确表述,山东科学技术出版社版《普通高中教科书 化学 必修 第一册》第8页"交流·研讨"栏目中设计了一个讨论问题:"请从升学深造、职业发展、社会生活等方面畅想个人与化学科学的关系。"学生通过交流研讨,对与化学科学专业相关的职业有所了解,了解各个职业的社会职能及社会价值,并结合自身特点与自我需求,发展职业兴趣,树立职业理想,从而投入到化学科学专业的学习。

二、知识逻辑:构建学科结构

(一)教科书内容的特征

教科书涵盖了大量的学科知识与信息。布鲁纳认为,知识是人们构造出来的一种模式,它使得经验里的规律性具有了意义和结构,任何组织知识体系的观念都是人类发明出来的,目的是使经验更经济、更连贯。知识是人类在认识世界的经验中,提取规律与意义形成的系统化的表达,知识形成后又成为人们进一步认识世界的工具。知识的体系就是人类文明的体系,其既具有构造性又具有发展性。布鲁纳提出了"学科结构观"(a structure of the disciplines perspective),从理论上理性地解决了存在于学科专家和教育专家之间的持久争论,从而诞生了结构课程。所谓"结构课程",是指以专门的学术领域为核心开发的课程,其包含两种含义的统一:一是"组织起来的知识领域",由基本概念、基本原理构成;二是"该知识领域的探究方法"。基本概念、基本原理与相应的探究方法被统一称为"学科结构"。

学科结构课程有三个基本特征,即学术性、专门性、结构性。[①] 学术,是指系统专门的学问,是对研究对象及其规律的学科领域化。结构课程不主张课程的相关化、融合化、广域化,而主张课程的专门化(专业化),这与课程的学术性有关,因为专门化的课程更有利于体现各个学术领域的内在逻辑。

学科结构(structure of the discipline)包括两个基本含义:一是由一门学科特定的一般概念、一般原理所构成的体系;二是一门学科特定的探究方法和探究态度。学科结构是这两个基本含义的统一。施瓦布、费尼克斯等人又把第一种含义,即学科的一般概念和一般原理称为"学科的实质结构"(substantive structure of the disciplines),把第二种含义即学科的探究方法和探究态度称为"学科的句法结构"(syntactical structure of the disciplines),这样,学科结构即"实质结构"与"句法结构"的统一。布鲁纳认为:"务必使学习者理解该学科的基本结构。"[②]掌握事物的基本结构,就是以与它有意义地联系起来的任何事物或方式去理解它,学习这种基本结构就是学习事物之间是怎样相互关联起来的。掌握学科结构具有四个优点:第一,掌握学科结构可以使学科更容易被理解;第二,掌握学科结构有助于记忆;第三,掌握学科结构是"迁移"的根本;第四,掌握学科结构能够缩小"高级"知识和"初级"知识之间的差距。

结构课程强调要根据知识内在的性质和逻辑结构来组织教科书内容的编写。它注重公认的科学概念、基本事实、基本原理和科学体系。这种课程的基本论点是:(1)教科书是传递社会文化遗产的最系统、最经济有效的形式;(2)教科书以合理的方式向学生提供有关的课

---

① 钟启泉. 现代课程论[M]. 上海:上海教育出版社,1989:116.

② Bruner, J. S, Lufburrow, R. A. The process of education [M]. Cambridge: Harvard University Press, 1960.

程要素及其关系,而不是孤立的事实和概念。

化学教科书内容组织方式的出发点源于化学核心素养的展开逻辑:(1)化学观念方面,遵循学生认知规律,强调化学科学知识与信息加工过程的密切联系,关注知识的获得与习得过程;(2)科学思维方面,强调发现问题、分析问题、解决问题的科学方法和过程,基于事实与逻辑进行独立思考和判断;(3)科学探究与实践方面,强调经历化学实验探究、学科和跨学科实践,综合运用化学等学科的知识和方法,通过一定的技术手段,解决真实情境问题;(4)科学态度与责任方面,强调在理解科学、技术、社会、环境相互关系的基础上,逐步对化学促进社会可持续发展形成正确的认识及责任担当,注重正确价值观和信仰体系的形成。

化学核心素养是化学科学知识系统的上位概念,化学知识是化学核心素养的根本,必须拥有化学知识才能应用它解决化学问题。素养本位的化学教科书,首先需要清晰地表述化学科学本体知识系统,根据知识逻辑或者站在化学科学知识的立场上来组织化学课程内容。知识立场是课程与教学中最需要回答的基础性问题,"没有什么问题是比什么知识最有价值更能作为课程理论的基础了"。[①] 联合国教科文组织明确指出"知识在有关学习的任何讨论中都是核心议题"。从严格意义上说,知识无涉的课程与教学是不存在的,不同类型的课程和教学只存在知识的类型、形式、结构、加工方式以及对待知识的态度等方面的差异。麦克·扬(Michael Young)认为,"学校教育既是一种实践活动,也是一种专业活动",需要用"一种以知识为根基的方法"建构课程理论,或建设"知识导向的课程"。[②] 为了使学生的各种学习有效地联系在一起,使学习产生累积的效应,还需要对选择出来的课程内容加以有效地组织,使其起到相互强化的作用。

(二)教科书内容的组织

教科书内容通过纵向组织和横向组织等方式设计呈现学科知识内容。

教科书内容的纵向组织,或称序列组织,是按照某些准则以先后顺序排列课程内容。

泰勒在《课程与教学的基本原理》中强调课程内容的组织要具有连续性(continuity)、顺序性(sequence)和整合性(integration)三个基本准则。连续性是指直线式地陈述主要的课程要素;顺序性是强调每一后继内容要以前面的内容为基础,同时又对有关内容加以深入、广泛地展开,连续性和顺序性原则可以设计教科书内容的纵向组织;整合性是指各种课程内容之间的横向联系,以便学生获得一种统一的观点,并把自己的行为与所学的课程内容统一起来,整合性原则可以设计教科书内容的横向组织。

夸美纽斯提到要遵循由简至繁、由已知到未知、由具体到抽象等序列安排教学内容。

① Deng, Zongyi, & Young, M. Knowledge and curriculum: an international dialogue [J]. Journal of Curriculum and Studies, 2015,47(06),723-732.

② Young, M. What is a curriculum and what can it do? [J]. The Curriculum Journal, 2014,25(01):7-13.

教科书内容的横向组织的原则,即要求打破学科的界限和传统的知识体系,以便让学生有机会更好地探索自然和个人关心的问题。自然科学与社会科学汇流,借助社会科学各学科背景,铺垫人类社会生产、生活和日常情境而组织起来的学科内容,对学生成长更具有重要意义。主张用"大观念""大概念""科学思维""科学探究""科学态度和社会责任"作为化学课程内容组织的要素,使化学课程内容与学生的校内外经验有效地联系起来。因此,横向组织课程内容强调的是知识的广度而不只是深度,关心知识的应用而不只是形式。

为了使学习者的各种学习能有效地联系在一起,使学习产生累积效应,强调学科中心的教科书要按学科的逻辑顺序来组织课程内容,并把课程内容的重点放在逻辑的分段和顺序上,强调学科的固有的逻辑顺序的排列。因为学科结构体系是学科所研究的客观事物发展和内在联系的反映。通过学习化学科学体系,学生可以从化学科学的视角了解自然界的发展过程。况且化学课程各部分内容之间都有其内在的逻辑关系,某一部分内容总是既以另一部分内容为基础,同时又作为其他部分的基础。化学科学本身就是一个大概念体系。按照化学知识体系来编排教科书内容,有利于学生掌握系统完整的化学学科知识、概念和原理。

正如杜威所指出的,即使是用最合逻辑的形式整理好的最科学的教科书,如果把课程内容看作是事先规定好了的并以现成的形式表现,即意味着学科专家最清楚教育者应该教些什么、学生应该学些什么。当教科书被呈现在学生面前时,对学生来说,学习内容是由外部力量规定的他们必须接受的东西,而不是自己感兴趣的东西。由于教科书未必能够引起学生的兴趣,于是教师就想方设法采用各种机巧的教学方法引起学生学习的兴趣,使材料有趣味,用"糖衣"把材料包裹起来,让学生"在他正高兴地尝着某些完全不同的东西的时候,吞下和消化不可口的食物"。

但同时,化学教科书在组织内容时强调学生中心的立场,即考虑学生的认知逻辑,符合学生对教科书内容的思考加工方式。另外,课程受社会结构、社会因素的制约,但又不只是单一的"事实",而且是与个体动机、认知方式等直接相关的教育元素,不应该撇开知识去讨论课程及其对学生个体的知识生产和人的生长的作用。与其他知识文本不同,教科书不仅要遵循学科知识的因果逻辑,还要考虑学生的认知水平、兴趣特征、未来需求,以及学习时间局限等方面的要求。教科书作为学科课程具体的内容载体,需要遵循课程组织的逻辑。另外,教科书内容中抽离的知识线索,也要能支持学生构建出对世界的认知结构。

教科书内容是该按学科(学术)逻辑顺序组织还是该按学生心理顺序组织?若按照学科逻辑顺序组织,对学生是否有意义?

学生的发展是核心课程目的。就学生的发展成长而言,一切学科专业知识的逻辑都处于从属地位。按学生心理顺序组织教科书内容,既要强调学生身心发展的特征,也要顾及他们的兴趣、需要和经验背景。

越来越多的人倾向于将学科逻辑顺序与学生的心理顺序相统一。一方面,学科内容应该考虑到学科本身专业知识体系的逻辑结构。化学专业知识体系是从化学科学专业视角研究物质客观世界的发展规律与内在本质联系的科学反映。学习科学的知识体系,可以帮助学生有效了解自然界和人类社会的发展过程。而且学科各部分内容之间各自有其内在的逻辑关系,某一部分内容总是既以另一部分内容为基础,同时又作为其他部分内容之基础。一门学科本身就是一个概念体系。另一方面,课程内容是为学生安排的,如果不符合其认识特点,学生也难以接受。心理顺序是指学生的心理而不是专业学者的心理。因为专业学者的心理已习惯于接受按学科逻辑顺序组织的专业知识系统,以致往往看不到已经被更新组合过的学科知识的认知逻辑。

杜威认为,学生的心理经验与学科中所包含的逻辑经验是一个过程的起点和终点。一方面,心理经验与逻辑经验各有其特点:心理经验是直接的、活生生的、不确定的、迂回曲折的,它表征经验实际生长的过程;逻辑经验则是间接的、确定的、有逻辑的,它是通过概括和整理,把某一阶段的经验系统化的结果,所表征的是结果而非过程。另一方面,心理经验与逻辑经验又具有内在的统一性。心理经验有发展到逻辑经验的可能性,因为心理经验总是包含着逻辑经验的某些因素,逻辑经验总是由心理经验发展而来的。逻辑经验并不是最后的东西,其意义和价值不在其自身,而在其立场、观点和方法。从经验发展的特定阶段看,逻辑经验是结果;但从经验的永恒发展来看,它又是过程。逻辑经验不过是引进抽象、概括、分类等概念,以使过去的经验更好地服务于经验的未来发展而已。杜威因而指出:"最广义地说,逻辑的观点便是心理的。"[1]所以,逻辑经验自然具有还原到心理经验的可能。由化学学科的教材和化学知识分支恢复到由其抽象出来的原来的经验的过程,称为教材的心理化(psychologized)。心理化了的教材就变成学生的教材,逻辑经验就变成学生直接的和个人的经验,从而可以和学生既有的经验进行相互作用。教师的使命就是把学科教材解释为学生的生活经验,并指导学生的经验不断生长,即由学生的现有经验向学科教材所包含的逻辑经验不断发展的过程。

对教科书内容是按学科逻辑顺序组织还是按学生心理顺序组织,不能持一种非此即彼的二元论的态度。教科书内容按学生心理顺序组织,是以学生当前活生生的心理经验为基点的。教科书内容按学科逻辑顺序组织,则以学科中的逻辑经验为基点。但二者又具有内在的统一性,教科书内容以学生心理顺序组织,并不排斥化学学科逻辑经验的教育价值,排斥的是化学学科逻辑经验脱离学生的心理经验,从而阻碍学生的发展。化学课程也不排斥学生的心理经验,所排斥的是盲目沉醉于学生当前的经验发展水平,从而抑制学生经验的进一步发展。

---

① Dewey, L. The child and the curriculum [M]//Boydston, J. A. (ed), John Dewey's Middle Woeks, Vol. 2, Hobbs. Carbondale: The Southern Illinois University Press, 1902:285.

化学教科书内容的组织以发展学生核心素养为主线,实现学科逻辑顺序与学生认知顺序的有机融合;依据内容特点和核心素养发展的进阶水平,合理构建教材内容单元,凝练单元内容主题,可以是观念性主题、社会性主题、学科性主题或方法性主题,突出单元内容主题的素养价值导向,构建基于内容主题的教材体系。[①]

(三)教科书内容的形式

从人类的知识形成历史来看,知识源于经验。对于个体而言,知识是怎样形成的,学习是如何产生的? 对此,奥苏贝尔认为,有意义学习有两种方式。一种是符号学习,是指学习一个符号或一组符号的意义。表征学习的心理机制是符号和它们所代表的事物或观念在学生认知结构中建立相应的等值关系。符号不仅限于语言符号(词),也包括非语言符号(如实物、图像、图表、图形等)。它是产生于学生经验的概念形成方式,由人的直接经验获得,某个知识符号对应性质相同的一类事物。另一种是概念学习,其实质是掌握一类事物的共同的本质属性和关键特征。随着年龄的增长,概念同化是新概念学习的主要方式。命题学习,是指获得由几个概念构成的命题的复合意义,实际上是学习表示若干概念之间关系的判断。命题是知识的最小单元,它既可以陈述简单的事实,也可以陈述一般规则、原理、定律、公式等,因此它被看成是陈述性知识掌握的高级形式。学生用原有认知结构同化情境中的新信息,解释新概念,而习得的新概念、新知识又构建了学生新的认知结构,决定着他更新的知识、信息的学习。所以,"理解与有意义的问题解决主要取决于学习者认知结构中的上位概念和下位概念的可利用性",因为"人是通过自己认知结构中的一些特殊概念来解释未经任何加工的知觉经验"。[②] 人的头脑中的概念是问题解决的条件,也是理解新命题的条件。学校教育是个体社会化的过程,受过教育的人就是能用人类的知识看待世界的人,就是能用人类业已形成的知识去理解、解释现象并解决问题的人。学校中的学习就是构建学生头脑中这个知识结构、概念体系的过程。由此,一个显在的问题是,在学习过程中,教师如何将新的教学内容与学生已有的认知结构建立联系? 此外,还有一个推断的隐性问题,即要在学生的头脑中建立什么样的认知结构? 决定应该为学生提供什么信息、选择什么知识?

个体需要具有什么样的知识结构才能更好地理解世界、解决问题? 学习理论的研究者对专家的认知结构做了大量的研究。专家是什么样的人呢? 专家是有专业素养的人,是有能力的人,是能够基于人类文明体系对自然界及人类社会中不同现象深入而精准地阐释并能解决问题的人。专家为什么能解释并解决问题? 答案是专家依赖自己头脑中积累的知识以及特有的知识存储形式来迅速提取知识并有效处理问题。学习理论认为,专家头脑中的

---

① 中华人民共和国教育部.义务教育化学课程标准(2022年版)[S].北京:北京师范大学出版社,2022.

② 戴维·保罗·奥苏贝尔(David Paul Ausubel).意义学习新论——获得与保持知识的认知观[M].毛伟,译.盛群力,校.杭州:浙江教育出版社,2018:2,65,7.

知识是清晰的、有关联的、结构化的。第一，专家头脑中的知识是丰富的。但这些知识不是孤立的，也不是杂乱地堆积在一起，而是被专家理解、接纳并"安放"在一个有序的结构框架中。这个结构框架是专家在学习的过程中理解专业新知并自主建构起来的，并不是从外界简单搬运进来的。由于这个结构清晰有序，专家更容易在新信息中选择有价值且相关的部分，纳入已有的认知结构，记忆并长久保存。第二，专家头脑中的知识结构有很强的关联性。也就是说，专家之所以不同于新手，不仅在于他们积累的知识总量多于新手，更重要的是他们掌握知识与知识之间的关系以及知识与现象、情境的关系。由于掌握这些关联性，专家更深刻地理解知识的意义，在意义与关系的理解中，清楚知识可使用的情境。当面临新问题时，专家能熟练提取与具体任务相关的知识，也就是专家的知识能方便调取、组合与应用。第三，专家头脑中结构化的知识是"围绕重要概念而联系和组织起来的"。专家能看见"对新手而言不是显而易见的模式、关系或差异，在不明显的信息中抽取出一层意义"。[①] 专家对问题更有洞察力，专家对自己的领域有通透的理解，能深入浅出、言简意赅地表达。当遇到新问题时，专家会依据核心概念或重要观点进行思考，即围绕核心观念重新组织知识，而不是依照知识原有的组织形式套用现成的公式或答案。

教科书内容的组织形式有直线式与螺旋式两种。直线式就是把一门课程的内容组织成一条在逻辑上前后联系的直线，前后内容基本上不重复。螺旋式则是在不同阶段使课程内容重复出现，但逐渐扩大范围和加深程度。直线式和螺旋式这两种在课程史上形成的课程内容的组织形式，在现代教学与课程理论中仍然还在以不同的方式出现。例如，苏联教学论专家赞可夫主张，教师所讲的内容，只要学生听懂了，教师就可以往下讲，而不要原地踏步。因为过多地重复同一内容会使学生感到厌倦。教师不断呈现新内容，会让学生总觉得在学习新东西，能使其保持学习的兴趣。所以，赞可夫对复习和巩固是持保留态度的。他认为学生现在巩固了知识，如果以后几年不用，还是会忘记的。而美国学者布鲁纳则明确主张采用螺旋式课程。他认为课程内容的核心是学科的基本结构，应该从小开始教授学生各门学科最基本的原理，以后随着学年的递升而螺旋式地反复，逐渐提高。换句话说，课程内容要向学生呈现学科的基本概念和基本原理，以后不断在更高层次上重复它们，直到学生全面掌握该门学科为止。美国学者凯勒在 60 年代构建了一种所谓的"逐步深入的课程（postholing）"，即一门学科在中小学 12 年期间学习两三遍，但学生每次都进一步深入地学习课程的不同部分。

一般而言，直线式与螺旋式都有其利弊。直线式可以避免不必要的重复，螺旋式则容易照顾到学生认知的特点，加深其对学科的理解。而两者的长处也正是对方的短处。其实，直

① 约翰·D. 布兰思福特, 等. 人是如何学习的：大脑、心理、经验及学校（扩展版）[M]. 程可拉, 孙亚玲, 王旭卿, 译. 上海：华东师范大学出版社, 2013：15, 33.

线式课程和螺旋式课程对学生思维方式有不同的要求,前者要求逻辑思维,后者要求直觉思维。逻辑思维是按直线一步一步地思考问题,注重构成整体的部分和细节,它只接受确切的和清楚的内容;直觉思维是要在理解细节之前先掌握实质,它考虑到整个形式,是以隐喻方式运演的,并可以创造性地跳跃。

(四) 教科书内容大概念

以大概念为统领,精选教材内容,处理好学习过程与学习结果的关系,落实课程标准中规定的学生必做实验和跨学科实践活动。通过化学实验、交流讨论、社会调查等科学探究活动,引导学生积极主动地学习,增进对所学内容的理解;结合教材不同内容主题的学习,系统规划、设计跨学科实践活动,引导学生运用多学科知识和方法解决实际问题。[①]

泰勒谈到的课程组织原则也是教科书编写时应该遵循的原则。教科书既要关注概念与主题间的横向关联,也要把握知识间的纵向进阶。"美国2061项目"对教科书内容关联性的考察,包括核心概念之间的联系、核心概念与其先决条件之间的联系,以及核心概念与其他相关概念之间的联系。[②]

教科书围绕化学大概念,精心设置问题情境,提供丰富信息,密切了新知与已知之间的关联,以及新知与生活经验之间的关联。促进知识迁移能力,可在更多的场景或条件下应用。教科书中提供的经验既可以是生活经验,也可以是学生已有的知识经验,而更重要的环节是引发学生在经验与新知间建立关联,达成学生的深度理解。

教科书要提供可以在哪里使用新知的信息,告诉学生学习它可能会有什么价值。提供前沿信息资源,引导学生获悉当下的新知可能在生活、生产、科技或未来的学习中被使用,就是既知道知识的"来龙",也熟悉它的"去脉",如怀特海所说,"学生想要接受一种新知,不是证明正确,而是证明价值"[③]。由此,完成新知在学生头脑中的意义建构。

核心素养的知识观认为,知识的产生和传递依赖于社会情境,构成知识的内容是在情境中进行探究的成果,人通过接受这样的知识而实现社会化。生成主义认识论观点表明,人类在参与、探索并与知识的对话过程中建构自我的内在理解与知识的意义生成。[④] 个体知识并不是纯粹的个人主义的观念,也不是个人的经验习惯。知识使个人社会化,即意味着个人参与社会进行互动与合作,在过程中展开协商和探究。化学教科书编写者统筹规划与顶层设计,通过在各个板块主题内容中的合理分解与铺陈,使得价值体系在不同的主题内容中相互支撑、在不同年级中连续进阶。山东科学技术出版社版《普通高中教科书　化学　必修　第

① 中华人民共和国教育部.义务教育化学课程标准(2022年版)[S].北京:北京师范大学出版社,2022.
② Kulm, G. Roseman, J., Treistman, M. A benchmarks-based approach to textbook evaluation [J]. Science Books & Films, 1999,35(04).
③ 怀特海.教育的目的[M].庄莲平,王立中,译注.上海:文汇出版社,2012:5.
④ 张良.课程知识观研究——从表征主义到生成主义[D].上海:华东师范大学,2015.

一册》在开篇"致同学们"中,直接强调了发展化学学科核心素养的教科书宗旨:引导同学们学习最为核心的基础知识和基本技能,掌握最有价值的科学方法和思想方法,形成正确的思想观念和科学态度,达成"宏观辨识与微观探析""变化观念与平衡思想""证据推理与模型认知""科学探究与创新意识""科学态度与社会责任"等方面化学学科核心素养的发展目标。

美国课程理论专家施瓦布在探索学科结构的价值和重要功能时指出,"我们目前的知识和对世界的认识由学科构成","学科结构是由规定的概念体系的一部分构成的,这些概念确定了这门学科所要研究的内容,并制约着对该学科的探索路径","学科的结构是学界必须解决的问题"。[①] 学科结构可视为有限的学科大概念的联结,作为联结的结点的大概念相互交织,共同构成了学科的连贯整体,使学科不再被视为一套零零散散、断断续续的繁冗概念、原则、事实和方法。学科大概念成为无限小概念的有序结构或合理框架的"少而精"的上位概念。学科大概念居于学科的中心位置,学科大概念群集中体现了学科的结构特征。

雅思贝尔斯指出,"全部教育的关键在于选择完美的教育内容和尽可能避免使学习者的思想误入歧途,而是导向所研究对象的本源"。[②] 所谓所研究对象的本源,就是学科本质。学科本质是学科的固有属性,是建立在关键概念基础上的学科本身产生与发展的概念范畴体系,一切学科教学都是为了学习者习得与理解学科本质。学科大概念是能够体现学科本质、反映学科思想方法的上位核心概念,是具有高度概括性、极强实用性、广泛联系性、最强解释性的关键概念,通过联系下位具体概念,聚合相关内容表征学科本质,增进学生对学科本身的认识与理解。[③] 如江苏凤凰教育出版社版《普通高中教科书 化学 必修 第一册》第23页的概念图式,通过框架结构图的形式显示了"专题1 物质的分类及计量"大概念统领下的"第一单元 物质及其反应的分类""第二单元 物质的化学计量""第三单元 物质的分散系"等相关概念关联层次与进阶路径。

教科书能够承载的信息量是有限的,不会随着科技的发展而增长,"难、繁、偏、旧"成为课程教材与时俱进要不断面对和处理的问题。很多国家的课程修订都在强调课程内容结构化,就是要调整原来知识增长的线性累积,从知识本位转向知识本质,关注对学科核心问题的本质理解,让教育超越事实积累,实现"少量主题深度覆盖"。当代学习理论认为,专家头脑中结构化的知识是"围绕重要概念而联系和组织起来的",[④]当面对需要解决的问题时,可以方便调取与迁移。教科书的知识结构直接塑造了学生头脑中的认知结构。学生要像专家一样思考,教科书就要选择学科或学习领域中关键的、核心的概念、主题,围绕这些关键的概

① 施瓦布.学科结构的概念[M].李一平,译.北京:人民教育出版社,1988:210.
② 雅思贝尔斯.什么是教育[M].邹进,译.北京:生活·读书·新知三联书店,1991:4.
③ 余文森.论学科核心素养形成的机制[J].课程·教材·教法,2018,38(01):4—11.
④ 约翰·D.布兰思福特,等.人是如何学习的:大脑、心理、经验及学校(扩展版)[M].程可拉,孙亚玲,王旭卿,译.上海:华东师范大学出版社,2013:18,33.

念、主题组织内容,使学生形成结构化、可迁移的认知结构。"美国2061项目"在评估教科书的时候,就是要重点检查教科书内容是否与特定核心概念(key ideas)相匹配,并且还要核查在核心概念所组织的单元内容中,是否有事实性知识、信息等证据支持核心概念。化学教科书的编写精选了单元主题,这不是简单地削减内容,而是要确保主题中蕴含的根本性、本质性的思想或者观念。学生在获得这些思想或观念后,可以对自然、社会或人自身有更广泛、更高层级的科学认识以及基于学科视角的理解,如同鸟瞰,看得见下一层级现象、知识所处的位置,新知与原有知识结构之间的关系,以及新知情境可以起到的作用、功能等,实现核心知识的深度覆盖。

教材内容的组织以发展学生核心素养为主线,实现学科逻辑顺序与学生认知顺序的有机融合;依据内容特点和核心素养发展的进阶水平,合理构建教材内容单元,凝练单元内容主题,可以是观念性主题、社会性主题、学科性主题或方法性主题,突出单元内容主题的素养价值导向,构建基于内容主题的教材体系。[①] 山东科学技术出版社版《普通高中教科书 化学 必修 第一册》编撰了三章内容,涉及《普通高中化学课程标准(2017年版2020年修订)》规定的课程内容中五个主题里的三个主题,即该教科书内容覆盖了"主题1 化学科学与实验探究""主题2 常见的无机物及其应用""主题5 化学与社会发展"课程主题。教科书每章各有三节和一个微项目,包括引导同学们走进化学世界,认识元素与物质的关系以及物质的分类与各类别物质的一般性质,掌握研究物质性质的主要方法和基本程序以及预测物质性质的视角和依据,了解化学反应及其分类并表征有关类型的化学反应,了解钠、铁、氯、氮、硫及其重要化合物的主要性质和实际应用,开展以化学实验为主的科学探究活动,认识物质转化的有关规律以及在自然资源综合利用和环境保护中的重要价值等。教科书选择少量主题,实现广度上和深度上的内容覆盖,如表3-8所示。

表3-8 山东科学技术出版社版《普通高中教科书 化学 必修 第一册》少量主题所覆盖内容

课程主题	教科书内容		
主题1 化学科学与实验探究	第1章 认识化学科学	第1节 走进化学科学 第2节 研究物质性质的方法和程序 第3节 化学中常用的物理量——物质的量 微项目 探秘膨松剂——体会研究物质性质的方法和程序的实用价值	① 认识化学; ② 认识元素与物质的关系; ③ 物质的分类与各类别物质的一般性质; ④ 掌握研究物质性质的主要方法、基本程序,以及预测物质性质的视角和依据;

① 中华人民共和国教育部.义务教育化学课程标准(2022年版)[S].北京:北京师范大学出版社,2022.

续 表

课程主题	教科书内容	
主题2 常见的无机物及其应用 主题5 化学与社会发展	第2章 元素与物质世界	第1节 元素与物质分类 第2节 电解质的电离 离子反应 第3节 氧化还原反应 微项目 科学使用含氯消毒剂——运用氧化还原反应原理解决实际问题	⑤ 了解化学反应及其分类并表征有关类型的化学反应; ⑥ 了解钠、铁、氯、氮、硫及其重要化合物的主要性质和实际应用; ⑦ 开展以化学实验为主的科学探究活动; ⑧ 认识物质转化的"氧化还原反应""离子反应"等有关规律; ⑨ 养成自然资源综合利用和环境保护等可持续发展的价值观。
	第3章 物质的性质与转化	第1节 铁的多样性 第2节 硫的转化 第3节 氮的循环 微项目 论证重污染天气"汽车限行"的合理性——探讨社会性科学议题	

(五) 教科书内容的背景

化学是一门以实验为基础的自然科学。化学学科以其知识的抽象性、实验性和应用性的特点,化学教科书在化学科学的知识理论与应用实践之间构筑关系链条,则为学生提供了联结已有经验,自主构筑科学意义的广阔空间。

化学科学理论的内容阐释的是物质微观世界中粒子的运动特征,相对可以肉眼观察的宏观世界物质的物理特征而言,物质的化学性质及其化学原理则难以想象,相对抽象,知识不容易理解和内化。不过,就算是如此抽象的基础理论,只要教科书精心设计,把其与最贴近学生已有社会生产生活经验、时代印象、新科技成果等已经理解并熟识的信息有机地结合起来,形成一条符合逻辑的认知链条或贯穿始终的有意义线索,这样当学生自然而然地沉浸到教科书所设计的情境中时,化学知识内容的晦涩抽象就会变得有意义、有趣味、有温度、有情感,不仅易于理解同化,还可能会使学生应用得当,更有可能激发学生更深广的创造潜能。

大概念之下,教科书需要提供什么样的信息群落?

化学教科书每个大概念都包含着化学原理、概念意义或者关系联结。教科书阐述大概念,一般都设计有前提、背景信息,作为提供可以发生大概念学习的载体,一脉相承地展开相应包含的知识体系。

比如,江苏凤凰教育出版社版《普通高中教科书 化学 必修 第一册》中设计了"专题3 从海水中获得的化学物质",其中的化学知识谱系,不仅涉及化学元素及其化合物性质,包括非金属元素氯、溴、碘,金属元素钠、镁等五种元素及其化合物性质,还涉及氧化还原反应和离子反应等多类别的化学原理,如此庞杂、繁琐零碎的化学知识和原理,教科书是如何整合统摄组织起来的?

教科书选择以学生熟悉的自然界场景下的"海洋"为背景来组织覆盖五种元素及其化合物性质的相关知识内容。以"从海水中获得的化学物质"社会问题为中心来构建大单元化学知识体系,合理地处理了非金属元素氯、溴、碘,金属元素钠、镁等五种元素及其化合物性质间的横向关联,及各自本身知识的纵深发展,充分注意到元素及其化合物性质知识在氧化还原反应以及离子反应等化学原理框架下的内在逻辑,以及各种元素及其化合物性质的相似与差异、普遍与特殊、结构与功能,使化学知识系统整合成网状化有机整体,并且这一有机整体是与学生身边的自然界"海水""海洋化学资源"密切关联的。这种组织方式既照顾了化学科学本体知识的逻辑,又顾及了学生的已有经验与认知逻辑。

专题3开篇语中介绍了"浩瀚的大海中蕴藏着丰富的化学资源。海水中溶解有80多种元素组成的不同物质,其中含量最高的是氯化钠。化学家以廉价海水中的氯化钠为原料,通过电解方法将其转化为生产、生活和科学实验中用途更为广泛的新物质。此外,人们还可以从海洋中获取多种资源。可以说,大海是一个巨大的、充满神奇的宝库,等待着人们去开发和利用。"

"第一单元 氯气及氯的化合物"首先铺垫了背景"海水中蕴含丰富的氯元素,它主要以氯化钠、氯化镁等氯化物的形式存在。人们可以采取物理方法或化学方法,将这些氯元素富集起来或转化成多种化工产品,满足人们的生产、生活和科学实验所需。人们从海水中获得氯单质及其化合物的过程,体现了化学科学在利用自然资源创造新物质中的独特作用。"

其中,在"氯气的发现与制备"内容下,通过"海水中含有大量的氯元素,但其单质氯气的化学性质非常活泼,在自然界中不存在游离态的氯,都以化合态的形式存在。……"引出氯元素及其化合物性质,以及海水中氯化钠中的钠元素及其化合物性质的学习,还嵌入了学习氧化还原反应原理、离子反应来分析其中的化学变化规律,融入化学家故事和史实"侯氏制碱法"等科学原理和科技成果,展现了科学家应有的科学态度和社会责任风范。

在"第三单元 海洋化学资源的综合利用"继续叙写海洋故事:"浩瀚的海洋是一个巨大的宝库,海水是一种取之不尽的资源。海水中含有80多种元素,地球上绝大部分的溴、碘元素都存在于海洋中,镁的含量也很大。随着科学技术的不断发展,除了海水之外,人们还在不断开发和利用海洋植物以及海底资源,以满足生产、生活和科学研究的需要。"由此又引出了有关"溴""碘""镁"等元素及其化合物性质的学习。

三、阅读逻辑:驱动认知加工

教科书作为学习的材料,它是阅读的对象,是指导学生自主学习和查阅知识的工具。

（一）提纲挈领架构知识

内容难易适度是教科书内容能否被学生理解的必要条件。教科书编写者合理预设学生的阅读顺序、思考范围、推理过程等，也能提升教科书的可理解性和可接受性。比如，元素及其化合物性质的相关知识相对零散和碎片化，导致学生采用机械记忆的学习方式，造成其因知识梳理不清而产生畏难和抵触情绪。山东科学技术出版社版《普通高中教科书　化学　必修　第一册》第13页中为学生提炼了"研究物质性质一般程序"的认知模型。教科书又根据"研究物质性质的基本方法和基本程序"总结了金属钠与氯气的性质。

教科书中呈现出按照某种科学思维逻辑组织凝练的知识框架，作为零碎知识认知加工的支架，帮助学生关注课程内容的重点、核心概念或原理，对所学知识进行自主的建构。这有助于学生系统地、整体地、结构化地把握元素及其化合物性质的相关知识线索，以及知识点之间的关系和逻辑脉络，自主建构系统化的知识体系，降低学生的理解难度，增加学生对教科书内容的接受程度。

如山东科学技术出版社版《普通高中教科书　化学　必修　第一册》在第43页使用了碳及其化合物的"价—类"二维图，作为物质及其化合物性质认知加工分析支架，可以助力学生使用该种知识结构图式建构碳及其化合物的各物质类别和其中所含碳元素的化合价的关系。基于核心元素的化合价和物质类别研究物质，为学生认识物质性质和实现物质转化提供了一种可借鉴的认知模型。

（二）多重表征阐释意义

教科书突出化学学科特点，采用多种表征方式，加强宏观、微观、符号等内容的紧密结合；使用简明、生动的语言，提高教材的可读性，激发学生的学习兴趣。

教科书作为学习的材料，与时俱进，富有时代感、能满足学生的兴趣需要，与其文化背景相适应，能够唤起学生的阅读欲望，并设计学生与文本内容的互动活动。教科书不仅通过设置阅读栏目开展人与文本的对话互动，还使用更亲近的语言，向学生提出思考问题，设计实验探究任务，引导学生走入教科书的学科知识逻辑；同时连接学生的现实和生活经验，让教科书变得有温度，有助于学生通过教科书，同自然界、传统文化、科学家与化学史实相遇和对话。

各版本教科书都使用了大量非文字的文本信息传播含义，比如教科书的插图、插画、照片，这些图画不仅有美学观赏的价值，更是一种"意象话语"，[①]意象话语需要与文本话语交织在一起，相互补充阐释，表达更加丰富的情境、现象、事实与意义。插图帮助文本表达一致的

---

① Fuchs, E., Henne, K. History of textbook research [M]. New York: The Palgrave Handbook of Textbook Studies. 2018: 25 - 56.

内涵,凸显所言之物的形象、状态或物理特征,增加现场感染力。学生从教科书插图中不仅看到了从化学科学的视角对物质世界的宏观现象的表征,还看到了对微观粒子的样态模拟、空间方位的结构布局等方面的表征,产生对微观粒子世界的立体想象,从而清晰地揭示了化学符号和抽象概念所表达的内涵和机理。如山东科学技术出版社版《普通高中教科书 化学 必修 第一册》第24页用一张足球的图片显示足球的立体大小,同时呈现边长为28.2厘米的立方体所代表的1摩尔气体体积的空间立体模型,二者相互参照,共同清晰刻画、形象表达了"标准状况下1 mol气体体积"的空间大小的概念。

教科书可以借助多元的形式、多元的语言、多元的概念,调动学生展开多元方式或路径的学习。教科书调动学生的视觉、味觉、嗅觉、触觉、听觉和动觉系统,使所有的系统几乎都能学习到不同的信息类型。

(三)导航栏目驱动认知

教材内容的呈现重视情境、活动与问题的设计,合理利用教材正文、活动性栏目、资料性栏目、图表等多种呈现方式,在学习内容和学习方法上给予学生指导和提示,促进学生积极、主动地学习。

教科书设计导航栏目以及问题等作为驱动学生自主学习的指导工具,兼有预习指导、串联知识线索、巩固复习、评估学业等功能。

1. 设计学习内容纲目

人民教育出版社版《普通高中教科书 化学 必修 第一册》第一章的章首部分,以章主题"第一章 物质及其变化"为上位概念,设计解构了所统领的下位子概念或子主题(物质的分类及转化、离子反应、氧化还原反应),凸显该章节的大概念主题及其内涵,把零散的化学知识整理出主要纲目,便于学生把握相应化学主题内容知识的内涵层次,进行纲举目张式的认知加工。

2. 设计单元学习目标

江苏凤凰教育出版社版《普通高中教科书 化学 必修 第一册》"专题1 物质的分类及计量 第一单元 物质及其反应的分类"开篇处设计了"目标预览",将单元目标置于教科书单元内容之前,旨在指导学生自主学习,美国皮尔森出版社所出版的《我的世界社会教科书(My world social studies)》,以"期望学习者有怎样的学习结果"为课程设计的起点,在每个主题单元的扉页和单元内每一课的开头都以问题的形式提出学习目标。[①] 脑神经认知科学理论表明,人的大脑生来渴望意外之喜,也因此期盼令人惊奇或令人疑惑事物的发展和结

---

① Linda, B.B., et al. My world social studies: regions of our country [M]. MA: Pearson, 2013.

果。但当事物变得习以为常时,那种兴奋感就会悄然溜走了。据此,目前化学教科书在每个单元的首页、正文或末尾常以"栏目"形式标明学习目标或活动方式,这样,学生可以持续自我监控目标的达成度。

3. 设计学习导航栏目

人民教育出版社版《普通高中教科书　化学　必修　第一册》中设计了学习导航栏目,如"实验活动""科学史话""科学技术社会""化学与职业""练习与应用""研究与实践""复习与提高"等。

山东科学技术出版社版《普通高中教科书　化学　必修》的栏目设计匠心独运:每节开始设置"联想·质疑"栏目,铺设情境,提出问题,为同学们的探究学习做好铺垫;通过"观察·思考""活动·探究""交流·研讨""迁移·应用"等活动性栏目,组织同学们进行自主探究和开展合作学习,并利用"方法导引"栏目对有关活动进行有效的指导;利用"资料在线""拓展视野""身边的化学""化学与技术"等资料性栏目丰富同学们的知识,拓展同学们的视野;每节的"练习与活动"及每章的自我评价设置"学习·理解""应用·实践""迁移·创新"三个层次,提供精选习题和有关活动,以提升同学们理论联系实际的迁移应用能力以及发现问题、分析问题和解决问题的能力;每章在"本章自我评价"中列出化学学科核心素养的发展重点和学业要求,以便同学们据此检查自己的学习情况;每章设置一个微项目,开展项目式学习,引导同学们面对实际的化学问题,学以致用,实现所学知识向关键能力和核心素养的转化。

江苏凤凰教育出版社版《普通高中教科书　化学　必修　第一册》的主要栏目体现了化学教科书编者帮助学生在阅读过程中更好地理解教科书内容和展开有序的自主学习活动,其中八个栏目的设计及其引导阅读的思维内涵如下所示。

【温故知新】在新旧知识之间架起"桥梁",引导同学们回顾已有知识和思维经验,寻找与新学知识之间的密切联系,激发探究新知识的欲望。

【交流讨论】结合学习目标设置了一系列与内容有关的问题情境,引导同学们展开讨论,为理解知识和深化思维提供基础。

【基础实验】要求同学们在学习中同步完成必做实验,不仅要了解这些实验的基本原理,还要学会动手操作,切实提高自己观察、记录和分析实验现象的能力。

【实验探究】引领同学们积极投身更多的实验活动,熟悉实验流程,设计探究方案,独立或合作完成实验操作,记录实验现象,基于实验证据进行推理。

【观察思考】教师展示实验现象、模型、图表等,提出相关问题激发同学们思考,尝试解析其中蕴含的化学原理,帮助同学们开启化学思维。

【学以致用】在教材阐述新知识之后插入典型问题,启迪同学们运用所学知识去解决实际问题,提高知识的迁移能力。

【拓展视野】提供与学习内容相关的更多生动的素材,帮助同学们在完成必修的学习任务之余,进一步开拓视野,领略化学的奇妙和魅力。

【科学史话】选取相关的、意义重大的化学史实,生动地还原其发展过程,帮助同学们从科学家的角度去思考问题,感受中外科学家的创新精神。

【学科提炼】以简洁的语言介绍与化学核心知识相关的基本原理、思想方法等,尝试探索化学科学的本质特点,揭示化学知识的认识功能。

4. 设计留白开放自创

化学教科书通过开放部分内容,为学生留出空白的书面部分,让他们在上面写出或画出自己对概念、理论的理解或对实验体验的认识,可以是提出问题,可以是批注陈述,可以是描述实验现象,数据推演、论证推断,以及学生的自我创造性阐释等。如江苏凤凰教育出版社版《普通高中教科书　化学　必修　第一册》第 5 页的"交流讨论"栏目中给学生用于交流讨论的留白。

四、教学逻辑:推演教学过程

教科书是最详细呈现课程的载体,它包含了课程设计预期的全部内容。但教科书没有对课程设计意图直接解释的功能。课程标准清晰地表达了课程目标是什么、结构设计的意图是什么、怎样实施及如何评价,教师需要结合课程标准对教科书所隐藏的课程设计者意图进行深度挖掘。

教学是学生的理解发生改变、观念获得、素养生成最关键的环节,学生个体阅读教科书中的局限、障碍,需要在教学活动中弥补。教科书的编写考虑了教学过程的需求,具有超越时空的想象力,围绕不同的内容为不同的教学过程形式拓展空间。

教学,依据化学教科书内容和相关操作的指导语句,反映化学知识的逻辑、教与学的逻辑,将化学课程置于广泛的社会、生产、生活、经济、文化等背景中来理解,联系学生个人深层的精神世界和生活体验来寻找化学课程的意义。

(一)静态内容动态化

教科书是静态的文本,但不是知识的组合,在体现知识的科学性、准确性的同时,按照教学进程的先后顺序,编写者推演教学流程,将核心内容融入多样的教学形式,呈现出动态的教学活动过程。教科书内容过程化不是简单的知识加活动,而是基于内容的特征,拟定相对应的有意义的课堂学习方式。教科书是课程的一部分,但它们是在一个有目的的情境的发展过程中所观察的、回忆的、阅读的和谈论的种种事实,以及所提出的种种观念。[①] 显然,以

---

① 约翰·杜威.民主主义与教育[M].王承绪,译.北京:人民教育出版社,1990.

教科书形态存在的课程知识与知识背景以及应用场景具有密切关联,这种关联性去除了知识的惰性,赋予了知识在特定情境下的生命活力。如人民教育出版社版《普通高中化学教科书》设计了"资料卡片"栏目板块,补充了知识内容相关的缘起背景、常识应用、深度解读等拓展性信息资料,"化学与职业"栏目板块通过介绍化学相关职业的特点、工作内容和知识背景,阐释知识内容,与学生的职业选择和理解发生联结,转变成为个人的有用经验;山东科技出版社版《普通高中化学教科书》中利用"资料在线""拓展视野""身边的化学""化学与技术"等资料性栏目丰富同学们的知识,使纯粹的知识与现实场景、事实背景、社会生产生活情境发生密切关联;江苏教育出版社版《普通高中化学教科书》中利用"科学史话"等信息栏目,使用相关的、意义重大的化学史实,生动立体地还原了化学知识的发展过程,使学生耳濡目染,学会从科学家的角度去思考问题,感受中外科学家的创新精神。

教科书的编写者基于学生的认知发展规律,分别规划了权威类型的学习、通过逐步同化进行的学习、通过研究进行的学习、通过连续发现进行的学习、从简单的或复杂的情境出发进行的学习、以能力导向为基础的学习等课程内容的编撰思路。[①] 不同化学知识类型有不同的认知特征,几种类型的学习也可能发生在同一化学主题内容上。设计良好的教科书会启发教师进行教学设计,教师可以依据教科书安排教学流程,或在教科书的启发下设计更加契合在地性资源与学生需求特征的课堂活动。

教科书不是一件东西,而是一个过程。它是一个动词、一次行动、一项社会实践、一种个人意义。[②] 教科书不是学生被动接受的产品,而是一种持续复杂的对话过程。教学过程是一种特殊的认知过程。认知学习不是知识结果的单向传递、表层接受以及机械重复的解题训练,而是一种认知过程全投入的逻辑与理性之旅。面对前人生产的学科知识,学生必须经历感知、理解、想象、思维等认知过程才能获得知识的科学性的规定。各版本的教科书不仅使用了精炼的文字描述和化学用语等符号表征,还以清晰靓丽的具体事物的相关照片等来匹配教科书的相应内容,图文并茂地表现了相应的自然或实验室物质变化的各种特征现象,以及物质颜色、状态、现状等物理性质,不仅表现了物质的宏观表征,还可以通过物质结构模型图片、微观结构示意图、绘制图画来呈现微粒的相关属性、特征、状态等微观表征,还可以使用数学公式、数据图、数据表等表达物质的相关物理参数、化学变化规律的数字表征。比如人民教育出版社版《普通高中教科书 化学 必修 第一册》在第 96 页呈现了"卤素单质主要物理性质"有关的密度、熔点、沸点等数据信息表征,以及卤原子结构的微观表征,支持学生的信息加工。

如人民教育出版社版《普通高中教科书 化学 必修 第一册》第 14 页绘制的 NaCl 固

---

① 弗朗索瓦-玛丽·热拉尔,易克萨维耶·罗日叶.为了学习的教科书:编写、评估和使用[M].汪凌,周振平,译.上海:华东师范大学出版社,2009:83,21.

② Pinar, W.F. What is curriculum theory [M]. Hillsdale: Lawrence Erlbaum associates Inc., Publishers, 2004:188.

体在水中溶解和形成水合离子示意图,形象地表现了 NaCl 固体在水中的溶解和形成水合离子的微观动态过程,同时结合文字描述和化学用语表达等符号表征,把学生无法洞察的微观粒子的运动状态形象具体地表现了出来。

教科书使用宏观、微观、符号等多重表征共同阐释了化学知识的内涵,丰富了化学知识、概念和原理的真实感知、形象感知和立体感知,符合学生的认知规律和加工方式,帮助学生理解和把握化学课程内容。

科学性是知识的第一属性,逻辑与理性、客观性与确定性是解决知识的"认识论问题"必须要保证的。学生通过经历完整的认知过程,进行符号解码,才能理解知识原初的给定性和固定性的内涵与本质规定,以及获得具有纲领性的普适意义。教科书的内容序列的设计需要引导学生经历完整的认知过程,不能只停留于对给定的和固定的结论的理解与认同,尚需探究知识的符号发生、逻辑发生,在探究知识发生的过程中让学生走进逻辑,获得逻辑、智慧与理性精神的增值。[①] 教科书以学生为中心、以探究为主呈现学习内容,以整合生活逻辑和学科逻辑的课程单元为学科内容模块。如各版本的化学教科书都通过设计多种类型栏目、指导语句,或者创设思考问题和实践活动,与学生发生直接对话,驱动引领学生经历任务或问题解决过程,在不断地探索与反思、互动与协作中,历练学科与跨学科的思维与实践能力,建构形成化学观念,发展科学思维,习得解决科学问题的科学方法和路径,养成科学态度和品格。

(二)情境创设真实化

学生表现出的对教科书内容的不理解,可能是因为他们还没有获得背景知识来识别教科书内容的来龙去脉,或者教科书内容不足以提供线索来引导学生了解知识的组织结构。[②] 由此则特别强调真实问题解决中的学习。真实,其表现为情境的真实化,课堂教学不可能体验完全真实的日常、生活、生产情境,因此,这个情境是真实化了的情境。真实化的情境若能够对学习产生作用,还要满足一个重要条件,就是情境的意义中包含了理解新知的核心结构,需要从学生已有理解的信息中梳理出新知识的生长支撑点。当学生能够想到特定内容与背景或情境结构相匹配的信息或图式时,他们就能明白新知。

结合具体情境,通过科学探究任务活动解决问题,将个人生活经验与学科知识有机融合,生成课程知识、技能与品格,并在问题解决中运用和迁移,从而为学生在学习过程中提供生成动机,为教师的教学提供了行动逻辑。

"一个新理论总是与它在自然现象的某种具体范围的应用一道被宣告;没有应用,理论

---

① 郭元祥.把知识带入学生生命里[J].北京大学教育评论,2021,19(04):28—43.
② Armbruster, B.B. Schema theory and the design of content-area textbooks [J]. Educational Psychologist, 1986,(04).

甚至不可能被接受"。① 各学科科目教材的价值不在于它本身,"它的重要意义在于它的立场、观点和方法。它给予过去的经验以一种基本的形式,使得过去的经验就未来的经验来说,成为最合用、最有意义和最有成果的东西。"②过去的经验如何才能变得有意义?杜威认为,学科教材应该与学生的生活经验相结合,以学生能够理解的方式呈现出来,由此成为学生熟悉的事物,成为学生生活经验的一部分。

教学情境的创设要隐含新知的基本要素,还要跟学生的经验产生关联。"让学生和知识产生联系的方法是让个人的想法同客体、经验或其他学生的先有概念进行直接对接。"③学生从情境中感知获得知识产生的条件,不同的情境中或者复杂的情境中更能体现知识产生的条件。但仅有情境还不足以发现其中的关键知识或信息,教科书内容中结合质疑或提出问题,或设计导读栏目等,从而引导教师、学生在情境中抽象出概念的本质特征,将情境中琐碎的、零散的信息提炼为概括性概念,为学生所关注并存储于认知概念框架,这样的知识更有利于灵活地被提取并应用它们来解决问题。

化学教科书在内容编写时,不可或缺地都设计并依托真实情境来支撑新知识的生长,尤其都浓墨重彩地描述刻画了化学实验探究任务的场景,包括实验装置图示或真实场景下的照片,实验仪器药品和用品,实验操作的具体步骤和建议等,为教师和学生提供了在化学实验室实施科学探究实验、执行任务活动的基本行动框架,引导其在实验室情境下安全规范地操作实验,在"做科学"中学习掌握化学基本知识和基本技能,塑造化学研究范式。另外,山东科学技术出版社版《普通高中教科书 化学 必修》中,于每章的章末都安排了一个特色栏目"微项目",呈现了具体的真实问题解决情境,需要学生亲身经历体验。"微项目"设计了"项目学习目标"以揭示相应的学习活动要求,并围绕学习目标设置细化了的若干个科学研究任务,驱动学生开展问题解决活动。"微项目"基于化学学科大概念统领相关学习内容,通过创设真实问题情境驱动学生的知识建构。

山东科学技术出版社版《普通高中教科书 化学 必修 第一册》第 32 页"微项目 探秘膨松剂——体会研究物质性质的方法和程序的实用价值",选择学生较为熟悉的、体现物质在真实情境中应用情境,利用膨松剂能使食品变得膨松或松软以及单一膨松剂存在缺陷的经验,引导学生开展"探究碳酸氢钠用作膨松剂的作用原理""设计并使用膨松剂"等科学实践活动,并遵循物质性质研究的基本方法(分类、对比、观察、实验等)与科学思维路径(提出问题→观察物质外部特征→预测假设物质性质→开展实验探究→解释科学本质→推断结论),在执行该具体任务中,内化相关化学知识和掌握科学研究方法。山东科学技术出版社版《普通高中教科书 化学 必修 第二册》第 116 页中的"微项目 自制米酒——领略我国

① 托马斯·库恩. 科学革命的结构[M]. 金吾伦,胡新和,译. 北京:北京大学出版社,2003:43.
② 约翰·杜威. 学校与社会·明日之学校[M]. 赵祥麟,任钟印,吴志宏,译. 北京:人民教育出版社,2004.
③ 安德烈·焦耳当. 学习的本质[M]. 杭零,译. 裴新宁,审校. 上海:华东师范大学出版社,2015:73.

传统酿造工艺的魅力"将化学知识与我国古代酿酒工艺结合起来，让学生在亲自动手制作米酒的过程中，认识有机物之间的反应及不同条件对反应速率的影响，引导学生在真实问题情境中分析问题与解决问题，达成"了解传统文化与科学技术的关系；认识酿造工艺中的有机化合物及其反应，学会从化学的视角分析、解释生产和生活中的实际问题；讨论酿造米酒的最佳条件，体会调控反应条件的重要性"等学习目标，实现化学知识的综合应用和迁移创新。

（三）认识过程图式化

所谓图式理论，是指围绕某一个主题组织起来的知识的表征和贮存方式的理论。图式（schema）就是存在于记忆中的认知结构或知识结构。

图式是存在于人脑记忆中的经验网络、认知结构或知识结构，是每个人头脑中存在的对外在事物的结构性认识，它能够表征特定概念、事物或事件的认知结构，还影响人们对相关信息的加工过程。根据西方哲学家的一般理解，图式就是用来组织、描述和解释人们经验的概念网络和命题网络。认知心理学家认为，人们在认知过程中通过对同一类客体或活动的基本结构的信息进行抽象概括，在大脑中形成的框图便是图式；皮亚杰、鲁梅哈特等人认为图式由表示概念要素的若干变量所组成，是一种知识框架及分类系统；语言学家卡罗尔把图式看作是语义记忆的一种结构。尽管不同的学科领域对图式有不同的表述，但有一点达成了共识：图式是一种结构，[①]结构则是指组成整体的各部分的搭配和排列。图式提供了一种结构，人们用这种结构来组织掌握信息，在各种抽象水平上来表征知识。图式又是人们主动地对外界信息进行加工和组织，试图构成经验陈述的积极过程。[②]学生头脑中的知识是通过自己对外界信息的加工和处理而建构起来的图式。

图式是对人们生活中的事物的大量个别事例的抽象，图式总结了这些事物的重要特征，它省略了细节而概括了一些相似情况的共同特点，代替了具体而形成了结构化的抽象。这些图式如同自然分类，它们包含一些事物的某些特征和品质，但通常并不是清楚界定的绝对的归类，比如树的种类有很多，但一般都包括树干、树冠、枝叶、甚至花果等特征。当人们看到一棵从未见过的"树"时，虽然不知道它的种类和名称，但是基于头脑中一般的图式，可以很快断定它是"树"而不是别的事物，且越接近头脑中原型的越容易断定，比如高大的乔木比矮小的灌木更接近原型，也更容易判断。图式不仅指对事物的概念性认识，也包括对事物的程序性的认识。

图式的概念最早来自 19 世纪德国哲学家康德，他把图式看成是"原发想象力"（productive imagination）的一种特定形式或规则。据此，理解（the understanding）可以把它

---

① 康立新.国内图式理论研究综述[J].河南社会科学.2011,19(04):180—182.
② 唐芳贵.图式研究的历史演变[J].重庆教育学院学报.2003,(01):52—54+63.

的"范畴(categories)"应用到知识习得或经历体验过程的多种感知中。瑞士心理学家皮亚杰在 20 年代就考察了"图式"在学生成长中的作用,并提出了建构主义的基本思想。

学习者在认知、解释、理解世界的过程中建构自己的知识图式,在人际互动中通过社会性协商进行知识的社会建构。知识的建构观认为:(1)知识是个体认知加工建构的。把知识看作是个人对知识的加工,是个人创造有关世界的意义。建构通过新旧知识的相互作用来实现,用已有知识作背景来容纳同化新知识。(2)知识是社会互动建构的。除了个体对知识的建构外,知识的建构离不开共同体,知识建构更多的是共同体协商、互动、交流的结果。(3)知识是在情境中建构的。人的思维不能脱离情境,承载着丰富信息的情境成为新知识生长的沃土。(4)知识是整合复杂信息建构的。知识是复杂的,其复杂性表现为结构的开放性、不良性、建构性、协商性和情境性。(5)知识是潜移默化建构的。知识有显性知识和隐性知识,其中隐性知识也称为默会知识,可以通过环境影响和气氛渲染对学习者发生作用,使学习者潜移默化地自主建构。[①]

知识的学习,针对个人来说,意味着个人化,完成知识个人化,知识才有意义。个人化学习就是把知识转变成学习者自己对知识的认知,建立起学习者自己头脑中能够反映本质属性的全局性的认知结构,这个全局性认知结构就是图式。

图式的形态,呈现了人的知识被表征的方式,以及这种表征方式如何有利于知识的应用。图式所表征的知识可以从一个词的意义、一个句子的组成成分、文化背景、理论观点到思想意义不等。

图式的形态由知识的结构决定。图式中的各知识节点之间按一定的联系组成一种层次网络或等级结构,一个图式可以被包含在另一个图式中。图式的综合性,即图式表征的是人们所有的知识,这些知识将分门别类地组成一个个的知识单元,这些知识单元也是图式。作为人头脑中的认知结构,图式是多种多样的。按图式所表征的知识的不同性质,可将图式分为描述图式(fact schemas)、陈述图式(concept schemas)和程序(操作)图式(procedural schemas)等,不同类别的图式整合成为一个综合图式。描述图式是指有关描述事实的图式;陈述图式是指界定概念的图式;程序图式是一系列的行为步骤,能够指导人们的行动。

人民教育出版社版《普通高中教科书 化学 必修 第一册》在第 97 页呈现了作为已知的陈述图式"卤素单质与氢气的反应"条件和事实信息,结合作为描述图式的反映了化学变化前后的物质转化的化学反应方程式,请教师设计相关学习程序或科学探究活动,协助学生利用这些已知信息展开思考和论证。通过"思考与讨论"栏目,实施相关推理活动,解决教科书提出的有关问题,从而支持学生经历科学探究,加工与内化知识。

---

① 莱斯利·P·斯特弗,杰里·盖尔.教育中的建构主义[M].高文,徐斌艳,程可拉,等,译.上海:华东师范大学出版社,2002:9—11,6.

教科书设计了许多类似的学习活动过程,这类基于已知信息等展开科学思维论证的活动或实验室操作任务,支持了教师有据可依地精心设计教学活动,同时也帮助了学生学会利用已知证据思考、推断问题的答案,在寻找答案的认知活动中内化建构自己新知识的图式。人民教育出版社版《普通高中教科书 化学 必修 第一册》在第98页给出了"通过卤素单质间的置换反应,可以比较卤素单质的氧化性强弱"实验室科学探究活动的行动框架,作为操作性图式,助力教师设计实验室活动,指导学生在科学实验活动中运用化学科学的研究方法,引领"实践是检验真理的唯一标准"等科学信念,支持学生学习驾驭化学程序性知识。

教科书内容指示了遵循学生知识图式的建构的教学逻辑,认知加工过程就是知识、观念、技能等与已有认知发生关联、联结、整合,形成有意义的知识网络,建构认知结构,形成图式。图式中各个知识点的内涵及其相互关系可以通过按某种逻辑建立联结或排列层次结构等形式呈现。学习是一种过程而不是直接地接受某种结果,教科书中呈现了关键支点来引导学生的学习过程。这些关键支点是指化学教科书各个内容叙述模块中的导航栏目、描述活动、实验步骤、提出问题、总结迁移等起思维指令作用的标识语句,学生通过阅读教科书内容,并不断遵循这些思维指令,在头脑中以及动手实践活动中实施相应的操作,反复加工认知结构,建构图式。同时支持教师把科学概念、科学思维过程中的重点和难点拆解开来,以合理的序列构思课堂教学脉络,设计有效的教学活动,促进学生达成教育教学目标。

认知心理学家J. R. 安德森认为:"对于表征小的意义单元,命题是适合的,但是对于表征我们已知的有关一些特殊概念的较大的有组织的信息组合,命题是不适合的。"[1]例如,有关"物质的分类"的知识,如果用"物质可以分为混合物和纯净物"这一命题表征,则不足以表征与"物质的分类"有关的全部知识。现代认知心理学认为人的较复杂的整块的知识是用图式来表征的。如人民教育出版社版《普通高中教科书 化学 必修 第一册》第7页通过树状图和交叉联系图,对"物质分类"相关概念进行梳理和解构,帮助学生梳理对"物质分类"不同层次关键概念的内涵及其相互联结关系,对于混乱排布的概念进行交叉连接,建立属性特征的直接关联,符合人脑对书面知识或概念的特征分辨的认知加工规律,从不同视角建构图式。

教科书中不直接呈现学习的结果,而是给出知识联结的网状脉络或者呈现知识的发展过程,帮助学生梳理知识点间的关系,建构描述性图式。如山东科学技术出版社版《普通高中教科书 化学 必修 第一册》第18页的图式,把金属钠和氯气的性质通过"概括·整合"的示例呈现在书面上,据此,让学生自行创造性地归纳整合自己的学习收获,促进了其富有成效地认知加工。

[1] John R. Anderson. Cognitive psychology and its implications [M]. Hampshire: Worth Publishers, 1990:133-135.

教科书给出实验或实践活动的操作步骤或行动的核心要素,对探究过程中的思考问题、证据推理和论证结论保留空间,即提醒教师在课堂中先要求学生观察现象、体验探究、采集证据、讨论问题、推进步骤、解决问题,接下来再引导学生解释他们的推理、思考与应用。教科书顺应这样的安排,呈现了精细加工后的程序性图式,给作为教学设计者的教师以直观的启示。如山东科学技术出版社版《普通高中教科书 化学 必修 第一册》第11—12页中设计了"活动·探究",以真实的"金属钠与氧气的反应"实验室活动任务为科学探究主题,通过设计"实验目的""实验用品""实验方案""实验方案实施""思考"等环节,步步推进实验探究活动,引导教师设计并实施以学生为中心的教学方法,让学生亲身经历科学探究活动,观察记录实验现象,采集实验过程中的证据,推断论证科学结论,反思、归纳、提炼科学事实、科学认识、科学知识和科学方法。教师在教科书的相应启发下,设计结构相同、性质相当的实验室任务情境,并引发课堂教学系列环节设计的思考,这样的教科书就成为了课堂教学隐形的高级规划者。

另外,化学教科书内容体系以章节为纲目,以主题或专题为学科知识构成单元,以单元教学过程为单位,凸显单元教学目标,便于教师思考设计在一个集中的时间阶段内、持续组织与单元主题一致的体验、练习、实验或实践活动等,给学生一个相对完整的认知或训练。各版本教科书的内容结构化编撰,对每个单元进行整体化设计。单元被看作一个整体,有自己明确的、一致的主题及目标,不仅体现在单元内容的相对整体性,还体现在认知活动、体验活动、练习活动、实验活动的整体性上,在整个单元里学习任务活动前后关联,层层递进。

教科书编写是依据课程标准的规范与限定下达成教科书属性、实现其功能。教科书在教学中的应用方式不同,也会极大地限制或者丰富教科书的多重功能。在教科书的编写中,一方面,不同主题或单元会以某一逻辑为主线,有的是学科知识逻辑,有的是学生认知逻辑,相互融合,并贯穿渗透正确价值观、养成必备品格、培养关键能力等课程目标的信息资料;另一方面,通过构建学生的认知支架,激发好奇心,问题驱动,推断演绎等教学设计活动,把教科书静态的文本内容转化成为动态、立体的化学课程。

本章学习任务

1. 你如何理解化学教科书的编写逻辑?

2. 试解释教科书在学生的日常学习中扮演什么角色? 教科书能够让学生了解认识哪些专业信息?

3. 描述化学教科书中的一节内容,讨论教科书讲述的内容是如何帮助你理解其中的主旨含义的。

4. 从教育目标或学习内容等视角描述说明这节内容的编写逻辑。若请你来编写这节内容,解释说明你将遇到的挑战或需要加强的方面。

5. 选择 2 节教科书主题内容,使用课程或文献资源的信息,补充撰写完善这节主题原有的编写内容,拓展信息,丰富细节。特别强调要求与知识、技能和态度等方面的教学目标相一致。

6. 反思你所补充撰写的这节内容,解释你的表述内容是否适用于该学习目标。

第四章 中学化学教学

本章目标预览

通过本章学习,你能够:

- 知道教学的含义及其不同视角下的理解。
- 知道化学教学过程的基本环节。
- 知道化学教学设计的基本环节。
- 知道几种典型的化学教学设计的模式。
- 应用化学教学线索设计教学。

本章内容引导

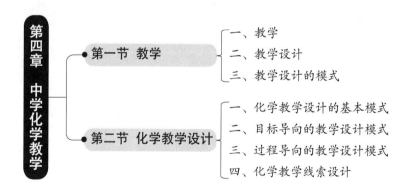

第一节 教 学

一、教学

（一）教学的含义

"教学"的字面意思是指教师把知识技能传授给学生的过程。教学是教师的教和学生的学共同构成的人才培养活动。通过这种活动，教师有目的、有计划、有组织地引导学生学习和掌握文化科学知识和技能，促进学生素质的提高，使他们成为社会所需要的人。

教学的英文有不同的词汇表征。"教"是由两个意义相近的英文单词 teaching 和 instruction 表示的。"学"的英文单词是 learning。教学在英文教育文献中经常表达为 teaching-learning。

根据侧重点的不同，"教学"的含义可以这样理解。

1. 教学旨在引发变化

教学是有目的的活动，教学的目的在于使学生掌握原先不知道的知识，获得原先不知道的技能方法，形成原先所没有的态度、情感和价值观，并进而在原有基础上发展学生的核心素养。[①] 不论采用何种形式，教学都要围绕教学目标进行设计。教学的全部目的就在于引发适合于学生身心发展的、社会发展所要求的变化，这种变化体现在个体认知、行为、态度、情感和价值观等基本领域。

2. 教学是设计并实施影响促进学生学习的方式或一系列事件

教师在教学中的作用就是安排能够促进学生发生期望变化的条件。这些条件包括：（1）采用某种技术引发并维持学生的注意；（2）通过预先训练、提供言语指导和激励回忆的方式，建立学生学习的准备条件；（3）呈现可直接导致学习的实物或事件等刺激，诸如具体事物或现象、材料、图片以及其他各种形式的资料；（4）通常以言语交流的方式促进并指导学习过程；（5）指出内隐和外显行为之间不同的应答条件；（6）采用多种方法，对学生不同阶段的学习情况提供反馈；（7）创设包括复述和提取策略在内的可以促进记忆痕迹保持的条件；（8）采用可提高所学知识在其他任务解决中迁移的技术。[②]

无论教学事件如何安排，其目的都在于为学习过程提供支持，教学事件的安排仅仅是促进学生学习的外部条件。

[①] 皮连生.教学设计——心理学的理论与技术[M].北京：高等教育出版社，2000.
[②] Gagne, R. M. , Rohwer, W. D. Instructional psychology [J]. Annual Review of Psychology, 1969:381-418.

3. 教学是教师与学生之间的互动

教学是教学主体的双向互动过程,既包括教师的教,也包括学生的学。教师在教学中所扮演的真正角色不是单方面的信息发送者,而是通过引发学生的活动来建构知识者。真正的知识获得既非源自内生,也非源自外生,而是来自学习主体作用于客体的经验。课堂教学如果变成教师单方面的讲授和说教(monologye),真正的知识获得便难以发生。即使个体获得了某种知识,也是惰性知识(inertknowlege)。

教学是以课堂为主要场域的教师与学生的交往过程,是教师的教与学生的学共同组成的一种教育活动,是学生在教师有目的、有计划、有组织地指导下,学习和掌握系统的科学基础知识和基本技能,促进身心全面发展的一种教育活动。

(二) 教学与课程的关系

美国学者塞勒等人提出了三个隐喻,可以帮助理解教学与课程之间关系的实质。

隐喻之一:课程是一幢建筑的设计图纸,教学则是具体的施工。设计图纸会对如何施工给出非常具体的计划和详细的说明。这样,教师便成了工匠,教学成效的优劣是根据实际施工与设计图纸之间的吻合程度,即达到设计图纸的要求程度来测量的。

隐喻之二:课程是一场球赛的方案,是赛前由教练员和球员一起制定的,教学则是球赛进行的过程。尽管球员要贯彻事先制定好的打球方案或意图,但达到这个意图的具体细节则主要由球员来处理。他们会根据场上的具体情况随时作出明智的反应。

隐喻之三:课程可以被认为是一个乐谱,教学则是作品的演奏。同样的乐谱,每一个演奏家都会有不同的体会,从而有不同的演绎,效果也会大不一样。为什么有的指挥家和乐队特别受人欢迎?这通常不仅仅是因为他们演奏的乐曲本身非常优美,更重要的是他们对乐谱的理解很深入,演奏的技巧也很高超。

这三个隐喻不仅涉及课程与教学的关系,而且还触及何为教学的问题。事实上隐喻一隐含了"教学是门科学";隐喻二和隐喻三蕴含着"教学是种艺术"。[①]

(三) 教学过程

教学总是作为一个过程展开的,是按照时间顺序组织并实施的活动过程。

孔子在丰富的教学实践的基础上,把学习过程概括为"学、思、行"的统一过程。荀子发展了孔子的教学思想,把教学过程具体化为"闻、见、知、行"四个环节,并把"行"看作是教学的最高目标。

德国教育家赫尔巴特试图以心理学的"统觉"原理来说明教学过程,认为教学过程是新旧

---

① 施良方.课程理论——课程的基础、原理与问题[M].北京:教育科学出版社,1996:139.

观念的联系和系统化的过程,提出了"明了、联想、系统、方法"四段教学法,揭示了课堂教学的程序规律。赫尔巴特的教学过程理论后来被他的学生席勒所发展,席勒把"明了"分为两个阶段,组成了"分析、综合、联想、系统、方法"的教学过程。莱因则在前面加了一个预备阶段,并对原有的四个阶段作了更符合教学实际的调整,演变为"预备、提示、联系、总结、应用"的教学过程。上述教学过程均为五段,俗称"五段教学法",该方法在欧美各国流行,统治达半个世纪之久。

美国实用主义教育家杜威主张以学生活动为中心,重视学生的生活经验,认为教学过程是学生直接经验的不断改造和增大意义的过程,是"做中学"的过程。杜威依据学生在"做中学"的认识发展规律提出了五个阶段的教学过程理论,即从情境中发现疑难;从疑难中提出问题;提出解决问题的各种假设;推断哪一种假设能解决问题;经过检验来修正假设,获得结论。这一教学过程被简明地概括为"困难、问题、假设、验证、结论"五步,又称为"五步教学法"。

教学过程是由教师、学生、教学内容、教学方法(教学环境)等要素构成的系统结构。是教师根据教学目的、活动任务和学生身心发展特点有计划地引导学生掌握知识、认识客观世界的过程,和通过知识的传递与掌握促进学生身心全面发展的过程。具体地说,教学过程的实质是在教师的引导下学生个体的认识过程和促进发展过程。

教学过程主要是一种认识过程,是一种特殊的认识过程。这种特殊的认识过程体现在:(1)认识的间接性。教学过程主要是学习已有的文化知识,而不是对客观世界的原创性认识,区别于科学家的认识活动。(2)认识的交往性。教学活动是教师的教和学生的学组成的双边活动,教学活动是发生在师生之间以及学生与学生之间的一种特殊的交往活动。(3)认识的教育性。教学中学生的认识既是目的,也是手段。通过认识掌握更多的科学文化知识,同时通过认识也能发现自身的差距和不足。(4)认识的引领性。学生的个体认识区别于一般的认识过程,是在教师的指导引领下进行的。

教学过程是促进学生发展的过程。教学过程的根本目的在于培养人,促进学生德智体美劳全面发展。

二、教学设计

教学过程是教师发动的促进学生的认识和发展的过程,这一过程能否适合学生的实际学习情况就需要教师实施科学的教学设计。

(一)教学设计

设计(design)是按照任务的目的和要求,专门构建一种有意义的秩序、设想或构思而付出的有意识的努力,通过合理地规划、周密地计划,以及用各种感知觉通道形式传递、表达、勾画并形成蓝图的过程。

教学设计(instructional design)是根据课程标准的要求、教学内容的特点和教学对象的认知特征,将教学诸要素有序安排,选择确定合适的教学方案的设想、蓝图或计划。它是一种开发教学材料的系统过程,一般包括教学目标、教学重难点、教学方法、教学步骤与时间分配等环节要素。

1988年,加涅在《教学设计原理》中指出:"教学设计是一个系统化(systematic)规划教学系统的过程。教学系统本身是对资源和程序作出有利于学习者富有成效的学习安排。任何组织机构,如果其目的旨在开发人的才能,均可以被包括在教学系统中。"

帕顿在《什么是教学设计》一文中指出:"教学设计是设计科学大家庭的一员,设计科学各成员的共同特征是用科学原理及应用来满足人的需要。因此,教学设计是对学业成就问题(performance problems)的解决措施进行策划的过程。"

教学本身是一个极为复杂的生态化系统,所以教学设计通常也被称为教学系统设计(systematic design of instruction)。教学设计也是一个有着诸多阐释的概念,不同的人对教学设计的认识各有侧重。

教学设计是一个广义的概念,它包含着教学系统开发(instruction systematic design,简称 ISD)过程的所有阶段,即教学分析、设计、开发、实施和评价等阶段。[1] 教学设计是分析学习需要和目标,以形成满足学习需要的传送系统的全过程。[2] 教学设计是以帮助学习过程而不是教学过程为目的的。教学设计由一系列的过程组成,这些过程是确定预期的结果、开发一些将学生置于真实任务中的活动、设计备用的练习形式、评价与反馈。[3]

教学设计,就是为了达到一定的教学目的,对教什么(课程、内容等)和怎么教(组织、方法、传媒的使用等)进行设计。[4] 教学设计,是运用现代学习与教学心理学、传播学、教学媒体论等相关的理论与技术,来分析教学中的问题和需要、设计解决方法、评价过程与结果,并在评价基础上改进设计的一个系统过程。[5] 教学设计建立在学习论和教学论的基础之上,它以传播学、教学媒体论为具体设计技术,以有效的教学策略使用为手段,指向实际教学问题的解决。[6] 教学设计,是主要关注并规定最优化教学方法的处方,从而促使学生的知识和技能发生预期的变化。[7]

---

① Dick, W., Carey, L. & Carey, J. O. The systematic design of instruction(6th)[M]. Glenview: Addison-Wesley Educational Publishers Inc.2001.

② Gagne, R. M., Briggs, L. J. & Wagger, W. W. Princilies of instructional design[M]. Austin: Holt Rinehart and Winston, Inc.1992.

③ R. M. 加涅,W. W. 韦杰,K. C. 戈勒斯,J. M. 凯勒.教学设计原理(第5版)[M].王小明,庞维国,陈保华,汪亚利,译.皮连生,审校.上海:华东师范大学出版社,2007.

④ 李伯黍,燕国材.教育心理学[M].上海:华东师范大学出版社,1993.

⑤ 皮连生.教学设计——心理学的理论与技术[M].北京:高等教育出版社,2000.

⑥ 王映学,章晓璇.知识分类与教学设计[M].兰州:甘肃教育出版社,2008.

⑦ 盛群力,李志强.现代教学设计论[M].杭州:浙江教育出版社,1998.

自 20 世纪 90 年代以后，教学设计不再仅仅局限于课程教学的开发，更是一种分析问题、展现并解决问题的过程。1977 年，教育传播与技术协会与全美绩效改进协会（现改称为"国际绩效改进协会"）的相关研究人员达成共识：能力是可以通过精心的设计、高质量的教学与培训以及学习干预来改善的。提高学习效果和人的素养，离不开高水准的教学设计。教学设计者需要评估并确定学生的知识和技能基础，结合学习内容及学习结果的性质，寻找分析产生学习差异的主要原因，选择适合不同认知水平学生的教学路径、策略，设计教学方案，并评估该教学方案的实践效果。

（二）基本环节

教学设计的过程是设计者创设一系列的外部条件，以解决问题、完成教学任务、达成教学目标的过程。在设计开始之前，教学设计者需要就既定的问题和情境进行系统化计划与分析，以期得出初步的解决方案。

分析教学对象和环境。一方面包括分析那些可能会影响教学设计和教学对象的特征，评价和选用适合学生个人的资料及环境特征，以此来设计教学；另一方面还要能确定那些可能影响学习效果和态度的物理环境、社会环境和文化环境，如能确定已有的能够促进教学设计和实施的基础设施，能判断教学任务及其所蕴含的哲学观、价值观对教学活动成功与否可能产生的影响程度等。

确定教学内容和基本技能。根据需求评估的结果及课程标准要求和教学建议来确定教学的内容范围或教学方案，分析已有的教学条件，并据此确定教学内容是否适当，确定学习内容的广度和深度，确定教学的先决条件，并用适当的方法分析不同教学内容的形式和来源。

分析技术，即能描述现有的和新兴的技术对教学成效的影响。需要评价已有的教学及学习环境，恰当地认识或选用、评估已有的和新兴的技术。选择和所需的技术、传递方法、教学策略相吻合的教学材料。

为提高教学成效，教学设计者还需要确定与教学目标、预期学习结果相符合的教学策略，能运用适当的设计原理，如交互设计及交互学习原理、信息及视觉设计原理、动机设计原理，选择合适的技术和媒体，并在这个过程中重视社会、文化、政治及其他个人因素对学习成效的影响。

教学设计者要能构建有信度、有效度的学习方式与绩效评估方式，即需要确定所测量的学习过程和结果，能确保教学评估、教学目标（预期学习结果）和教学策略三者协调一致。根据评价的结果，教学设计者可以知道所设计的教学方案有没有成功地达成目标。如果没有成功达成目标，就需要对设计的计划和材料进行修改，并在后面的实施与教学阶段更加注意评价过程中出现的问题。从一定意义上说，评价计划与执行过程决定了该评价是否成功或有效。

三、教学设计的模式

模式,通常是指可以使人模仿的系统化的、稳定的操作样式,它表现为某种规范的结构或者框架。教学设计的模式是经过长期的教学设计实践活动所形成的教学设计的系统化、稳定的操作样式,它以简约的方式提炼和概括了教学设计的实践,解释和说明了教学设计的理论。教学设计的模式既是教学理论指导教学实践的具体化,也是教学设计实践活动的概括和总结。因此,教学设计的模式是架通教学设计理论与教学设计实践之间的桥梁。教学设计的模式,可以为教学设计的实践和教学实践活动提供直接的指导,也可以为教学设计的理论研究提供资料、素材。教学设计的模式包含了关于精心设计的特定的理论、指导思想,这些教学理论可以转化为教学设计的理论,成为教学设计理论研究的来源。

教学设计的模式是一系列程序化的步骤。教学设计模式的实质表现为一个有序过程,该过程可以由教学设计模式的要素、发展线索及其环节等构成。

教学设计模式的要素,是指教学设计模式所包含的基本内容,一般包括理论依据、教学目标、操作程序和操作策略等。[①]

一般教学设计模式主要有以下几种典型代表。

(一) 基于系统论的教学设计模式

1. 巴纳赛的教学设计模式

巴纳赛是美国著名的系统教学设计专家,他提出了关于系统研究类型的三个互补性模型。

一是系统环境模型或称系统背景模型,该模型考察处于环境之中的和与其相联系的系统,并确定与这种考察有关的概念和原则。

二是结构模型,即考察该系统是如何组成的,系统各层次的地位如何。

三是处理模型,即考察系统自始至终的行为,以及该系统是如何运行的。

对教学设计者来说,应以客观的、非线性的、整体的观点进行教学设计,即应注意教学设计与教育系统整体中其他各子系统的联系,与教育环境的联系及变化和发展的趋势。

巴纳赛认为,教学设计的目的是探索人们所期望的一种教学状态的过程,这种探索过程表现为他所称的空间模型。

巴纳赛按照时间顺序和内容环节两条发展线索,将教学设计在时间线索上分为两阶段,在内容线索上划分为四环节,在领域线索上划分为五空间。该教学设计模式被解读为巴纳赛"2阶段4环节5领域"的教学设计模式,如表4-1所示。

---

① 皮连生. 学与教的心理学(第三版)[M]. 上海:华东师范大学出版社,2003.

表 4-1 巴纳赛"2 阶段 4 环节 5 领域"的教学设计模式

教学进程	教学环节	教学领域空间				
		创设空间	知识空间	形成设计和解决问题空间	探究空间	描述未来模式的空间
形成阶段	中心定义					
	特征					
创造阶段	作用模式					
	可行系统					

教学设计在时间线索上分为两个阶段。第一个阶段是教学设计的形成阶段,该阶段包括中心定义及其特征两个内容主旨环节,这两个环节可以分别理解为:前者是对教学核心内容、关键要素的界定,后者是对学习内容、相关学生情况、背景环境等的分析。第二个阶段是教学设计的创造阶段,该阶段包括作用模式及其可行系统两个环节,这两个环节可以分别理解为:前者是指教学理论、教学模式,后者是该教学模式下的具有可行性的具体运作系统。整个设计过程都体现了反馈和控制。

巴纳赛还将教学设计过程按照对教学所顾及的关键领域的分类的线索,划分为五个不同的领域:①创设空间,主要侧重教学内容背景的创设,是教学设计的预备阶段;②知识空间,其主要任务是对知识系统进行梳理,形成有组织的知识结构;③形成设计和解决问题空间,其任务是形成设计的中心定义和系统特点,设计系统的作用以及可行的系统;④探究空间,其任务是评价和选择;⑤描述未来模式的空间。这五个不同的领域在空间上相互关联,形成完整的教学设计系统。

2. 布里格斯的教学设计模式

1981 年,布里格斯构建了一个概括性的教学模式,如图 4-1 所示。布里格斯的教学模式适用于教学项目和数学课件的设计。教学设计最重要的是要调整教学的有关限制,了解学生的能力水平,在此基础上进行针对教学过程的形成性评价,并提出改进教师教学的相应措施。总之,布里格斯的教学设计模式是以系统论思想和观点为基础,重在提升学生能力水平的一种教学设计模式。

(二)基于学习论和教学论的教学设计模式

1. 迪克和凯瑞的教学设计模式

迪克和凯瑞在 2001 年出版的《系统化教学设计》一书中明确提出了教学系统观及其理论下的一个教学设计的模式,认为教学准备、实施、评价以及教学的修改是一个整体的过程,该

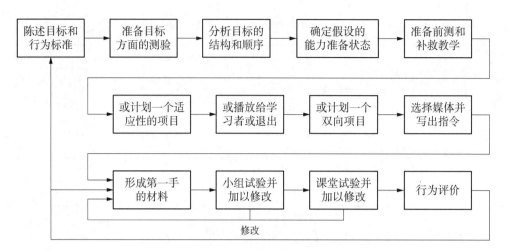

图4-1　布里格斯的教学设计模式

模式将教学的过程分为十个阶段,如图4-2所示。[1]

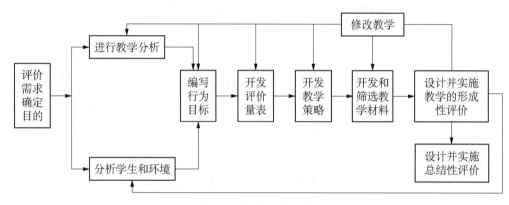

图4-2　迪克和凯瑞的系统化教学设计模式

（1）评价需求,确定目的。

教学设计最为关键的工作是确定教学目标,即规定教学之后学生出现教师期望的学习结果变化。

（2）进行教学分析。

教学分析是一系列操作步骤,教学分析旨在揭示达到教学目标所需要的一系列相关步骤以及达到目标所需要的下位技能。在教学分析中,不仅要揭示这些下位技能,还要刻画其知识类型。一般而言,下位技能的获得可以促进上位技能的学习,换言之,下位技能为上位技能提供正迁移。

（3）分析学生和环境。

① Dick, W., Carey, L. & Carey, J. O. The systematic design of instruction(6th) [M]. Glenview: Addison-Wesley Educational Publishers Inc. 2001.

学生即教师实施教学影响的对象。学生个体一直被认为是影响学习的最重要的变量，这些变量包括与学习内容相关的学生的知识、学习态度、学习动机、受教育的能力与水平、一般性的学习偏好以及群体特征等。有效教学的设计不仅要考虑学生的特征，也应考虑进行教学的情境和知识技能的最终应用情境。学习情境分析包括两方面的内容：一是确定学习情境是什么样的，是对教学环境的描述；二是确定学习情境应该是什么样的，其所描述的是能够充分支持预定教学的设施、设备和资源。

（4）编写行为目标。

在同义上使用行为表现目标（performance objectives）、行为目标（behavioral objectives）和具体的教学目标（instructional obectives）几个相似的术语，都是对教学结束后学生能做什么的陈述。在第一个阶段提到的教学目标（instructional goal）描述的是学生学完一组教学材料后能做什么，即学生能够运用所学技能和知识的场景是现实世界情境而不只是学习情境。此处的行为表现目标指的是终点目标，这种目标是对学生学完一个单元后能做什么的陈述。

（5）开发评价量表。

以学生为中心的评估应是标准参照性的，这类测验应明确回答这样的问题：学生完成教学目标的程度如何？教学中哪些部分进行得不错，哪些部分尚需修订？之所以在此处而非教学结束之后开发考核量表，是因为在行为表现目标确定之后宜紧接着开发与之一一对应的评价量表，目标中规定了什么，在测验任务中要求对应的匹配行为。

（6）开发教学策略。

上述教学设计步骤基本上都涉及"教什么"问题的范畴。教学策略则涉及"如何教"的问题，包括选择教学系统、对教学内容进行排序和分组、描述教学中的学习成分、学生分组、确定课的结构、教学媒体的选择等方面的内容。

（7）开发和筛选教学材料。

采用何种教学材料及相应的教学活动来加工这种材料，是教师甚为关注的一个问题。教学材料如果是指定的或强加的，那么选择范围会非常有限；如果是在较为随意的或理想的传输系统中进行教学，那么就可以在教学材料的开发过程中对其进行必要的修改，这些修改本身也构成教学材料开发过程的一部分。

（8）设计并实施教学的形成性评价。

形成性评价主要为教师提供教学过程性的有效数据，通过这些数据，教师可以调整他们的教学。形成性评价的学习对象可以是个别的学生（诊断性评价），也可以是小组的方式，还可以面向全班学生，不管是何种形式的，其功能都是改进性的而非判断性的。

（9）修改教学。

在此教学设计阶段，教学设计者处理并分析在形成性评价阶段获得的过程性的教学信息和相关数据，确定学生在学习中出现的困难并分析困难出现的原因，从而改进包括前述

（1）至（7）不同的教学设计阶段，以便于改善教师的教学。

（10）设计并实施总结性评价。

总结性评价即设计评价研究，收集数据，以检验教学结束时的相对价值和绝对价值。一般而言，总结性评价并非由教师来设计与执行，所以这一步骤通常不是教学设计过程应予以关注的问题。

迪克和凯瑞认为，上述教学设计是一个广义的概念，包含了教学系统开发过程的所有阶段。在教学设计方面，没有单一的系统方法模型。

2. 凯普的教学设计模式

凯普认为，教学系统应包括四个基本要素，即学生、方法、目标和评价。也就是说，在进行教学设计时要考虑：这个教学是为了什么样的人而设计的？这个教学希望这些人能够学到什么？最好用什么方法来教授有关的教学内容？用什么方法或标准来衡量这些人是否确实学会了？这四个基本要素及其关系是组成教学系统设计的出发点和大致框架，由此凯普于1985年在《教学设计过程》中提出了一个基于系统的教学设计的过程模型，该模型将教学过程顺次分为九个步骤：①明确教学问题，分析教学项目的目标；②考查学生的特点，在教学设计时须引起注意；③辨明学科的内容，分析与教学目标有关任务的各组成部分；④向学生陈述教学目标；⑤在每个教学单元中将内容程序化；⑥设计教学策略，使每个学生都能够有效地完成所要求的内容；⑦根据教和学的模式，计划教学传递方式；⑧开发进行目标评估的评价准备；⑨选择教学资源以支持学习活动。这九个步骤就构成了凯普的教学设计过程导向的教学模式，如图4-3所示。

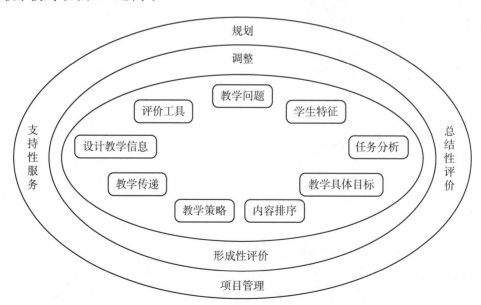

图4-3 凯普的教学设计模式

（三）ADDIE 教学设计模式

图 4-4　ADDIE

"分析、设计、开发、实施、评估"教学设计模式，即 ADDIE，是 analysis（分析）、design（设计）、development（开发）、implementation（实施）与 evaluation（评估）五个单词的首字母缩写，它描述的是一套设计、改进或发展教学的流程，主要包含：要学什么（学习目标的制定）、如何去学（学习策略的运用）以及如何判断学生已达到学习目标（学习评估的实施）。在 ADDIE 的五个阶段中，分析与设计是前提，开发与实施是核心，评估为保证，它们互为联系，密不可分。

2003 年，美国印第安纳大学的迈克尔·莫伦达写了一篇文章《寻找难以捉摸的 ADDIE 模型》（In Search of the Elusive ADDIE Model），专门探讨"分析、设计、开发、实施、评估"教学设计模型的来源，并发表在国际际效改进协会的会刊《绩效改进》上。关于 ADDIE 模型的特征，莫伦达认为它首先是一个线性模型，从分析到评估需经过先完成前一步再进入下一步的线性顺序。其次，"分析、设计、开发、实施、评估"教学设计模型也具有重复与迭代的特性。比如，当完成分析阶段进入设计阶段时，设计者需要对分析阶段的成果进行验证与补充，这时就形成了从设计到分析的一个回环。这个回环在每个阶段都存在，最后形成了一个闭环的"分析、设计、开发、实施、评估"教学设计模型，如图 4-5 所示。这是该模型的两个本质性特征。

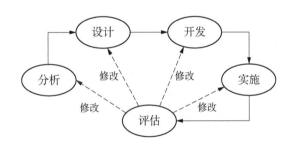

图 4-5　ADDIE 模型

1. 分析阶段

分析阶段阐明了教学问题和教学目标，并确定学习环境和学生现有的知识和技能。分析阶段要解决的问题包括：

（1）谁是学生，他们的特点是什么？

（2）期望的新行为是什么？

（3）存在哪些类型的学习限制？

（4）有哪些学习方式？

（5）教学上有哪些注意事项？

（6）结合学习理论应考虑哪些方面？

（7）项目完成的时间表是什么？

提出这些问题的过程通常是需求分析的一部分。在需求分析过程中，教学设计者将确定限制条件和资源，以微调其行动计划。

2. 设计阶段

设计阶段涉及学习目标、评估工具、练习、内容、主题分析、课程计划和媒体选择。设计阶段是系统的和特定的。系统性是指一种有逻辑、有序的方法，可以识别、开发和评估用于实现教学目标的一组计划策略。特定意味着执行教学设计计划的每个要素，并且要注意细节。设计阶段可能涉及编写设计文档、设计建议或概念和结构说明。

3. 开发阶段

在开发阶段，教学设计者创建并组织在设计阶段描述的教学内容。创建教学情境，准备素材资料。创建对学生学习情况的调查材料和调查程序，并根据反馈进行审查和修订。

4. 实施阶段

实施阶段制定了学生的学习程序。涵盖课程、学习结果、应用方法和测评程序。

5. 评估阶段

评估阶段包括两个方面：形成性评估和总结性评估。在 ADDIE 过程的每个阶段都进行形成性评估，而对完成的教学计划进行总结性评估，通常会使用唐纳德·柯克帕特里克的四个学习评估水平。

（1）水平 1：反应评估（reaction）——评估学生的满意程度。

（2）水平 2：学习评估（learning）——测定学生的学习获得程度。

（3）水平 3：行为评估（behavior）——考查学生的知识运用程度。

（4）水平 4：成果评估（result）——评价学习成效。

（四）波纹环状教学设计模式

一项"教学实践"是指某一具体的教学活动。一个"教学方案"是设计出来的一组由具体教学实践所构成的教学过程总体方式。实践总是在抽象程度不一的教学原理的制约下进行的，只是其有效性程度有所区别。不同的人基于不同的理论背景和对教学的理解提出了不同的教学设计模式，美国教学论专家梅里尔提出了在大多数教学设计理论中都体现的原理。[①]

---

① Merrill, M.D. First princilies of instruction [J]. Educational Technology Research and Development, 2002, 50(03): 43 - 59.

1. 聚焦解决问题原理（problem center principle）

当学生介入到解决生活实际问题时，及早向学生交代在完成某一学习活动后能够做什么或学会解决一些什么问题，才能够促进学习；当学生介入一个完整的问题或者任务时，并且经历循序渐进、逐渐加深的问题解决过程，才能够促进学习。

2. 激活相关旧知原理（activation principle）

当学生原有相关经验被激活，引导学生依据相关的原有经验并将其作为新知识的基础来回忆、联系、说明或应用知识时，才能够促进学习；当向学生提供作为新知识基础的相关经验时，并且引导或鼓励学生回忆该知识结构时，才能够促进学习。

3. 展示论证新知原理（demonstration principle）

当教学中展示论证了要学习的东西而不是仅仅告知学生相关的信息，并且当展示论证与学习目标相一致时，才能够促进学习；当向学生提供适当的学习指导时，媒体起到一种恰当的教学角色，并且没有让学生眼花缭乱、受干扰分心时，才能够促进学习。

4. 尝试应用原理（application principle）

当要求学生运用知识或技能解决问题，并且当尝试应用练习及后测与已经明确交代的或隐含的目标相一致时，才能够促进学习；当学生在解决问题时得到恰当的反馈和指导，包括核查错误与反馈纠正并逐渐减少指导，并且当要求学生解决一组不同的变式问题时，才能够促进学习。

5. 融会贯通原理（integration principle）

当学生受到鼓励，将新知识技能融会贯通（迁移）到日常生活中去，并且有机会实际表现其知识技能的时候，才能够促进学习；当学生对学到的新知识技能进行反思、质疑和辨析，并且能够创造、发明、探索新事物和有个性特色地运用新知识技能时，才能够促进学习。

根据上述原理，梅里尔提出了"波纹环状教学设计模式"（如图4-6所示）。波纹环状教学设计模式是一种以任务为中心的内容优先的教学设计程序，其理论基础是梅里尔的首要教学原理，认为教学应该遵循以"聚焦解决问题"原理或者"聚焦完整任务"原理，帮助学生主动参与到聚焦任务的教学策略中来促进学习。而其他四项原理对应有效教学的四个阶段："激活旧知"原理，即通过帮助学生激活原有知识或经验来促进学习；"示证新知"原理，即通过帮助学生关注展示论证来促进学习；"应用新知"原理，即通过帮助学生应用新知识来促进学习；"融会贯通"原理，即通过帮助学生在日常生活中综合新知识来促进学习。这些系列环节好比是投石击水，波纹迭起，逐渐扩展，直至最终完成教学设计的整个工作。

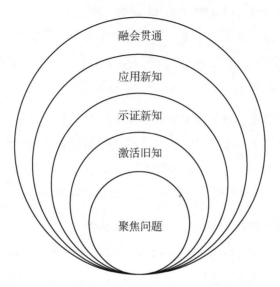

图 4-6　波纹环状教学设计模式

（五）"完整教学过程"设计模式

我国教育心理学家邵瑞珍从信息论、控制论和系统论的角度,将完整的教学过程大致分解为六个程序性的结构要素或称为关键环节,如图 4-7 所示。

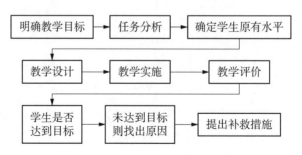

图 4-7　完整教学过程的流程

1. 明确教学目标

明确教学目标指详细规定每节课、每个教学单元、甚至一门学科的教学目的。

2. 任务分析

任务分析指根据既定的学习目标,分析达到目标所需要的从属概念和规则,并确定它们之间的从属关系。

3. 确定学生原有水平

学生的已有知识、态度水平是新的教学进行的基点,因此应以学生现有的发展水平作为教学目标达成的起点。

4. 教学设计

教学设计指选择适切的方法、策略、手段、路径或媒介，以便教授在任务分析中所确定的知识与技能。

5. 教学实施

教学实施指具体包括教师的教和学生的学。一般依据教学设计中的方法、策略或路径实施教学活动，针对学生的反应、强化与矫正性反馈。

6. 教学评价

教学评价指对照教学目标，确定教学效果。如果达到了教学目标，一个完整的教学过程便宣告结束；反之，反思找出原因，采取修改或补救措施。

第二节　化学教学设计

无论以何种方式来描述教学设计过程，几乎所有的教学设计活动都具有"以学生为中心""目标导向的教学模式""创造性开发""关注有意义的学生行为表现""假定学习结果是可以测量的、可靠的、合理的""经验性的、不断反复的、自我矫正的过程"等特征。

尽管不同教学设计模式都阐明了教学设计的概念成分，但模式中程序环节的具体组合有所不同，为此在现实情形下，教学设计需要针对具体的教育问题和学科教学特点，因地制宜地对教学程序和教学材料展开不同的设计、开发、实施和评价。

一、化学教学设计的基本模式

各种教学设计模式所主张的教学程序虽然不完全相同，但可以从中概括出教学设计中共同的基本问题：

第一，教学旨在解决什么问题（教学目标）？解决这些问题的条件具备了吗（学习任务或教学目标分析）？

第二，如何解决这些问题（教学过程设计）？

第三，问题解决了吗？解决得如何（教学目标达成评价）？

这三个教学设计的核心问题，构成了教学设计的三个基本环节，即分析、设计、评价。

基于一般教学设计的模式，结合化学学科教学的特点，通常采用由分析、设计、评价等基本环节架构的简明框架作为化学教学设计的基本模式。如表 4-2 所示。

表4-2　化学教学设计的基本模式

流程	基本要素	要 素 说 明
分析	课程目标分析	课程标准要求与教学建议的说明
	学习内容分析	教科书内容特征与认知逻辑的说明
	学生情况分析	学生认知特征与现有水平的说明
设计	教学目标设计	学习目标的描述及其可养成、观察、测量方式的说明
	教学方法设计	教学方法、教学模式、教学活动的展开或结构框架、教学工具、教学媒体资源的说明
	教学程序设计	教学活动、学习任务的描述及其安排序列、组织形式的说明
评价	学习结果评估与反馈 教学实践评估与调整	形成性评价和总结性评价,学习结果评估与反馈,教学方案及实践评估与调整的说明

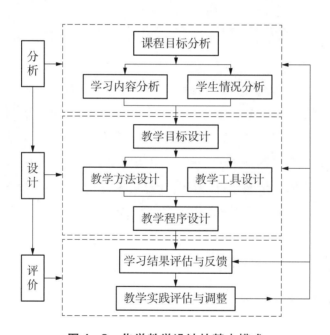

图4-8　化学教学设计的基本模式

(一)分析

1. 确定教学目标

教学目标(instructional objectives)是预期的学习者学习所引起的变化,布卢姆[①]和加

---

① B.S.布卢姆等.教育目标分类学第一分册:认知领域[M].罗黎辉,丁证霖,石伟平,顾建明,译.施良方,校.上海:华东师范大学出版社,1986.

涅①将这种变化一致性地划分为三个方面:认知领域、情感(态度)领域和动作技能领域。教学目标的陈述应做到:①教学目标陈述的是学习者的学习结果,教学目标不反映教师的教学行为;②教学目标的陈述应力求明确、具体,可以观察和测量,尽量避免用含糊不清的词句陈述教学目标;③教学目标的陈述应反映学习结果的类型。合理的教学目标陈述应将学习者"知什么(knowing what)"与"知如何(knowing how)"的不同水平的行为区分开来。

2. 分析学习任务

教学设计常常始于教学进程的目的识别与学习目标的任务分析。加涅认为,任务分析主要有两种类型,第一类通常称为"程序任务分析",也称"信息加工分析",通常描述的是完成某一任务的步骤,如教师对学生"写出化学方程式"的任务逆向分析过程,如图4-9所示。

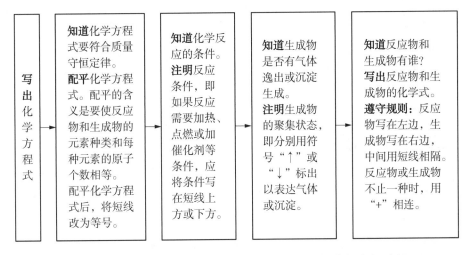

图4-9　教师对学生"写出化学方程式"的任务逆向分析过程

程序任务分析将任务分解为学习者完成任务而必须执行的系列步骤。该程序任务分析既包括了完成任务的可观察的步骤(写出化学方程式),也包含了任务完成的心理步骤(回忆或知道相关内容),将完成任务的内隐操作过程与外显行为结合起来。

第二类叫"学习任务分析"。加涅认为,在确定终点目标(即教学目标)之后,就可以用学习任务分析来确定前提能力或使能技能(enabling skills)。学习任务分析主要关注两个方面的问题:

(1)起点能力分析。起点能力是学习者的已有知识技能,这种知识技能与学习者新的学习任务高度关联。例如,初中生关于"比例"的已有知识技能构成其"化学反应方程式中的分子(或原子)系数之比等于参加反应的反应物和生成物物质的微粒数量之比"学习的起点能力。起点能力是影响学生学习成败的重要因素,学生学习困难往往是因为他们不具备新的

① R. M. 加涅.学习的条件和教学论[M].皮连生,王映学,郑葳,等译.上海:华东师范大学出版社,1999.

学习所需要的前提知识。布鲁纳提倡教学的首要任务是塑造学习者良好的认知结构。奥苏贝尔强调根据学生的已有知识经验进行教学。所以起点能力是新的学习赖以进行的基点，起点能力分析是教学设计中学习任务分析的不可或缺的一个环节。

（2）教学目标及其类型分析。在学生的起点能力与终点能力（教学目标）之间，是一系列学习者尚待掌握的知识技能，这些知识和技能是达成教学目标的先决条件，介于起点能力与终点目标之间的这些先决条件即教学渐进目标。加涅认为，先决目标可以分为两类：必要性的先决条件和支持性的先决条件。必要性条件即达成教学目标必不可少的条件，这些条件不具备，教学目标就难以实现。以"能够正确执行基于化学反应方程式的计算"教学为例，对从"起点能力→终点目标"的教学分析加以说明。

案例 4 - 1

● **起点能力分析与确立**

➢ 比例关系运算的能力

➢ 化学方程式的含义

➢ 质量守恒原理

● **教学渐进目标 1（概念学习）**

➢ 理解比例关系：在数学中，如果一个变量的变化总是伴随着另一个变量的变化，则两个变量是成比例的，并且如果变化总是通过使用常数乘数相关联，那么常数称为比例系数或比例常数。

➢ 理解正比例关系：两种相关联的量，一种量变化，另一种量也随着变化，如果两种量中相对应的两个数的比值（商）一定，这两种量就叫做成正比例的量，它们的关系叫做正比例关系。

● **教学渐进目标 2（概念学习）**

➢ 理解化学方程式系数的含义：化学方程式两侧相同元素的原子个数总数相等，化学方程式两侧的分子数（分子量）之间，就构成一定的比例关系。

➢ 理解质量守恒原理：化学变化中原子、元素的种类不变。原子的数量也不变。

● **教学渐进目标 3（规则学习）**

➢ 能根据比例关系，列出化学方程式中各物质之间的质量关系为正比例关系。

● **教学渐进目标 4（规则学习）**

➢ 能根据质量守恒定律，计算在化学方程式中反应物与生成物的分子数比例、质量比例。

➢ 例如，氢气在氧气中燃烧化合生成水，化学方程式为 $2H_2 + O_2 \mathop{=\!=\!=} 2H_2O$，两边的氢、氧原子个数都相等，该反应中两个氢分子和一个氧分子反应，即反应中参加反应的氢氧分子比例是 2：1,而两个氢分子参加反应后得到两个水分子,即产物中氢分子与水分子的比例为 2：2(即 1：1)。

● **终点目标(规则学习)**

➢ 能够正确进行基于化学反应方程式的计算。

从上述"基于化学反应方程式的计算"的学习任务分析中可以看出,起点能力和使能目标就是完成教学目标的必要性条件,在新知识、新技能(终点目标)的教学中,如果学习者缺乏相应的已有知识(起点能力),或虽具备相应的已有知识,但阶段性的知识技能(使能目标)学习不充分,新的学习就难以完成。不仅如此,在这种任务分析中,不仅揭示了教学目标达成的使能目标步骤,还揭示了每一步骤的知识类型。任务分析中的起点能力及使能目标分析使得教学目标完成的步骤一目了然,知识类型的分析为教学方法的选择提供了科学的依据。

要使学习顺利进行,除了上述必要性的条件之外,还要有支持性的条件。与必要性的条件相比,尽管支持性的条件不构成新的学习的必不可少的条件,但其会对新的学习起助力或阻力的作用。如上述"基于化学反应方程式的计算"中,利用"比例关系"和"质量守恒定律"就可以运算,没有这种技能的使用则会影响运算的速度和质量,因此利用"比例关系"和"质量守恒定律"能起到支持性的作用。

(二) 设计

1. 设计教学过程

教学过程即教学目标的执行和完成过程。围绕着教学目标的执行,通常需要做的工作有:教学序列设计、教学事件设计、媒体选择设计和教学策略设计。

(1) 教学序列设计。

关于教学序列的设计,历史上曾经盛行过不同的教学过程导向的教学模式。系统论述教学过程的赫尔巴特,以学习者获得知识的心理过程,将教学过程分为:

① 明了——给学习者明确地讲授新知识。

② 联合——让学习者将新知识与旧知识联系起来。

③ 系统——指导学习者在新知识的基础上加以概括和总结。

④ 方法——引导学习者学以致用,即将所学知识应用于实际问题。

赫尔巴特认为上述阶段决定着课堂教学的顺序。席勒在赫尔巴特四阶段的基础上将教学过程扩展为五个阶段:分析、综合、联想、系统和方法。莱因在席勒的五阶段的基础上进一步将教学过程分为预备、提示、联系或比较、总结和应用。这样就构成了在教学中广为采用的教学阶段模式。

20世纪40年代末,苏联教育学家凯洛夫在其主编的《教育学》一书中,以教学心理为依据,将教学过程划分为"组织上课→检查复习→提出上课的目的、内容和要求→讲授新课并明确内容要点→检查巩固所学的知识→布置课外作业",即凯洛夫的六环节教学过程。这一教学环节理论在20世纪50年代之后被广泛应用于我国教师的课时计划制定中,被"因地制宜"而"中国化"了的凯洛夫六环节教学就成为我国广大教师熟识的"组织教学→复习检查→讲授新知识→巩固新知识→布置作业"的"五阶段"教学过程。

（2）教学事件设计。

认知心理学认为,教学是对影响学习过程的外部事件（external events）的安排,加涅将这种外部事件分为引起注意、告诉学习者教学目标、回忆已有知识、呈现刺激、引导学习、作业反应、提供反馈、教学评价以及促进学习迁移等九个方面的内容。

（3）媒体选择设计。

教学工具、教学媒体被归于教学手段的范畴。教学是一种信息传输活动,因为是信息传播,必然涉及信息传输的媒介,随着科学技术的发展,教学所采用的媒介在变化,教学媒介对教学内容的承载方式、师生的互动方式也不相同。不管教学媒体如何变化,其性质始终是工具性的。布鲁纳认为,教学辅助工具给学习者提供的关于事件的经验虽是替代性的,然而是"直接的",如这些用于教学的辅助工具分为替代经验的工具（视频音像、PPT等）和模型工具（物质结构模型、图表等）。

任何教学媒体的选择都要围绕特定的教学内容和师生的信息表达需求,任何教学媒体都是情境性的,没有超越教学目标和特定学习者场所的"超情境"媒体。对于教学媒体对信息传输的作用,应给予谨慎而有耐心的估计。

另外,化学实验室中用品、药品、仪器等的选择和使用,是化学教学中不可或缺的实验教学手段。

（4）教学策略设计。

对教学策略的概念界定,有人认为教学策略是一种为实现教学目标而实施的综合性方案;有人认为教学策略是一种教学思想的体现;有人认为教学策略即教学方法、教学模式,有人认为教学策略即教学方式及行为。1990年埃金在《课堂教学策略》一书中,将教学策略定义为"根据教学任务的特点选择适当的方法"。如果说教学媒体强调教学内容传播的通道和载体,那么教学策略与方法则强调教学内容传输和接收的方式。信息传输的通道和载体自然影响信息传输的质量,而信息的传输方式则是影响信息传输质量的关键性因素。

教学策略有狭义和广义之分,狭义的教学策略（tearching strategy）仅指教师教的策略,广义的教学策略（instructional strategy）不仅包括教师教的策略,也包括学生学的策略。本书使用狭义上的教学策略概念,主要指教师为促进学生的学习所采用的方式方法。教学策略既有观念驱动功能,更有实践操作功能。

教学策略可以按不同的标准进行分类:按照构成教学活动的主要因素,可以将教学策略分为方法型策略、方式型策略和任务型策略;根据改进教学效果的途径,教学策略可以分为管理策略和指导策略;根据教学过程实施的环节,又可以将教学策略分为教学准备策略、教学实施策略和教学监控评价策略。本书在涉及教学策略的选择和使用时,主要考虑的是依据不同知识类型的内在教学设计特点,将教学策略选用与特定的知识类型联系起来。我们认为知识类型不同,适宜性的教学策略亦不同,教学策略是服务于特定知识的获得的。

(三)评价

评价,即评价教学效果。评价教学效果实际上就是评价教学目标的达成情况,因此,教学效果评价也是教学目标达成评价。作为目标导向的教学模式性的一种活动,在这种活动进行的过程中(形成性评价)或一个教学专题、教学单元结束(终结性评价)之后,教学活动的参与者应关注其活动的效果:学习者是否掌握了教学目标? 如果没有,应该如何调整教学活动? 这样,就自然引出教学评价的两种主体指向功能:就学生的学习而言,教学评价旨在促进和改善学生的学习,这是教学评价的目的性功能;就教师的教学而言,教学评价旨在通过教学评价反思并发现教师教学存在的问题,从而对其教学加以修正和调整,这是教学评价的手段性功能。

按照加涅等人的观点,评价活动贯穿教学系统设计过程,至少包括五种类型:教学材料评价、教学系统设计过程的质量评价、学生对教学的反应的测量、学生在学习目标上的成就测量和教学效果的估计。

关于教学评价的理论,这里简要介绍两种主要的教学评价理论:布卢姆等人的认知领域的目标评价理论和加涅等人的学习结果评价理论。

综合布卢姆原有的分类学精华以及其他一些新的分类办法,修订方案提出了从记忆到创造六个类别共十九种具体的认知过程。

1. 记忆

记忆(remembering)是从长时记忆库中提取相关知识。这一认知过程所涉及的相关知识可以是四种类型知识中的任何一种或者其不同的结合。记忆知识对意义学习和解决更复杂的问题来说是必不可少的。

"记忆"具体包括:

(1)识别(recognizing)。这是从长时记忆库中找到相关的知识与当前呈现的信息进行比较,看其是否一致或相似。识别的替换说法可以是"确认"(identifying)。

(2)回忆(recalling)。这是指当给予某个指令或提示时,学生能从长时记忆库中提取相关的信息。回忆的替换说法可以是"提取"(retrieving)。

2. 理解

理解(understanding),可以被看成是通向迁移的"桥头堡",同时也是最广泛的一种迁移方式。不管是口头的,书面的信息还是图表的信息,不管是通过讲授、阅读还是观看等方式,当学生能够从教学内容中建构意义时,就算是理解了,即学生在对将要获得的"新"信息与原有知识产生联系时,他就产生了理解。更具体地说,新进入的信息与现有的图式和认知框架整合在一起时,理解就发生了。鉴于"概念"是认知图式与框架的基石,所以,"概念性知识"为理解提供了基础。

"理解"具体包括:

(1) 解释(interpreting)。这是指学生能够将信息的一种表征方式转换成另一种表征方式,如不同语词之间的转换等。解释的替换说法可以是"转换"(translating),"释义"(paraphrasing),"表征"(representing)和"澄清"(clarifying)。

(2) 举例(exemplifying)。这是指学生能指出某一概念或原理的特定事例,它同确定其特征(如"离子键中的微粒往往是非金属阴离子和金属阳离子,通过静电作用形成的化学键,作用力强,无饱和性,无方向性")以及运用该特征选择或建构具体事例(如"氯化钠、氯化氢晶体中哪个存在离子键?")有关。举例的替换说法可以是"例证"(illustrating)和"例示"(instantiating)。

(3) 分类(classifying)。这是指学生能够识别某些事物(如某一事例)是否属于某一类别(如概念或原理)。分类能够查明既适合具体事例又适合概念或原理的相关特征或范型。如果说"举例"是从一般概念或原理出发,要求学生找到相应的具体事例;那么,"分类"则是从具体事例出发,要求学生找到相应的概念或原理。分类的替换说法可以是"归类"(categorizing)和"包摄"(subsuming)。

(4) 总结(summarizing)。这是指学生能提出一个陈述,以代表已呈现的信息或能抽象出一个一般主题。总结同构建信息的表征方式有关。总结的替换说法可以是"概括"(generalizing)和"抽象"(abstracting)。

(5) 推断(inferring)。这是指学生能够在一组事例中发现范型。当学生能够从一组事例中发现特征及其相互联系,从而抽象出一个概念或原理时,这就表明其能做出推断。推断过程涉及在一个整体情境中对各个事例做出比较,发现范型并创造出一个新的事例来。推断同"应用"中的一个具体认知过程——"归属"也不完全一样。例如在阅读一篇故事时,归属带有查明"言下之意"的味道;而推断则带有找出"言外之意"的性质。推断的替换说法可以是"外推"(extrapolating),"添加"(interpolating),"预测"(predicting)和"断定"(concluding)。

(6) 比较(comparing)。这是指查明两个或两个以上的客体、事件、观念、问题和情境等之间的异同。比较包括了发现要素或范型之间的意义对应性。比较的替换说法可以是"对照"(contrasting),"匹配"(matching)和"映射"(mapping)。

（7）说明（explaining）。这是指学生能够建构或运用因果模式。这一模式可以从正规的理论中推演，也可以依据经验或研究得出。一个完整的说明包括阐明某一系统中的主要部分是什么，它们之间是如何发生变化的等。说明的替换说法可以是"建构一个模型"（constructing a model）。

3. 应用

应用（applying）是指运用不同的程序去完成操练或解决问题，因而，应用与程序性知识密切相关。

完成操练是指这样一种任务，学生已知如何运用适当的程序，已经有了一套实际去做的套路；解决问题是指这样一种任务，即学生最初不知道如何运用适当的程序，因而必须找到一种程序去解决问题。所以，应用与两个认知过程有关。一种是"执行"，它涉及的任务是一项操练；另一种是"实施"，它涉及的任务是一个问题。

在实施时，理解概念性知识是应用程序性知识的前提。

（1）执行（executing）。此时学生面对的是一个熟悉的任务，所做的是执行某一程序。熟悉的情境为学生提供了恰当的线索去选择程序，因此，执行更多的是与运用技能与算法相联系的。技能与算法有两个特点：一是其步骤遵循着固定的程序；二是只要正确地执行，其结果是一个预期的答案。执行的替换说法可以是"完成"（carrying out）。

（2）实施（implementing）。实施指学生选择和运用程序以完成一个不熟悉的任务。因为要求作出选择，所以学生必须理解问题的类型及适用程序的范围。所以，实施常常与其他认知过程（如理解和创造）综合使用。实施的替换说法可以是"使用"（using）。

当学生面临一个不熟悉的问题，难以立即知道哪一个程序是适用的，更重要的是，似乎没有单一的程序是完全适合的，或多或少要做出一些调整。实施同运用技巧或方法类的程序性知识有关。它们有两个特点：一是程序并非固定，而是一组有不同"决策点"的流程；二是正确运用程序时常常不存在单一的、固定不变的答案，尤其是在运用概念性知识时更是如此。在"应用"这一认知过程连续统一体中，"执行"程序性知识是一端，"实施"程序性知识处于中间位置，"实施"概念性知识则是另一端。

4. 分析

分析（analyze），是指将材料分解为其组成部分，并且确定这些部分是如何相互关联的。

这一过程包括了区分、组织和归属。虽然有时候也将分析作为独立的教育目标，但是往往更倾向于将它看成是对理解的扩展，或者是评价与创造的前奏。

（1）区分（differentiating）。这是指学生能够按照其恰当性或重要性来辨析某一整体结构中的各个部分。区分同比较之间是有所不同的。前者要求在整体的框架下看待部分，例如苹果和橘子被放在"水果"这一更大的认知结构中加以区分时，颜色和形状都是无关特征，只有"果核"是相关特征。比较则被要求关注苹果的颜色、形状、果核三个特征。区分的替换说法可以是"辨别"（discriminating）、"选择"（selecting）、"区别"（distinguishing）和"聚焦"（focusing）。

（2）组织（organizing）。这是指确定事物和情境的要求，并识别其如何共同形成一个一致的结构。在进行组织时，学生要努力构建信息之间系统一致的联系。组织常常与区分一起进行。也就是说，先要确定相关的或重要的因素，然后再考虑要素适配的总体结构。组织的替换说法可以是"形成结构"（structuring）、"整合内容"（integrating）、"寻求一致"（findcoherence）、"明确要义"（outlining）和"语义分析"（parsing）。

（3）归属（attributing）。这是指学生能够确定沟通对象的观点、价值和意图等。归属属于"解构"的过程，其间学生要确定作者的意图。如果要做出"解释"，学生只要去理解材料的意义就可以了，但"归属"则要求超越基本理解去推断材料的意图或观点。归属的替换说法可以是"解构"（deconstructing）。

5. 评价

评价（evaluate），是依据准则和标准来做出判断。

评价包括核查（有关内在一致性的判断）和评判（基于外部准则所做的判断）。尤其要指出的是，并非所有的判断都是评价。实际上，许多认知过程都要求某种形式的判断，只有明确运用了标准做出的判断，才属于评价。

（1）核查（checking）。这是指检查某一操作或产品是否内在一致。例如，结论是否从前提中得出；数据是否支持假设，呈现的材料是否互相矛盾等。当核查与"计划"和"实施"相结合运用时，就可以确定该计划是否运作良好。核查的替换说法可以是"检验"（testing）、"查明"（detecting）、"监控"（monitoring）和"协调"（coordinating）。

（2）评判（critiquing）。这是指基于外部准则或标准来判断某一操作或产品。评判是批判性思维的核心。评判的替换说法可以是"判断"（judging）。

6. 创造

创造（create）是将要素整合为一个内在一致或功能统一的整体。

这一整体往往是新的"产品"。这里所谓的新产品，强调的是综合成一个整体，而不完全是指原创性和独特性。"理解""应用"和"分析"虽然也有整体和部分之间的关系，但它们主要是在整体中关注部分；"创造"则不同，它必须从多种来源中抽取不同的要素，然后将其置于一个新颖的结构或范型中。

创造的过程可以分解为三个阶段：第一是问题表征阶段，此时学生试图理解任务并形成可能的解决方案；第二是解决方案的计划阶段，此时要求学生考察各种可能性及提出可操作的计划；第三是解决方案的执行阶段。所以，创造过程始于提出多种解决方案的"生成"，然后是论证一种解决方案并制定行动"计划",最后是计划的"贯彻"。

（1）生成（generating）。这是指学生能够表征问题和得出符合某些标准的不同选择路径或假设。通常最初问题在表征时所考虑的解决路径有多种，经反复推敲调整，会形成新的解决路径。这里的"生成"同"理解"过程中的各个认知子过程不完全一样。一般来说，理解所包含的各个认知子过程也都带有生成的功能，但往往是求同的（如领会某一种意思），而此时的生成却是求异的，要尽可能提出不同的解决路径。生成的替换说法可以是"提出假设"（hypothesizing）。

（2）计划（planning）。这是指策划一种解决方案以符合某个问题的标准，也就是说，形成一种解决问题的计划。计划的替换说法可以是"设计"（designing）。

（3）贯彻（producing）。这是指执行计划以解决既定的问题。贯彻要求协调四种类型的知识，同时也不是非得要强调原创性和独特性。贯彻的替换说法可以是"构建"（constructing）。

如果说布卢姆关注的是学习结果的测量，那么，加涅则更关注学习结果的获得过程。1985年，加涅将人类学习的结果分为言语信息、智慧技能、认知策略、态度和动作技能。学习结果有不同的类型，不同类型的学习结果不仅获得过程不同，采用的测量标准也不同。可以将加涅的学习结果分类、测量方式以及测试题型之间的关系概括如表4-3所示。

表4-3　加涅的学习结果分类、测量方式以及测试题型间关系

学习结果分类	测 量 方 式	测 试 题 型
言语信息	符号：再现、再认 事实：回忆、再认（组织、框架、结构等） 命题：陈述、转换、解释、推断	默写、填空、选择、配对 释义、判断、选择、填空、简答等 填空、释图、释义、分析说明、匹配、简答
智慧技能	辨别：不同信息项之间的差异区分、区分理由与标准 具体性概念：正例的识别、正反例的区分、归类 定义性概念：正例的识别、正反例的区分、归类 规则：表现出受规则支配的行为（按照规则发现和解决问题） 高级规则：规则创新式应用、发现并创造性解决问题	选择、配对、简答、应用设计 选择、配对、分类 选择、配对、分类、应用设计 辨析、计算、应用设计 研究性设计、独创性设计、综合
认知策略	一般领域策略：跨领域内容组织、问题解决等 特殊领域策略：特殊领域内容组织、问题解决等	应用、分析、综合、评价
态度	任务执行的选择倾向	
动作技能	示范、陈述、动作流程、独创	

将学习结果分类及其对应的测量方式结合起来,不仅便于教师进行不同类型知识的教学,也为相应的学习结果测量提供了参考框架。

二、目标导向的教学设计模式

(一)设计模式

目标导向的教学设计模式是以目标为中心的教育评价模式。由美国教育评价的创始人泰勒在 20 世纪 30 年代首倡,亦称"泰勒模式",是最常用的模式之一。该模式的评价步骤为:确定广泛的教育目标;用行为术语加以表述;提供显示目标成就情境和学习经验;采用多种手段全面收集信息;比较结果与目标,判断活动、方案的效果,说明原因,提出解释,检验假设;根据反馈信息,修正方案,重复新一轮的循环过程。泰勒模式以目标为中心,结果严密,简洁,实施具有可操作性。缺点是未对目标本身进行评价,忽视非预期的结果,对过程评价的重视不够。[①]

目标导向的教学,其教育理念是一种以学习结果为目标导向的教学模式,以学生为本,从最终学习结果或教育目标出发,采用逆向思维的方式设计教学活动,倒推至学生的学习起点,进行教学的系统建设。

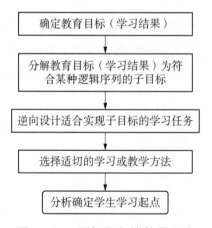

图 4-10　目标导向的教学设计

1981 年,美国学者斯派蒂在标准参照评量(criterion-referenced measurement)、能力本位教育(competency-based education)、精熟学习(mastery learning)以及绩效责任(accountability)等理论的基础上,在其著作《以成果为本的教育:争议和答案》中把目标导向的教学定义为"清晰地聚焦和组织教育系统,使之围绕确保学生在未来生活中获得实质性成功的经

---

① 陆雄文.管理学大辞典[M].上海:上海辞书出版社,2013.

验"。在目标导向的教学中,学生学到了是否成功远比怎样学习和什么时候学习重要。西澳大利亚教育部门把目标导向的教学定义为:"基于实现学生特定学习产出的教育过程。教育结构和课程被视为手段而非目的。如果它们无法为培养学生的特定能力作出贡献,它们就要被重建。学生学习结果的产出驱动教育系统运行。"

目标导向的教学聚焦于学生受教育后获得什么能力和能够对学生做什么样的培养,它强调一切教育活动、教育过程、教学和课程设计都必须围绕对学习者实现预期的学习结果(learning outcomes)。

目标导向的教学将整个教育系统组织起来,朝着学生在学习结束时成功完成目标结果进行组织。教师必须对学生应达到的能力及其水平有清楚的构想,然后寻求设计适宜的程序结构来保证学生能达到这些预期目标。

目标导向的教学是指教学设计和教学实施的目标是学生通过教育过程最终实现的学习结果,并强调以下四个问题:(1)希望学生取得什么样的学习结果?(2)为什么学生要取得这样的学习成就?(3)如何有效地帮助学生实现这些学习结果?(4)如何知道学生是否取得了这些学习结果?

学习结果不是指之前学习的累积或平均值,而是学生完成所有学习过程后获得的最终结果。结果不仅是学生的信念、感受、记忆、认识和理解,也是学习的暂时表现,也是学生内心的内化过程。结果不仅是学生所知道和理解的,而且是可以应用于实践的能力,以及可能涉及的价值观或其他情感因素。结果越接近"学生的真实学习体验",学生越有可能坚持下去,尤其是学生长期广泛实践的结果,具有更高的可持续性。结果应该考虑到生活的重要内容和技能,并注重其实用性,否则它们将成为容易被遗忘的信息和片面的知识。"最终结果"并非与学习过程中的结果无关。需要根据最终峰值结果和逆向设计原则设计课程,并分阶段评估阶段结果。

目标导向的教学设计,是目标导向下选择教学内容和学习资源、确定教学结构及计划教学实施的过程,指向教学内容、资源、结构与活动、实施过程与手段的设计。

(二) 实施原则

1. 聚焦教育目标或学习结果

教学设计需要清楚地聚焦学生完成学习过程后能达成的最终学习结果,将学习目标聚焦在完成该学习结果上。最终学习结果应该可清楚表述和直接或间接测评,可以转换成可测指标。学习结果可具体体现在化学教育目标的落实和达成上,如图 4-11 所示。

教学中必须清楚地阐述并致力于帮助学生发展知识与技能、过程与方法和情感态度与价值观,使他们能够达成预期结果。清楚聚焦是目标导向的教学模式的教学实施原则中最重要和最基本的原则。这样,教学设计者可依据最终学习结果逆向教学设计的起点,从目标

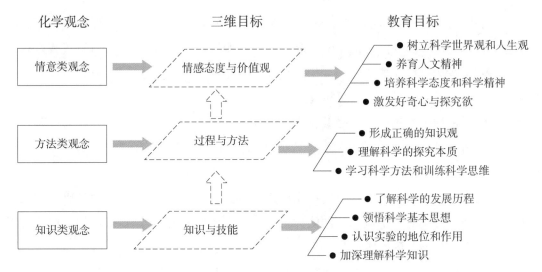

图 4-11 学习结果体现在教育目标的达成

逆推设计,并形成一个能清楚预期学生学习结果的强调过程性的学习蓝图,包括符合学生认知逻辑的承载课程教学内容的学习任务、评价方式与结果反馈等教学活动的具体安排。

2. 提供学习探究机会

教学设计需要充分考虑每个学生的个体差异,要在时间和资源上保障每个学生都有达成学习结果的机会。教学不应以同样的方式在同一时间给所有学生提供相同的学习机会,而应以更加弹性的方式来配合学生的个性化要求,让其有机会证明自己所学,展示学习成果。如果学生获得了合适的学习机会,相信他们就会达成预期的学习结果。

3. 提高学习期待信念

教师应该提高对学生学习的期待,制定具有挑战性的执行标准,以鼓励学生深度学习,促进其更成功地学习。提升期待主要有三个方面:一是提高执行标准,促使学生在完成学习进程后达到更高水平;二是排除迈向成功的附加条件,鼓励学生达到高峰表现;三是增设高水平课程,引导学生向高标准努力。

4. 逆向教学设计

将教育目标或最终学习结果作为教学设计的起点,反向推理,分析学习任务和学生特征,分解学习任务,设计小步子学习活动,选择适合学生逐步达成学习结果的知识、方法和情感的学习内容,逆向设计教学活动。课程与教学设计从最终学习结果反向设计,以确定所有迈向最终教育目标的教学活动的适切性。教学的出发点不是教师想要教什么,而是达成最终学习结果需要做什么。逆向设计教学就是将期望学生达成的最终学习结果作为起点,反向推理设计围绕教育目标(学习结果)环环相扣的学习活动,包括思维活动和动手操作任务,逆向教学设计的终点则是学习者真正的学习起点。正向看,教学设计则是从学生的认知起点开始,呈现出不断地增加学习任务难度或复杂程度的进阶,依此教学活动顺序来实现最终的教育目标。同时,应聚焦于重要、基础、核心和高峰的结果,排除不太必要的课程或以更重要的课程取代,这样才能有效协助学生成功学习。

将学生的学习进程划分成不同的阶段,并确定出每个阶段的学习目标,这些学习目标是从初级到高级,最终达成顶峰结果。这将意味着,具有不同学习能力的学生将用不同时间、通过不同途径和方式,达到同一目标。

学习结果代表了一种能力结构,这种能力主要通过教学来实现。能力结构与教学体系结构应有一种清晰的映射关系,能力结构中的每一种能力要有明确的教学任务来支撑,换句话说,教学任务要对实现能力结构有确定的贡献。教学任务与能力结构的这种映射关系,要求学生在完成学习任务后就能具备预期的能力结构,即达成学习结果。

三、过程导向的教学设计模式

斯腾豪斯在 1975 年出版的《课程研究与开发导论》(*An Introduction to Curriculum Research and Development*)中,从课程设计者的视角对"泰勒原理"进行了详尽而透彻的分析与批判,系统地建立起了"过程导向的教学模式"(aprocess model)的理论框架。[①]

至于目标导向的教学模式本身,斯腾豪斯认为,把目标导向的教学模式普遍应用于教学设计会存在两个误解:一是目标导向的教学模式误解了知识的本质;二是目标导向的教学模式误解了改善教学实践的过程的本质。

目标导向的教学模式会导致对知识本质的误解。对于训练行为技能来说,目标导向的教学模式是很适用的,它通过分析使要形成的操作行为明晰化,从而促进了训练过程。对于知识的学习来说,知识的本质在于人可以通过知识的运用进行创造性思维。知识的本质是一个支持创造性思维,并为判断提供框架的结构。因此,教学应考虑知识的不确定性,鼓励个体化的、富于创造性的学习,而不是把知识及其学习作为满足预定目标的尝试。从这个意义上说,教育即引导学生进入知识之中,教育成功的程度即它所导致的学生不可预期的行为结果增加的程度。按照斯腾豪斯的说法,目标导向的教学模式的实质是通过目标的分析,使教育结果"形式化"为一种质量标准。这样做的结果,实际上是强调了"形式化",降低了教育结果的质量。此外,目标导向的教学模式还有使知识服务于既定目标的"工具化"的倾向,这是为了满足目标而使用的损害内容的方法。目标导向的教学模式通过武断地规定思维界限及对知识中的未决问题武断地限定答案,使学校获得了一种凌驾于学生之上的权威压力;教师的角色则从一个复杂的知识领域中的学生,转变为传授知识的权威。这就歪曲了知识的

---

① Stenhouse, L. An introduction to curriculum research and development [M]. London, England: Heineman. 1975.

本质。

目标导向的教学模式会存在导致改善教学实践过程本质误解的嫌疑。斯腾豪斯认为，目标导向的教学模式的方法基本上是一种通过使目标明晰化而改善实践的尝试。这种做法在逻辑上是合理的，但却不能改进实践，因为人们不可能通过将标杆升高而不是改善跳高技能来提高跳高水平。因而，理想的做法应该是帮助教师改进教学，发展他们在课程教学实践中的批判能力、反思意识。

（一）设计模式

斯腾豪斯提出的过程导向的教学模式是以英国教育哲学家彼得斯（K. S. Peters）的知识论为理论依据的。彼得斯认为，知识以及教育本身具有内在的价值，无需通过教育的结果来加以证明。这类活动有其自身固有的完美标准，能够根据这些标准而不是根据其导致的结果来评价。人们可以对它们本身所具有的价值进行争论，而不是对其作为达到目的的手段的价值进行争论。因而，艺术和知识形式，如科学、历史、文学欣赏与诗等，是课程设置的基本部分，其合理性能够被内在地加以证明，而不必作为达到目的的手段被证明。对它们的选择是基于内容，而不是基于其所引起的学生行为的具体结果。而诸如知识的过程、概念以及标准等形式，是无法适当地转化为操作水平上的目标的。据此，斯腾豪斯提出，教学设计的任务就是要选择活动内容，建立关于学科的过程、概念与标准等知识形式，并提供实施的"过程原则"（principle of procedure）。

活动内容的选择标准，是前述的是否"含有内在价值"。斯腾豪斯给出了拉思的鉴别标准供人参考，其中共有 12 条细目。

（1）在所有其他条件相同的情况下，如果一项活动允许学生在活动过程中作出自己的选择，并对选择所带来的结果作出反思，则这项活动比其他活动更有价值。

（2）在所有其他条件相同的情况下，如果一项活动在学习情境中允许学生充当主动的角色而不是被动的角色，则这项活动比其他活动更有价值。

（3）在所有其他条件相同的情况下，如果一项活动要求学生探究各种观念，探究知识应用，或探究当前的个人问题或社会问题，则这项活动比其他活动更有价值。

（4）在所有其他条件相同的情况下，如果一项活动使学生涉及实物教具，即真实的物品与人工制品，则这项活动比其他活动更有价值。

（5）在所有其他条件相同的情况下，如果一项活动能够由处于不同能力水平的学生成功地完成，则这项活动比其他活动更有价值。

（6）在所有其他条件相同的情况下，如果一项活动要求学生在一个新的背景下审查一种观念、一项知识应用活动，或一个以前研究过的现存问题，则这项活动比其他活动更有价值。

（7）在所有其他条件相同的情况下，如果一项活动要求学生审查一些题目或问题，这些题目或问题是现实社会中的人们一般不去审查的,是典型地被国家的大众传播媒介所忽略的,则这项活动比其他活动更有价值。

（8）在所有其他条件相同的情况下,如果一项活动使学生与教师共同参与"冒险"——不是冒生命之险,而是冒失败之险,则这项活动比其他活动更有价值。

（9）在所有其他条件相同的情况下,如果一项活动要求学生改写、重温及完善他们已经开始的尝试,则这项活动比其他活动更有价值。

（10）在所有其他条件相同的情况下,如果一项活动使学生应用与掌握有意义的规则、标准及准则,则这项活动比其他活动更有价值。

（11）在所有其他条件相同的情况下,如果一项活动能给学生提供一个与别人分享制定计划、执行计划及活动结果的机会,则这项活动比其他活动更有价值。

（12）在所有其他条件相同的情况下,如果一项活动与学生所表达的目的密切相关,则这项活动比其他活动更有价值。

斯腾豪斯认为,若像目标导向的教学模式那样列出一张行为目标一览表,并不能帮助教师获得达成这些目标的手段,只有分析有价值的活动的标准以及分析被认为是有价值的活动的结构,才能更为清楚地趋近教学中的"过程原则"。

（二）过程原则

"过程原则"的本质含义在于鼓励教师对教学实践进行反思批判和发挥创新思维甚至创造性地解决问题。教师应遵循下列五项"过程原则"。

（1）教师应该与学生一起在课堂上讨论、研究具有争议性的问题。

以"在碳酸钠溶液中加入过量氯化钙溶液后,再向溶液中滴加酚酞试剂,有何现象发生?"为例,针对该问题,可能会产生很多不同的答案或看法,如

同学 A 推测:滴加酚酞后的溶液变成红色。

同学 B 推测:溶液中有碳酸钙沉淀出现,滴加酚酞后的溶液不变色。

同学 C 推测:溶液中没有沉淀出现,滴加酚酞后的溶液变成红色。

同学 D 提出自己的见解:在实验中操作该实验,即可判断证实结果。

（2）在处理具有争议性的问题时,教师应持中立原则,使课堂成为学生的论坛。

根据学生们不同的推测,请他们发表自己推理的依据,在表达和分享观点的过程中,每位学生都会从其化学观念中受益,从不同的看问题的视角认识知识,学会用不同的思维方式来应用知识。

学生们在畅谈有关上述问题的各种观点中,会逐渐推测出该反应的化学变化微观过程

及其宏观现象。

同学 A 发表自己的分析依据：

碳酸钠溶液中的碳酸根会发生水解反应，$CO_3^{2-}+H_2O \Longrightarrow HCO_3^- +OH^-$，所以该溶液呈弱碱性，因此溶液是红色的。

同学 B 发表自己的分析依据：

碳酸钠与氯化钙发生如下化学反应 $Na_2CO_3+CaCl_2 \Longrightarrow CaCO_3\downarrow +2NaCl$，

该反应的实质是碳酸根离子与钙离子反应生成碳酸钙沉淀 $Ca^{2+}+CO_3^{2-}\Longrightarrow CaCO_3\downarrow$

这时溶液中只有反应后产物氯化钠与过量的氯化钙都是中性的，所以反应后的溶液遇到酚酞是无色的。

同学 C 发表自己的分析依据：

碳酸钠中的碳酸根都会水解掉，$CO_3^{2-}+H_2O \Longrightarrow HCO_3^- +OH^-$，溶液中没有碳酸根了，加入氯化钙溶液后原溶液则不会出现沉淀，滴加酚酞后的溶液变成红色。

根据对上述观点的讨论，大部分同学进行了理论上的推理后，认为该反应的现象是：在碳酸钠溶液中加入过量氯化钙溶液后，有碳酸钙白色沉淀出现（碳酸氢钙是可溶性的盐）；此时因溶液中只有反应后的产物氯化钠与氯化钙，它们的溶液都呈中性，当在反应后的溶液中滴加酚酞试剂时，溶液不会变色，故是无色的。

如果讨论的问题是："向已经滴有酚酞的碳酸钠溶液中加入过量氯化钙溶液，在这一过程中，有何现象发生？"

则在该情况下的推断结论是：

由于碳酸钠在水溶液中能够发生水解，$CO_3^{2-}+H_2O \Longrightarrow HCO_3^- +OH^-$，溶液呈碱性，酚酞会使溶液变成红色；碳酸钠水解反应是可逆反应，溶液中碳酸根离子一直都存在，当向滴有酚酞的碳酸钠溶液中加入过量氯化钙溶液时，会产生碳酸钙白色沉淀，$Ca^{2+}+CO_3^{2-}\Longrightarrow CaCO_3\downarrow$；随着过量的氯化钙溶液的滴加，溶液中只会有呈中性的氯化钠与氯化钙，故原溶液由红色变为无色。

正如同学 D 的观点，即要回答上述问题的实际情况如何，最终还是需要在实验室操作该化学实验，观察物质实际反应过程中的实验现象以及实验结果，从而据此论证得出问题的科学答案，实践是检验真理的唯一标准。

（3）探究具有争议性的问题的主要方式是讨论，而不是灌输式的讲授。

（4）讨论应尊重参与者的不同观点，无须达成一致意见。

（5）教师作为讨论的主持人，对学习的质量和标准负有责任，需要更加关注针对问题的讨论，并给每一位学生提供发表自己看法或观点的机会。

教师的身份是"和学生一起学习的学习者"，只有这样，才能通过发现和探究等方法而不是通过传授方法进行教学。在对学习结果的评定中，教师不应像目标导向的教学模式中阐述的那样，是一个对照预定目标打分的评分者，而应是对活动加以批评，以促进学生发展的批评者。

在科学探究的过程中，学生描述物体和事件，提出问题，构建解释，根据当前的科学知识检验这些解释，并将他们的想法传达给他人。他们确定自己的假设，使用批判性思维和逻辑思维，并考虑其他解释。通过这种方式，学生将科学知识与推理和思维技能相结合，积极发展他们对科学的理解。

由上可见，过程导向的教学模式是通过对知识和教育活动的内在价值的确认，鼓励学生探索具有教育价值的知识领域，进行自由自主的活动。它把学生视为一个积极的活动者，教育的功能在于发展学生的潜能，使他们自主而有能力地行动。它倡导"过程原则"，强调过程本身的教育价值，主张教育过程给学生以足够的活动空间。它强调教师和学生的交互作用，教师在课程教学设计与实施过程中不是学生行为的主宰者、控制者，而是学生的学习伙伴、学生行为的引导者。

在过程导向的教学模式中，教师具有充分的自主权。过程导向的教学模式并不给出铁的原则，与其说它主张"过程导向的教学模式"，毋宁说它是一种"排除原则"，即把无效的、不利于广泛的教育目的达成的做法识别出来，并加以排除，这样，就给教师的主动性的发挥留有了余地。但同时，这也对教师的素质提出了较高的要求。因此，斯腾豪斯后来提倡教师应成为研究者，要进行课程教学设计开发与实施，就必须以对课程问题的卓有成效的研究为前提。

总之，过程导向的教学模式把发展学生的主体性、创造性作为教育的广泛目标，尊重并鼓励学生的个性特点，并把这一目标与教学活动、教学过程统一起来，进而又统一于教师的主体作用中。它冲破了目标导向的教学模式"技术理性"的藩篱，把教学设计建立在实际的教育情境基础上。

四、化学教学线索设计

通常，教学过程一般是指在时间维度上描述教学进程。除此之外，还可以使用其他逻辑维度来描述教学过程，如教学线索。线索是指事物发展的脉络或探求问题的路径。教学线索是教师在遵循教学规律的基础上，依照教学目标的要求，为帮助学生构建知识体系，达到教与学的双向目标而设置的贯穿整个课堂教学环节的脉络或探究问题的路径，可作为一种贯穿教学过程的逻辑维度，如一串问题、一系列任务或活动等。

教学线索是统摄一堂课的思想灵魂，是将整个课堂教学活动诸多教学环节主题内容串起来的一条主线,是贯穿教学过程的内在逻辑。科学适切的教学线索支撑着高效学习,即通过合理优化的教学路径,在最短的教学时间内促进学生获得高质量的学习结果。

教学线索多种多样,可以针对不同的学习目标、不同的看问题的角度、不同的侧重点,设计不同的教学线索。不同的教学内容可以设计不同的教学线索,相同的教学内容也会因为教师对教材的把握程度不同、教师风格迥异、教师性格特点不同而设计不同的教学线索。可以基于一条核心教学线索推进教学过程,也可以基于多条教学线索相互联系地共同贯穿协调推进教学过程。一堂高质量的课往往离不开教学线索的巧妙设计,合理的教学线索能够使教师在纷繁复杂的教学内容中找到教学的头绪,结合自己原有的知识储备和教学风格特点,设计形成使学生更易于内化知识的教学结构。

教学线索的设计需要符合学生的认知发展,利于学生构建知识网络。构建知识网络是将一些分散的知识"点"连成"线",对知识内容进行重新加工、整理和组织,使零散的知识之间发生横向、纵向等方向、层次上的关联或联结,形成系统化知识网络。而教学线索就具有串联知识点、将知识点归类、整理,使零散、孤立的知识点变为彼此间相互联系的整体的作用,形成一个系统化、结构化的知识网络结构。在教学实践过程中,可用教学线索引导学生明确学科内容主线,并不断把内容细化、具体化,帮助学生构建清晰的、有条理的完整的知识结构系统。明晰的教学线索能够有效支持学生掌握新的知识内容。教学线索的选取有较强的开放性,比如可将其设计成一个认知框架、一串情境问题、一系列任务活动等。

(一)以内容逻辑为线索

教学线索可以采用教科书的文本顺序展开。教科书内容的编写和组织,一般都兼顾了学科知识的逻辑体系和学生的认知发展规律。可以依据教科书本身科学合理的学科内容组织顺序或结构布局来设计教学线索,例如,有关元素化合物相关内容的教学线索可以按照"物理性质、化学性质以及用途"的顺序展开,也可以以教科书文本中的栏目顺序、教学内容的知识点顺序为教学线索等,直接设计教学,帮助学生揭示其意义,显性地认识并利用该线索建构自己的知识结构,提高学习效率和质量。

下面以有关"元素及其化合物"内容的教学逻辑为例,从课程标准要求和教科书内容安排来呈现教学线索。

1. 有关"元素及其化合物"相关内容的教学目标

(1)根据课程标准的内容要求和学业要求,关于"元素及其化合物"的教学目标一般要求如下。能列举元素的常见物质,并能够从物质类别及其化合价两个维度进行分类:单质、氧化物、盐、酸(碱),辨别和判断其不同化合价。

(2)能从物质类别、元素化合价两个维度,依据酸碱反应和氧化还原反应原理,推测同种元素不同价态物质可能的化学性质。

（3）能列举、描述、辨识同种元素不同价态物质的重要的物理性质和化学性质及实验现象。能用化学方程式、离子方程式正确表示其主要化学变化。

《普通高中化学课程标准(2017年版2020年修订)》中要求主要认识钠、铁、氯、硫、氮元素及其化合物，有些高中化学教科书中还介绍了铝、硅等元素及其化合物。《义务教育化学课程标准(2022年版)》在课程内容"二、物质的性质与应用"内容要求中，要求学习"氧气、二氧化碳、水、常见金属铁、锌、铜"等元素及其化合物知识。总体而言，元素及其化合物种类繁多，相关知识内容零散、冗杂。

2. 有关"元素及其化合物"相关内容的教学逻辑

逻辑形式体现的是人认识世界的方式和过程，是认知知识的形式。[①] 学科逻辑，就是一门学科知识的生成发展的先后次序脉络或联结衍生的线索，是将学科内容联结、组织在一起的一种方式或形式。教学逻辑是指教育者基于学科知识特征和学生的认知发展规律，建构形成的教学内容的认知顺序。如果没有设置清晰明了的化学内容学习的优先次序，很多学生会感觉日复一日的学习是令人困惑和沮丧的。

义务教育化学课程中元素及其化合物知识的学习，可以依据学生的生活经验和自然环境构建学科知识的情境主线。例如，围绕学生对认识自然界的已有经验，从"空气→水→矿土"或被称为"空→海→陆"的自然界空间序列，以看得见、摸得着的身边的自然界物质为典型代表，向学生讲述用化学科学的眼光观察、认识、探索自然界中物质的化学性质、组成、结构和用途，用化学思维思考理解物质世界，用化学语言描述表达物质世界。

普通高中化学课程中有关元素及其化合物知识的学习，可以依据化学概念、化学原理的本体特征构建系统的知识逻辑主线。

元素及其化合物的知识逻辑，有物质分类、物质的转化关系、氧化还原反应原理、元素周期律等多条学科内在联结主线。例如，元素及其化合物的类别转化关系线索，如图4-12所示。

依据元素周期律线索设计"元素及其化合物"相关内容的教学逻辑。"原子结构与元素周期律"是元素及其化合物知识的上位从属大概念，将元素的性质与大概念密切联系起来，站在元素周期表及其规律的视野中，梳理并依据元素周期表"族""周期""对角"等脉络上的规律，从中发现、掌握、推断物质化学性质的变化规律，应用元素性质的共性、递变性和"位-构-性"解决相关化学问题。例如，Be与Al位于元素周期表的对角线上，其性质相似，请推测Be与NaOH水溶液反应的生成物，并用化学方程式描述。

有关"元素及其化合物"的教学逻辑一般都依从"物理性质""化学性质""用途"的逻辑顺序展开教学实践，来反映化学物质的"结构决定性质，性质决定用途"的基本观念。

---

① 郭元祥.知识的性质、结构与深度教学[J].课程·教材·教法,2009,29(11):17—23.

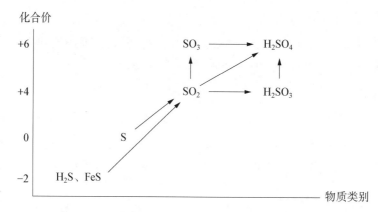

图 4-12　"价-类"二维视角下的元素及其化合物的类别转化关系线索

（二）以认知过程为线索

认知是感知信息输入的转化、加工、储存、提取以及应用的全部过程。教学活动只有根据学生思维的认知发展水平，为学生提供相应的学习活动情境，以学生现有的认知发展水平为依据设计课堂教学线索，才能取得学习成效。在设计教学线索时，不仅要考虑教学内容和教学方法等问题，还要充分考虑学生思维的认知发展水平，如按照已有知识生成移植新知识的认知线索，可设计教学线索为"已有经验"→"已有相似知识（术语、概念、原理）"→"新的知识概念（术语、概念、原理）"→"新知识的特征及其特征样例（包括新旧知识的不同）"→"应用新的知识解决问题"。

以"化学平衡"为例，据此设计教学线索。首先，调查学生已具备的先前经验，即在"跷跷板""走钢丝""电动平衡车"上体验过"身体平衡"；其次，在物理学中界定的"平衡"概念，即"在力学系统里，平衡是指在惯性参照系内，物体受到几个力的作用，仍保持静止状态，或匀速直线运动状态，或绕轴匀速转动的状态，叫做物体处于平衡状态，简称物体的'平衡'"。因此，在设计基于认知过程的教学线索时，以学生先前经验和已有科学知识为基础，教师借助学生们已有"跷跷板"等身体平衡经验，以及结合物理学中的"平衡"概念，给出"化学平衡"中与之相同的含义，即有看似"相对静止""不动"的意思，但必须着重强调与"物理平衡"相比，界定"化学平衡"概念的本质含义是"化学平衡是指在宏观条件一定的可逆反应中，化学反应正逆反应速率相等，反应物和生成物各组分浓度不再改变的状态"。

通过举出具体的某个或某几个化学可逆反应的样例，例如，应用反应体系中二氧化硫在催化剂作用下被氧气氧化生成三氧化硫的可逆反应，可以清晰阐释"化学平衡"的本质特征。

$$2SO_2 + O_2 \underset{\triangle}{\overset{\text{催化剂}}{\rightleftharpoons}} 2SO_3$$

可逆反应——在相同条件下，同时向正、反两个方向进行的化学反应叫可逆反应。可逆反应中反应物不能完全转化,反应物与产物同时存在。

化学平衡状态——在一定条件下,可逆反应的正逆反应速率相等,反应混合物中各组分浓度保持不变的状态,叫做化学平衡(可逆反应在该条件下达到了极限)。

表4-4 二氧化硫生成三氧化硫可逆反应至化学平衡状态过程中反应混合物中各组分浓度的变化趋势(化学平衡状态保持不变)

物质	0秒	10秒	20秒	30秒	40秒	50秒	60秒
SO_2	1.00	0.70	0.50	0.35	0.20	0.10	0.10
O_2	0.50	0.35	0.25	0.18	0.10	0.05	0.05
SO_3	0.00	0.30	0.50	0.65	0.80	0.90	0.90

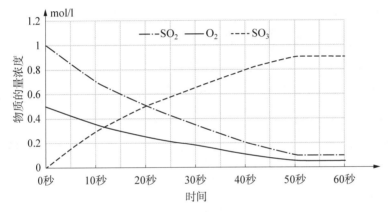

图4-13 二氧化硫生成三氧化硫可逆反应至化学平衡状态过程中反应混合物中各组分浓度的变化趋势

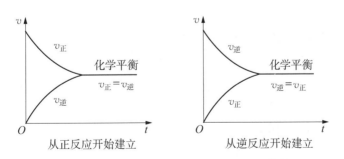

图4-14 正反应和逆反应速率-时间曲线

- 化学平衡状态只是讨论可逆反应形成的一种状态。
- 化学平衡状态下,正反应逆反应速率相等,正逆反应中物质的反应速率之比等于化学计量数之比。
- 化学平衡是一种动态平衡。

- 在化学平衡状态下，混合物中各组成成分的含量保持一定。
- 化学平衡是在一定条件下的平衡状态和平衡体系，任何一个条件改变，都可能引起化学平衡移动。
- 对于一个可逆反应来说，当外界条件不变时，无论采取任何途径，最后平衡状态都相同。

据此，清晰解释相关的"可逆反应""一定条件""外界条件""混合物中各组成成分的含量""化学计量数""化学平衡移动"等化学术语的确切含义，帮助学生理解、辨识和判断"化学平衡"概念的本质特征和非本质特征；其次，帮助学生找到新认识的"化学平衡"概念与原认知结构中的经验知识"物理平衡"的相同和不同之处，将各自的内涵区分清楚，重要的是将"化学平衡"概念纳入到"化学可逆反应"的学术知识类属结构中，认识到"化学平衡"概念是描述"可逆反应"这一类别的化学反应的特征，知道"化学平衡"是受"条件"限制的，一旦外界条件变化，"化学平衡"就会发生"移动"；最后，运用不同的化学可逆反应，呈现"化学平衡"的特征属性及其变式，通过肯定、否定可逆反应样例中的特征，进一步突出"化学平衡"概念的本质特征。

在此基础上，结合具体可逆反应特征及其影响条件的变化，对"化学平衡"是否会"移动"的原因和"移动"方向及其影响因素进行系统分析和讨论，揭示相关规律，提炼归纳"化学平衡移动"等相关化学原理，即"当影响反应速率的因素发生变动的时候，正、逆反应速率发生变化，不再相等。可逆反应中旧化学平衡被破坏，新的化学平衡经过一段时间重新建立，这个过程叫做化学平衡的移动"。

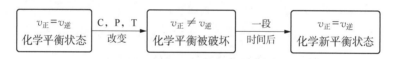

图 4-15　化学平衡的移动

最后，设计应用"化学平衡"概念和原理于不同的情境中，分析、判断、评估和解决问题。

教师要考虑学生当下的经验、思维和认知水平，认真分析学生的认知起点，即学生已具备的相应的经验、知识及其发展状况等，适当调整教学路径，帮助学生学有所得。

（三）以问题情境为线索

情境学习理论更多依赖于学习的社会和文化特质，而不是个体心理。具体地说，它假定知识是在"有意义的行动（即从某种文化系统看，彼此间有意义关联的行动）中自然形成和积累的"。[①] 例如，在实验室里使用 pH 传感器测量某一水溶液的酸碱度的学生形成了与溶液

① Lemke, J. L. Cognotion, context, and learning: a social semiotic process [M]//D. Kirshner & J. A. Whitson(Eds.), Situated cognition: social, semiotic, and psychological perspectives. Mahwah: Lawlence Erlbaum Associates. 1997.

中氢离子浓度有关的数字的技能,而他的同学则在教室里学会了标准的概念"pH表示溶液中氢离子浓度的负对数,即 $pH = -\log [H^+]$"。要理解为什么实验室里的学生获得了衡量酸碱度的相关知识,为什么他们获得的知识与教室里学生学到的知识如此不同,就必须提到实验室应用仪器测量这一与"实践情境"有关的化学实验活动。

知识要紧依它本身的环境,其意义要在生成与应用它的情境下才会产生。情境学习把学生的知与行统一起来了,为他们提供了在一个共同体内开展协作的机会。即一个人由于做了某领域的专家所做的事而了解该领域,使学生能够以一种学者的身份参与学科讨论。人在情境中的任何行为都是个人与环境相互作用的结果,即环境交互影响人的行为,人、情境和行动应该是互为因果的三个要素。

许多有关化学学习尤其是中学阶段化学学习的研究提出了一个悲观的看法,即化学教育在许多学生中不受欢迎。并依据这种说法推断出学生对化学学习的兴趣不足。其中一个经常提到的原因是,学生不认为化学和化学教育与他们自己及他们所处的社会、环境、生活有关。研究表明,化学教师必须使化学教育"更有意义",以便更好地激励学生,使他们对化学学习感兴趣。然而,如何选择与化学学习更具有相关性的实践情境内容呢?事实上,化学在生产工程、日常生活、科学技术、生态环境和社会经济发展等方面的相关应用即实践化学的情境素材来源。

将化学学习嵌入到与学生个人相关的社会、经济、环境背景中,促进学生对化学学习内容的意义的感知,也可能涉及直接影响学生生活的个人决策。实践化学的情境还涉及使用化学知识来评价与产品和过程相关的利益、成本和风险,并在合理评价的基础上做出明智的决定。如果学生要发展有用的化学知识,他们需要清楚地了解他们所学的化学与他们的生活和他们所生活的世界的关系。课程内容与不同的化学实践的分工有关,例如:技术专家为生物医学开发新材料,个人决定使用何种燃料,或者科学家研究催化剂的机制。在围绕某一化学重点内容时,可能选择的方法包括在课堂上讨论使用食品防腐剂的安全规定。例如,"保存白葡萄酒需要多少亚硫酸,多少用量是在安全范围内的?"学生们会调查化学品的特性并寻找解释。这是在一个社会科学问题的基础上发生的。学生会搜索相关主题的信息,聚焦于这个与个人和社会相关的问题,卷入更多的化学知识来找到答案。

在我们周围,有许多与化学有关的实践,如产品的质量评价(如饮用水、食品或用于个人健康的消费品)和强调研究的实践(如开发新的催化剂或获得对蛋白质的结构-性能关系的基本理解)。在真实的实践中,参与实践的学生在明确的问题驱动下,自然地使用和扩展所涉及的化学技能和化学内容知识,这些技能和知识也积极影响着学生具体的态度、行为和思维。

教学设计中以实际社会生活为背景的教学线索是指根据学生的认知发展规律和心理特征,以解决实际社会、生活和生产中的真实问题为线索,在感知真实情境和解决实际问题的过程中促使学生积极主动地建构知识。

《义务教育化学课程标准(2022 年版)》中对有关化学教学中使用的情境素材提出了一些建议。例如,可以参照如下情境素材展开相关主题内容的教学设计。

太阳能、氢能、风能、核能等新能源的开发与利用,我国的"煤改电"工程,沼气、天然气和西气东输工程,我国古代黑火药的发明和使用,我国能源消耗和化石燃料分布,我国可燃冰资源的开发,海水淡化技术和产业发展,南水北调工程。

污水处理与利用,空气质量日报,温室效应与全球变暖,我国蓝天、碧水、净土三大保卫战。

从石器、青铜器、铁器到高分子合成材料的变迁,塑料制品的回收、降解与再生,我国超导材料的研发,石墨烯材料的特性和我国石墨烯产业的发展,日常生活、信息技术、航空航天和国防科技领域中的新型材料。

均衡膳食结构图,人每天摄入的食物中所含的主要营养物质及其含量,常见的食品添加剂及我国对使用食品添加剂的有关规定,常用药品、家用洗涤剂及消毒剂的使用说明,屠呦呦提取青蒿素的事迹。[①]

在教学中,根据教学目标与内容、学生的已有经验及学校的实际条件,有针对性地选择学习情境素材,引导学生从真实情境中发现问题、展开讨论,在解决化学问题的同时,形成和发展认识化学知识的思路与方法,以及科学态度和价值观。在教学中,还可以创造性地设计和开发学习情境素材,如可以利用化学实验、科学史实、新闻报道等多种素材,以及实物、图片、模型、影像资料等多种形式创设学习情境。

梳理化学教学内容的情境内涵,可以根据以下情境线索设计教学。

1. 以化学实物或化学实验为情境线索

化学教学中的实物包括具体的化学药品、实验、结构模型等。例如学习氯气时,通过呈现一瓶黄绿色的氯气,让学生感知氯气的颜色、气味、状态等物理性质;通过把氯气通入水中、通入氢氧化钠溶液中、钠在氯气中燃烧等演示实验,让学生观察和感知氯气的实验现象,从中探索和发现氯气的化学性质,结合氯气的微观结构,揭示氯气的化学本质特征和规律。

2. 以热点话题为情境线索

2020 年武汉"抗疫"期间出现过一则关于"紧急寻求 8% 过氧化氢消毒液"的募捐启事,募捐的是 8% 的过氧化氢消毒液,如图 4 - 16 所示。通常,药店出售的过氧化氢消毒液的浓度均为 3%,如图 4 - 17 所示,化学实验室中的分析纯过氧化氢浓度为 30%,少见 8% 的过氧化氢消毒液。

据此热点话题,以"为募集到的过氧化氢设计注意事项标签"为情境,通过对过氧化氢说明书的解读,让学生感知到所学知识与现实生活的紧密联系,并以此现实生活中真实问题的模拟探究作为教学起点,通过亲自体验参与,唤醒学生的好奇心与探究欲望,据此设计教学

产品名称	东富龙牌8%过氧化氢消毒液
产品分类	消毒液
厂家名称	上海东富龙医疗装置装备有限公司
联系电话	021-64909996;021-64906201
证书编号	鄂卫消证字[2014]第0003号
生产地址	生产企业名称:荆州双雄化工科技有限公司
型号规格	剂型:液体/型号:500 mL/瓶
产品适用范围	用于室内空气消毒
批准日期	2019-12-25
产品产地	上海市
产品类别	第二类消毒产品

图 4-16　8‰过氧化氢消毒液说明书

过氧化氢溶液说明书
请仔细阅读药品说明书并按说明使用或在医师指导下购买和使用

商品名称	双氧水
通用名称	过氧化氢溶液
主要成份	过氧化氢
适应症	适用于化脓性外耳道炎和中耳炎、文森口腔炎、齿龈脓漏、扁桃体炎及清洁伤口。
不良反应	1.高浓度对皮肤和黏膜产生刺激性灼伤,形成一疼痛"白痂"。 2.以本品连续应用漱口可产生舌乳头肥厚,属可逆性。 3.本品浓液灌肠时,当含过氧化氢(H_2O_2)浓度≥0.75%可发生气栓或(和)肠坏疽。
禁忌	尚不明确。
注意事项	本品遇光,热易分解变质。
孕妇及哺乳期妇女用药	尚不明确。
儿童用药	儿童应在医师指导下服用。
老人用药	尚不明确。
药物相互作用	不可与还原剂,强氧化剂、碱、碘化物混合使用。
药物过量	未进行该项实验且无可靠参考文献。
药物毒理	1.本品为氧化性消毒剂,含过氧化氢(H_2O_2)2.5%~3.5%,在过氧化氢酶的作用下迅速分解,释出新生氧,对细菌组分发生氧化作用,干扰其酶系统而发挥抗菌作用。本品作用时间短暂,有机物质存在时杀菌作用降低。 2.局部涂抹冲洗后能产生气泡,有利于消除脓块,血块或坏死组织。
现代动力学	未进行该项实验且无可靠参考文献。
贮藏	遮光,密封保存。

图 4-17　药店出售的过氧化氢溶液说明书

情境线索。首先,给学生积极尝试的机会,对相关信息资料进行搜集调查。接下来,在教师的引导和支持下,思考、讨论并解决有关以过氧化氢为主要议题的化学问题,研究过氧化氢分解的条件等问题,认识催化剂对化学反应速率的影响;讨论探究过氧化氢中核心元素的化合价的变化趋势,分析预测过氧化氢的氧化性和还原性等性质,由此深入认识和科学理解氧化还原反应的原理本质,在共同探究学习中发展辩证统一的认识论思想。最后,结合演示或探究"过氧化氢在不同条件下的分解实验",一方面让学生能够以此为依据理解"催化剂"的知识表象,并感性认知实验设计的自变量与因变量等基本术语;另一方面,在教师的启发和引领下,学生通过设计化学实验方案,实施过氧化氢自身既有氧化性又有还原性的科学探究,结合实验探究情境,观察过氧化氢实验过程中的宏观现象等事实,帮助学生理解催化剂、氧化性、还原性等知识符号的实际生活意义。

3. 以问题探究为情境线索

问题是开启思维的出发点,是科学探究的金钥匙。没有问题就没有解释问题和解决问题的思想、方法和知识,所以说,问题是思想方法、知识积累和发展的逻辑力量,是生成新思想、新方法、新知识的种子。学生的学习同样必须重视问题的作用。现代教学理论研究指出,从本质上讲,感知不是学习产生的根本原因(尽管学生的学习是需要感知的),产生学习的根本原因是问题。没有问题也就难以诱发和激起求知欲,即没有问题,就感觉不到问题的存在,学生也就不会深入思考,那么,学习也就只能是表层的、形式的。

问题情境是指学生在实现某项活动的目的时遇到一些困难和障碍时的心理困境。教师在设计化学情境教学时要注重问题情境的创设,创设问题情境所包含的知识内容必须符合学生的认知发展水平。化学情境教学是指在化学教学中创建促进发展的情感环境、认知环境和活动环境的连贯有序的综合环境,使学生能够完成知识学习任务,锻炼学生应用知识的能力,同时注重学生心理和情绪的一种教学方法。

例如,在采用氯水氧化海带提取液中的碘离子实验中,由于氯水的氧化性很强,不仅能把碘离子氧化成碘单质,还能把碘单质氧化为碘酸根离子,且很难控制氧化剂的量;新制氯水稳定性小,见光易分解,所含成分复杂,每种成分的量模糊、不易确定;制备过程中毒性大,该氧化剂不适用于化学课堂上的演示实验。因此,该选择哪种最佳的氧化剂,才能将碘离子精确氧化到最大量的碘单质呢? 教师可以结合化学实验设计问题探究的情境线索:

问题一:氯水滴加到淀粉-碘化钾溶液中,为什么出现蓝色后又褪色?

问题二:蓝色褪去,碘单质消失,碘单质是否变成了更高价态的碘化物?

问题三:是否可用灵敏的分析仪器表征实验现象的微观过程?

问题四:氧化还原电位传感器能否实现精准监控滴加氯水的量,从而生成最大量的碘单质?

问题五:是否有其他氧化剂,可将碘离子精准氧化为碘单质?

以问题探究为情境线索,可以设计经典的纸笔测验问题来启动学生对化学知识的有意义建构,促发学生积极思考和运算,理解知识及其蕴含的逻辑思维或科学方法等。

作为启动化学教学的问题,不仅可用语言文字、化学符号等表征丰富的事实性信息,还可以通过数据图像等表征丰富的量化意义信息。化学教学设计有时通过数据图像来表征一个量化问题情境,驱动学生展开信息辨识、证据提取、计算推理、得出结论等思维操作过程,从数学表征的情境中辨识知识、理解知识并应用知识。

案例 5－1 例如,(2021 全国卷甲卷第 28 题)二氧化碳催化加氢制甲醇,有利于减少温室气体二氧化碳,发生反应如下:

$$CO_2(g) + 3H_2(g) \rightleftharpoons CH_3OH(g) + H_2O(g) \quad \Delta H = -49 \text{ kJ} \cdot \text{mol}^{-1}$$

合成总反应在起始物 $n(H_2)/n(CO_2) = 3$ 时,在不同条件下达到平衡。设体系中甲醇的物质的量分数为 $x(CH_3OH) = 3$ 时,在温度 $T = 250℃$ 下的"$x(CH_3OH)\text{-}P$"、在压强 $P = 5 \times 10^5$ Pa 下的"$x(CH_3OH)\text{-}T$",如图 4－18 所示。

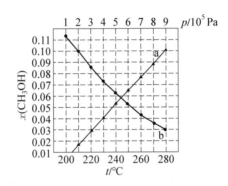

图 4－18 等温过程及等压过程中甲醇的物质的量的分数的变化

① 用各物质的平衡分压表示总反应的平衡常数,表达式 $K_p = $ _____。

② 图中对应等压过程的曲线是_____,判断理由是_____。

③ 当 $x(CH_3OH) = 0.10$ 时,CO_2 平衡转化率 $a = $ _____,反应条件可能为_____或_____。

上述解决问题思考和书写过程如下:

①

$$K_p = \frac{p(CH_3OH) \times p(H_2O)}{p(CO_2) \times p^3(H_2)}$$

② 图中对应等压过程的曲线是"b"。

判断理由是在压强恒定的等压过程中,总反应 $\Delta H = -49 \text{ kJ} \cdot \text{mol}^{-1} < 0$,正反应是放热反应,升高温度时化学平衡向逆反应方向移动,则作为正反应产物的甲醇的物质的量分数变小,对应曲线为"b",即在压强 $P = 5 \times 10^5$ Pa 下的 $x(CH_3OH)\text{-}T$ 对应的曲线"b"。

③ 思考分析并计算有关 CO_2 平衡转化率的问题,通过表征"开始、变化和平衡"三个状态下的反应物和生成物的物质的量分数,列出化学平衡的有效计算数据:

$$CO_2(g) + 3H_2(g) \rightleftharpoons CH_3OH(g) + H_2O(g)$$

开始	1	3	0	0
变化	x	$3x$	x	x
平衡	$1-x$	$3-3x$	x	x

借助数据、图像蕴含的明确的化学平衡移动的影响因素等相关信息,应用"化学反应各物质的系数计量比例关系",通过计算得:

$$x(CH_3OH) = \frac{x}{4-2x} = 0.10$$

$$x = \frac{1}{3}$$

$$a = \frac{\frac{1}{3}\,mol}{1\,mol} \times 100\% \approx 33.3\%$$

$a = 33.3\%$ 时,观察图像中的数据趋势,可以推断是"a"曲线(恒温过程):250℃,9×10^5 Pa;也可以是"b"曲线(恒压过程):210℃,5×10^5 Pa。

设计连续性或递进性问题不仅可用于课堂教学前,激发学生关于学习主题所拥有的背景知识,还可以为学生提供尝试应用知识解决相关问题的机会。通过上述问题呈现了一种用化学方法解决"碳中和"的问题,要了解其中的化学知识和化学原理,需要学生结合数据图像信息,阅读理解,利用已有知识和原理进一步深化认识并推理计算得出结论,据此设计问题探究的教学线索。

在该问题呈现的数据图像中,甲醇物质的量分数随压强、温度变化的曲线被放到了同一张图中,由此问题引发学生思考探究:判断图像数据中不同曲线所表征的含义,根据数据图像的纵坐标是"甲醇的物质的量分数",横坐标分别是"压强"和"温度",判断两条曲线中哪种情况是"恒压曲线",即压强 $P = 5×10^5$ Pa 下的"$x(CH_3OH)$—T"曲线,即"甲醇的物质的量分数—温度"曲线?哪种情况是"恒温曲线",即温度 $T = 250℃$ 下的"$x(CH_3OH)$—P"曲线,即"甲醇的物质的量分数—压强"曲线?判断的依据则是"二氧化碳催化加氢制甲醇"反应方程式所表达的含义"正反应产物中是甲醇"及该化学反应热效应的数据"正反应的 $\Delta H = -49\,kJ \cdot mol^{-1} < 0$",推断得出相关结论:恒压过程(压强 $P = 5×10^5$ Pa 下的"$x(CH_3OH)$—T"即"甲醇的物质的量分数——压强"曲线)下,随着温度升高,甲醇的物质的量分数呈现下降趋势,由此结合图中数据图像中作为反应产物的甲醇的含量变化趋势,则推断该过程是数据图像中的"b"曲线。

思考分析并计算有关 CO_2 平衡转化率的问题,通过表征"开始、变化和平衡"三个状态下的反应物和生成物的物质的量分数,借助数据、图像蕴含的明确的化学平衡移动的影响因素等相关信息,应用"化学反应各物质的系数计量比例关系""氧化还原反应中电子守恒原理"等,实施并解决化学平衡计算问题,从中内化化学知识、化学概念和化学原理及其背后的科学方法和科学思维。

(四)以任务活动为线索

以学生活动为主体的课堂教学要求教师设计符合学生情况的学习活动,强调以学生的学习活动及学习结果作为课堂教学线索。不同的学习活动和活动效果,其教学线索也是不同的。学生活动线索能够引导学生获得自主、探究、合作的学习方式,给学生提示学习和探究的线索,一般多应用于化学实验课程或者实践活动教学。在这一实践活动过程中,学生能够充分发挥自己的潜能,积极、主动、灵活、独特地思考问题和解决问题,富有成效地建构灵活可用的学科知识、技能和科学态度。

设计以完整的学生学习活动任务为教学线索,例如"氧化还原反应"学习活动任务依次设计为"宏观→微观→符号或模型→应用→科学观念与思维"顺序,统领"探究宏观现象"→"揭示微观本质"→"符号或构建模型认知"→"实践应用"→"科学观念和思维"的活动线索。

1. 探究宏观现象

结合具体化学反应实例,通过观察化学反应的宏观现象,如在盛有铁粉的试管中加入稀盐酸,则会观察到有气泡逸出。要检验生成的气体是否是氢气时,可用另一只小试管来收集反应所产生的气泡,用拇指堵住收集满氢气的试管口,然后将倾斜着的试管口向火焰移近。此时,移开拇指点火,有尖锐的爆鸣声(氢气不纯时)或低沉的"噗"的一声(氢气纯净时),证明反应产物中有氢气生成。

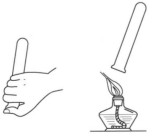

图 4-19 氢气检验的操作

2. 揭示微观本质

利用观察到的实验现象和实验证据,揭示该化学反应的宏观现象所反映的微观本质,即铁粉与稀盐酸发生化学反应,生成了氢气,用化学方程式表征该过程,即

$$Fe + 2HCl = FeCl_2 + H_2\uparrow$$

该化学反应的本质是什么？从该反应的化学方程式表面上看，是反应物和生成物中元素的化合价发生了变化，反映了这类化学反应的表层特征。但实质上是不同反应物之间发生了电子的转移，这是此类化学反应的微观本质。

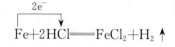

图 4-20　铁与稀盐酸反应中"电子转移"微观过程的拟人化示意图

3. 符号或构建模型认知

根据铁与稀盐酸反应这一实例的特征和本质，界定氧化还原反应概念及其形式表征模型。

得电子，化合价降低，被还原

氧化剂（氧化性）+ 还原剂（还原性）=== 还原产物 + 氧化产物

失电子，化合价升高，被氧化

阐释该模型中蕴含的氧化还原反应的特征要素，即在任何氧化还原反应中，化合价升高总数＝化合价降低总数，还原剂失电子总数＝氧化剂得电子总数，并且反应前后电荷数相等。

4. 实践应用

学以致用，在应用新知识于解决问题时，可以设计不同复杂程度的系列任务，让学生尝试着利用自己学习的知识去分析、判断和解决问题。例如，在下列变化过程，只属于还原反应的是（　　），只属于氧化反应的是（　　），属于氧化还原反应的是（　　）

A. $HCl \longrightarrow MgCl_2$

B. $Na \longrightarrow Na^+$

C. $CO \longrightarrow CO_2$

D. $Fe^{3+} \longrightarrow Fe$

E. $3Cl_2 + 6KOH =\!= 5KCl + KClO_3 + 3H_2O$

F. $SnCl_4 + 2H_2O =\!= SnO_2 + 4HCl$

5. 科学观念和思维

在学习氧化还原反应相关概念及其原理这一过程中,教师要引导学生从哲学思想高度看待问题,给学生示范用辩证思维理解氧化还原反应概念和原理的相关内涵,用矛盾论思想思考、分析和解决相关化学问题,建构科学哲学世界观和方法论。

真实、生动、直观且富有启迪性的学习情境,能够激发学生的化学学习兴趣,引发学生思考,帮助学生建构学科知识和技能,促进学生核心素养的发展。化学是以实验为基础的自然科学,无论是教师"教"的过程还是学生"学"的过程,化学教学都要以化学思维活动或化学实验实践等活动为中心,围绕相关认知情境开展设计,重视学习节奏的设计和精细化学习支持服务设计,采用真实的、证据导向的学习评价,重视人际之间以及人与环境之间多重交互的设计和学习共同体的形成。

本章学习任务

1. 你如何理解教学过程?

2. 所有学习都是由教学目标、教与学的活动,以及反馈和评估构筑而成的。你如何理解这句话?

3. 解释并比较分析本章中的两种教学设计模型。

4. 应用两种教学设计模型于化学教科书中的一个主题内容的教学设计。

5. 讨论并预测两种化学教学设计的教学效果。解释你选择的两种化学教学设计如何挑战或加强了你对教学设计模式的理解。

6. 选择教科书中的一个主题内容,应用课程或文献资源的信息,设计一条化学教学线索,贯穿整个教学过程。特别强调说明教学线索承载的学习目标,如知识、技能和态度等。

7. 反思你所设计的教学线索,解释该线索是否适用于该学习目标,以及如何适用。描述你认为学生将面临的挑战、需要加强的知识、技能和态度,以及还有哪些不足。

第五章　化学多重表征教学

● **本章目标预览**

通过本章学习,你能够:

- 理解并应用化学知识的宏观表征。
- 理解并应用化学知识的微观表征。
- 理解并应用化学知识的化学符号表征。
- 理解并应用化学知识的数学表征。
- 理解并应用化学知识的多重表征教学。

● **本章内容引导**

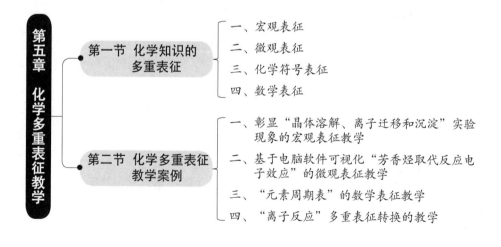

第一节　化学知识的多重表征

从过程与结果的角度看待学科课程所承载的知识,可以将学科课程知识分为两类:第一类为"过程方法的知识",即关于一门学科的探究过程与探究方法的知识;第二类为"概念原理的知识",即一门学科经由探究过程而获得的基本结论。

对任何一门学科而言,过程方法的知识与概念原理的知识都是两类不同的知识,前者表征该学科的探究过程和方法论,后者表征该学科的探究结果。但这两类知识间的内在联系是显而易见的;二者相互作用、相互依存、相互转化。什么样的探究过程和方法论必然对应着什么样的探究结论或结果,概念原理体系的获得依赖于特定的探究过程和方法论。一方面,任何概念原理体系,不论暂时看起来多么完备与周延,它总是一种过程性、生成性、开放性的存在,总是一种需要进一步检验的假设体系,总是需要进一步发展为更完善、合理的概念框架。另一方面,探究过程和方法论又内在于概念原理体系之中,并随着概念原理体系的发展而不断变化。

作为人类的文化现象和文化产品,知识是客观事物本质属性在人脑中的反映,客观实在的本质及其规律是知识的内容,表达知识的符号及其内隐的逻辑则是知识的形式。知识是前人对客观实在基于理性认知所达到的一种理解,并把这种理解视为真理加以信奉,即柏拉图所谓的"知识即真理""知识即信念"。人类基于理性的社会生活实践对客观实在形成的真理性理解,构成了一个"符号世界",这个符号世界反映了人类关于社会实在的理解。从这个意义上说,知识是一个符号世界,是以符号的形式记录和保存人类对客观世界的认知所形成的理解。但"符号世界"终究只是一种表达世界的形式,人类如何表达世界? 如何思考世界? 思考的结果是什么? 这些结果对于人类群体和个体的生存与生成意味着什么? 这些是关于知识的逻辑学、认识论哲学、知识社会学、符号哲学、认知心理学等研究的根本问题,也是直接制约课程与教学根本基础的问题。毫无疑问,知识对学习者的发展具有教育价值,因为知识作为人类的认识成果,蕴含着有利于人之生成的一切理智元素、文化元素、美德元素和社会元素,但知识理解与习得是实现其育人价值的根本基础。知识的理解与知识的产生一样,都是有条件的。谢夫勒认为,知识不仅仅是一个符号世界,更是一个"真理世界"。从形式上看,理解知识是从理解表达知识的符号形式开始的,但归根结底是理解符号所表达的客观世界或社会实在的本质及其规律,以及人与客观世界或社会实在的关系。把知识的内在构成分为符号表征、逻辑形式和意义系统三个内在关联的部分。遵循知识的内在逻辑,促进学生对知识的理解与习得,引导学生经历完整的认知过程从而真正进入知识,是课程与教学的根本依据。

知识的本质是信息在人脑中的表征(representation)。表征又称再现,是信息在头脑中的呈现方式,是信息记载或表达的方式,是指可以指代某种东西的符号或信号,即某一事物缺席时,它可以代表该事物。知识的表征或知识的心理表征(mental representation),指信息在心理活动中表现和记载的方式。一个外在的客体在心理活动中可以以具体形象、概念或命题等形式表现出来。这些形象、概念或命题都是信息的表征形式。表征反映着客观事物,它代表相应的事物,如学生见到过"金属钠遇到水发生的化学反应的现象",便在他的头脑中留下"钠漂浮在水面上,剧烈反应,有无色无味的气体生成,并伴随着'嘶嘶'声。钠熔成一个光亮的小球,在水面上游动"等生动具体的场景画面,该画面便是他观察到的现象的心理表征。同一事物可以有不同形式的表征。不同表征形式所具有的共同信息称为表征的内容。

1982年,约翰·斯顿首先提出了化学知识的三个层面,即(1)描述的和功能的(descriptive and functional);(2)表征的(representational);(3)解释说明的(explanatory)。[①] 第一层面是指通过人的感官观察、听到、嗅到或触摸物质等直接经验,可以用颜色、状态、气味、软硬等物理现象来描述物质的属性,以及一种物质转化成另一种物质的化学变化的过程及其现象;第二层面指用化学符号指代某化学元素,用化学式代表某化学物质,用化学方程式表征物质发生的化学变化,这是化学学科所特有的专业学术语言;第三层面是在微观世界里,在原子和分子层次水平上,物质发生化学变化的过程、原理和机制,解释化学物质以它们的方式存在和变化的原因。1991年,约翰·斯顿把最初的三个层面(描述的和功能的、表征的、解释说明的)修正为化学知识的宏观、微观、符号。宏观层面,是描述可感知到的现象(如水中可以溶解多少盐);微观层面,是用来处理物质微粒的存在方式、运动状态或反应过程;符号层面,是用化学学科特有的专业学术语言如化学式和化学方程式,如 $NaCl(s) \longrightarrow Na^+(aq) + Cl^-(aq)$ 来表征化学变化。[②] 通过这三重水平以及它们之间的联系、转换来学习化学,有助于充分理解它们所表征的丰富意义。

1993年,约翰·斯顿在已有研究的基础上,进一步具体化了化学应有三个基本组成部分:可触摸、可见的宏观化学;原子、分子等微观化学;符号、方程式、计量学、数学的表征化学。[③]

宏观表征是指物质在物理和化学变化过程中表现出来的、可以直接观察到的宏观现象在学生头脑中的反映;微观表征主要是指有关物质的微观组成和结构、微观粒子的运动及相互作用等微观属性在学生头脑中的反映;符号表征主要是指由拉丁文或英文字母组成的符号和图形符号在学生头脑中的反映。这几种表征形式之间不应是孤立的,而应有机地联系起来,共同构成学生对化学知识完整的表征系统。因此,从宏观、微观和符号三种表征水平

① Johnstone, A. H. Macro and microchemistry [J]. Chemistry in Britain, 1982(01):409-410.
② Johnstone, A. H. Why is science difficult to learn? Things are seldom what they seem [J]. Journal of Computer Assisted Learning, 1991(02):75-83.
③ Johnstone, A. H. The Development of Chemistry Teaching: A Changing Response to Changing Demand [J]. Journal of Chemical Education, 1993(09):702-703.

上认识和理解化学知识,并建立三者之间的内在联系,是化学学习特有的思维方式,被称为三重表征思维方式。[①]

　　基于化学知识的三重表征,考虑到数学作为自然科学研究普遍应用的重要工具,也是化学科学研究不可或缺的一种科学思维和表征方式,它作为化学知识表征的一种重要表达形式,需要独立出来。因此本书提出了化学知识的数学表征。化学知识的数学表征,是指应用数学符号、数学公式、数学关系式等数学方法来表达化学变化及其原理的表征形式。另外,对于约翰·斯顿提出的三重表征中的符号表征,本书为了强调化学专业学术语言的学科本体属性,特称之为化学符号表征。化学符号表征专指化学科学中表达化学术语的化学符号、化学图形和化学图式等化学语言,如化学元素符号、分子式、电子式、结构式、化学方程式、原子轨道能级图式等。

　　综上,化学知识存在多重表征形式,包括宏观表征、微观表征、化学符号表征和数学表征等。

一、宏观表征

　　宏观表征,是指客观世界中物质宏观信息在大脑中记载和呈现的方式,它主要是指物质所呈现的外在可观察的事实、现象在学生头脑中的反映。宏观表征反映了人对客观世界中感知物质的宏观信息、物质性质的表象和物质变化的现象等。

(一) 物质的宏观信息

　　这是指人们的感觉器官(如眼、耳、鼻、手等)能直接接触到或察觉到的形形色色的物质。人们可以感知物质的颜色、状态。例如观察到淡绿色的硫酸亚铁晶体(俗称"绿矾"),如图5-1所示,棕黄色的氯化铁晶体,如图5-2所示。

图5-1　硫酸亚铁晶体(绿矾)(见本书插页)　　　　图5-2　氯化铁晶体(见本书插页)

---

① 毕华林,黄婕,亓英丽.化学学习中"宏观-微观-符号"三重表征的研究[J].化学教育,2005,(05):51—54.

（二）物质性质的表象

这是指物质表现出的性质（包括物理性质和化学性质）以及由性质所决定的物质的存在与用途等。如氧气的物理性质：通常情况下，氧气是一种无色无味的气体，其密度比空气密度略大，不易溶于水。在一定条件下，可液化成淡蓝色液体或固化成淡蓝色固体。

氧气的化学性质：氧气在高温下很活泼，能与金属铁丝和非金属硫单质发生化合反应。

氧的存在与用途：氧在自然界中分布最广，占地壳质量的 48.6%，是丰度最高的元素，在空气体积中约占 21%，用途包括供生命体呼吸等。动物呼吸、燃烧和一切氧化过程（包括有机物的腐败）都要消耗氧气。

（三）物质变化的现象

这是指物质发生变化时所呈现的各种现象。如沉淀的生成、气体的逸出、颜色的变化、发光、发热（或吸热）等能量变化的现象及物质自身三态变化现象等。

又如金属铁丝和非金属硫单质在充满氧气的集气瓶中燃烧发生的化学反应现象，分别如图 5-3 和图 5-4 所示。

图 5-3　铁丝在充满氧气的集气瓶中燃烧（见本书插页）

图 5-4　硫在充满氧气的集气瓶中燃烧（见本书插页）

铁丝在充满氧气的集气瓶中燃烧的现象是"火星四射"；硫在氧气中燃烧的现象为"发出明亮的蓝紫色火焰，放出热量，生成一种带有刺激性气味的气体"。

宏观与宏观表征既有差别又有联系。宏观是客观的，宏观表征是主观的，它是知识在大脑中的表现方式，这是二者最大的差别。微观与微观表征，符号与符号表征的关系与此类似。

二、微观表征

化学可能是一门比较难学的科目，因为它是一门研究分子、原子的科学，其中许多概念和过程肉眼均看不见。化学知识的一个基本特征是要求学生在分子尺度上形成微粒发生化学变化过程的心智模型。然而,学生发现这是化学学习中最具挑战性的方面之一。由于缺乏明确的分子尺度的心智模型,学生往往无法理解微观粒子与观察到的宏观现象之间的关系,从而导致他们很难看到化学与其生活的相关性或化学在解决社会面临的问题方面的作用。

(一)微观表征的内涵

微观表征,即微观知识或信息在大脑中记载和呈现的方式,它主要是指不能直接观察到的微粒(如原子、分子、离子等)的运动和相互作用、物质的微观组成和结构、反应机理等微观领域的属性在学生头脑中的反映。

如硫在充满氧气的集气瓶中燃烧反应的微观表征,可以用图画来模拟表达氧分子与硫原子之间的微粒相互作用过程与结果,如图5-5所示。

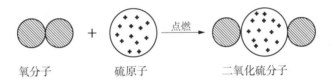

图5-5　氧分子与硫原子发生化学反应生成二氧化硫分子的微观表征

又如酒精在氧气中燃烧的化学反应的微观表征,可以用图画来模拟表达乙醇分子与氧原子之间的微粒相互作用过程与结果,如图5-6所示。

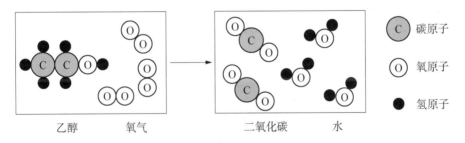

图5-6　乙醇分子与氧原子燃烧生成二氧化碳分子的微观表征

酸碱中和反应过程中,氢离子与氢氧根离子结合生成了水分子,该反应过程可用如图5-7所示的方式进行微观表征,同时需要教师通过语言向学生形象地描述、阐释微观机制。

除了通过图画等形象化的方式来表征物质的微观特征属性或模拟微观形象、形态外,从物质的化学本质或化学变化机制等视角描述、解释相关化学原理的语言文字也是一种微观表征方式。例如"水是一种非常独特的分子。其广泛的氢键能力使其形成强大的相互作用网络,使其沸点很高,以及表面张力高。高温会破坏水分子之间的氢键,导致水沸腾。水分子的极性允许它以重要的方式与许多不同的分子相互作用,并使它成为一种极好的溶剂"。

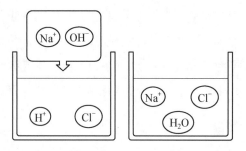

图 5-7　向盐酸中滴加氢氧化钠发生中和反应生成水分子的微观表征

作为微观表征的结构模型和分子建模提供了对分子世界的最佳和最直接的看法,并在理论和实践化学之间建立了联系。分子模型使学生能够将化学现象合理化,从而帮助其对不同化学领域的不同事实进行理解、分析和综合。这有助于学生同时在宏观、微观、化学符号和数学层面上进行想象和思考,以便在多个维度中想象化学现象,发展他们的心理模型,并解决各种问题。

(二) 微观表征的局限

化学是在原子、分子水平上研究物质的组成、结构、性质、转化及其应用的基础自然科学,理解化学,自然就需要对原子、分子水平上的微粒进行微观表征。在化学学习中,教师常使用各种表征或模型来说明化学反应中"看不见的实体和过程"等物质的微粒性质。很多学生经常将各种模型理解为现实物质的精确复制品。然而,任何图画、动画或模型都不可能准确地复制原子水平的现象,也不可能在科学性上站得住脚。因此,在呈现微粒的相关图示或模型时,必须对所表示的内容和强调的内容做出一定的选择,如图 5-8 所示。[①]

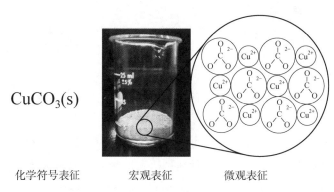

化学符号表征　　　　宏观表征　　　　微观表征

图 5-8　化合物碳酸铜(Ⅱ)的三重表征

[①] Stephen G. Prilliman. Integrating particulate representations into AP Chemistry and introductory Chemistry courses [J]. Journal of Chemical Education. 2014(08):1291-1298.

图 5-8 呈现了化学符号表征、宏观表征和微观表征的一个例子,化合物碳酸铜(Ⅱ)可以用它的化学式来象征性地表示。在实验室里,它是一种绿色粉末。它的粒子由一张二维晶格图画表示,该图显示了相等数量的正离子和负离子。

化学学术领域使用化学式 $CuCO_3(s)$ 来表示碳酸铜这一化合物。从宏观上看,在实验室中这种化合物常被用于分解反应实验中,是一种淡蓝色粉末。在微观粒子层面,碳酸铜(Ⅱ)由 Cu^{2+} 和 CO_3^{2-} 2 种离子的重复单元组成。微观粒子不能被直接观察到,但可以通过创建表征粒子的图画来思考粒子的"模样"。图 5-8 中的微观表征强调 $CuCO_3$ 是由正负离子组成的晶格,是离子存在形式,不是中性分子。使用线来连接碳酸盐中的 C 和 O 原子是为了强调:碳酸盐多原子中的离子是由相互共价结合的原子组成的,但是化合物的总成键是离子键。

图 5-8 旨在强调,离子堆积在一个重复的阵列(晶格)中,其中包含的离子与固体中的离子相似;阳离子与阴离子数目的比例为 1∶1;离子上存在电荷;离子键和共价键都存在;在大小上,多原子、带负电荷的碳酸盐离子大于带正电荷的 Cu^{2+} 离子。图 5-8 没有传达 $CuCO_3$ 微观特征的所有细节,包括:(1)晶格是三维的;(2)化合物通常是水合物,水分子集成到晶体结构中;(3)晶体结构不是如图 5-8 所示的正立方体,而是菱面体;(4)碳酸盐是平面的,因此看起来不像图中所示的球体。因此,图 5-8 中的微观表征对于晶体的所有特征而言表达得不够详细,但适合于化学课程的入门教学,在这些课程中,教师试图帮助学生了解离子、分子和金属晶体中的化学键。此外,图 5-8 中的微观表征与期望学生在测验中书写绘画的方式相同。换句话说,教学中要求所选择微观表征的精细程度与学习目标和学生的需要相适应。

就像学生对待所有微观表征或模型一样,如果学生将其解释为现实的精确副本,将其视为照片而不是简化的描述,就可能会产生误解,遇到理解障碍。学生也很难从一个问题的一种表征转换到另一种表征,甚至是从动画到绘画。因此,强调并帮助学生理解各种微粒表征的局限性非常重要。

要求学生绘制微粒的微观表征,可以揭示学生认识上的误解。错误概念是学生的一个不同于学术界公认的或专家共同体的科学概念的概念。例如,学生经常错误地认为物质是连续的,原子在受热时膨胀,甚至原子是活的。错误概念可能是学生在教学之前就已经有的概念框架。当学生在教学中接受科学概念时,这些框架不会被简单地替换。一些研究人员对错误概念采取了更微妙的方法,更少地从对或错的角度来思考学生的概念,而更多地从更科学地接受概念的证据的方面来考虑。在使用微粒的微观表征教学时,错误概念被认为是学生带着自己的概念进入课堂的最好证据。

学生先前的概念使他们很难构建完全包含原子、分子和动力学分子理论的心理模型。帮助学生建立反映公认科学理论的心理模型是重要的教学目标。在化学课程教学中及早引入微粒表征非常重要。许多老师在化学入门课上讲授"物质分类为纯净物和混合物。纯净物分类为单质和化合物",这是一个很好的介绍微粒的微观表征的主题,而不是仅仅将主题视为词汇。图5-9是可用于介绍这些概念的微观表征示例。

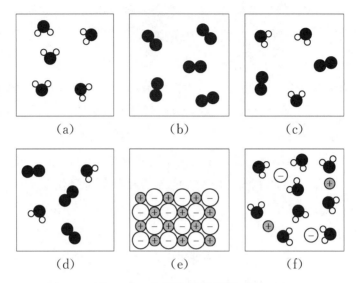

图5-9 几种物质的微粒表征

注：(a)纯水蒸气,(b)纯 O_2 气体,(c) O_2 气体和 H_2O 气体的混合物,(d) O_2 气体和 H_2O 气体的混合物,
(e)纯固体氯化钠,(f)氯化钠和液态水的均匀混合物(溶液)。

图5-9显示了纯物质、化合物和混合物的微粒样态,这样的微观表征也向学生介绍了作为微粒表征的一些绘画惯例,这些表征必然既是二维的,也是静态的。每个原子都用一个单独的圆圈表示。这使得显示水分子的正确形状成为可能,并为学生以后学习 VSEPR(价层电子对互斥)理论奠定基础,并有助于避免产生"水分子是球形"的误解。也可以要求学生练习在微粒的微观表征和符号表征方法之间切换。

要和学生一起解决的一个重要问题是微粒的微观表征中微粒之间的空白。在水溶液的表述中,要显示所有存在的水分子可能过于困难和混乱,所以用白色空间代表水分子。在图5-9(a—d)这样的气体微粒的微观表征中,白色空间实际上是空的空间或真空,但许多学生会把这个空间标为空气。由于他们错误地认为"物质是连续的",所以这一错误观念很可能会误导他们对微粒的科学认知。为克服这种误解,需要求学生在微粒的微观表征图示中标出白色空间,无论是空的空间(在气体中)还是水(在水溶液中),甚至是讨论金属的"电子海洋"模型时的自由电子。

如何表征微粒的运动呢? 微观表征图示方法是否也会让学生产生误解呢?

图5-10呈现了不同条件下的氢气样本的微粒表现。箭头表示运动的方向,箭头的长度表示每个粒子的相对速度,该种微观表征能帮助学生将温度与粒子的运动联系起来。教学中需要强调箭头的含义与物理学中的不同,箭头并不代表作用在粒子上的力,即任何运动中的物体都是因为受到了力的作用而运动的。对于气体来说,有两个因素需要着重考虑,即浓

度和温度,前者影响放大窗中微粒的数量,后者则影响微粒运动的速度,由箭头的长度来表示。例如,图5-10(a)到(b)的变化代表了恒定体积下温度的升高。借此图中的微观表征,可以设计调查有关学生思考气体定律的问题。

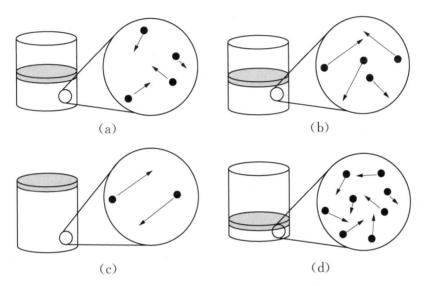

图5-10 气体定律的宏观表征和微粒表征

注:(a)298 K时封闭活塞缸中的氩气样品;(b)在恒定体积下温度升高后的气体;(c)在恒定压力下温度升高后的气体;(d)在恒定温度下外部压力增加后的气体。各图中微粒之间的白色空间是空隙。

问:该过程中宏观体积是否发生了变化,这对浓度有什么影响?

答:因为体积没有变化,所以浓度也没有变化。

问:温度是如何变化的?

答:温度升高了。

问:如何表明"温度升高"这一点?

答:更长的箭头。

问:由于温度的升高,什么宏观量会发生变化?

答:压力。

最后要求学生们写一个化学方程式,用来定量计算这一变化($P1/T1 = P2/T2$)。

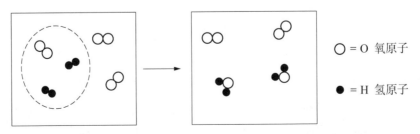

○ = O 氧原子

● = H 氢原子

图5-11 $2H_2(g) + O_2(g) \longrightarrow 2H_2O(g)$反应过程的微观表征

在图 5-11 中,氧原子用白色圆圈表示,氢原子用较小的黑色圆点表示。两个氢分子与一个氧分子反应,形成两个水分子和两个氧分子。生成反应产物的分子已被圈画勾勒出来。白色的空间是空的空间。这里显示的是有代表性的粒子样本,而不是使用放大窗。这使学生能够关注粒子的存在而不是浓度。

学生会遇到两种常见的微粒表征形式,一种是使用放大窗的,如图 5-8 和图 5-10 所示,另一种是不使用放大窗的,如图 5-9 和图 5-11 所示。放大窗是为了强调:原子和分子非常小;只看到样品内部的一个小区域。考虑到样品的浓度,无论是气体还是溶液,这都是比较合适的。然而,放大窗口可能会导致学生认知混乱,因为可能会使他们认为粒子是不守恒的。此外,放大窗口可能被认为可以在显微镜下看到气态原子,而这是不可能的。由于这些原因,微粒的微观表征可以代替显示样品中一些有代表性的微粒样本。在强调粒子守恒的化学计量问题中,这一点尤其重要。图 5-11 显示了一个限制反应物的问题,在这个问题中,学生必须使用化学方程式来确定产生的水分子数量,在这种情况下,还要确定过剩的氧气分子数量。为鲜明起见,可将发生化学变化的反应物分子圈起来,强调是它们转变成了水。在这种情况下,粒子的总数从 5 个变为 4 个,因此要在放大窗口中表示这些粒子可能很困难。

在没有放大窗口的情况下表现粒子看起来更容易,但可能会引起学生对微粒"尺度"大小等认知上的混乱。学生们推断出的原子和分子可能会比实际的要大。为了避免产生这种误解,最好避免显示分子在烧杯或活塞等整个容器中的运动。学生可能会在教科书中遇到带和不带放大窗的图示,因此与学生讨论这些模型实际代表什么非常重要。帮助学生掌握这些图画所代表的粒子的比例的一个很好的方法,即向他们展示一个连续显示放大 10 倍的宇宙动画。

（三）微观表征的技术

分子水平的微观表征有多种教学技术,可以通过探究式教学、动画和模拟教学、微观表征教学、微粒角色扮演教学、形成性评价促进教学等技术。

1. 探究式教学

探究式教学是一种以学生为中心的主动学习的教学方法,是遵循从证据到理论的探索、概念发明和应用的周期性的学习过程。首先,学生在实验室探索采集数据,或由教师以表格、图形、图表、动画等形式提供数据。然后,引导学生创造新概念。最后,学生在不同的环境中应用新的概念,以确保理解,并为未来的学习周期提出新的问题。

基于探究的活动为学生提供了一个很好的学习机会,让他们学会借助微粒图画进行交流,评估并要求学生对微粒图画信息进行解释,从中得出结论,并构建自己的意义。

例如,通过如下示例中有关对物质构成微粒行为机制的解释来评估并促进学生的科学理解。

案例 5 - 2

- 用图像形式向学生呈现一块铁、一杯水和一个充满空气的气球,并要求他们用图画表示这些材料的外观样态(宏观层面);假设学生能够用可以放大的仪器设备看到这些材料内部,会发生怎样的情况(微观层面)。

- 假设烧瓶里装满了空气,要求学生用图形表示在一定量的空气被抽出之前和之后烧瓶内的空气的变化。

- 水以三种物理状态存在,要求学生用图画和口头语言描述,解释三种物质状态下粒子的排列情况和距离。

- 糖在水中溶解,要求学生在微观水平上用图画和口头语言描述此现象,并解释糖在水中的溶解过程。

- 假设一个透明的塑料杯盛放有半杯水,并在其中加入几滴食用色素,要求学生用图画表示和口头解释随着时间进程水中食用色素的变化情况。

- 假设空气和有色气体被放在由阀门隔开的容器中,要求学生在微观水平上用图画表示和口头解释阀门打开后在微观水平上发生的情况。

- 在微粒水平上画出一个装有空气的封闭烧瓶;要求学生用图画表示和口头解释瓶内空气微粒在冷却后直到液化的行为。

- 在微粒水平上画出一个装有固体的烧瓶;要求学生用图画表示和口头解释固体被加热直到变成液体后固体微粒的行为。

- 注射器中有一定量的气体,在注射器的柱塞被推入但没有任何气体逸出的情况下,要求学生用图画表示和口头描述注射器活塞被推入之前和之后的微粒行为,结合推理口头解释物质的哪些性质决定了气体能够被压缩。

- 在微粒水平上画出一个装有氧气分子的烧瓶,要求学生推理并解释氧气微粒之间存在什么。

物质的微粒观是化学科学研究的核心理论,是支持学生理解化学变化机制的根本思想基础。学生的微粒观会存在科学理解和错误理解两大类别,可依据专家共同体的规定和标准来辨别学生的认知误区。

表5-1 有关"物质微粒观"的科学理解和错误理解[①]

理解类别	内容
科学理解	物质由数量巨大的微小粒子组成。 固体、液体和气体的微粒都在不断运动。 固体和液体的微粒之间存在静电作用,而气体的微粒之间的作用力可以忽略不计。 固体的微粒排列有规律,而液体和气体的微粒是随机排列的。 固体和液体的微粒间距相似,但气体的微粒之间有很大的空间。 气体的微粒是均匀分布的。 固体和液体的微粒在溶解或混合时是均匀分布的。 如果从封闭的容器中加入或释放气体,气体微粒的密度会发生变化。 当物质发生熔化或凝结等相变时,物质的密度会发生变化真空(空隙)存在于物质微粒之间。
错误理解	物质是连续的。 固体的粒子要么不运动,要么运动得很快。 当两种液体或两种气体在物理上混合时,就会形成一种新的物质。 固体和液体的粒子之间存在分界线,它们彼此相连。 液体的微粒之间有规则地线性排列。 液体微粒不像固体微粒那样紧密堆积。 当一半的气体从容器中释放出来时,气体微粒在容器的顶部或底部聚集。 无色物质如水(或空气)的微粒被有色物质如食用色素(或有色气体)染色。 当一定量的气体变成液体时,这种气体就变得很重。 空气或其他物质存在于物质微粒之间。 当糖溶于水时,水吸收糖分子;当糖放入水中时会溶化。 当气体变成液体,然后变成固体时,微粒的大小就会增加。 一种物质因其重量而取代或覆盖另一种物质。

2. 动画和模拟教学

动画作为教学工具,比大多数微粒的微观表征图画更为详细,并且已经被证明可以提高学生的理解效果。当使用动画教学时,考虑学生的认知负荷是很重要的,因为同时呈现大量的信息时,并不是所有的信息都与预期的学习目标相关。最有效的教学策略之一是在学生观看动画的同时进行言语描述,以引导他们注意其中重要的信息。一些化学专业的电脑软件可以支持观看一些分子动画,如二维界面上模拟液态水在系统被冷却时转变为固态水,随着热能的减少,可以看到通过氢键的作用分子被拉在一起。分子仍然在振动,但不再像在液体中那样相互移动。这种可视化效果对于学生开始建立"应用微粒间距、运动和吸引力来推

① Emine Adadan, Kathy Cabe Trundle & Karen E. Irving. Exploring grade 11 students' conceptual pathways of the particulate nature of matter in the context of multirepresentational instruction [J]. Journal of Research in Science Teaching. 2010(02):1004-1035.

理观察到的固相和液相之间以及固体和液体材料之间的差异"相关问题所需要的心智模型至关重要。

在教师的引导下,请学生观察固体氯化钠在水中搅拌溶解时的演示实验,实验结束后,要求学生口头描述所观察到的实验现象,并画出氯化钠固体在溶解之前和之后微粒的微观表征图示,之后要求学生根据绘制的微观表征图示,用化学符号或化学方程式表示 NaCl 在水中溶解时会发生什么。在这一活动中,要求学生们使用磁性分子模型对氯化钠溶解过程进行建模。

由四个钠离子和四个氯离子以及十八个水分子组成的物质微粒模型,如图 5－12 所示,磁铁被嵌入钠离子和氯离子的两极,以及水的氢和氧模型中,以模拟离子和极性水分子之间的吸引力。利用磁铁的这一电磁特性来模拟分子间力,如模拟相反电荷之间的静电吸引力。离子化合物(氯化钠)的磁性模型可以用手打破,而结合在化合物中的水分子,它们是永久相连的,没有外力就不能被拆开。利用模型的电磁特性,学生可以建立分子间的作用力模型,磁铁帮助学生体验和感觉电荷之间的库仑力。

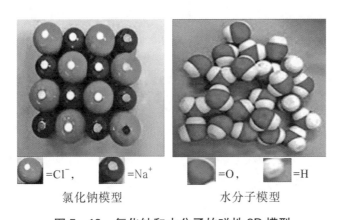

氯化钠模型　　　　　　　　　水分子模型

图 5－12　氯化钠和水分子的磁性 3D 模型

接下来,要求学生回答多项选择问题,并根据他们自己建模的微观表征,写出一个反映在水中的氯化钠发生反应的化学方程式的化学符号表征。多项选择问题为:

     a. $NaCl(s) \longrightarrow Na(aq) + Cl(aq)$

     b. $2NaCl(s) + H_2O(l) \longrightarrow 2HCl(aq) + Na_2O(aq)$

     c. $NaCl(s) \longrightarrow Na^+(aq) + Cl^-(aq)$

     d. $NaCl(s) \longrightarrow Na^+(s) + Cl_2^-(s)$

     e. $NaCl(s) \longrightarrow Na^+(s) + Cl^-(s)$

教师指导学生观察氯化钠溶解于水演示实验的过程和现象,通过画出对微粒的微观表征图示或建模,将微粒溶解扩散过程与学生的生活经验等宏观表征联系起来,促进宏观、微观与化学符号表征之间的关联和在微粒水平上的理解。

3. 微观表征教学

有关物质在水溶液中稀释过程中微粒数量的变化问题,通过强调运用计算等数学方法,要求学生计算画出与之相匹配的微粒图示,建构对"物质稀释过程中浓度变化"的理解,帮助学生在计算和概念之间建立联系,从微观表征的视角解决微粒问题。微粒图示等微观表征是思考溶液稀释过程中微粒变化的一个例子。

如图 5-13 所示,要求学生通过常规的溶液稀释的相关计算,基于(a)中的 0.20 M KCl 原溶液,画出稀释后的溶液微粒的微观表征示意图;画出(b)0.10 M KCl、(c)0.10 M MgCl$_2$ 和(d)0.10 M HF 溶液的微观表征示意图。应提醒学生识别微粒的微观表征示意图中的空白处是水。

如何用 0.20 M 的 KCl、MgCl$_2$ 和 HF 的原溶液来制备 100 mL 的 0.10 M 溶液? 通过计算之后(通常使用数学方程式 $M_1 V_1 = M_2 V_2$),可以给学生一个如图 5-13(a)所示的 0.20 M 氯化钾的表示方法,并要求学生画出每种 0.10 M 溶液的稀释后的微粒表示方法。

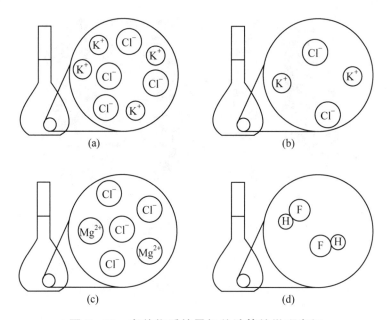

图 5-13 有关物质的量相关计算的微观表征

注:(a)0.20 M KCl(aq);(b)0.10 M KCl(aq);(c)0.1 M MgCl$_2$(aq);(d)0.10 M HF(aq)。

对学生来说,创建这样的微观表征示意图是不容易的,部分原因是他们必须调用已学知识,但这些知识并不是立即就能看出来的,而且还要通过计算得出结论。于是学生很难正确地确定粒子的比例,以及是否要将物质表示为游离的离子或分子。在图 5-13 的例子中,学生会认识到,因为 0.20 M 溶液中有四个分子式中的微粒单元,稀释后溶液应该有两个分子式中的微粒单元,即 KCl 和 MgCl$_2$ 以及两个未解离的弱酸性 HF 分子。弱酸性的氢氟酸提供了一个很好的学习认知弱电解质的机会,即使氢氟酸在水溶液中只有很小程度的解离,在只有两个氢氟酸分子的溶液中也不太可能发现一个解离的氢氟酸分子。因此,有必要让学生思考三个关键问题:(1)浓度(以摩尔/升为单位)的表征,可以通过放大的窗口显示粒子数量;(2)对于离子化合物,根据化学式,阳离子与阴离子的比率是多少;(3)粒子应该是缔合的(弱酸)还是解离的(可溶盐和强酸)。

在实验室中,在用 $CuSO_4 \cdot 5H_2O$ 进行水合物分解反应实验后,可以要求学生借助微观表征等图示方法来解释相关问题:(1)解释表达物质的量及其化学反应计量系数比的数学公式;(2)解释所观察到的证明该数学公式的视觉证据(如颜色的变化,水蒸气的演变);(3)解释加热前后物质微粒的数量变化。

要求学生通过比较他们认为在微粒水平上发生的事情和他们的实验室观察到的实验现象等实验事实来完善他们的微观表征。即使有了计算机模拟带来的可能性,学生对物理模型的触觉体验仍然很重要,包括使用传统的球棍模型来解释钻石的硬度和极高的熔点,支持学生在宏观表征、化学方程式等化学符号表征和粒子的微观表征之间进行转换,带有嵌入式磁铁的水分子模型(如 3D 分子模型)可以帮助学生形成对氢键的准确概念。

4. 微粒角色扮演教学

让学生自己扮演粒子的角色,是建立粒子微观表征模型的方法之一。学生通过角色扮演来解释金属铜和硝酸银溶液的反应。首先,观察烧杯中的化学反应,学生们佩戴卡片代表自己最初的身份是 $Cu(s)$、$Ag^+(aq)$ 或 $NO_3^-(aq)$。然后,教师引导他们作为粒子发生化学反应,一个铜原子与两个 Ag^+ 离子各交换一个电子。当学生们发生"反应"时,他们翻转卡片,显示他们现在是 $Ag(s)$ 和 $Cu^{2+}(aq)$。扮演硝酸盐的学生则是一个旁观者的角色,虽然作为溶液中不发生反应的离子,但仍然提供负电荷以维持溶液中的电荷中性。

5. 形成性评价促进教学

基于微观表征设计形成性评价以促进学习。形成性评估可以帮助教师衡量学生的理解程度和学习效果,为学生和教师提供教学反馈,检查错误概念,提供有效指导。形成性评估的形式可以是课堂练习问题、家庭作业问题和多种小测验等形式。

可以用微粒图画创建形成性评估问题。例如,可以提供图 5-9 和图 5-10 中的微观表征图画,然后要求学生绘制气体微粒的图示。通过检查学生作业,以确保在较高温度下正确使用较长的箭头,并与所显示的粒子数量保持一致,例如,如果体积加倍,则粒子密度为原来的一半。测试化学计量学概念性理解的表,如表 5-1 所示,可能会发现并揭示许多错误的理解,包括绘制与化学方程式符号不匹配的分子或根本不包含原子的图示。形成性评估的另一种方法是提供图 5-11(不列出反应的分子),并要求学生写出化学方程式。

上面列出的任何一种微观表征都可以作为形成性评估的手段,结合学生对问题的回答,实施持续的形成性评估。当播放动画时,可以要求学生在动画播放(例如,提高温度)之前对微粒的行为进行预测。

教师可以设计基于微观表征的问题来评估学生对酸碱模型的理解。例如设计如表 5-2 所示的微观表征问题来评估学生对于强酸的电离、弱酸的电离、盐的水解和化学平衡效应等的理解情况。

表 5-2　评估学生对酸碱概念理解的问题[①]

评估的概念	问题中呈现的微观表征图像	要完成的任务
1　强酸的电离	HCl	画出在水中加入盐酸后烧杯中的情况,并说明理由。
2　弱酸的电离	NH_4^+	画出在水中加入 NH_4^+ 后烧杯中的情况,并说明理由。
3　盐的水解	CH_3COO^-	画出在水中加入 CH_3COO^- 后烧杯中的情况,并说明理由。
4　化学平衡效应	HCl	画出在 CH_3COOH 中加入盐酸后烧杯中的情况,并说明理由。

从认识论上来说,从宏观表征过渡到微观表征是学生对物质由感性认识上升到理性认识的一次质的飞跃。它不再是对知识浅层次的感知,而是一种理性的、对科学本质层次上的理解。微观表征,把宏观现象还原为各种微观粒子的内部作用与运动,揭示了现象的内在联系和本质属性。

中学化学教育的一个重要任务就是使学生能够在物质的微粒水平上思考,能从微观的角度认识一些自然现象,形成对物质及其变化的科学本质认识。物质的微粒观要点包括:(1)物质是由无数肉眼看不见的微粒构成的;(2)微粒总是在不断地运动;(3)微粒间有一定

---

① Sungki Kim, Hee Choi & Seoung-Hey Paik. Using a systems thinking approach and a scratch computer program to improve students' understanding of the brønsted-lowry acid-base model [J]. Journal of Chemical Education, 2019(11): 2926-2936.

的间隔;(4)微粒间存在着相互作用[1],化学变化都是微粒相互作用的结果。

在化学课程教学中强调使用各种技术对粒子进行微观表征以深化概念理解,教会学生在原子、分子和离子水平上思考化学,将化学视为理解自然的框架。

三、化学符号表征

化学经常被认为是比较难学的科目之一,许多学生在化学语言中似乎找不到任何意义,这通常是因为他们没有理解化学符号所代表的学术内涵。化学符号是随着化学科学的发展而诞生的一套简明、严密、国际通用的代表特定含义的符号系统,是说明化学问题的一种简短易懂的形式,是一种高度概括和抽象的化学科学专业语言。

(一)化学符号表征的内涵

化学符号表征在化学中占有重要地位,因为它有助于解释可以观察到的宏观层面的现象与通过想象的微观层面的组成部分之间的关系。符号是主观思维、客观事物与过程的标记,它既是系统和要素的标记,又是过程与程序的标记,也是人和机器实现对话的中介与要素[2]。

化学符号表征即化学专业符号语言在人脑中记载和呈现的方式。化学符号表征主要是指由拉丁文或英文字母组成的符号和图式在人脑中的反映。图式,是用来组织、描述和解释人们经验的概念网络和命题网络,是人们在认知过程中通过对同一类客体或活动的基本结构的信息进行抽象概括,在大脑中形成的框图、框架、分类系统或结构。

化学符号表征从表达形式上分,有由拉丁文或英文字母组成的符号和图示两大类;从功能上分,有表示元素(原子或离子)的符号或图示(如元素符号、核素符号、离子符号、原子结构和离子结构示意图等),有表示物质组成和结构的式子和图式(如化学式、结构式等),以及表示物质变化的式子和图式(如化学方程式、离子方程式、热化学方程式等)。

例如,铁丝在充满氧气的集气瓶中燃烧的化学反应可以写为化学方程式:

$$3Fe + 2O_2 \xrightarrow{\text{点燃}} Fe_3O_4$$

氯气与石灰乳反应的离子方程式:

$$Cl_2 + Ca(OH)_2 = Ca^{2+} + ClO^- + Cl^- + H_2O$$

由氢气和氧气反应生成 1 mol 水蒸气放热 241.8 kJ,该反应的热化学方程式:

---

[1] 毕华林,卢巍.义务教育课程标准实验教科书.化学(九年级)[M].济南:山东教育出版社,2004.
[2] 刘知新.化学用语教学法几议[J].化学教育,1980(04):23—25+22.

$$H_2(g) + 1/2O_2(g) = H_2O(g) \quad \Delta H = -241.8 \, kJ/mol$$

硫单质在充满氧气的集气瓶中燃烧的化学反应可以写为化学方程式:

$$S + O_2 \xrightarrow{点燃} SO_2$$

该反应生成产物二氧化硫,可以用3中心4电子大π键的电子式表达其符号表征:

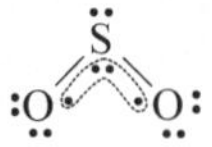

$$\overset{\ddot{S}}{\underset{:\ddot{O}\diagdown\diagup\ddot{O}:}{}}$$

硫原子结构示意图:

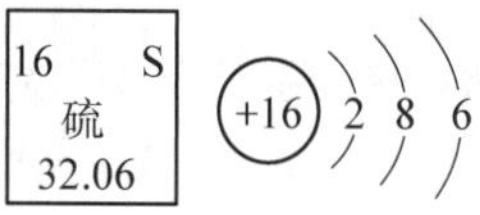

化学符号表征作为化学科学专业语言,是实现化学思维和交流的工具。化学符号具有简明直观、概括力强、表达确切的优点,化学物质的组成、结构以及化学反应等的定性与定量描述、计算等都需要用到化学符号表征。化学符号表征不仅描述了化学事实,也高度地概括了化学事实,它不仅是一种工具,更是化学思维简约的表达方式。化学符号表征传递着宏观、微观、化学计量等多重信息。例如,化学式 H_2O,它代表"水"这种物质,也内涵了"1个水分子""1个水分子中存在2个氢原子和一个氧原子"等信息。化学符号表征承载着丰富的内涵,成为联结宏观表征、微观表征和数学表征的纽带。

例如,在解释"为什么 NO 易于氧化而 NO_2 易于聚合?"这个问题时,通常用描述性语言文字微观表征其分子结构特点,但不够透彻,或较为抽象。若结合价电子排布式或分子结构示意图等化学符号表征,该问题则更加清楚明了,易于理解。

NO 的分子结构决定其不稳定,而倾向于失去电子发生被氧化的化学变化。

根据分子轨道理论,NO 的价电子结构排布(符号表征)为 $(\sigma_{1s})^2(\sigma_{1s}^*)^2(\sigma_{2s})^2(\sigma_{2s}^*)^2$ $(\sigma_{2p})^2(\pi_{2p})^4(\pi_{2p}^*)^1$,其中能量最高的一个电子填充在反键 π 轨道上,反键轨道上的电子因其能量较高而容易失去,发生氧化反应。从其分子结构来看,如图 5-14 所示(符号表征),氧原子和氮原子之间形成一个 σ 和 π 键后,氧原子最外层达到8电子稳定结构,此时氮原子最外层尚未满足8电子稳定结构。可见,氮原子最外层一个单电子和氧原子最外层的一对电子形成 π_2^3 共价键,总体上整个体系"多出"一个价电子,因此,NO 表现出了易于失电子的还原性,容易被氧化。

图 5-14　NO 分子结构示意图(符号表征)

NO_2 在低温下就容易聚合与其分子结构有关,其符号表征如图 5-15 所示。在 NO_2 分子中,除了 2 个氮氧 σ 键之外,还生成一个 π_3^4 共价键,该结构导致氮原子最外层还有一个未成对的单电子结构,该微观过程可用符号表征,如图 5-15 所示。该单电子结构导致其容易二聚为现场稳定的 N_2O_4 结构。在 N_2O_4 分子中存在一个 π_6^8 共价键,该共价键因其电荷的离域性能量较低,因此,NO_2 分子结构决定其易于二聚形成较为稳定的 N_2O_4 分子。

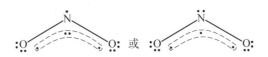

图 5-15　NO_2 分子结构示意图(符号表征)

(二)化学符号表征的学习

化学符号表征学习,是指学习化学科学中单个符号或一组符号的意义,也就是说学习它们代表什么。符号学习,通常是机械记忆,机械记忆的心理机制是人为联想。其学习的基本规律可以用刺激、反应和强化等概念来解释。例如记忆化学符号、化学式、原子结构示意图时,这些符号需要反复呈现,学生要作出读、写等反应,而且要经过多次重复,每次重复反应之后,必须伴有反馈信息,以达到强化正确反应的目的。

符号表征学习的主要内容是词汇学习(vocabulary learning),即学习单词代表什么。在任何言语中,单词可以代表物理世界、社会世界和观念世界的对象、情感、概念或其他符号,这种代表关系是约定俗成的。对于刚刚开始学习化学学科内容的学生而言,某个化学符号代表什么,他们最初是完全无知的,他们必须学会这些化学符号代表什么。

符号表征学习的心理机制,是符号与其代表的事物或观念在学生认知结构中建立相应的等值关系。例如,"Fe"这个化学符号,对还没有学习过化学知识的人而言可能是无意义的,但是用铁片、铁钉、铁锅等具体的铁质材料反映"金属元素铁",并同时呈现化学符号"Fe","金属元素铁"与化学符号"Fe"多次联结(包括声音),在这样的关联过程中,学生则逐渐学会用化学符号"Fe"代表"铁"。则"Fe"这个化学符号对学生来说获得了意义,也就是说,"Fe"这个化学符号引起的认知内容与"铁"引起的认知内容是大致相同的,同为"铁"的表征。

四、数学表征

(一)数学表征的价值

化学科学除了使用化学学科专业本体的术语和化学符号等化学语言来理解、交流和表达意义,还普遍性地用数学语言来理解、交流和表达化学世界,将化学问题转化为数学问题,用数学方法界定化学概念、原理和解决化学问题。如"相对原子质量"的概念定义,即"质量数为 12 的碳原子(碳-12)的原子质量为 12,以它的十二分之一为一个单位,其他原子的质量除以这个单位,所得的值就是该原子的相对原子质量";"溶解度"的概念定义,即"在一定温度下,某固态物质在 100 g 溶剂中达到饱和状态时所溶解的溶质的质量,叫做这种物质在这种溶剂中的溶解度(符号 S)"。金属活动性顺序是按照氧化还原标准电势由低到高排列的序列;水溶液酸碱性用化学符号 pH 来表达,稀溶液酸碱强弱的衡量尺度内涵界定为 $pH = -\log[H^+]$,即稀溶液中氢离子浓度的负对数;判断可逆反应的化学平衡,要用化学平衡常数的数学关系式进行计算和表达,如对于物质 A 和物质 B 发生可逆反应生成物质 C 和物质 D,当该反应达到化学平衡时,各物质的浓度 c 之间的关系存在如下数学关系式所表征的规律,其中 K 就是这个可逆反应的化学平衡常数。

$$mA + nB \rightleftharpoons pC + qD$$

$$K = \frac{c^p(C) \cdot c^q(D)}{c^m(A) \cdot c^n(B)}$$

$$\boxed{c:各组分的平衡浓度}$$

数学是研究数量关系和空间形式的科学。数学源于对现实世界的抽象,通过对数量和数量关系、图形和图形关系的抽象,得到数学的研究对象及其关系;基于抽象结构,通过对研究对象的符号运算、形式推理、模型构建等,形成数学的结论和方法,帮助人们认识、理解和表达现实世界的本质、关系和规律。数学不仅是运算和推理的工具,还是表达和交流的语言。[①]

化学领域蕴含着大量与数量和图形有关的问题,可以用数学的方法予以解决,可以利用数学的概念、原理和方法解释化学世界中的现象与规律。数学本身是自然科学的通用语言和思维工具,作为化学知识的数学表征,是化学知识表征的重要形式。

(二)数学表征的内涵

化学知识的数学表征,是指用数学符号、符号运算、形式推理、模型构建等数学方法对化学科学研究对象的数量和数量关系、图形和图形关系进行理解、交流和表达的方式。通过数与代数、图形与几何、统计与概率等数学语言,可以简约精确地描述化学世界中物质及其变化过程中的数量关系、几何关系与空间关系,表达物质及其变化过程中的意义和关系、本质和规律。

化学知识的数学表征具体可概括为三个方面的内涵。

---

① 中华人民共和国教育部. 义务教育数学课程标准(2022 年版)[S]. 北京:北京师范大学出版社,2022.

1. 数量关系表征

数量关系表征是指用数学符号(包括数)或含有符号的式子表达数量之间的关系或规律;用数学符号建立代数式、方程、不等式、函数等数据关系,对化学变化结果进行运算、统计、判断,对化学变化规律进行推理;表达化学研究对象的可测量属性及大小关系等度量意义;表达化学仪器等度量工具和方法引起的误差,分析估计度量的合理结果。

用数学符号(包括数)表征,如使用数字对"阿伏伽德罗常数"的数量规定:"阿伏伽德罗常数是 $0.012\,kg\ ^{12}C$ 中所含碳原子的数目,阿伏伽德罗常数的近似值为 6.02×10^{23}。"

作为国际单位制中 7 个基本物理量之一"物质的量",它表示含有一定数目粒子的集体,符号为 n。物质的量的单位为摩尔,简称摩,符号为 mol。

"物质的量"是表示物质所含微粒数(N)(如:分子,原子等)与阿伏伽德罗常数(N_A)之比,即 $n=N/N_A$。2018 年 11 月 16 日,国际计量大会通过决议,"1 mol"被定义为"精确包含 $6.022\,140\,76\times10^{23}$ 个原子或分子等基本单元的系统的物质的量"。与此同时,将阿伏伽德罗常数修改为 $6.022\,140\,76\times10^{23}$。1 mol 任何粒子所含的粒子数均为阿伏伽德罗常数。

溶解度(S)概念界定及其运算程序,通常应用数学表征以推演表达意义:

$$溶质 + 溶剂 \xrightarrow{\text{一定温度}} 饱和溶液$$

$$\boxed{\begin{array}{c}定义\\质量\end{array}}\quad \frac{S}{m_{溶质}}=\frac{100\ 克}{m_{溶剂}}=\frac{S+100\ 克}{m_{溶液}}$$

$$公式1:\frac{S}{100\ 克}=\frac{m_质}{m_剂}$$

$$公式2:\frac{S}{S+100\ 克}=\frac{m_质}{m_液}$$

$$公式3:\frac{100\ 克}{S+100\ 克}=\frac{m_剂}{m_液}$$

用数学关系式表征化学计量关系,如用数学运算来表征物质的溶解度和溶度积关系。

问题:25℃时,AgCl 的溶解度为 1.92×10^{-3} g/L,求同温下 AgCl 的溶度积。

解:已知 $M_r(AgCl)=143.3$

$$S=\frac{1.92\times10^{-3}}{143.3}\ mol\cdot L^{-1}=1.34\times10^{-3}\ mol\cdot L^{-1}$$

$$AgCl(s)\rightleftharpoons Ag^+(aq)+Cl^-(aq)$$

平衡浓度/(mol·L⁻¹)　　　　S　　　　S

$$K_{sp}^{\ominus}(AgCl)=\{c(Ag^+)\}\{c(Cl^-)\}=S^2=1.80\times10^{-10}$$

"溶度积"和"离子积"概念,可用文字描述说明其内涵之差异,若使用数学表达式则更加简洁明了。如表 5-3 中所述。

表 5-3　溶度积和离子积概念内涵的数学表达式

	溶 度 积	离 子 积
概念	沉淀溶解的平衡常数	溶液中有关离子浓度幂的乘积
符号	K_{sp}	Q_c
表达式	$K_{sp}(A_mB_n) = \underline{c^m(A^{n+}) \cdot c^n(B^{m-})}$,式中的浓度都是平衡浓度	$Q_c(A_mB_n) = \underline{c^m(A^{n+}) \cdot c^n(B^{m-})}$,式中的浓度都是任意浓度
应用	判断在一定条件下沉淀能否生成或溶解: ① $Q_c > K_{sp}$:溶液过饱和,有<u>沉淀析出</u> ② $Q_c = K_{sp}$:溶液饱和,处于<u>平衡状态</u> ③ $Q_c < K_{sp}$:溶液<u>未饱和</u>,无沉淀析出	

2. 几何关系表征

几何关系表征是指用数轴、坐标、图表、图像和图形等来直观描述和分析化学研究对象,建立形与数的联系,表达化学研究对象的关系和规律。如图 5-16 所示的二维平面坐标的数据图像(横轴是以秒为单位的时间量,纵轴是酸碱度 pH),是应用数字传感器测量酸碱中和反应过程中的 pH 变化,反映了溶液的酸碱性变化趋势,揭示了氢离子和氢氧根离子浓度变化的本质规律。该二维坐标图像表征的意义内涵,即向稀氢氧化钠溶液中滴加稀盐酸,随着滴入稀盐酸的时间推移,a 点时溶液呈碱性(稀氢氧化钠大量存在,氢氧根离子浓度大于氢离子),b 点时溶液呈中性(酸碱中和,氢氧根离子浓度等于氢离子),c 点时溶液呈酸性(稀盐酸过量,氢氧根离子浓度小于氢离子)。

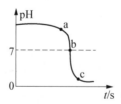

图 5-16　酸碱中和过程中 pH 变化

又如,尝试分析问题:某温度下,氯化银沉淀能否转化为溴化银沉淀?

该问题可以应用数学方法如二维坐标图来表征,如图 5-17 所示,横轴表示溶液中氯离子或溴离子的浓度 $c(Cl^-)$、$c(Br^-)$,纵轴表示溶液中的银离子浓度 $c(Ag^+)$,坐标图中的 2 条曲线分别是某温度时氯化银溶液(上方)和溴化银溶液(下方)中刚好饱和时的离子浓度,

A、C、E点都在该曲线上,B、D点处可否有溴化银沉淀析出？结合二维坐标图和相应数学关系式,展开理论上的推演判断。

3. 空间关系表征

空间关系表征是指用平面图形、立体图型、坐标系、数学关系式等数学方法表达化学物质结构或空间的图形、图像、形状、大小、空间方位和相互位置关系；根据物质空间结构特征抽象出几何图形,根据几何图形描述物质结构、运动和变化规律。

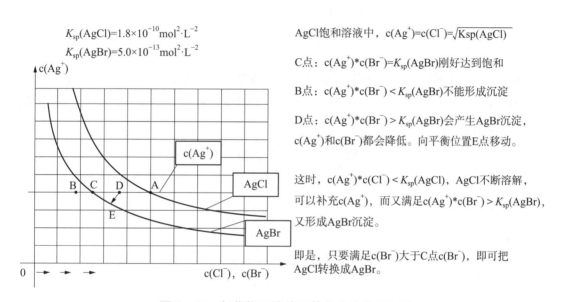

$K_{sp}(AgCl)=1.8 \times 10^{-10} mol^2 \cdot L^{-2}$

$K_{sp}(AgBr)=5.0 \times 10^{-13} mol^2 \cdot L^{-2}$

AgCl饱和溶液中, $c(Ag^+)=c(Cl^-)=\sqrt{Ksp(AgCl)}$

C点: $c(Ag^+)*c(Br^-)=K_{sp}(AgBr)$刚好达到饱和

B点: $c(Ag^+)*c(Br^-) < K_{sp}(AgBr)$不能形成沉淀

D点: $c(Ag^+)*c(Br^-) > K_{sp}(AgBr)$会产生AgBr沉淀, $c(Ag^+)$和$c(Br^-)$都会降低。向平衡位置E点移动。

这时, $c(Ag^+)*c(Cl^-) < K_{sp}(AgCl)$, AgCl不断溶解,可以补充$c(Ag^+)$, 而又满足$c(Ag^+)*c(Br^-) > K_{sp}(AgBr)$, 又形成AgBr沉淀。

即是, 只要满足$c(Br^-)$大于C点$c(Br^-)$, 即可把AgCl转换成AgBr。

图5-17 氯化银沉淀能否转化为溴化银沉淀

例如,金属堆积晶胞结构,如图5-18所示,分别是体心立方晶胞结构示意图、面心立方晶胞结构示意图和密排六方晶胞结构示意图。如图5-19所示,是晶胞结构基元数目计算示意图。

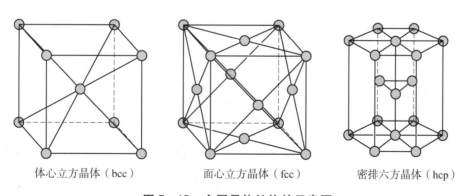

体心立方晶体（bcc）　　　面心立方晶体（fcc）　　　密排六方晶体（hcp）

图5-18 金属晶体结构的示意图

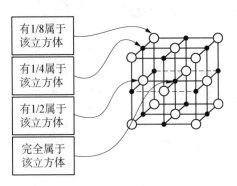

有1/8属于该立方体

有1/4属于该立方体

有1/2属于该立方体

完全属于该立方体

图 5-19 晶胞结构基元数目计算示意图

针对简单立方堆积晶胞的空间利用率的计算,需要结合空间结构关系的数学计算。

例如,已知:立方体的棱长为 $2r$,球的半径为 r。1 个晶胞中平均含 1 个原子。求:该晶胞的空间利用率。

结合简单立方晶胞空间结构示意图进行计算,推演得出:

$$V_{球} = \frac{4}{3}\pi r^3$$

$$V_{晶胞} = (2r)^3 = 8r^3$$

$$空间利用率 = \frac{V_{球}}{V_{晶胞}} \times 100\% = \frac{\frac{4}{3}\pi r^3}{8r^3} \times 100\% = 52\%$$

化学知识的多重表征,就是指从宏观表征、微观表征、化学符号表征和数学表征等多重表征上认识和理解化学知识,并建立多重表征之间的有机联系。

教师应用化学知识的多重表征,即应用各种表征向学生传达有关化学知识内容,学生也可以使用多重表征学习来理解化学概念和原理。如应用宏观事实和宏观现象、语言文字和化学符号、数字数据和图表图像等多种表征方式呈现化学知识内容,一方面可以帮助学生理解化学科学的概念原理,另一方面可以帮助教师向学生解释化学微观过程,阐释化学反应过程中物质微粒的静态或动态的运动机制,目的是帮助学生理解化学知识、概念、原理的内涵,形成科学本质性认识,建立科学的理解图式,其结果是让学生建立化学科学范式和学科逻辑,形成化学科学系统认知,带领学生用化学的眼光观察认识物质世界,了解其基本结构和运行规律。

教师传递化学学科知识并让学生理解,并非一件轻松的事情。教师需要熟悉学科知识的内容,要针对不同学生的认知程度以及课程内容选取适合的表征加以协助,这样才能让学生真正理解所学的知识。教师常常因为缺乏教学表征方面的知识,使得教学仅仅停留在让学生知道表面的事实,而未能帮助学生深刻地理解。有效的教学需要让学生通过不同的表征建立知识与经验的联系，便于促进他们对化学概念和程序规则的理解。化学知识是抽象化程度较高、概括性程度较强以及解释性较窄的概念集合，因而教学中化学知识的表征，由被表征的世界到表征世界，需要教师在教学表征过程中选择适合的表征形式，提升教学表征能力，使被表征的世界与表征世界紧密对应起来。教师的教学表征并不是单一的，而是多元的，而且是多种表征方式之间的相互联系转化。化学知识的多重表征之间不是孤立的存在，而是相互联系并能够相互转化，共同促进学生把被表征的物质世界内化为自己头脑中的化学学科视角下的科学表征。

化学多重表征教学与学生的信息密切相关，代表着学习的内容，突出知识的重要特征，以尽可能丰富的样式向学生引入和呈现教学材料。化学多重表征教学代表着学习的方式，学生如何最有效地表达出自己学到的东西，取决于有多少供选择和灵活转换的可用样式。化学多重表征教学代表着学习的原因。就像学生在学习方式上存在巨大差异一样，学生的学习动机和认知加工方式也有很大差异，化学多重表征教学可为不同学生提供多样化知识的样式，以促进学生投入到有效学习中。

第二节 化学多重表征教学案例

一、彰显"晶体溶解、离子迁移和沉淀"实验现象的宏观表征教学

离子之间的沉淀反应在化学课堂和实验室教学中经常出现。组成不溶化合物的两个离子，在溶液中会聚集在一起，并以固体的形式形成沉淀。通常情况下，实验室教学中的沉淀反应是在试管中进行的。除了可用试管作为反应容器外，沉淀反应的实验也可以使用带有多个网格凹槽的塑料或陶瓷材质的孔板，这样不仅可以减少溶液的用量，而且人为操作失误的频率降低，成本更低，也更环保。

有研究表明，即使在国际学生评估项目中得分较高的国家，学生们仍然无法理解沉淀反应在微观层面上真正发生了什么，学生通常很难想象固体是如何溶解到水溶液中，然后又电离成离子的。为了帮助学生理解固体物质在水中溶解这一微观过程的特征，形成科学的"溶解""离子迁移""沉淀"等概念认知，可设计一种实验活动，使学生能够在30秒内直观地看到晶体溶解、离子迁移和沉淀的微观变化过程。该实验活动具有丰富的溶液化学知识，为学生观察溶液反应过程、离子迁移和沉淀物的形成提供了可视化宏观表征的机会。并且这个活动的一个重要特点是，它与传统实验相比成本更低。该实验只需要4步关键操作，如图5-20所示：A在一个直径约为1厘米塑料材质(聚丙烯)的凹槽内放置10滴去离子水；B准备八种盐(固体)和牙签；C在凹槽的两边各加入两种晶体；D通常在30秒内可形成沉淀。

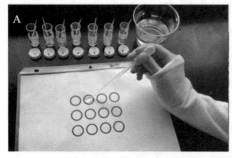
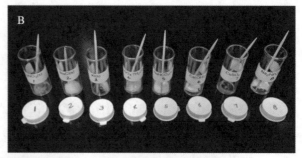
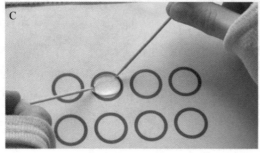
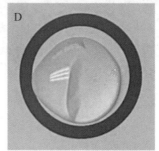

图 5-20   在塑料凹槽的去离子水中两种盐晶体的溶解实验操作步骤

实验操作步骤和现象具体如下:[1]

(1) 在凹槽中滴入大约 10 滴的去离子水,如图 5-20 中 A 所示。

(2) 用去离子水润湿的牙签尖端,蘸取两种盐的晶体(各一粒晶体或沾满牙签尖的粉末)后,同时将其运送到凹槽的相对两侧的边缘处。然后,牙签立即被拿走,晶体瞬间被凹槽中的去离子水吸收。通常情况下,可以在凹槽中看到晶体。

(3) 在 30 秒内,两种晶体会在凹槽的中间线处相遇并形成沉淀。

该实验要求学生使用以下盐的组合,除了最后的组合,每一个组合都能形成沉淀。需要向学生说明的是,不是每一种盐的组合都会形成沉淀,引发学生思考其中的化学原理。盐的组合分别是 $NaCl(s)$ 与 $AgNO_3(s)$;$AgNO_3(s)$ 与 $KI(s)$;$AgNO_3(s)$ 与 $NaHCO_3(s)$;$FeSO_4 \cdot 7H_2O(s)$ 与 $NaHCO_3(s)$;$FeSO_4 \cdot 7H_2O(s)$ 与 $Ca(OH)_2(s)$;$CuSO_4 \cdot 5H_2O(s)$ 与 $NaHCO_3(s)$;$CuSO_4 \cdot 5H_2O(s)$ 与 $Na_2HPO_4(s)$;$CuSO_4 \cdot 5H_2O(s)$ 与 $NaCl(s)$。

在用试管等作为反应容器的沉淀实验中,学生们会得到事先准备好的通常是无色的溶液,他们将溶液混合,观察到沉淀瞬间发生的实验现象。相比之下,使用塑料凹槽作为反应容器,将晶体等固体盐通过牙签转移到塑料凹槽的两侧,可以更加凸显宏观表征,直观呈现沉淀的现象,便于学生们清晰地观察到晶体开始溶解,直至不久出现沉淀物全过程的细节现象。请学生基于这一实验过程中的宏观现象,说明其中蕴含的微观机制,并结合溶解、离子

① Bob Worley, et al. Visualizing dissolution, ion mobility, and precipitation through a low-cost, rapid-reaction activity introducing microscale precipitation chemistry [J]. Journal of Chemical Education, 2019, 96(05): 951-954.

迁移和沉淀等概念进行观察思考。在直径约为 1 厘米的凹槽中,这些沉淀反应的时间不到 1 分钟,因为足够慢,可以让学生有足够的时间进行仔细观察,甚至多个沉淀反应也可以在有限的时间内进行,有足够的时间思考盐的溶解与沉淀的原理机制。凹槽的球形形状是由于其聚丙烯材质的疏水性造成的。实验活动中使用晶体而不是溶液减少了准备过程,方便药品存储,同时也减少了浪费。该实验用量非常接近于可用于化学观察的物质的量的最小值;该实验处理过程很简单,用纸巾擦拭塑料凹槽边缘,然后即可扔进废物桶。并且该实验所用到的均属于化学毒性低、几乎不产生化学废物的盐。

图 5 - 21 左图中,置于凹槽左侧的是 $CuSO_4 \cdot 5H_2O(s)$,置于凹槽右侧的是 $NaHCO_3(s)$,二者随着晶体在去离子水中的慢慢溶解,晶体的数量逐渐减少。这一实验过程中要提醒学生注意观察离子是如何在溶液中迁移的;图 5 - 21 右图中,沉淀在产生凹槽中间,随着反应进行,沉淀出现并持续增加。观察注意到在沉淀界面的另一侧(右侧)没有观察到浅蓝色(Cu^{2+}),直至 HCO_3^- 被消耗掉。

图 5 - 21 $CuSO_4 \cdot 5H_2O(s)$ 与 $NaHCO_3(s)$ 晶体的溶解(见本书插页)

这一实验活动可以让学生快速、轻松地将复杂的溶液过程可视化,凸显清晰的宏观表征。在学生将晶体放入凹槽后,如图 5 - 21 左图所示,可以观察到晶体慢慢溶解,在 Cu^{2+} 的有色溶液中,他们可以监测离子迁移的过程,溶解后不久,在两个离子迁移之间的界面处可观察到微弱的沉淀物的出现,如图 5 - 21 右图所示。然后,请学生们在他们的实验记录上对从凹槽中观察到的沉淀现象进行记录描述。在观察完这些关键的溶解过程后,要求学生写出盐的电离与沉淀反应的化学方程式和离子方程式。

在完成这项实验活动前后,对学生与沉淀相关的各种技能和概念的认知情况进行评估,采用 5 级李克特量表:1="完全没有理解",2="不太理解",3="有点理解",4="大部分能理解",5="完全理解"。在进行这项实验活动之前,学生们已经在实验室进行了试管中的沉淀实验,对大部分材料和概念已经有一定程度的了解。通过这项实验活动,学生对知识掌握的平均分数3/4提高到4/5,如表5-4所示。他们对书写化学式以及化学方程式的认知提高了0.5,对分子、离子尺度上可视化过程的认知提高了0.8。学生写出了正确配平的化学方程式,理解了为什么会发生沉淀,解决了溶解过程中水的作用,并探索和猜想了 $CuSO_4 \cdot 5H_2O(s)$ 与 $NaCl(s)$ 反应未出现沉淀的原因。大多数学生完成了实验,确定了反应产物,写出了所有反应的化学方程式。

表5-4 学生在实验前后对于化学反应出现沉淀相关知识的测验结果[①]

你对下列技能掌握的情况	实验前得分	实验后得分	实验前后差值
根据物质名称可以写出化学式 (或看到化学式可以写出名称)	3.7	4.2	+0.5
撰写化学反应 (包括完整的分子方程式和离子方程式)	3.8	4.4	+0.6
根据方程式识别反应类型	3.7	4.1	+0.4
从视觉上识别沉淀反应	4.3	4.6	+0.3
预测沉淀反应是否会发生	3.7	4.4	+0.7
对化合物溶解电离出离子的过程可视化	3.6	4.4	+0.8
对离子如何聚集形成固体沉淀物的过程可视化	3.7	4.5	+0.8

使用简易微型装置的沉淀实验,通过放大实验现象的宏观表征,产生视觉上的强烈效果,如物质的颜色、状态等物理性质方面的鲜明变化,反映了看似简单的溶液中的沉淀现象实则蕴含的错综复杂的化学过程,快速、直观地表征了晶体溶解、离子迁移和沉淀等难以理解的知识,吸引学生,激发思考,促进解析其实验现象背后的意义。

二、基于电脑软件可视化"芳香烃取代反应电子效应"的微观表征教学

学生在化学学习中最大的障碍,便是微观世界的一切信息都不可见,一切只能在教师的讲解下,凭自己想象和思辨。学生建立起对微观世界的表征认识和教师对微观现象的处理有着直接关系。传统的化学可视化教学中,教师普遍采用有限的实体模型,费时费力且存在误差。而化学工具软件的应用可以改进实体模型的局限和缺陷,将分子及晶体结构的模型

---

① Bob Worley, et al. Visualizing dissolution, ion mobility, and precipitation through a low-cost, rapid-reaction activity introducing microscale precipitation chemistry [J]. Journal of Chemical Education, 2019,96(05):951-954.

科学可视化。

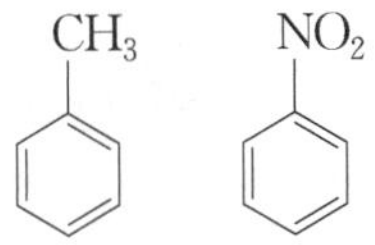

图 5 - 22　甲基苯和硝基苯的分子结构

例如,请回答下列问题,并解释为什么。

(1) 甲基的苯环上有一个氢原子被其他的原子或基团(如硝基)取代后会生成哪种产物?

(2) 硝基苯(或三氟甲基苯)的苯环上有一个氢原子被其他的原子或基团(如硝基)取代后会生成哪种产物?

问题(1)的答案是:甲苯发生硝化反应后生成"邻-硝基甲苯"和"对-硝基甲苯"两种产物。

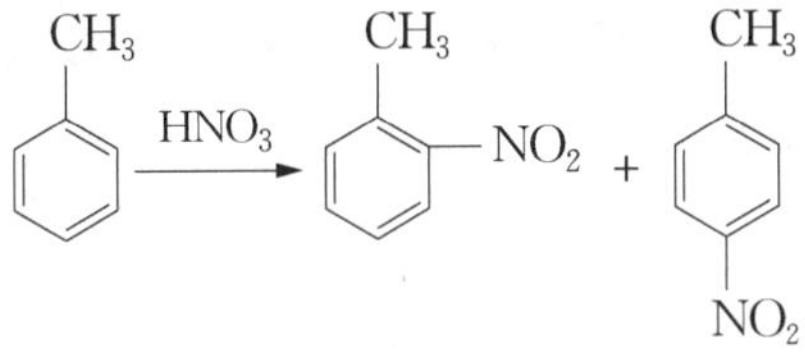

问题(2)的答案是:硝基苯发生硝化反应后只生成"间-2硝基甲苯"一种产物。

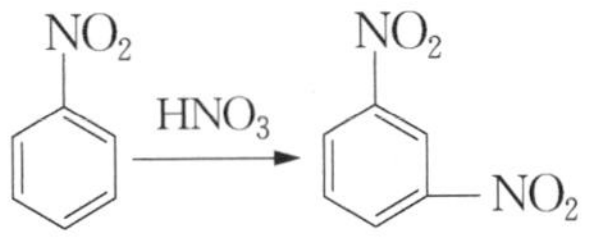

三氟甲基苯发生硝化反应后只生成"间-硝基三氟甲基苯"一种产物。

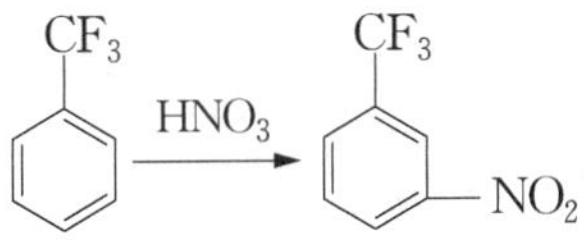

为什么甲基苯和硝基苯(或三氟甲基苯)发生取代反应后生成的产物中取代基的位置不同呢? 如何理解其中的原理? 即如何在分子结构的尺度上微观表征其机制?

教师在课堂就上述问题的机制可以用语言或文字形式进行微观表征,给出解释。

理论上,在一元取代苯的亲电取代反应中,新进入的取代基可以取代苯环上定位基(一元取代基)的邻、间、对位上的氢原子,生成三种异构体。如果定位基对苯环不发生影响,则生成的产物是三种异构体的混合物,其中邻位取代物 40%(2/5)、间位取代物 40%(2/5)和对位取代物 20%(1/5)。

而实际上,却只有一种或两种主要产物。各种一元取代苯进行硝化反应,一元取代苯环发生亲电取代反应时,苯环上的取代基对新进入的取代基进入苯环的位置有制约作用。此外,原有取代基对亲电取代反应的活性也有影响,可以活化或者钝化苯环。取代基的对苯环亲电取代反应的这种作用叫做取代基的定位效应,或定位规律,而苯环上的第一个取代基即称为定位基。根据取代基定位效应的不同可以将取代基分为两类。

第一类定位基为邻对位定位基。在亲电取代反应中,使新进入的取代基主要进入其邻、对位(邻、对位产物之和大于 60%),同时使苯环活化,亲电取代反应更容易进行。常见的有—NH_2、—OH、—$N(CH_3)_2$、—OCH_3、—$NHCOCH_3$、—$OCOCH_3$、—CH_3、—$C(CH_3)_3$、—C_6H_5、—F、—Cl、—Br、—I 等。

第二类定位基为间位定位基。在亲电取代反应中,使新进入的取代基主要进入其间位(间位产物大于 60%),同时使苯环钝化,亲电取代反应更难进行。常见的有—NO_2、—CF_3、—CN、—SO_3H、—$COOH$、—$NH(CH_3)_3$、—$COOC_2H_5$ 等。

取代基影响苯环电子效应,主要有诱导效应和共轭效应。诱导效应是由于成键原子电负性的不同所引起的,使苯环电子云沿着苯环由近及远地向着一个方向推移,致使苯环发生极化的效应。诱导效应与距离有关,是一个短程效应,一般相隔超过 3 个碳原子以上就可以忽略不计。诱导效应所引起的极性变化是单一方向,根据其方向可以分为给电子的诱导效应和吸电子的诱导效应。共轭效应分为 p-π 共轭,π-π 共轭和超共轭效应(分为 σ-p 和 σ-π 超共轭)。共轭体系中电子离域具有方向性,可以分为给电子的共轭效应和吸电子的共轭效应。具有给电子共轭效应的取代基能增加共轭体系的电子云密度,反之,具有吸电子共轭效应的取代基能降低共轭体系的电子云密度。共轭效应所引起的极性变化是 π 电子云沿共轭体系交替极化,结果使得共轭体系中正负电荷交替传递。苯环是一个共轭体系,苯环上的取代基往往既有诱导效应又有共轭效应,需要综合分析来判断取代基对苯环上电子云密度的影响。

上述语言文字描述的微观机制,虽然清楚地阐明了苯环上取代反应的定位机理,但是,学生不一定能真正明白其中的抽象含义。教师则可以考虑借助计算机程序如高斯(Gaussian)软件来形象化表征分子结构中的电子效应。

高斯软件,是基于量子化学理论研究原子、分子以及晶体的几何和电子结构的化学计算软件程序,用于计算分子光谱。GaussView 是一款配套计算程序高斯软件的可视化软件,可以生成输入文件和查看结果文件。作为功能强大的工具,通过高斯软件可以研究并表征微观粒子如原子或原子团的静电势,例如苯环上取代基定位效应的影响。

教师可以利用高斯软件的图像生成,从静电势及其图像来形象化表征苯环上取代基定位效应的影响原理。现从教学设计者的角度,阐述上述问题的微观表征教学。

（一）生成苯环取代基的静电势图

1. 静电势的定义

静电势描述了位于某一点 r 的单位正电荷与当前体系的相互作用能[①]：

$$V_{tot}(\mathrm{r}) = V_{nu}(r) + V_{ele}(\mathrm{r}) = \sum_A \frac{Z_A}{|\mathrm{r}-\mathrm{R_A}|} - \int \frac{\rho(r')}{|\mathrm{r}-r'|} \mathrm{d}r^1$$

其中 Z 是原子 A 的核电荷，R 代表原子核坐标，ρ 是电子密度，$|\mathrm{r}-\mathrm{R_A}|$ 代表原子核与这一单位正电荷之间的距离。静电势由原子核电荷和电子密度两部分组成，原子核电荷贡献正值，电子密度贡献负值。静电势为正（或负），说明此处静电势由原子核（或电子）的电荷所主导。分子表面静电势分布长期以来被用于预测亲电和亲核反应难易程度，静电势越正（越负）的区域被认为越有可能吸引亲核（亲电）试剂进攻而发生反应。

2. 静电势图

考察分子表面静电势分布的常见方法是将静电势根据数值大小以不同颜色投影到分子表面，这样的图像化表征十分直观，被称为分子静电势图。

以图 5-23 所示的 Gaussview 计算绘制的苯酚静电势图为例，图上方的颜色标尺左侧方向上，显示红色越鲜艳表示则静电势越来越负，越容易发生亲电取代反应；右侧方向上，显示蓝色越深表示则静电势越来越正。图中苯酚的苯环几乎被红色区域笼罩，可认为苯酚非常容易在其苯环上发生亲电取代反应。

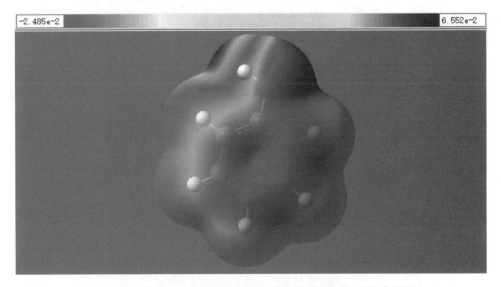

图 5-23　Gaussview 计算绘制的苯酚静电势图（见本书插页）

[①] Murray, J.S., Politzer, P. The electrostatic potential: an overview [J]. WIREs Comput Mol Sci, 2011(01):153-163.

实验结果表明,在没有路易斯酸作催化剂的情况下,苯很难与溴发生反应,但苯酚由于羟基强的给电子的共轭效应,苯环上电子云密度增大,在室温下无需催化剂就可以与溴发生亲电取代反应,且常直接生成2,4,6-三溴苯酚。实验结果证明苯酚中的苯环活性远高于普通的苯,与静电势图分析呈现的结果相一致。

（二）比较苯、甲苯与三氟甲基苯的静电势图

高斯软件计算绘制了三种物质的静电势图,如图5-24所示,(a)为苯,(b)为甲苯,(C)为三氟甲基苯的静电势图。其目的是分析表征力单个分子,颜色标尺是保持不变的,颜色的两端与具体案例中的最小值、最大值锚定,即每个分子中静电势最小值都由最鲜艳的红色表示,最大值皆由最深的蓝色表示。这导致在横向对比时,某分子虽然静电势的绝对值大,但在分子中的相对值小,反而颜色淡于另一个分子中更小的静电势值。所以本书将呈现的所有分子静电势图的最小值,都修改为苯的静电势最小值,这样才能从颜色上进行鲜明直观的对比。

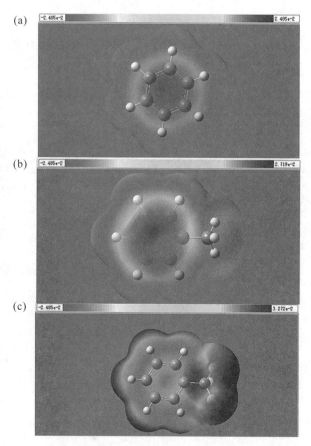

图5-24　高斯计算软件绘制的三种物质静电势图(见本书插页)

注:(a)为苯;(b)为甲苯;(c)为三氟甲基苯。

如图 5-24 所示,图中上部的颜色指示条是由红色向蓝色过渡,红色越鲜艳代表静电势越负,蓝色越深代表静电势越正。比较三幅图所呈现的颜色可直观看出,甲苯中芳香环区域红色较苯更为鲜艳,表明甲苯更容易发生亲电反应;而三氟甲基苯中的芳香环只是淡淡的黄色,说明静电势在由负到正的过渡数值上,较难发生亲电反应。实验数据与研究证明,甲苯因为甲基的给电子诱导及超共轭效应,导致苯环上电子云密度升高,活性增强更易发生亲电取代反应,所以发生硝化反应的速度是苯的 4 000 倍;而对于三氟甲基苯,由于三个氟原子的强电负性极化了 C-F 键,也极化了与芳香环相连的 C-C 键,使三氟甲基苯具有吸电子诱导效应,降低了苯环上的电子云密度,使三氟甲基苯较苯而言更难硝化。这一结论与静电势图的颜色表征结果具有一致性。

综上所述,在教学中通过比较静电势图的颜色差异来直观呈现取代基对苯环的活化(或钝化)作用具有可行性,相较于单纯的语言描述、讲授与个人想象,静电势图的直观性无疑为学生理解苯环活性的变化规律提供了认知支撑点,同时图像色彩对比强烈,有助于强化学生的感知、理解微观本质。

另外,考虑到学生的知识与理解力的不同,不一定能够接受静电势这一新概念,故在教学展示时,也可将颜色深浅阐述为电子密度的高低。虽然静电势本身并不等同于电子密度,直接拿来表示电子云的分布情况是不够精准的,但其都表征苯环上的电子密度变化情况,而苯环上的碳原子核电荷为一恒定值,可近似认为贡献正值的部分保持不变,苯环上静电势的变化只由苯环周围的电子密度改变引发。故而,可在一定科学程度上用分子的静电势图来近似表示分子中电子密度的改变。

(三)预测反应活性位点—原子电荷图

静电势图虽然可以成为探究取代基对苯环起活化(或钝化)作用的证据,但通过分析图像可以看出,高斯软件计算绘制的静电势图倾向于展示整个分子的静电势分布情况,而未能精确到具体原子周围的静电势情况,也就无法具体展示并预测苯环上哪一点可能为亲电取代活性位点。可以借助相关软件如 Mulliken 算法计算原子电荷分布图来考察定位基团对苯环活性位点的影响效应。

1. 原子电荷

原子电荷是对化学体系中电荷分布最简单、最直观的描述方式之一,电荷越负的原子越有可能吸引带正电的试剂(亲电试剂)进攻而发生反应,而电荷越正的原子越有可能吸引带负电的试剂(亲核试剂)发生反应。这与学生"异性相吸、同性相斥"的认识相一致,根据原子电荷来预测反应活性位点,非常容易让学生接受。

计算原子电荷的方法很多,常见的如 Mulliken、CHELPG、NPA、Hirshfeld、ADCH、

AIM,不同方法计算的原子电荷特点不同,往往有较大数值差异,文献中有详细的对比讨论。本书使用最常见的 Mulliken 算法进行计算。

2. 原子电荷分布图

在高斯软件对分子结构进行优化计算时,可同时算出每个原子上的具体电荷数。可以选择将电荷数投射到分子模型的对应原子上,这样生成的直观图像被称为原子电荷分布图。

图 5-25 为苯分子的原子电荷分布图,通过观察可以看到原子电荷分布图以一种数形结合的方式呈现,红色代表负电荷、绿色代表正电荷,并且每个原子上都标示出了具体电荷数值。相关研究表明,苯分子中的六个碳原子之间、六个氢原子间完全处于同一化学环境,并且碳原子的电负性强于氢原子,所以氢原子的电子沿着 C-H σ 键方向,向碳原子靠拢。而原子电荷分布图显示六个碳原子、六个氢原子的数值和电性等都完全一致,与理论研究相符,保证了原子电荷分布图的信度。

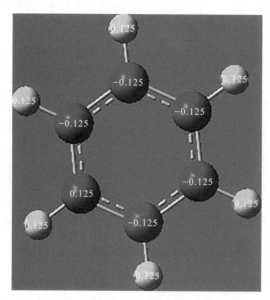

图 5-25 苯分子的原子电荷分布图(见本书插页)

3. 比较苯、甲苯与三氟甲基苯的原子电荷分布图

与静电势图相似,高斯软件计算绘制的三种物质原子电荷分布,如图 5-26 所示,(a)为苯,(b)为甲苯,(c)为三氟甲基苯原子电荷分布图。图中显示电荷由负到正的过程中,由颜色从红色到绿色过渡来表示,原子红色越鲜艳,表示原子电荷数越负,原子绿色越鲜艳,表示原子电荷数越大。由于图中显示出了具体数值,故不再像前文介绍静电势图一样人为确定标定值来加强色彩冲突。

通过比对图 5-26 中的甲苯与苯分子的原子电荷分布图,很容易发现甲苯中的邻、对位

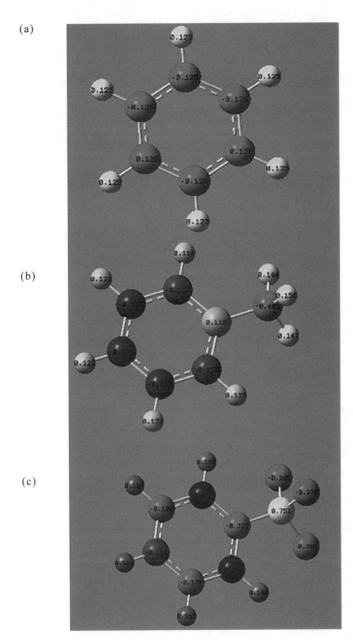

图 5-26　高斯软件计算绘制的三种物质原子电荷分布图(见本书插页)

碳原子的负电荷由原有的 -0.125 增加为 -0.154 和 -0.126,而间位的碳原子负电荷则减小为 -0.124。这预示着相较于间位碳原子,邻、对位的原子电荷数负值增大更容易与带正电的亲电试剂结合获得产物。实验研究证明,[①]甲苯的硝化反应中,邻硝基甲苯占产物百分比为 57.27%、对硝基甲苯为 38.88%、间硝基甲苯只有 3.56%,与原子电荷分布图的预测相一致。

---

① 宋杰. 提高甲苯一硝化对、间位产物比例的研究[D]. 南京:南京理工大学,2005.

再分析图5-26中三氟甲基苯的原子电荷分布图,由于数值差异较大,三氟甲基苯原子电荷分布图中的色彩对比更加鲜明。通过颜色对比很容易发现,间位碳原子为鲜红色,对位碳原子的颜色略有加深,而邻位碳原子则直接转变为枣红色,从红色由明到暗的转变就可以直观认识到,不同位置的碳原子电荷分布不同,且间位最负,其次是对位,最后是邻位。具体数值上,间位碳原子为-0.178,远高于邻位的-0.05与对位的-0.111,预示着间位碳原子更容易捕获带正电的亲电试剂。根据理论与实验研究结果,证明间硝基三氟甲苯的产率大于40%,大幅领先于邻位、对位的取代产物。实验结论符合原子电荷分布图的预测。

综上,在教学中使用原子电荷分布图来预测苯、甲苯、三氟甲基苯的反应活性位点是以一种可靠高效的方式。相较于无证据且空洞的死记硬背学习各种取代基的定位效应与反应产物而言,呈现既有鲜艳颜色对比、又有具体数值参考的原子电荷分布图,微观表征其化学原理,不仅可以通过色彩鲜明、直观查看的方式让学生理解为何不同一元取代的苯衍生物发生取代反应时要遵循定位规则,还加深了学生对活性位点的感知认识,为深入学习有机化学反应机理打下扎实基础。

通过教学设计者构建目标分子后对其能量的计算,科学形象化地呈现了分子尺度上物质的视觉感知的结构特征,借助Gaussview等电脑软件对分子中原子电荷分布、能量、轨道等状态进行直观呈现,克服了传统教学中教师们只是使用抽象的描述性语言所未尽的"样貌",转化成能够用肉眼可视的方式来"看见"分子具体的"直观形象",最大程度地给学生呈现微观粒子的真实信息,让学生更好地自我建构物质结构的微观表征。

三、"元素周期表"的数学表征教学

如何运用数学方法,用数学表征原子轨道的数量规律?

现代元素周期表中的化学元素是按原子序数和化学周期排列的。周期性是由于量子力学限制了一个原子的不同壳层和亚壳层可以有多少电子而产生的。原子的壳层模型预测,最多有2、8、18和32个电子可以占据由主量子数$n=1$、2、3和4分别确定的壳层。在这项工作中,数字2、8、18和32与数学数论中的三角数有关。与三角数的关系反过来又提出了另一种按照周期排列元素的方法。由此产生的三维"周期性金字塔"在形状上是高度对称的。就像在现代元素周期表中一样,周期金字塔的每一层都可以分为壳层和亚壳层。

研究金字塔的结构可以说是一项教学上有用的活动,因为它提供了一个进一步思考原子壳模型和周期性起源的机会。与数论的联系被用来证明给定壳层的最外层的子壳包含$(2n-1)$个轨道。

根据原子轨道的数量规律,重新排布元素周期表,并搭建成"元素金字塔"。元素周期表中,每个周期所能容纳的元素数量分别为 2、8、8、18、18、32、32,其实这个整数序列存在一定的数学规律,赫宁甘(Hennigan)等人[1]认为现在最广泛使用的元素周期表缺乏对称美感,于是尝试提出替代方案。

其实,2、8、8、18、18、32、32 是平方数 1、4、4、9、9、16、16 的两倍,而平方数可以拆解成两个连续三角数的和,$S_n = T_n + T_{n-1}$,如图 5-27 所示。

表 5-5 前五个三角数(Ti)和平方数(Si)及其关系

系数(i)	三角形面积数目(T_i)	方形数目(S_i)	T_i 和 S_i 关系
1	● (1)	● (1)	$S_1 = T_1$
2	(3)	(4)	$S_2 = T_2 + T_1$
3	(6)	(9)	$S_3 = T_3 + T_2$
4	(10)	(16)	$S_4 = T_4 + T_3$
5	(15)	(25)	$S_5 = T_5 + T_4$

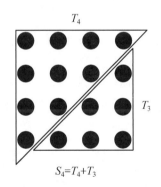

图 5-27 平方数可以拆解成两个连续三角数之和"$S_4 = T_4 + T_3$"

图 5-27 表达了平方数 $S_4 = 16$ 等于两个连续的三角形($T_4 = 10 + T_3 = 6$)中点数之和。如果要将点数扩大到平方数的两倍,又考虑到对称美感,可以将四个三角形拼起来,如图 5-28 所示。

对于平方数,其中还有另一个规律,它可以分解为普通奇数整数之和,其中最后一项等于($2i-1$),以及 s、p、d 等各电子亚层轨道数目之和,如图 5-29 所示。

① Hennigan J. N., Grubbs W. T. The periodic pyramid [J]. Journal of Chemical Education, 2013(08):1003-1008.

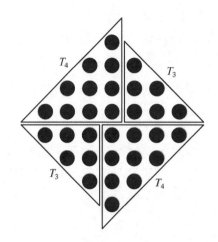

图5‑28　四个三角形2($T_4 + T_3$)可按图示排列得到与量子整数 $N_4 = 32$ 一致的点的排列

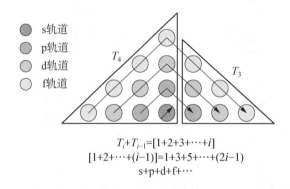

$$T_i + T_{i-1} = [1+2+3+\cdots+i]$$
$$[1+2+\cdots+(i-1)] = 1+3+5+\cdots+(2i-1)$$
$$s+p+d+f+\cdots$$

图5‑29　N_4 层二分之一的三角形数原点可以分解为 s，p，d，f 的轨道数之和（见本书插页）

　　由此，可以放大一倍后得到元素周期金字塔的"一层"，包含两个元素砖块的 s 亚层位于层的核心，p 亚层、d 亚层和 f 亚层元素分别通过在内层的外围布置 6、10 和 14 个元素砖块，直至组成完整的周期，如图5‑30所示。

　　当把这些层堆叠起来，就能形成一种金字塔的形状，其正面与侧面的视图如图5‑31所示，其中 1—4 周期元素排布如图5‑32所示。最终我们可以使用积木搭建实物模型，包含元素符号和原子序数的周期性金字塔原型，由学生构建，作为为期一周的课外活动，如图5‑33所示。

　　最后，重要的是要认识到，这里提出的周期金字塔不是作为现代二维元素周期表的替代品，因为三维金字塔显然不适合快速检索基本信息，并且只有通过旋转和移除最外层的组，才能查看金字塔中内部的所有信息。许多周期性的元素趋势，如金属特性、电负性、原子半径等，在三维金字塔中不太容易辨别。

　　"搭建"元素周期金字塔的真正价值在于构造它的思想过程，可以帮助理解和熟悉原子的电子层及其亚层的生成规则。

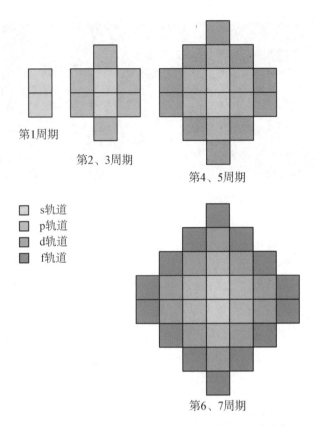

第1周期

第2、3周期

第4、5周期

s轨道
p轨道
d轨道
f轨道

第6、7周期

图5‑30　各周期所对应的周期金字塔层（见本书插页）

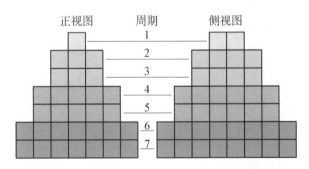

正视图　　周期　　侧视图

1
2
3
4
5
6
7

图5‑31　元素周期金字塔的正面和侧面视图，每层包含对应周期的元素（见本书插页）

第1周期　　　第2周期　　　第3周期　　　　　第4周期

												Sc		
			B			Al				Fe	Ga	Ti		
H		O	Li	C	S	Na	Si		Co	Se	K	Ge	V
He		F	Be	N	Cl	Mg	P		Ni	Br	Ca	As	Cr
			Ne			Ar				Cu	Kr	Mn		
										Zn				

图5‑32　1—4周期金字塔中第1—4周期元素排布

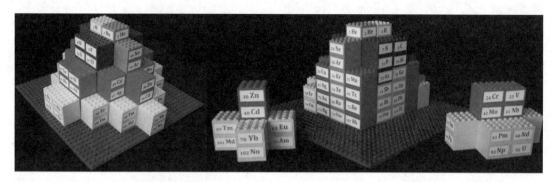

图5-33 包含元素符号和原子序数的周期性金字塔原型,并在一侧展显露出其内部的元素(见本书插页)

利用数学的三角形及其数目来表征原子核外"电子层的数目"及其"电子亚层轨道的数目"的内涵,把看似不相关的概念之间用数学表征建立起了意义联系,可以吸引学生可视化加工抽象的概念,避免通过死记硬背来学习"电子组态的规则"等相关含义。教育的目标是创造更有能力成为批判性思考者的科学家,因此,学生应该尽量减少死记硬背的学习,而倾向于从事与相关信息建立联系以及从不同视角理解阐释概念的学习活动。

四、"离子反应"多重表征转换的教学

化学有时被认为是一门困难的学科,因为它要求学生在宏观(可观察的、具体的)、微观(看不见的、抽象的)和象征性的符号(化学物质的指代)水平之间进行转换。[1] 例如学生在描述水溶液中离子反应的概念上或多或少都存在理解障碍。离子反应是一个需要学生在溶液化学中转换不同形式表征的核心知识。具体来说,离子在溶液中的变化是微观层面的;溶液和沉淀的颜色变化是可观察到的宏观层面的;需要学生写出离子方程,则是符号层面的。许多研究者发现,学生很难理解存在于溶液中离子的行为以及相反电荷离子的静电相互作用,也经常忽略一个重要的事实,即所有可溶性盐、强酸和强碱的溶液都是离子,包含相关的正离子和负离子。由于离子电荷的抽象性,学生无法在微观层面上"看到"它们。

掌握离子反应的概念有助于学生认识到电解质在水溶液中反应的微观本质,并使学生能够从宏观水平到微粒水平深入理解溶液化学。然而,研究发现,学生很难理解微观层面,以及将宏观、微观和符号层面连接起来学习离子反应。例如,铁和盐酸之间反应的本质是铁与氢离子反应生成亚铁离子和氢气。调查结果表明,学生可以正确地写出上述离子方程式,但在绘制该离子反应的粒子微观表征时存在困难。即使直接呈现给学生一个离子反应方程

---

① Johnstone, A. H. Why is science difficult to learn? Things are seldom what they seem [J]. Journal of Computer Assisted Learning, 1991,7(02),75-83.

式,他们仍然不能在粒子水平上表征实际参与的离子。也就是说,学生很难从可感知的宏观表征转换到不可感知的抽象水平的微观表征。

如何帮助学生"看到"溶液中的离子变化。一种方法是在微粒水平上创建化学反应的计算机动画。动画等可视化可以帮助学生形成物理和化学现象、过程的表征。微观化学过程的动画可以帮助学生可视化分子结构和动力学机制。虽然这些动画为学生提供了离子变化的具体画面,让他们了解了水中反应的过程,但学生们仍然坚持自己的误解。但是,仅通过动画使离子发生明显变化似乎对学生理解离子反应无效。原因之一是缺乏从微观表征到其他表征的转换。要更好地让学生理解化学反应的机理,就必须了解原子和分子的基本变化,即微观表征和宏观表征之间的切换。

教师在教授化学反应时,应该帮助学生建立宏观实验现象与微观本质层面之间的联系,因为这些联系将促进学生思维能力的发展。

为了连接微观和宏观,教师设计了基于传感器技术的课堂实验,该技术将数据收集和屏幕上显示的离子变化及实验室环境中的实验现象相结合,呈现出某一物理量数值随着时间进程发生变化形成的数据图像,通过这样的数学表征来实时反映化学变化的过程。基于传感器和与之相连的数据采集器来采集数据,教师充分对该图像信息(数学表征)进行解析,阐释这一数学表征与物质的宏观变化过程(宏观表征)相一致的化学变化所蕴含的微观意义(微观表征),用离子反应方程式(化学符号表征)来提炼表达这一化学本质。数据表征用于解释化学变化过程,包括将学科知识与可视化的二维坐标图像(纵轴是某一物理量-横轴是间进程)信息联系起来。

电导率的概念被用作溶液中游离离子数量的一种量度。由于离子反应是关于水溶液中离子变化的反应,为此可以通过电导率传感器便捷测量来反映溶液中离子的数量,解决学生在学习离子反应时遇到的困难。[①]

离子反应是专门用于表示离子在溶液中发生化学变化的反应。所有可溶性盐、强酸和强碱的溶液中存在的都是离子。例如,当含有 H^+ 和 SO_4^{2-} 离子的 H_2SO_4 溶液与含有 Ba^{2+} 和 OH^- 离子的 $Ba(OH)_2$ 溶液混合时,发生的化学反应,见离子方程式(符号表征)(1):

$$2H^+ + SO_4^{2-} + Ba^{2+} + 2OH^- \Longrightarrow BaSO_4(s) + 2H_2O \qquad (1)$$

在上述反应中形成的 $BaSO_4$ 是一种不溶性物质,也就是说,固体形成并从溶液中分离。这样的反应称为沉淀反应,形成的固体称为沉淀物。

因为 HCl 和 NaOH 在溶液中发生中和反应,没有固体产物,发生的化学反应,见离子方

① Ye J, Lu S & Bi H. The effects of microcomputer-based laboratories on students macro, micro, and symbolic representations when learning about net ionic reactions [J]. Chemistry Education Research and Practice, 2019, 20(01): 288 - 301.

程式(符号表征)(2):

$$H^+ + Cl^- + Na^+ + OH^- \Longrightarrow Na^+ + Cl^- + H_2O \tag{2}$$

这个化学方程式叫做完整离子方程式,所有可溶强电解质的物质都用离子表示。完整的离子方程式表明只有部分离子参与了反应。Na^+ 和 Cl^- 离子在反应前后都存在于溶液中。不直接参与反应的离子称为"旁观者离子"。参与这个反应的离子是 H^+ 和 OH^-,它们结合在一起形成液态 H_2O,发生的化学反应,见离子方程式(符号表征)(3):

$$H^+ + OH^- \Longrightarrow H_2O \tag{3}$$

这个化学方程式叫做离子方程式,它只包括直接参与反应的溶液中微粒组分,不包括"旁观者离子"。

传感器是一种用于扩展人们物理直觉的测量设备,该设备是传感器及其直接连接在一起的可显示数据图像的数据采集器,传感器也可以直接连接到配备了相关软件的笔记本电脑或台式电脑。其设备如图 5-34 所示。

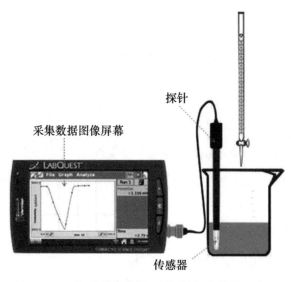

采集数据图像屏幕   探针   传感器

图 5‐34　传感器与数据采集器实验装置示意图

连接传感器的数据采集器与实验装置组装成如图 5-34 所示。装在传感器头部的探头用于测量物理量(如电导率),配有相关软件的数据采集器显示所测量的物理量的数据图像。

应用传感器可以扩展学生观察到物理现象变化的感知觉体验,电导率传感器能够帮助"看到"溶液中导电性(游离离子的数量)的变化,这是在常规实验中无法直接体验甚至测量到的。从数据采集器显示屏幕上的图像中,学生可以"看到"一个负斜率的下降趋势的曲线和一个正斜率的上升趋势的曲线。其次,数据图像提供了具体经验与符号表征之间的实时联结,是具体现象和抽象概念之间的桥梁。学生可以用这些数据图像来理解宏观实验现象,解释图像的意义和用途。

设计"预测""实验准备""观察""解释"等四阶段化学教学活动。首先,学生需要预测实验现象的演变。其次,教师和学生准备好设备仪器进行实验。然后,要求学生观察数据采集过程(数据图像的产生)以及在实验反应容器(锥形瓶)中发生化学反应的宏观实验现象。最后,学生需要将结果与他们的预测进行比较,并将结果与理论模型进行对比。

根据四阶段教学模型设计离子反应的教学活动。(1)预测——要求学生预测离子反应的现象及其溶液中微粒的演变过程;(2)实验准备——要求学生准备搭建设备仪器进行实验;(3)观察——不仅需要学生通过观察反应器中发生的宏观实验现象来解释两种酸碱滴定的微观性质,还需要观察在滴定过程中呈现的电导率曲线的变化;(4)解释——要求学生解释和描述上述反应的微观实质。最后,要求学生根据他们之前对宏观现象的观察和对这些滴定反应过程中微观性质的解释,写出化学反应方程式。

在学生参与滴定反应的实验后,教师帮助学生总结滴定反应的微观本质,并阐释离子反应的概念,指导学生根据自己的经验写出正确的离子方程式,不仅注重培养学生的微观表征能力,还需要强调在宏观、微观、符号表征之间建立联系,促进学生理解离子反应的概念。

为离子反应学习设计基于电导率传感器测量"酸碱滴定"的两个实验活动。一个是向氢氧化钡溶液中滴定稀硫酸,另一个是向氢氧化钠溶液中滴定盐酸。连接传感器的数据采集器可自动记录数据并输出数据图像。

在向 $Ba(OH)_2$ 溶液中滴定稀 H_2SO_4 溶液的实验活动中,需要向学生解释并建立离子与电导率之间的联系。在如图 5-35(a)所示的数据图像中,学生可以"看到"一条负斜率的、呈现下降趋势的曲线,直到它接近零。然后继续滴定时,学生可以"看到"一条正斜率的、呈现上升趋势的曲线。结合该数据图像,要求学生推断下降曲线段、最低点和上升曲线段所蕴含的意义,即要学生分析解释在化学反应过程中,溶液中离子数量发生了怎样的变化?

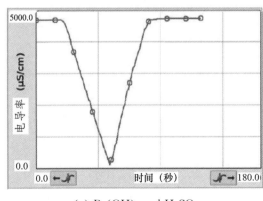

(a) $Ba(OH)_2$ and H_2SO_4

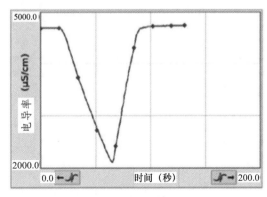

(b) NaOH and HCl

图 5-35 滴定过程中电导率随着时间进程的变化

在向 NaOH 溶液中滴定 HCl 溶液的实验活动中,需要向学生解释并建立溶液中离子反应与电导率的变化之间的关系。由离子方程式(2)($H^+ + Cl^- + Na^+ + OH^- \Longrightarrow Na^+ + Cl^- + H_2O$)和离子方程式(3)($H^+ + OH^- \Longrightarrow H_2O$)可知,$Na^+$ 和 Cl^- 是"旁观者离子"。在滴定开始时,数据图像中出现了与前者相似的曲线变化趋势,如图 5-35(b)所示。首先,要求学生提出一个关于溶液中离子反应的微观过程的假设。然后随着滴定反应的进行,在滴定结束之前,要求学生预测曲线的发展趋势是否会像图 5-35(a)一样下降到零。最后,观察完整过程的数据图像,以验证他们的猜想。

根据实验过程中呈现的数据图像(数学表征),教师可以设计测量评价学生宏观、微观和化学符号表征的题目。例如,第一个题目是测试学生对离子反应的微观表征。采用的是 HCl 和 NaOH 的滴定反应,和第二个实验一样。要求学生们画出反应前、反应中、反应后溶液中存在的离子情况。第二个题目是评估学生的化学符号表征。具体来说,给出离子方程式:$Ba^{2+} + SO_4^{2-} \Longrightarrow BaSO_4$,要求学生写出完整的正确的离子方程式。由于给出的离子方程式包含了离子结合成沉淀物质的微粒信息(Ba^{2+} 和 SO_4^{2-} 生成白色沉淀 $BaSO_4$),该题目也可以评估学生在化学符号、微观和宏观表征之间的转换能力。第三个题目是评估学生是否能够根据解决方案中包含的微粒信息对离子反应进行化学符号表征和宏观表征。具体来说,需要学生写出两个溶液之间可能发生的离子方程式,并根据水溶液中电解质的具体信息预测相应的宏观现象。

实验活动中,教师与学生们的对话如下:

教师:这张数据图像是否有助你学习理解离子反应的概念?

学生 A:是的。因为我可以看到显示屏幕上的曲线在不断变化。

学生 B:没错,曲线一直在变化,这让我明白溶液中有一些变化,尽管在一个反应完成前我们无法观察到任何颜色的变化。

教师:你是如何利用数据图像中的曲线变化来认识和学习离子反应的?

学生 A:我看到曲线的时候,尤其是它的最低点,相当于一个边界,左边的反应物(碱)没有完全中和,而右边是过量滴定剂(酸)的加入。

学生 C:是的。当电导率达到最低点时,反应物被完全中和。此时,溶液中的微粒数量处于最低水平。

学生 D:是的。我们可以推断,溶液中的微粒在离子反应前后在曲线的最低点开始发生转变。

学生 A:曲线的下降过程等于离子之间的反应过程。

学生 B:当曲线再次上升时,滴定剂过量,然后这些离子之间没有发生反应。

学生 C:曲线的变化提供了一些定量信息,我们可以清楚地了解粒子在不同反应阶段的行为。

综上,学生们提到了他们感兴趣的数据图像中曲线的变化,特别强调了曲线的最低点,并认为这些数据图像(数学表征)对于学习离子反应是有用的。学生们将数据曲线的变化与溶液中微粒的数量变化联系起来,虽然他们没有亲眼"看到"溶液中的微粒。

通过数据传感器呈现电导率曲线(数学表征)能帮助学生将宏观表征与微观表征联系起来。离子是溶液中的微粒,学生想象它们在离子反应过程中是如何变化的,并把离子的微观变化过程用离子方程式描述表达出来(化学符号表征)。连接电导率传感器的数据采集器扩展了一个人看到物理现象变化过程中的视觉体验,用数据图像揭示了离子变化过程的微观本质,通过电导率变化的数据图像等数字曲线的信息表征。如果没有传感器的数据图像来表征离子的化学变化,学生则看不到也很难想象溶液中离子的任何变化。传感器的数据图像帮助学生构建了电导率变化与离子变化之间的联系,将数学表征、宏观表征、微观表征与化学符号联系起来。

在第一个实验中,学生发现电导率数据在下降,直到到达最低点,如图 5 - 35(a)所示,这与他们的预测一致。学生解释说,电导率数值下降到几乎为零,因为溶液中没有离子,是由于通过离子反应产生了一种不溶性盐和属于弱电解质的水。当他们看到电导率数值从最低点开始升高时,学生解释说,电导率升高是因为生成了新的自由移动的离子,这些离子是由过量的硫酸滴入溶液产生的。

在第二个实验中,学生解释说,并非所有离子都像第一个实验一样通过观察曲线中高于 0 的最低点来反应,如图 5 - 35(b)所示。此外,针对数据图像中的曲线及其拐点(如最低点)的含义,学生总结解释出拐点左侧电导率的下降是由于溶液中离子之间发生了化学反应,而拐点右侧表示反应物(滴定剂)处于过量状态。学生们若仅通过观察宏观实验现象可能很难分析得出溶液中粒子的行为,而电导率变化曲线则为学生依据观察到的宏观实验现象来分析离子在化学反应前后的变化提供了桥梁。

另外,可以依据电导率与浓度之间的数学函数关系来设计化学实践活动。

化学教育有几个重要的教育目标:向学生介绍科学领域和科学家研究自然的方法;为学生提供未来课程所需的背景知识;帮助学生培养解决问题的能力。这不仅适用于化学,也适用于其他学科课程和日常生活。[1] 实现这些目标所面临的挑战是,学生们不知道他们所学的知识与该领域的科学研究有何关联,也无法在不同学科之间建立良好的联系,如数学、计算机技术和化学。跨学科是指通过整合不同学科的概念、方法和理论框架,产生新的概念和理论,从而对科学研究中遇到的问题产生新的见解和认识。[2] 在不同学科之间建立联系,如将化学与生物学、地理学、哲学、艺术、工业或环境等不同领域联系起来。通过跨学科课程的学

① Moore, J. W. High school chemistry [J]. Journal of Chemistry Education, 2006,83(11):1575.
② Brown, E. N. Interdisciplinary research: a student's perspective [J]. Journal of Chemistry Education, 2002,79(01):13 - 14.

习,学生了解了一个学科在另一个学科中的作用,提供了解决问题的新方法和新思路。

学生需要更多的跨学科课程,以帮助他们理解各种学科,并使他们能够发展更多的解决问题的方法。要培养具有开阔视野和强烈好奇心的新一代创新人才,就必须以简单易懂的方法开展跨学科活动,为学生从事科学研究搭建桥梁。跨学科课程不仅使学生了解不同学科的相互应用,而且使他们思考所学知识是否可以在其他领域有更多的应用。

在化学研究和工业生产中,不可避免地要经常接触电解质溶液,因此,深入理解溶液的电导率是电解质溶液的重要性质之一具有重要意义。通常,溶液的电导率随着电解质溶液的浓度而增加。然而,在某些情况下,随着溶液中离子浓度的增加,阴离子和阳离子之间的相互作用增加,导致离子迁移速率降低,从而电导率达到最大值,然后降低。因此,研究溶液电导率与浓度之间的关系对于预测电导率的变化非常重要。

物质的导电性可以通过其中原子的类型、相互作用、运动来描述和预测,并且可以通过原子和分子成分以及它们之间的作用力来理解。在高中化学课程中,溶液电导率的变化仅限于知道其随着浓度的增加而增加。

虽然高中生已经知道溶液中存在的各种离子相互作用,但他们并不知道这种相互作用对溶液电导率的影响。

当测量电解质溶液的电导率时,不方便测试所有浓度的电导率。在科学研究和生产应用的实际过程中,通常需要使用数学和计算机技术来建立电导率随浓度变化的数学模型。该模型允许预测浓度未知的溶液的电导率,并有助于分析影响电导率变化的因素。

尽管已经研究了电导率与浓度的各种数学模型,但它们相对复杂,大多数模型并不适用于所有浓度范围。学生很难用这些现有模型来解释电导率随浓度升高而下降,更重要的是,他们不知道如何根据实验数据建立数学模型。许多复杂的数学公式是直接给出的,告诉学生每个物理量的含义,但忽略了这些公式建立的真实过程。

由此,可设计基于计算机软件结合实验数据建立数学模型的化学跨学科主题教学单元。高中生已经知道溶液的导电性随着浓度在一定范围内的增加而增加。向学生介绍学习一种计算机软件,用来分析实验数据的工具。它是科学家和工程师用来建模、模拟、分析、拟合和绘制实验数据的软件,而不需要学习复杂的编程语言。这里所描述的学习过程不仅适合于借助计算机软件向高中生介绍数学在化学中的应用,也适合于激发 STEAM(科学、技术、工程、艺术和数学)领域的好奇心。应用数学表征以拓展化学的宏观、微观和符号表征等层面的理解。学生首先观察实验现象(宏观表征),通过分析仪器测量得到实验数据(数学表征),学生结合数据变化分析其中的可能原因,考虑离子之间的相互作用(符号表征)是否影响溶液的电导率(微观表征),由这种效应引起的溶液电导率变化是否有规律可循,是否可以转化为数学模型(数学表征)。有关电导率与浓度关系之间的数学表征的化学实践活动设计如表5－6所示。

表 5-6　实践活动顺序、师生活动以及大概需要的时间(分钟)[①]

课时	教 师 指 导	时间	学 生 活 动	时间
1	课堂展示活动 1:回顾溶液的导电性如何随着电解质浓度的增加而增加	5	问题解决活动:学生通过宏观磁扣类比活动想象离子浓度效应	40
2	课堂展示活动 2:电导率降低的潜在原因	10	分享研究报告 1:学生使用他们研究的方法试图建立电导率和浓度之间的数学模型	35
3	课堂展示活动 3:从实验数据推导数学模型的常用方法和原理的解释	45		0
4		0	学生们用软件找出与他们收到的数据变化相对应的方程式	20
			分享研究报告 2:学生写下他们的结果	25
5		0	课堂互动活动:学生提出同学和老师讨论的问题	45
6		0	研究论文:学生重新拟合实验数据,并将结果写在一篇短文中	25
			总结及分享活动:讨论了拟合效果不佳的问题;教师带头找出原因和解决方案	20

课堂展示活动 1

首先简要回顾了溶液的导电性如何随着溶液中电解质浓度的增加而增加。以 $CaCl_2$ 为例,在较低浓度范围内,电导率基本随浓度的增加而线性增加;而在较高浓度范围内,电导率可能随浓度的增加而降低。

问题解决活动

首先,通过课堂互动,在白板上绘制装有溶液的容器,用绿色磁扣代表 Ca^{2+},蓝色磁扣代表 Cl^-,如图 5-36 所示。请学生解释:"当离子浓度(绿色和蓝色磁扣的数量)增加时,溶液中的离子的情况如何? 发生了什么?"通过使用不同颜色磁扣代表不同离子在白板上的展示,学生可以直观地观察到离子之间的距离随着溶液中离子浓度的增加而减小。这些活动帮助学生理解离子之间距离的变化可能会影响离子之间的相互作用,从而影响离子的迁移速率,改变溶液的导电性。

然后,要求学生在网上搜索影响溶液导电性下降的因素。学生们四人一组,讨论是何种原因导致溶液电导率下降,并说明自己的理解。

---

① Shang H. Connecting chemistry to mathematics by establishing the relationship between conductivity and concentration in an interdisciplinary, computer-based project for high school chemistry students [J]. Journal of Chemical Education, 2021,98(03):796-804.

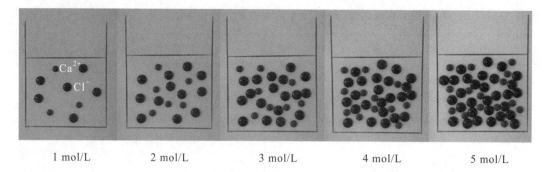

图 5-36 随着浓度的增加溶液中的离子也增加(绿色磁扣代表 Ca^{2+}, 蓝色磁扣代表 Cl^-)

最后,每个小组选出一名代表来分享小组的观点。

课堂展示活动 2

首先解释了溶液中阳离子和阴离子之间的相互作用可能会导致电导率的降低。然后,分享了来自《CRC 化学与物理手册》[①]20℃时电导率随每种常用电解质溶液浓度变化的数据,并观察了每组数据变化的特点。

提出问题:大多数数据的趋势具有相似的特征,是否可以推导出与数据变化相对应的数学模型?

分享研究报告 1

学生写一份研究报告,解释数学模型从数据中推导出来的常见方法,包括具体步骤,例如可以使用哪种计算机软件来帮助建立模型。每个学生都得到一个实验数据集。学生尝试用他们从网上或图书馆找到的方法建立电导率和浓度之间的数学模型。

然后,学生写下他们在建立模型的过程中遇到的问题。学生用他们找到的方法来解决他们面临的问题。当遇到新问题时,他们会总结它,并再次尝试找到解决方案。这是一个非常有效的自主学习过程,可以帮助学生深入学习单一学科的内容。写研究报告的方法可以应用于大多数跨学科的学习项目,是训练学生发现和解决问题的好方法。与只是思考相比,及时将问题和想法写下来,不容易被遗漏,有助于学生对问题和想法进行总结和比较。

课堂展示活动 3

展示活动包括两个部分:

(1) 在展示结果时,教师首先评估学生的研究报告。通过对学生的研究报告的分析,教师发现,大多数学生都是从他们已经学过的数学方程中进行选择,如等式 1 和等式 2,根据数据变化的特点(κ 为电导率,c 为溶液浓度,KA、KB、KC、KD 为方程的参数),得到线性数据的学生采用将两个实验数据代入数学方程①的方法求解相应的参数。但是学生发现,除了他们选择的两个实验数据外,其他数据都不太符合自己建立的数学方程。

---

① Haynes, W.M. CRC handbook of chemistry and physics, 97 ed [M]. Boca Raton: CRC Press, 2017:5-71.

有学生发现，利用数据拟合的思想，可以得到符合离散数据变化的数学方程。此外，一些学生找到了数据拟合的特定软件，但没有人能用他们找到的软件成功地得到拟合结果。毕竟，他们没有权限使用软件，也没有足够的时间。

面对非线性数据的学生能够选择与数据变化大致匹配的数学方程。大多数学生选择数学方程②，当 $KC=2$ 时选择二次型。主要问题还在于如何求解方程的参数来拟合离散数据。

由学生构建的模型不一定是最好的选择，也不一定符合实验数据变化的特点。但是这样一个自主的研究过程对于培养学生对数字和形状组合的思考是非常重要的。

数学方程①：$\kappa = KA \times c + KD$

数学方程②：$\kappa = KA \times c + KB \times cKC + KD$

（2）教师随后正式解释从实验数据推导数学模型的几种常用方法和原则。在实际的实验过程中，得到的数据大多是离散的。建议采用数据拟合的思想，得到符合数据变化趋势的数学方程。以数学方程②为例，为了得到更好的拟合结果，KC 的值可以不是整数，也可以是小数。最后，采用最小二乘法对数据进行分析和拟合。可通过现场展示，给学生举例，教他们使用该软件。模型推导过程分为两个步骤。第一步是选择符合实验数据变化特征的数学方程。第二步是使用相关电脑软件（如 SCIENTIST）将数据与所选方程拟合。利用软件可以计算出方程的参数。可以尝试不同的数学方程，直到找到最符合数据趋势的那个方程。通过全体同学和老师的努力，希望找到一个方程，可以适合所有的实验数据，只是在方程中使用不同的常数值。

分享研究报告 2

借助使用相关软件，学生试图找到与他们获得的数据变化相对应的数学方程。在这个过程中，会遇到各种各样的问题，比如选择的数学方程不适合已知数据，或者软件设置的参数有误，导致无法继续。然后，学生将根据所遇到的问题和推导出的数学方程写一份研究报告。当学生分析一个问题时，他们不断地发现新的问题，然后对一个又一个问题提出解决方案，了解每个问题的原因。这种学习过程是培养学生好奇心的好方法。

课堂互动活动

在这个活动中，不同的学生提出自己的问题，老师或同学可以参与每个问题的讨论。学生通过课堂上与老师的互动和交流，逐个解决不同的问题，并成功推导出所给数据对应的数学方程；使学生真正体验到科研的基本过程，增强解决问题的信心。最后，通过分享每个学生的研究结果，找到与实验数据变化最匹配的数学模型（如数学方程③所示），其中 k（mS/cm）是导电性；c（mol/L）是溶液的浓度。在一定范围内，导电性随溶液中离子浓度的增加而增加，取 KA 作为离子浓度对导电性的影响因素。由于溶液中离子之间存在相互作用，因此将 KB 和 KC 设为离子相互作用因子。当浓度上升到一定程度时，如果离子之间的相互作用严重影响溶液的导电性,则 KB 可能为负。影响用幂函数表示。

数学方程③:$\kappa = KA \times c + KB \times cKC + 0.002$

数学方程③和数学方程②有一些相似之处,但 KC 并没有具体设置为 2 或任何其他整数。这样,在拟合数据时,可以得到较好的拟合结果。毕竟,离子在不同溶液中的相互作用可能是不同的。由于纯水的电导率也较弱(课堂现场测试),可以将纯水的电导率值设为 $0.002\,mS/cm$。

根据数学方程③,学生们再次拟合实验数据,并将结果写进一篇简短的描述性论文,叙述他们所经历的推导一个简单数学方程的过程。

总结及分享活动

学生收集所有的推导结果,在老师的帮助下找出拟合不良的原因,然后重新整理(如表 5-7 和图 5-38 所示)。R^2 值均达到 0.99,说明所建立的数学模型能够有效地描述溶液的电导率与浓度的关系。

表 5-7 化合物参数估计值

formula	KA	KB	KC
NH_3	-0.31 ± 0.08	1.17 ± 0.08	0.49 ± 0.07
NH_4Cl	118.36 ± 2.83	-18.24 ± 2.92	1.47 ± 0.07
$(NH_4)_2SO_4$	269.69 ± 36.67	-144.85 ± 36.93	1.19 ± 0.05
$BaCl_2$	196.65 ± 8.67	-72.16 ± 8.87	1.55 ± 0.09
$CaCl_2$	210.07 ± 13.75	-90.13 ± 12.83	1.46 ± 0.04
$CsCl$	99.39 ± 1.26	2.64 ± 1.30	0.24 ± 0.18
$C_6H_8O_7$	-13.37 ± 3.03	20.51 ± 3.03	0.69 ± 0.04
$CuSO_4$	388.86 ± 273.09	-348.71 ± 273.09	1.05 ± 0.04
$HCOOH$	-3.58 ± 0.35	8.99 ± 0.34	0.70 ± 0.02
HCl	332.14 ± 1.95	0.0	0.0
$LiCl$	94.97 ± 1.82	-29.00 ± 1.55	1.46 ± 0.01
$MgCl_2$	222.37 ± 14.44	-123.11 ± 14.21	1.34 ± 0.03
$MgSO_4$	136.18 ± 3.86	-91.74 ± 3.92	1.27 ± 0.01
$MnSO_4$	162.84 ± 32.28	-122.01 ± 32.43	1.18 ± 0.05
HNO_3	354.13 ± 2.65	0.0	0.0
$H_2C_2O_4$	-2.73 ± 23.80	98.42 ± 22.55	0.68 ± 0.05
H_3PO_4	58.06 ± 3.42	-1.86 ± 1.85	2.36 ± 0.50

formula	*KA*	*KB*	*KC*
KBr	127.78 ± 7.05	− 22.78 ± 7.13	1.32 ± 0.10
K_2CO_3	195.96 ± 12.44	− 65.82 ± 12.96	1.51 ± 0.10
KCl	110.86 ± 4.48	− 7.79 ± 4.51	1.95 ± 0.40
KH_2PO_4	92.90 ± 3.92	− 39.76 ± 3.77	1.39 ± 0.06
$KHCO_3$	99.25 ± 4.62	− 30.57 ± 4.73	1.41 ± 0.06
K_2HPO_4	236.78 ± 29.94	− 138.97 ± 25.71	1.26 ± 0.09
KOH	254.20 ± 23.01	− 63.99 ± 22.87	1.30 ± 0.14
KI	106.67 ± 1.71	3.27 ± 1.50	0.46 ± 0.13
KNO_3	121.85 ± 2.99	− 38.09 ± 3.05	1.38 ± 0.03
$KMnO_4$	131.09 ± 31.18	− 51.20 ± 26.80	1.27 ± 0.27
K_2SO_4	263.44 ± 13.52	− 134.18 ± 13.15	1.22 ± 0.03
$AgNO_3$	126.89 ± 8.57	− 55.52 ± 8.52	1.30 ± 0.04
$NaC_2H_3O_2$	81.61 ± 10.39	− 37.35 ± 10.08	1.40 ± 0.08
NaBr	94.85 ± 1.83	− 13.46 ± 1.58	1.81 ± 0.05
Na_2CO_3	218.57 ± 14.00	− 145.89 ± 14.13	1.24 ± 0.02
NaCl	95.79 ± 1.53	− 18.02 ± 1.29	1.65 ± 0.03
NaH_2PO_4	92.41 ± 11.19	− 56.62 ± 11.04	1.25 ± 0.04
$NaHCO_3$	78.67 ± 6.18	− 36.29 ± 4.95	1.56 ± 0.18
Na_2HPO_4	164.25 ± 6.92	− 115.89 ± 5.14	1.38 ± 0.04
NaOH	206.82 ± 0.66	− 40.76 ± 0.72	1.77 ± 0.02
$NaNO_3$	126.31 ± 8.58	− 57.44 ± 8.23	1.29 ± 0.03
Na_2SO_4	344.83 ± 129.43	− 261.81 ± 129.77	1.13 ± 0.07
$Na_2S_2O_3$	189.10 ± 7.93	− 90.26 ± 7.76	1.43 ± 0.03
$SrCl_2$	184.81 ± 4.66	− 65.25 ± 4.71	1.61 ± 0.03
H_2SO_4	501.95 ± 12.29	− 152.55 ± 7.26	1.64 ± 0.12
CCl_3COOH	342.16 ± 3.86	− 147.64 ± 4.05	1.63 ± 0.02
$ZnSO_4$	166.36 ± 25.75	− 124.76 ± 25.76	1.17 ± 0.04

由表 5 - 7 可知,当 *KB* 为负值时,说明当浓度增大时,离子之间的相互作用降低了溶液的电导率;当 *KB* 为正值时,随着浓度的增加,离子之间的相互作用不会对电导率产生严重的影响。对于所有弱电解质溶液,随着溶液浓度的增加,电解质的电离度可能降低,这可能

不利于电导率的增加,因此 KA 为负。由于 HCl 和 HNO₃ 的数据具有良好的线性关系,因此将 KB 和 KC 设为 0,说明离子之间的相互作用对其导电性基本没有影响。但需要注意的是,在《CRC 化学与物理手册》中,HCl 和 HNO₃ 只有 3 个数据点,通常需要更多数据点进行拟合,以增加拟合结果的可信度。

推导的数学模型可以预测低浓度和高浓度下待测浓度的电导率。以 $CaCl_2$ 为例。在《CRC 化学与物理手册》提供的实验数据中,没有测量到浓度为 4 mol/L 时的电导率,但可以将浓度代入得到的数学模型中,得到相应的电导率(如图 5‑37(b)所示)。反过来,当测量溶液的电导率时,也可以通过得到的数学方程计算出相应的浓度。如果时间允许,还可以向学生介绍如何通过绘图软件将所获得的数学模型以图像的形式直观地呈现出来。

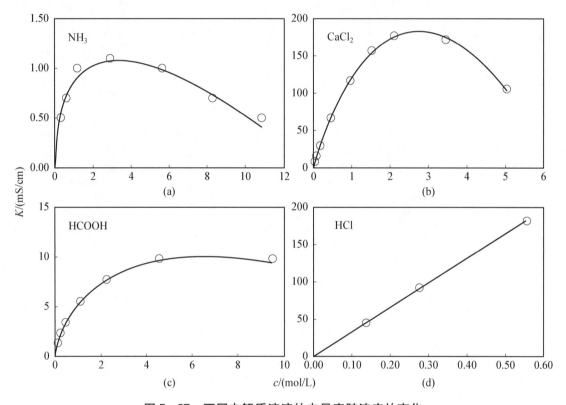

图 5‑37   不同电解质溶液的电导率随浓度的变化

注:(a)NH₃ 溶液;(b)CaCl₂ 溶液;(c)HCOOH 溶液;(d)HCl 溶液。

图 5‑37 中的四个例子中,圆圈表示《CRC 化学与物理手册》中的实验数据。[1] 实线是与实验数据变化最匹配的数学模型。

图 5‑38 中的圆圈是《CRC 化学与物理手册》中的实验数据。[2] 实线是与实验数据变化

① Haynes, W. M. CRC handbook of chemistry and physics, 97 ed [M]. Boca Raton: CRC Press, 2017:5‑71.
② Haynes, W. M. CRC handbook of chemistry and physics, 97 ed [M]. Boca Raton: CRC Press, 2017:5‑71.

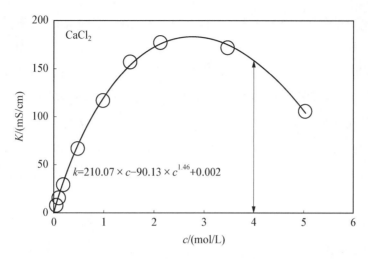

图 5-38　CaCl₂ 溶液的电导率随溶液浓度的变化而变化

最匹配的数学模型。红线表示在 4 mol/L 时,没有实验数据,但可以用得到的数学模型进行计算。

教学步骤可以根据实际教学时间进行调整。例如,在课堂互动活动中,有些学生可能会提出各种各样的问题,这可能会影响原有的教学安排,但还是强烈鼓励学生之间互相提问,老师尽量不要过度教学。

教学前后调查结果显示,大多数学生认为自己已经掌握了构建符合离散数据的数学方程的能力。例如,从图 5-39 的调查结果可以看出,在课程结束后,询问学生们"能否建立与图中数据相匹配的数学方程"时,15%的人表示有点同意,78%的人表示完全同意。

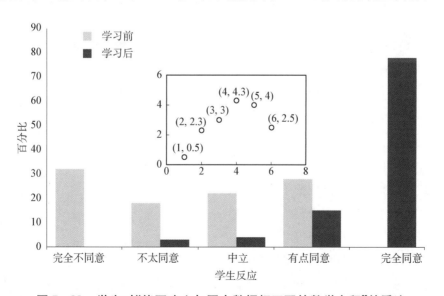

图 5-39　学生对"能否建立与图中数据相匹配的数学方程"的看法

对溶液的电导率和浓度之间关系的数学表征是化学实践活动的一个重要环节。也许有必要继续研究推导出的数学方程中各种参数的更深层次的物理含义,例如它们是否与其他物理量有关,以便找出影响电导率的更精确的原因。但高中生专注于通过推导数学方程的过程,发现科学研究的乐趣。通过数学表征化学概念的内涵,学生学会了如何运用不同表征方式来解决理解化学的问题,把在数学学科中学到的知识和技能迁移应用到化学学科,对化学实验的离散数据进行拟合,并构造符合变化数据特点的数学方程,帮助其发生真正的学习,同时激发好奇心,培养兴趣,为学生的独立思考、自由探索和创新思想创造良好的环境氛围。

本章学习任务

1. 使用教科书、课程或文献资源的信息,设计一份化学多重表征教学方案。强调说明可以通过哪些表征方式帮助学生理解化学概念、知识和技能。

2. 反思你所设计的化学多重表征教学方案,解释该方案是否适用于该学习目标,以及如何使用。描述你认为学生将受到的挑战、支持理解的支架,以及还有哪些不足。

3. 请设计开发一份化学概念理解测验,用于评估学生对化学概念的理解和应用。要求如下。

（1）该测验由两部分组成。

第一部分包括 10 个选择题,要求学生从四个选项中选择一个认为正确的答案。

第二部分包括第一部分的 10 个选择题的简答题,要求学生对 10 个题目的选择项进行简单的解释。

（2）在构建这些题目时,需要考虑以下能力:

① 用实例说明。

② 比较、对比、分类。

③ 联系相关信息。

④ 将信息应用于给定的条件或情况。

⑤ 根据给定的数据进行预测。

⑥ 从数据中解释并得出结论。

（3）学生的回答用以下标准划分水平:

① 4 分,最佳理解。正确的选择伴随着完全正确的解释;这是最好的情况,表明对概念有正确的理解。

② 3 分,部分理解。正确的选择伴随着正确但不完整的解释。

③2分,存在误解。正确的选择伴随着不正确的解释;大多数情况下,学生可能会选择正确的答案,但解释错误。

④1分,不正确。错误的选择伴有正确但不完整的解释。

⑤0分,最差的理解。错误的选择伴随着一个错误的解释。

第六章　化学大概念教学

本章目标预览

通过本章学习,你能够:

- 理解结构化教学。
- 理解化学大概念。
- 理解化学大概念的不同分类及其教学应用价值。
- 应用化学大概念实施单元教学设计。
- 应用化学大概念实施实践教学设计。

本章内容引导

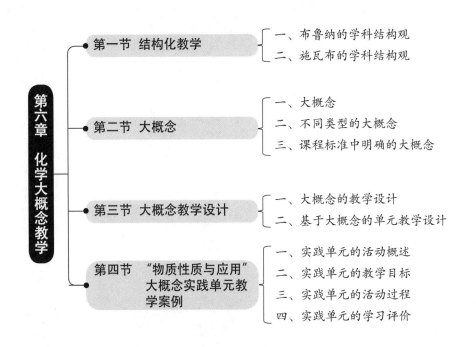

第一节　结构化教学

一、布鲁纳的学科结构观

布鲁纳 1960 年出版的《教育过程》论述了学科课程与教学的结构化思想。任何一门学科都有一个基本结构,具有其内在的规律性。不论教什么学科,都必须使学生理解该学科的基本结构,而学科的基本结构即各门学科的基本概念、基本原理和规律。

(一) 理解学科结构的重要性

第一,任何一门学科都有它的基本的知识结构。学生学习的主要任务是掌握该门学科基本的知识结构,在头脑中形成相应的知识体系或符号系统。

第二,教学不能逐个地教给学生每个事物,最重要的是使学生获得一套概括了的基本原理或思想。这些原理或思想构成了理解事物的最佳的认知结构。教学的任务就在于让学生形成这种认知结构。为此,在教学活动中必须把各门学科的基本结构的学习放在中心地位上。

第三,无论是教材的编写还是教学活动的进行,都应侧重于让学生掌握一门学科的基本结构。

(二) 学习和掌握基本结构的五大优点

第一,如果学生知道了一门学科的基本结构或它的逻辑组织,他们就能理解这门学科。

第二,如果学生了解了基本概念和基本原理,有助于其把学习内容迁移到其他情境中去。

第三,如果教材的组织形式具有很强的内在知识结构性,将有助于学生记忆具体的知识细节。

第四,如果给学生提供适当的学习经验和对知识结构的合适的陈述,即便是年幼的儿童,也能学习高级的知识,从而缩小初级知识和高级知识之间的差距,便于学生从初级知识向高级知识过渡。

第五,学习和掌握基本结构有利于激发学生的学习兴趣和促进学生智力的发展。

二、施瓦布的学科结构观

与布鲁纳等人的观点相比,美国著名的课程专家、教育哲学家、生物学家约瑟夫·J·施瓦布关于学科结构的阐述则更加广阔和精细,他提出了学科结构的三种不同含义,即学科间的组织结构、学科的句法结构、学科的实质结构。施瓦布的实践课程蕴含着真实性、探究性、情境性以及过程性等本质特性。

施瓦布学科结构观的一大特点是，他对学科结构的探讨是建立在清晰的科学哲学理念基础上的，也就是说，他在确立具体的学科结构理论之前，首先确立起的是"元结构"理念。

科学哲学的主要代表托马斯·库恩于1970年独立地提出了相似的"元结构"的理念。库恩用了"范式"与"范式转换"的术语，指出"范式科学"产生于"革命科学"。

库恩和施瓦布的"元结构"理念都提供了一种确定的学科内结构，以及对各学科共同结构的检查工具；都描述了已经建立起的学科扩展的手段以及新学科开发的手段。

施瓦布认为，科学知识不是对客观事物的模写或反映，而是人的理智探究的结果。科学研究的新路线，不单要从客观事实开始，而且要始于概念，这样才能建构知识，即心智的审慎建构。施瓦布在1964年撰写的《学科结构：意义及重要性》一文中提出了三个问题：（1）存在哪些学科，这些学科彼此间是如何关联的？（2）获得有根据的知识运用了什么方法？（3）指导探究的学科概念有哪些，它们如何导致了不同的结构？这三个问题分别表征的是学科结构的三重含义，即学科间的组织结构、学科的句法结构、学科的实质结构。

（一）学科间的组织结构

学科间的组织结构所回答的是存在哪些学科类型以及这些学科彼此间存在怎样的关系。对课程设计者来说，这意味着学校课程中应包括哪些学科，该以怎样的顺序组织这些学科。

施瓦布指出，没有也不可能提出一个唯一的、权威性的答案，来说明究竟有哪些学科，有多少以及互相之间有什么关系。因为学科分类是一个极其复杂的事情。但可以归纳出学科分类的四种依据：

（1）学科内容，即学科的研究对象是什么，或对什么起作用。

（2）研究者，即需要有什么能力和习惯才能够从事学科研究工作。

（3）研究方法，即研究者用什么研究方式才能对学科内容施加影响。

（4）研究目的，即通过研究要获得什么知识或得到什么结果。

根据一种或几种学科分类依据可以对学科进行分界，如亚里士多德根据研究内容和研究目的把学科分为三类：①理论性学科（包括物理、数学、形而上学）；②实践性学科（伦理学、政治学）；③生产性学科（美术、应用美术等）。实证主义哲学家则根据学科内容提出了"科学的实证等级"：数学、物理学、化学、生物学、社会科学。

（二）学科的句法结构

学科的句法结构即学科的方法论，是关于学科的程序、方法以及学科如何运用概念去达到目的的模式。对课程设计而言，学科的句法结构意味着如何在课程中重构具体课题的探究历史，如何把方法的教学和内容的教学有机融合。

施瓦布指出,不同学科的句法结构可能存在着重大差异,因为不同的学科是通过不同的概念结构去探究各自学科的内容的。这种句法结构的差异所具有的意义在于,大多数学科的大多数陈述就像是一个句子中的单个词语,它的大部分含义并不在于词典上对它的注释,也不在于它孤立的意义,而在于它的背景,它在方法结构中的地位。这意味着在课程设计中不能把学科的句法结构形式化,应把握不同学科句法结构的特殊性。

了解学科的句法结构是学会主动探究学习的基础。在谈及句法结构的教育意义时,施瓦布认为,除非把一切知识看成任意的真正的教条,那就会把学生看成当前社会文化的被动、恭顺的奴仆。否则,就要让他们了解所要学习的每种知识体系究竟有多大的合理性和可靠性。

（三）学科的实质结构

学科的实质结构所回答的问题是指导学科探究的概念有哪些以及这些概念如何导致了不同的结构。学科的实质结构就是"由外加的概念体系所构成,这些概念限定了学科的研究内容,并且控制着学科的探究"。对课程设计而言,学科的实质结构意味着在课程中选择恰当的概念结构,并使学生了解这些概念在指导学科探究方面的效力和局限性。

施瓦布认为,学科的实质结构具有如下教育意义。

第一,学科的实质结构具有可修正性与多样性,科学知识自然也具有这两个特征,这样"一种纯粹教条式的、灌输式的课程是危险的"。在现代社会中,知识的修正发生得如此之快,甚至在学生的一生中要遇到多次,这意味着任何一种知识体系的重要性都是暂时的。应对这种情况的办法是:"科学知识的教学要跟产生该知识的研究过程联系起来。"

第二,现代科学探究倾向于寻找模型——关系的模型、变革的模型——以此作为解释原理。因此,学科的概念结构和知识体系的各部分间就具有日益增加的内在联系性和相互依赖性。这意味着课程和教学若要出现新的样态,则不能满足于描述孤立的事物、现象和观点本身,而是将事物、现象和观点整体地构成一个模型。施瓦布认为,科学知识的这种内在联系意味着,不能安然地从学科结论中选择一些自以为对学习者最有用处的只言片语了。

第三,不同学科具有很不相同的概念结构,由此导致的科学之间的差异由来已久。这意味着不同现象群之间有着真实而实在的差异,还意味着不同学科所提出的问题和搜集的资料存在着差异,这种差异不仅是不同学科历史习惯的产物,还反映了学科本身的某些根本性。明确了概念结构之间的差异就不会在课程开发和课程组织中造成混乱。

第二节　大　概　念

任何一门课程都不可能给学生提供全部知识,那么,什么知识是重要的呢? 怎么知道学生未来的工作与生活中是否会用到这些知识呢？

一、大概念

学习理论认为要提供学科知识框架,该框架应该是有结构、关联的知识体系,是围绕核心概念组织起来的。学生拥有这样的知识结构有利于他们学习更多的新知,并方便提取、迁移和应用。教学需关注学生学科知识框架的建立。第一,需要确立学科内容中的重要的、关键的概念。这个关键概念就是串联整个学科内容的支点。对学生而言,这个结构支点就如同一个固着点或称为锚点,使将来学习的新信息、新知识能"系"在这个点上。"系"的过程就是新信息、新知识与原有固着点概念产生联系的过程,固着点为新信息、新知识提供支撑,新概念、新信息获得意义,并纳入原有的概念框架,于是原有的概念框架获得增长拓展。第二,这些重要的、关键的概念是有关联的。关键概念、知识的横向之间需要相互关联,并赋予情境、条件信息,使得新知可以在相似情境中被提取,被整合运用以解决问题。第三,关键概念的学习是螺旋上升的过程。学生头脑中的这个固着点越是稳定,越是具有包容性、概括性和抽象性,就越容易为新的学习提供坚实的固着作用。随着学科内容的螺旋上升,对关键概念的理解不断加深、拓展延伸,应随关键概念的层级由上而下思考、自下而上呈现,使学生在学科知识累积中逐渐形成属性更一般、范围更广泛、更具归属作用的观念。

2009 年在苏格兰举办的一次中小学科学教育国际研讨会,形成了一份重要报告《科学教育的原则和大概念》。[①] 哈伦等科学家提出了科学教育中的大概念体系,强调科学教育不是知识片段的堆积,而是有结构的、有联系的模型。

(一) 大概念的内涵

下面从广义与狭义两个层次讨论大概念的含义。广义的大概念,指的是在认知结构化思想指导下的学科课程内容设计的方式或框架,是为避免课程内容零散庞杂,用居于学科基本结构的核心概念或若干居于课程核心位置的抽象概念整合相关知识、原理、技能、活动等课程内容要素,形成有关联的课程内容组块。大概念下可以有小概念或次级概念,从而形成结构性内容体系。狭义的大概念,同样是出于课程结构化的目的,同时强调学生对核心概念本质的理解,特指对不同层级核心概念理解后的推论性表达。狭义的大概念,首先是学科知识脉络体系中的核心概念。其次,它不是具体的事实或技能,是对事实性知识或技能的抽象与提炼,是具体知识背后的概括性含义,是学生在遗忘大部分细节后仍然能保留下来的重要理解。另外,它以抽象的意义描述的方式呈现。

---

① Harlen, W. Principles and big ideas of science education [M]. Hatfield, UK: Association of Science Teachers, 2010: 1 - 6.

有学者认为,大概念可在两个层面上讨论,一是在中观层面上探讨课程问题,例如,用若干科学大概念重构科学教育内容体系;二是微观层面,即在基于课程标准的前提下,用大概念的方法探讨单元或主题教学的设计。①

以大概念的方式设计课程究竟有什么意义?有学者从大概念功能的角度探讨大概念的本质属性,认为大概念具有中心性、可持久性、网络状、可迁移性等特点。② 还有学者认为,大概念是落实核心素养的重要途径。③ 大概念有助于达成高通路迁移,是创新力培养的重要途径。④ 从课程设计的视角来看,大概念的意义在于改变课程设计试图覆盖全面知识点的传统。学生学习某门课程,不是为了普及知识,而是建立看待世界的"透镜"。尤其是在信息"爆炸"的时代,知识不仅多而且增长快,学科课程越来越难以承载不断增长的知识,大概念的设计理念显得更加有价值。既然做不到把世界上的一切知识都教给学生,就让学生知道如何从学科的角度看待世界,主要的学科思想观念是什么,主要的学科思维方式是什么。

大概念需要分解成小概念,小概念要与事实、具体问题直接相连。学生的学习从小概念开始,逐渐深化看待世界的核心思想观念与思维方式。事实与具体问题不需要穷尽,只要足以证明小概念;小概念也无需穷尽,只要能充分推论出大概念。学生每获得一个层面的大概念,等于在头脑中建立了一个固着点(锚点),以之为框架自主吸纳、聚焦和处理信息。大概念课程设计的另一个重要意义就在于,大概念与深度理解相伴相生。大概念不是一个看得见、摸得着的事实,而是基于事实、情境的抽象与推论,大概念的学习同样以事实性知识、具体问题或具体情境为起点。但不止于此,需要在教师的引导下将事实性知识抽象、推论为较为一般的概括性知识,看到现象后再领悟其本质属性。当学生再用概括性知识看待具体事实时,可以理解得更加通透。当概念层级累积提高,学生将站得更高、看得更远,在抽象的观念与事实之间穿行,观念与事实相互解释、相互证明。在此深度理解基础上,当事实性知识被遗忘,观念则可以被持久记忆保存。这种上位层次的理解有更广的应用范围,当面临新问题、新情境时,可以被灵活提取和迁移。

大概念是要留给学生对世界的理解与看法,是基于学科事实与基本技能的学习形成的可迁移的理解。

大概念是人们理解学科内容的统摄性框架性的意义。人们凭借概念化的知识理解和建构事物的意义,在这一过程中,知识展现与认知对象相关的其他事物及其相互关系,从而为认知提供框架。巴萨鲁认为,框架、图式这两个概念指称本质上相同的"心智建构

① 崔允漷.论大观念及其课程意义[J].上海课程教学研究,2015,(10):3—8.
② 李刚,吕立杰.国外围绕大概念进行课程设计模式探析及其启示[J].比较教育研究,2018,40(09):35—43.
③ 邵朝友,崔允漷.指向核心素养的教学方案设计:大观念的视角[J].全球教育展望,2017,46(06):11—19.
④ 刘徽."大概念"视角下的单元整体教学构型——兼论素养导向的课堂变革[J].教育研究,2020,41(06):64—77.

(construct)",即人类大脑存储的抽象化经验和知识,只不过框架概念强调经验与知识的"结构特征",[1]图式理论强调"当前的认知必须参照过往的知识"。在继承这一观点的基础上,框架理论着力描写人类概念化知识的结构及其心理表征方式,图式提供了一个"模板隐喻",即在认知中,人们必须参照先前建立的图式,新信息可能与图式"一致"或"不一致",这是一个参照和匹配的过程。[2] 正因为先前的知识是一块"参照模板",人类大脑才能执行推论、弥补缺失信息、解释因果等认知任务,[3]而框架则是对这一模板具体结构的隐喻性描绘。心理学家安德森将图式理解为人类概念化知识的抽象表征,并在实际上把图式与框架这两个概念等同起来。[4] 对于理解人类知识与认知而言,图式和框架是两个相互补充的隐喻,它们都"指称"知识的认知功能,前者强调知识的模板功能,揭示认知活动中的对照与匹配机制,后者强调知识的结构性,并在画框或建筑框架的隐喻中揭示人类思维的另一个运转机制。

框架是人类概念化思维的运转机制。1970 年代中期前后,认知语言学家菲尔墨提出"框架语义学"(frame semantics),其核心观点是:"一个词唤起一个框架",或者说,一个词提供了通达特定知识的路径。[5] 在理论上,认知语言学的框架概念强调了词语的概念功能,亦即词语和词语组合在大脑中唤起概念化的知识,这些被唤起的知识则为认知提供框架。明斯基认为人类知识提供的认知框架是一个具有套嵌结构的系统,即一系列相关概念提供的子框架构成了一个网状的"框架系统"。[6] 人类认知离不开概念和概念化的知识,而框架则展现了概念的元素及其相互关系。[7] 人们在特定知识提供的框架中思考对象,而不会孤立地思考对象。框架是人类概念化思维的运转机制,特定知识提供的认知框架展现相关的事物及其关系,从而帮助人们在事物之间的关系中思考认知对象。

20 世纪 80 年代末兴起的具身认知(embodied cognition)和情境认知(situated cognition)理论重新解释了人类的概念化思维。近年来,巴萨鲁把这两种理论融合起来,重新界定了人类概念的内容,即一个概念的内容是人们逐渐积累的关于某类事物的"汇总信息"(aggregate information):不仅包含这类事物本身的信息,也包含这类事物所在情境的信息;

---

① Barsalou, L. W. "Frames, concepts, and conceptual fields" in E. Kittay, A. Lehrer, eds., Frames, fields, and contrasts, hillsdale [M]. NJ: Erlbaum, 1992:1 - 74.

② Brod, G., et al. neural activation patterns during retrieval of schema-related memories: differences and commonalities between children and adults [J]. Developmental Science, 2017, 20(06), 1 - 16.

③ 谢利·泰勒,利蒂希亚·安妮·佩普卢,戴维·西尔斯. 社会心理学(第 12 版)[M]. 崔丽娟,王彦,等译. 上海:上海人民出版社,2010:78—81.

④ 约翰·安德森. 认知心理学及其启示(第 7 版)[M]. 秦裕林,程瑶,周海燕,徐玥,译. 北京:人民邮电出版社,2012:145—149.

⑤ Fillmore, C. J. Frame semantics [M]//linguistic society of Korea, ed., Linguistics in the morning calm. Seoul: Hanshin Publishing Company, 1982:111 - 137.

⑥ Minsky, M. A framework for representing knowledge [M]//P. H. Winston, ed., The psychology of computer vision. New York: McGraw-Hill, 1975:211 - 277.

⑦ Barsalou, L. W. Concepts: structure [M]//A. E. Kazdin, ed., Encyclopedia of psychology (vol. 2). New York: Oxford University Press, 2000:245 - 248.

不仅包含抽象的知识,还包括"多模态"(multimodal)的内容,如一些具体的"范例"、知觉经验(视觉、听觉、触觉等)以及丰富的心理感受和身体体验。在巴萨鲁的重新界定中,框架仍然是概念结构的抽象表征,亦即框架"以类似陈述的方式"(in a predicate-like manner)描述概念的元素及其相互关系。[①]

人类拥有数以万计的概念以表征诸如物品、行动者、行动、事件等各种类别的事物,[②]而概念最基本的认知功能就是"分类"(categorization)和"推论"(inference),一旦对象被纳入某个类别,人们就可以根据概念提供的知识推论出对象尚未表现出的特征及可能出现的情况。[③] 具体而言,"概念"是"某类事物"的"心理表征","携带了人们关于世界的大量知识",而与概念对应的"类别"(category)则是指概念所表征的那一类事物本身。[④] 当眼前的事物被纳入特定的类别,人们就可以援用概念化知识确立的认知框架做出内容丰富的推论和因果解释,并由此理解和建构其意义。[⑤] 框架体现了人们对事物之间关系的认识和理解,或者说,特定知识提供的认知框架展现相关的事物及其关系(尤其是因果关系)。

(二)大概念与学科结构

大概念既是各种条理清晰的关系的核心,又是使事实更容易理解和有用的一个概念锚点。布鲁纳曾这样描述"结构"的概念:

掌握一个学科的结构是理解该学科的一种方式,使许多其他相关的事物有意义。简而言之,学习结构就是学习事物相关性……举一个数学例子,代数是在方程式中排列已知和未知内容的一种方式,从而使未知变成已知。这涉及三个基本法则:交换律、分配律和结合律。学生一旦掌握了这三个基本法则所体现的理念,他就能认识到解"新"方程式其实并不难。

菲利普·菲尼克斯在《意义的王国》(Realms of Meaning)一书中论述了围绕"代表性概念"进行教学设计的重要性,因为它们能使学习富有成效,代表性概念对于提高学习效率显然是非常重要的。如果一门学科有明确的特征概念可以代表它,那么对这些概念的全面理解也就相当于对整个学科知识的理解。如果一门学科的知识根据某种固定的模式进行组织,那么充分理解这些模式会使适合学科设计的主要特定要素更清晰。这样的"大概念"具有独特的功能价值:它们在该领域中引发新的知识,同时有助于初学者学习。[⑥]

① Barsalou, L. W. Situated conceptualization: theory and applications [M]//Y. Coello, M. H. Fischer, eds., Foundations of embodied cognition (vol.1). East Sussex: Psychology Press, 2016:11 - 37.

② Barsalou, L. W. Cognitively plausible theories of concepts [M]//Y. Winter, J. A. Hampton, eds., Compositionality and concepts in linguistics and psychology. London: Springer Publishing, 2017:9 - 30.

③ Smith, E. E., Medin, D. L. Categories and concepts [M]. Cambridge: Harvard University Press, 1981:8 - 10.

④ Murphy, G. L. The big book of concepts [M]. Cambridge: MIT Press, 2002:1 - 6.

⑤ 齐瓦·孔达. 社会认知——洞悉人心的科学[M]. 周治金,朱新秤,等译,北京:人民邮电出版社,2013:13—16.

⑥ Phillip Phenix. Realms of meaning: a philosophy of the curriculum for general education [M]. New York: McGraw Hill, 1964.

林恩·埃里克森对"大概念"提出了一个有用的操作定义：

（1）广泛的、抽象的。

（2）用一个或两个词汇来表征。

（3）在应用中是通用的。

（4）永恒的——从古至今。

（5）可以用具有共同属性的不同例子来呈现。[①]

在更普遍的意义上讲，关于大概念的说法是：

（1）为任何研究提供一个可聚焦的概念"透镜"。

（2）作为理解的关键，通过对多个事实、技能和经验的关联和组织来提供含义的广度。

（3）指向学科中专家理解的核心概念。

（4）需要"揭示"，因为它的意义或价值对于学生来说是很不明显的，是违反直觉的，或者是容易产生误解的。

（5）有极大的迁移价值。随着时间的推移，能被应用于许多其他情况下的探究和问题，如跨学科课程（平行方面）和同一学科多年以后的课程（垂直方面），以及学校以外的情境。

最后一个判断标准"迁移"，被证明是至关重要的，布鲁纳提出"迁移"是大概念的本质和价值所在，即在每个学科领域都有一些基本概念，这些基本概念对学者们所研究的内容进行归纳和总结，为曾经研究的内容赋予了许多意义，同时它们也为许多新问题的处理提供了基本思路。学者和教师的首要责任就是不断地探寻这些抽象的基本概念，找到帮助学生学习这些概念的方式，尤其是帮助学生学会如何在各种不同的情况下使用它们，学会使用这些准则就具备了处理各种问题的能力。[②]

大概念是指处于课程学习中心位置的概念、观念或论题等，是在事实的基础上抽象出来的深层次的、可迁移的概念。学科大概念则是隐藏在具体学科知识背后，反映学科本质、居于学科中心地位、具有广泛的适应性和解释力的思想或观点，是认识论、方法论和价值论的统一体。从这个意义上看，学科大概念是搭建学科知识结构体系的核心基点，能将分散的化学知识联结成系统、结构化的意义模型。

大概念教学是生成意义和获得方法的教学，指依据化学观念和教师的理解，结合实际教学需求和学生水平等建构大概念体系。具体而言，课程标准所陈述的素养目标或内容要求中往往包含了化学大概念的具体内容，因此，可以从课程标准的内容要求和教学建议中提炼获取化学大概念体系。例如，《义务教育化学课程标准（2022年版）》中的每个学习主题均凝练了学科大概念，在学习主题内部以"大概念"为线索，构架起包含核心知识、思路与方法、科

① H. Lynn Erickson. 概念为本的课程与教学[M]. 兰英，译. 北京：中国轻工业出版社，2003.
② 布鲁纳. 教育过程[M]. 邵瑞珍，译. 王承绪，校. 北京：文化教育出版社，1982.

学态度、实践活动等的主题内容结构,[1]使得"大概念"成为实施教学的基础。另外,也可以借助对教学重点和难点的分析来勾画大概念,实现知识点的化零为整。

休姆和贝里[2]在描述构建教学序列的过程时指出,"大概念是关键思想,关键思想是一种完整独立的陈述,它给人一种学习者需要发展的持久理解的感觉,而不是简单地记下标题、短语或问题"。如果要充分探讨大概念对教学的影响,那么解开持久理解的含义是至关重要的。

怀特利[3]对这一观点进行了补充:"大概念是理解的基础材料。它们可以被认为是有意义的模式,使人能够将原本零散的知识点连接起来。"

大概念是一个统一的原则,它连接和组织了一些较小的想法或概念以及多种经验。换句话说,整合是使大概念在教学上具有强大作用的一个角色,因为它为教师提供了方向,使学生的学习更有联系。

二、不同类型的大概念

有三种不同类型的大概念:关于学科内容的大概念、关于领域的大概念和关于高质量学习的大概念。关于高质量学习的大概念的建构,对于实现学生对学习的设想和对待学习的方式的改变至关重要。[4]

大概念在教学上是强大的,它能够提供学习活动的目的,为学生创建现实世界的链接,帮助教师根据研究证据有针对性地解决学生的学习障碍,为教师提供教学方向和建议,从而提高教与学的效率。

现分别阐述三种不同类型的大概念。

(一)关于学科内容的大概念

关于学科内容大概念,是就化学课程内容而言,可以从类别、主题和学习生成的视角,分别确立不同属性的化学大概念。

1. 类别大概念
化学大概念提供了相互关联的概念、规则和方法的框架。埃尔杜兰等人[5]提出了一个类

① 中华人民共和国教育部.义务教育化学课程标准(2022年版)[S].北京:北京师范大学出版社,2022.
② Hume, A., Berry, A. Constructing coRes — a strategy for building PCK in pre-service science teacher education [J]. Research in Science Education, 2011(41):341–355.
③ Whiteley, M. Big ideas: a close look at the Australian history curriculum [J]. Agora, 2012(47):41–45.
④ Mitchell, I., Mitchell, J. Change as journey. Paper presented at the international society for the study of teaching and teacher education. Braga, Portugal, 2011.
⑤ Erduran, S., Scerri, E. The nature of chemical knowledge and chemical education. [M]//J.K. Gilbert, O. De Jong, R. Justi, D.F. Treagust, & J. Van Driel (Eds.), Chemical education: Towards research-based practice. Dordrecht: Kluwer, 2002:7–27.

似于"大概念"的"类概念"的术语。类概念是化学实体表征的重要手段。类概念的例子有"酸"和"元素"。类概念可以支持化学家对物质和反应,微观粒子及其相互作用进行研究和分类。

在化学教育中,大概念在关于澄清化学课程目标和核心内容的讨论中非常有帮助。一方面,这些讨论可以集中在大概念的澄清及其用于教与学中特定化学概念方面的阐述。学科中的两个主要类别是指与个人和社会直接相关的化学理解。这些类型的想法可以是一般性的,也可以是具体的,尽管这些子类别之间没有明显的区别。这些不同类型的大概念的具体例子如表 6-1 所示。

另一方面,为了突出"概念性的"大概念,包括化学的大概念和关于化学的大概念,如表6-1 所示。这些类型的想法分别概括了关于物质结构和性质的基本化学理解,以及关于化学的本质和实践。语境观念和概念观念以各种方式相互联系。例如,一个特定背景下的想法可以包含几个不同的概念想法,而一个特定的概念想法可以理解几个背景中的想法。化学中的大概念通常指的是表 6-1 中总结的不同类别思想的组合。

表 6-1　化学中的大概念分类及示例

化学中的大概念类别	大概念示例
背景大概念	
一般	化学促进可持续发展
特殊	臭氧层化学和影响,海水中的化学
概念性的大概念	
化学的	化学键;化学平衡
关于化学	物质的结构、性质和用途

2. 主题或标题大概念

为学生提供广泛的学科思想和主题,作为该学科或其他相关学科进一步学习的准备,或者,如果学生不打算进一步学习,只是让他们对该学科的内容有一个概念。有研究认为一个"宽一英里、深一英寸"的课程为学生提供了大量的材料,却没有适当的结构性支持,使学生能够在所介绍的事实或技能之间建立起联系,理解这些事实或技能。[①] 这样的课程很难使学生建立起一个连贯的知识框架,因为通过这种"大而不当"的方式组织起来的学科内容是零散的。因此,学生在学完这些课程时,往往没有什么可用的知识能迁移到以后的学习中,也无法对该学科的结构有所了解。这意味着绝大多数的学生在学完这些课程后不会再学习化

① Schmidt, W. H., McKnight, C. C., & Raizen, S. A. A splintered vision: an investigation of us science and mathematics education [J]. Springer Science & Business Media, 2002.

学,他们将永远没有机会对化学建立起一个连贯的理解和宏观的认识。这也意味着,许多继续学习后续课程的学生往往没有准备好在新的情况下使用他们所掌握的知识。

大概念的产生和制定是个不断变化的问题。大概念从何而来?化学大概念通常是围绕学科核心概念来表达的,如"原子""化学键""化学反应"。它们往往代表了化学家关于物质的性质和行为的基本知识。对教师来说,更常见的大概念来源是化学课程中的主题、标题或教科书中的章节标题,这些化学大概念强调了该领域中重要的核心思想,目的是侧重于减少孤立概念的总数,并作为思想框架以促进学生理解。例如,"元素周期率(表)"之所以被称为大概念,是因为它是在成功解释和预测的基础上被广泛接受的科学理论的典范;它已经被完全简化为量子力学(quantum mechanics,简称 QM),量子力学家利用周期表来测试各种计算策略;化学界已经将所谓的作为"中长表"的元素周期表标准化,以至于目前作为化学科学的典型代表,装饰着所有学校和大学化学实验室的"中长形"艺术品。

化学"大概念"可以有多种含义,这取决于该术语的使用环境。例如,"盐"可以被认为是无机化学中的一个大概念,但也可以被看作是普通化学中"物质"的总体大概念的一部分。

密歇根州立大学教学改革中为了使学生在化学、生物和物理入门课程中建立框架性理解,经过教师们广泛讨论后,研究确定了化学科学中的四个"大概念"[①],如表 6-2 所示。

表 6-2 密歇根州立大学研究描述的化学大概念

Ⅰ静电力与化学键的关系
　　静电引力与斥力控制原子中电子和原子核之间的相互作用,以及原子和分子之间的非共价和成键(共价键和离子键)相互作用。这些力的强度取决于所涉及电荷的大小和它们之间的距离。
Ⅱ原子/分子结构和性质
　　物质的宏观物理和化学性质由三维结构、电子密度分布以及粒子间非共价相互作用的性质和程度决定。
Ⅲ能量
　　能量变化是化学系统变化的原因或结果,可以在不同的尺度上考虑,可以通过相关系统和周围环境的总能量守恒来解释。
　　A. 宏观:原子和/或分子集合的相位和反应的变化伴随着原子/分子尺度上的能量变化而产生的能量变化。
　　B. 原子/分子:当原子和分子相互作用时,动能和势能发生变化。当形成键或吸引的非共价相互作用时,能量被释放到周围环境中,反之,需要能量来破坏键或非共价交互作用。
　　C. 量子力学能级和变化:原子和分子中的能级量子化,使能级之间转换的释放能量。这是电子和其他亚原子微粒波粒二象性的结果。
Ⅳ化学系统中的变化和稳定性
　　能量和熵的变化、竞争过程的速率以及对立力量之间的平衡决定着化学系统的命运。

① Laverty, J. T., Underwood, S. M., & Matz, R. L., et al. Characterizing college science assessments: the three-dimensional learning assessment protocol [J]. PLoS One, 2016:11.

将化学课程中的每一个主题与密歇根州立大学确立的化学科学四个"大概念"联系起来，以支持学生发展一个更强大的框架，在此基础上建立未来的知识。表 6-3 提供了更多常见的化学主题与化学大概念的关系。

表 6-3　化学主题与化学大概念之间关系的例子

主题标题	与化学大概念的关系
周期率	**原子/分子结构和特性**。原子结构产生了跨行和跨列的重复趋势。 **静电力与化学键的关系**。次原子粒子之间的静电相互作用(产生有效的核电荷)解释了大多数周期趋势。 **能量/量子**。电离能量的模式来自于能级的量化性质。核心电子的屏蔽作用决定了价电子所经历的有效核电荷，是由原子中的量化能级和相关的壳层结构之间的关系决定的。 **化学系统中的变化和稳定**。吸引力和排斥力之间的平衡决定了原子的大小。
溶液	**原子/分子结构和特性**。物质的溶解度取决于物质和溶剂的分子水平结构。 **静电和化学键的相互作用**。溶剂和溶质之间的相互作用部分地决定了溶解度。 **能量/宏观**。物质溶解时发生的温度变化取决于克服相互作用所需的能量和形成新的相互作用时所释放的能量。 **化学系统中的变化和稳定性**。一种物质的溶解度取决于物质溶解时的总熵变化。
动力学	**原子/分子结构和特性**。化学反应的速度取决于反应物的结构和反应物在碰撞中的正确方向的概率。反应的机制也取决于分子结构。 **静电力和化学键的关系**。化学反应的速度取决于反应物之间的相互作用的强度和它们内部的键的强度。 **能量/分子和宏观**。化学反应的速率取决于活化能(这又取决于结构和相互作用)和碰撞的反应物分子的动能。 **化学系统中的变化和稳定性**。动力学研究化学变化如何以及为什么会发生。正向和反向反应的竞争速率控制着化学反应的程度以及何时达到平衡。
热化学	**原子/分子结构和特性**。在化学反应中，一些键和相互作用被打破，并形成新的键。 **静电力和化学键的关系**。键和相互作用的类型和强度取决于有关分子的结构和极性。可以从静电的角度来预测相互作用的强度。 **能量/分子和宏观**。化学反应中的能量变化是打破键和相互作用所需的能量与形成新的键和相互作用时释放的能量之间的平衡。 **化学系统中的变化和稳定性**。一个化学反应的发生与否取决于总的熵变，这可以从对系统的焓变和熵变的考虑中确定。

美国化学学会(American Chemical Society,简称 ACS)考试协会,为提高使用 ACS 考试评估效度,开发了基于大概念的化学课程内容的层级结构,对化学大概念及其下属层级界定了 4 个层级:层级 1——大概念;层级 2——持久性理解;层级 3——次级学科(衔接);层级 4——次级学科的具体内容。

图 6-1 显示了化学大概念的 4 层级结构。层级 1 是 10 个化学大概念;层级 2 是对第一

层级大概念的定义,描述了大概念最关键、最基本的内涵,是支持大概念最重要特征的持久性理解的概念;层级 3 是对层级 2 内容持久性理解的化学次级学科课程的相关描述;层级 4 是化学课程次级学科具体内容的细化描述。

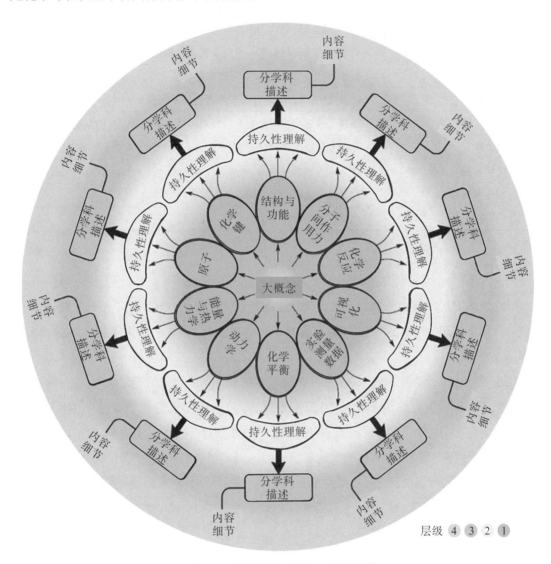

图 6-1 化学大概念的 4 层级结构

化学大概念的 4 层级结构中,层级 1,即顶层是 10 个化学大概念[1],分别是原子、化学键、结构与功能、分子间作用力、化学反应、能量与热力学、动力学、化学平衡、实验测量数据、可视化。

---

[1] Murphy, K., Holme, T., & Zenisky, A., et al. Building the ACS exams anchoring concept content map for undergraduate chemistry [J]. J. Chem. Educ., 2012,89(06):715-720.

表 6-4   美国化学学会考试协会开发的化学大概念

大概念[a]	持久性理解[b]
1. 原子	物质由原子组成,其内部结构决定了物质的化学、物理性质
2. 化学键	原子间通过静电作用力形成化学键
3. 结构与功能	化合物的空间结构影响其化学性质与物理性质
4. 分子间作用力	分子间作用力-分子间的静电作用-决定物理性质
5. 化学反应	物质变化,形成化学性质与物理性质不同的产物
6. 能量与热力学	能量是分子尺度下微观系统和宏观系统中化学反应的关键
7. 动力学	化学变化发生的同时,需要在时间尺度上考虑其变化的程度
8. 化学平衡	化学反应都是可逆的;化学过程通常会达到一个动态平衡
9. 实验测量数据	化学由实验观察发展而来
10. 可视化	化学在微观与宏观层面可相互转换地表征以构建意义

注:[a] 对应层级 1 的"大概念"。

　　[b] 对应层级 2 的"持久性理解"。

　　确立该内容层级结构的前提是大多数化学课程通常以某种方式涵盖了第一层级这 10 个大概念。尽管在组织实践课程时可能不会考虑到这些概念,但它们是大多数课程的重要组成部分。

　　层级 2 描述了持久性理解,支撑所有可能包含在某个大概念中的基础概念。持久性理解代表了教师希望学生记住该主题的关键、基本概念,持久性理解旨在涵盖化学的所有子学科。层级 3 包含了化学子学科课程是如何解决持久性理解的,它解决了如何将层级 2 理解放在次级学科课程内容中来阐释内涵,同时此层级还为层级 4 提供基础,其中包括次级学科课程的具体内容。在编写考试项目时一般都会考虑到层级 4 的具体内容,因为要使所编写的考试项目能够映射到相应的化学内容。表 6-5 呈现了大概念"化学键(bonding)"的 1—4 级内涵。[①]

表 6-5   大概念"化学键"的 1—4 级内涵示例

1 级　大概念　化学键:原子通过静电作用形成化学键。

　2 级　持久性理解:打破化学键需要吸收能量。

　　3 级　次级学科衔接:打破化学键所需的能量是键离解能。

　　　4 级　次级学科具体内容:

　　　　● 键离解能在单个分子水平上可用;对于宏观量的计算,使用的数值是键解离焓。

　　　　● 键离解焓可用于估算反应焓的变化。

---

① Holme, T., Murphy, K. The ACS exams institute under-graduate chemistry anchoring concepts content map I: general chemistry [J]. J. Chem. Educ., 2012(89):721-723.

在美国化学会的课程中,作为大概念的动力学被列为一个独立的学习主题。也有学者认为,在动力学大概念中,可以更好地理解这一主题,如动力学阐释了如何研究化学体系中的变化和稳定性的本质问题。对于许多传统的化学课程来说,大部分的教学活动不是关于反应是如何发生的以及是什么原因导致了化学变化,而是涉及时间和浓度数据的计算,或者分析初始速率数据以确定动力学速率规律。在教学中经常丢失的是基本思想,以及学生可能想要确定速率定律的实际原因,以及为什么一些反应的速率比其他反应快,如动力学这一主题与分子水平的能量变化有关,因为反应速率取决于活化能,而活化能又与发生反应的物质的结构和它们相互作用的细节有关,即反应的机制。

3. 生成性大概念

以"主题""标题"作为大概念,其生成性不够强。例如,阿尔瓦拉多等人[1]认为酸碱的 pH 及其相对强度是一个大概念。虽然这些是重要的化学内容标题,但它们不具有生成性,没有与其他想法或学生的经验相联系的价值。由于这个原因,它们在这种形式下没有教学力量,也没有转化为有依据的教学推理。

另外,来自相关领域"主题""标题"的陈述往往是学者群体中许多长期讨论或争论的结果,因为对学科的知识和理解是社会性的。在很长一段时间里,这些陈述的措辞变得更加简洁和学术化,目的是描述现实世界中的复杂现象。但这些描述虽然极具专业性和权威性,其措辞却并不是为了让学生易于理解,并对教学有用,所以如果要提高学生的学习效果,往往需要在教学中重新修改,使其成为可用于理解的语言描述。

(1)生成性大概念需要用句子表达。

大概念最好用带动词的句子来表达。知识结构经常被教师记忆存储为叙事形式,即通常以句子表达。这些结构来自教师反复使用的经验,例如如何理解学生的另类概念。[2]

伍尔诺建议,大概念最好用一个句子来表述,其中包括一个动词,该动词对内容做出指示。动词短语是针对一个已知的学习问题通过询问等操作而出现的,如将大概念表达为反映一个或多个大概念目的的句子。

一些教师在教学过程中产生了重要的大概念,解释了教学实践并提供了信息。例如:在计划教授"化学反应的热效应"时,首先提供了更大的科学框架:构建分子之间发生化学反应是如何需要能量的。

经验表明,如果要以不同的方式来构筑大概念,而不仅仅是从课程文件、教科书甚至研究论文中抽取出来,那么教师就需要在发展这些大概念方面得到支持。从事熟练教学推理

① Alvarado, C., Canada, F., Garritzc, A., & Melladob, V. Canonical pedagogical content knowledge by CoRes for teaching acid-base chemistry at high school [J]. Chemistry Education Research and Practice, 2015(16):603-618.
② Woolnough, J. Developing preservice teachers' science PCK using content representations. Paper presented at the paper prepared for ASERA2008, Brisbane, 2008.

的教师①可以产生和使用这些思想,以支持怀特海关于围绕"少数重要思想"②规划教学的概念,但这是困难的。

构建大概念往往是一项重大的智力努力工作。科学观点的构架与关键教学理念的构建或构架,对教学以及相关科学的确切性质的思考是非常重要的。③ 决定关于教学内容的大概念,以及如何向学生表述这些想法是一项复杂和多层面的工作。有研究表明,教师们对自己的实际教学内容和原因存在分歧,两位教师根据相同的教学大纲,可以教授出完全不同的内容,这取决于他们对每个主题的强调、背景和应用。④

洛克伦等人围绕大概念开发了一个名为内容表述(CoRes)的支架工具。这些工具被用来帮助教师将关键思想概念化并阐明他们的 PCK。首先,教师们被要求思考与某一主题教学相关的大概念。然后,根据一系列的提示对这些想法进行审视,如为什么要让学生知道这些?⑤ 随着研究的进行,教师们区分并以句子的形式产生了所谓的重要科学思想和重要科学教学思想,这在教学上将更有力量。比如"粒子之间是空的",这是教师和学生关注到的学习物质粒子理论的一个主要障碍。对学生来说,一个常见的可替代概念是"粒子之间有空气"。以这种方式来处理这个话题,教师能够专注于学生关注的问题,揭示其原因,并为学生建立教学上的情境支持。

教师建构或重构大概念具有重要的价值,但如果教师没有坚实的学科内容和教学知识,这就会变得非常困难。对教师来说,至少在最初阶段,发展大概念是需要智力和时间的,他们需要看到创造大概念的价值,才能投入到这项工作中去。

(2)生成性大概念可以成为学习参与的途径。

佩珀特认为,"当想法进入学校时,它们就失去了力量"并且是"畸形的"。它们变得与它们被开发出来的以及它们令人兴奋的原因脱节,这使得它们对学生来说没有吸引力。他举了一个例子,数学中处理数字规则的想法在历史上是一个非常重要的思想,但没有学生会怀疑这一点,因为它在学校里是一套无聊的算法。⑥

教师通过构思大概念来吸引学生参与其中。表 6-6 呈现了教师利用大概念所做的

---

① Shulman, L. Knowledge and teaching: Foundations of the new reform [J]. Harvard Educational Review, 1987(57):1-23.

② Whitehead, A. N. The aims of education and other essays [M]. Old Tappan: Macmillan, 1929.

③ Isaacs, M., Corrigan, D., & Mitchell, I. Science curriculum resources: The interface between policy, research and practice. Paper presented at the annual conference of the Australasian Science Education Research Association conference, Brisbane, 2008.

④ Ritchhart, R. Generative topics: building a curriculum around big ideas [J]. Teaching Children Mathematics, 1999(05):462.

⑤ Loughran, J., Berry, A., & Mulhall, P. Understanding and developing science teachers' pedagogical content knowledge [M]. Rotterdam: Sense, 2006.

⑥ Papert, S. What's the big idea? Toward a pedagogy of idea power [J]. IBM Systems Journal, 2000(39):720-729.

事情。

表 6-6　教师利用大概念所做的事情

应用类型	大概念的应用	大概念
计划	提供一个参与的理由	一个题为"谁做决定"的大概念单元,即在一系列科学工作者的日常工作中存在(不同的)伦理观念,老师提出的伦理困境引人注目,吸引了学生。说明大概念是什么及其来源。
	提供研究该领域的理由	关于"科学决策"的大概念单元,即科学就在我们身边,体现在人们的工作方式以及我们需要做出的决定中;这两个单元都为教师提供了学习科学的论据。
	允许教师对活动进行审视,看它们是否以及如何与大概念相联系	对现有的实践活动进行更有目的性和更少威胁性的审视思考,导致原定的一些活动被放弃或被修改。
	设计针对大概念的活动和评估	
	构建更有针对性的介绍和解释。	核外电子绕核运动,能量越高的电子距离原子核越远,核外电子与原子核之间存在斥力和引力。这将明显改变教师如何分析电子易得或易失的问题。
促进优质学习的各个方面	为与学生明确讨论的活动提供目的。	这与做某项活动无关,因为它不是本节课需要讨论的内容。
	为该领域的工具提供理由,从而使学生能够更好地使用它们。	教师使用的一个重要概念:"pH 传感器的作用是提供反应过程中酸碱度的变化数据图像"。这一概念可概括为更上位的概念"基于 pH 传感器构建物质反应过程的微粒变化信息"。
	将不同的活动联系起来,学生通常将每个活动视为离散的、孤立的事件,特别是如果它们是不同类型的活动。	每个报告可能只需简短的汇报就可以完成,但一些教师要求学生建立一个持续的大概念地图,以及与之相关的想法。
促进元认知反思	为分析、讨论和元认知反思提供框架。	教师提出了一个大概念,即化学反应的快慢受多种因素影响。问学生:我们看看影响化学反应快慢的因素有哪些?
	在回答"为什么要这样做"的问题时,让学生用大概念来谈论。	包括要求学生确定本单元相关的大概念。
与学生分享调控策略	要求学生引入现实生活中相关的例子或一个大概念的应用。	学生举例说明"氧化反应有用",如燃烧。
	学生用大概念来框定问题,以及解决问题的方法。	"提示"是一个大概念,旨在让学生思考他们需要什么或想知道什么。例如,并不是所有的氧化反应都是有用的,如铁生锈。

（3）生成性大概念可以解决已有的学习问题。

大概念不仅仅是通过思考而发展起来的关于学科领域的知识，也是关于学生如何构建知识意义的问题。大概念在链接、生成和为学生提供参与知识建构的途径方面具有很强的教学力量。另外，大概念可以帮助教师解决学生的学习障碍。例如，气体就是物质：由于气体是透明的，不可见的，人们普遍认为它们是失重的，不会占据空间。当学生经常被告知没有装东西的容器和罐子是空的时，但随后期望他们会理解为："虽然是空的，但它们真的含有空气"，这可能会引发学生的困惑。

对这个问题的思考就生产了一个大概念，即气体是像固体和液体一样的物质的一种形式。教科书中通常一开始就把固体、液体和气体列为物质的三种状态。这就是舒尔曼所说的大概念的生成性，因为对于教师来说，它提出了解释学习内容的不同侧重点，以解决气体占据空间和质量的内涵。它还能增进教师帮助学生构建事情背后意义的敏感意识，例如，罐子是空的。这是一个有着模糊认识但对有效学习至关重要的新想法的例子，这里蕴含的大概念可以帮助教师思考并更好地理解所教内容的"精髓"。

（二）关于领域的大概念

关于领域的大概念，是指将众多学科理解联系到一起的关键概念，[①]这些概念是理解化学及跨学科领域的核心。当设计思考一个单元或一节课时，教师考虑的是它是否能引出以及如何引出一个或多个关于该领域的大概念。科学领域的教师应该建立一个明确的议题，与学科核心的大概念平行，并就该领域内容的本质进行教学，这对教师来说是可生成的，对学生来说是可以使用的。

通过文献研究发现，一些被框定为关于科学领域的性质的大概念的陈述，例如"科学方法"或"假设"，不是教育上强有力的大概念，若对科学方法提出一个大概念，则可以是："没有单一的科学方法，许多重要的发现都不是在已有精心设计的实验映射到目标、方法、结果、结论的情况下完成的。"

在跨学科大概念中，有可能识别出两个互补和相互依存的类别：内容大概念和过程大概念。内容大概念可以是概念（例如空间、时间和化学键；取代反应、加成反应和聚合反应）、原理（例如化学平衡原理）、理论（例如原子理论、质能守恒理论）、策略（例如设计权衡、自上而下的设计和自下而上的设计策略；问题解决策略）或模型（例如物质结构模型）。过程大概念（例如观察、实验、控制变量、提出假设、数据处理）是与获取和有效使用内容知识有关的智力技能。[②]

跨学科大概念更具有抽象性和整体性，其重点在于科学的本质和话语，即科学实践者的

① Charles, R. I. Big ideas and understandings as the foundation for elementary and middle school mathematics [J]. Journal of Mathematics Education Leadership, 2005, 7(03), 9-24.

② Australian Curriculum, Assessment and Reporting Authority (2013b). The Australian Curriculum: Science.

"思维习惯",以及他们如何创造、评估和提升知识。[①] "思维习惯"是描述特定学科领域的专业者如何寻求理解世界的一种倾向或思维方式;这些思维习惯成为从业人员观察和寻求复杂问题解决方案的一个解释性透镜。[②] 以下四个例子可以说明这一点:科学知识是试验性的、基于经验的、理论驱动的、基于人类的推理、想象力和创造力的;[③]技术学是一个包括设计、制造和技术应用在内的活动的过程;[④]工程设计是迭代的和系统的;[⑤]数学是关于基于潜在的结构和关系去寻找模式和关系。[⑥]

　　将大概念融入到教学设计中的价值得到了大量来自认知科学领域的支持。在认知科学领域,大概念能够让学生更灵活和普遍地应用知识,提高问题解决能力,使人更容易理解和掌握新的事实和程序,促进知识的迁移。[⑦]

　　大概念是学科的核心概念,是定义学科秩序的原则。大概念不仅与学科结构紧密相连,而且具有学生推理转变的特点——在视角、逻辑和他们所建立的学科关系上的转变。因此,它们与部分—整体关系和一般的思维结构相联系。[⑧] 领域大概念可以具有:主题通用性(即它们可跨主题领域应用——它们对主题有一定的通用性,并且不限于某个特定的领域);水平通用性(即它们可跨年级应用——它们能在学生升级时保持有意义性和有用性);内容通用性(即它们的意义独立于背景信息和内容——它们涵盖了是什么和如何相关)。

　　将领域大概念纳入课程,则可以实现:效力,即一个大概念可以应用于许多领域;效率,即从量上看,大概念比需要死记硬背的程序和规则要少得多;有机增长,即当大概念应用于主题时,建立结构连通性,将知识构建成一个丰富的图式,能够容易地适应学科知识的下一个步骤,并使后续的学习更容易。

　　由于科学是一个多方面的学科,包括了关于世界的知识和发现知识的过程,希望学生理解的包括科学活动的过程以及它所指引的思想。有研究提出了在 STEM 教育愿景中包括三

① Harlen, W. (Ed.). Principles and big ideas of science education [M]. Hatfield: Association of Science Teachers, 2010.

② Gurung, N., Hayne, A. Exploring signature pedagogies: approaches to teaching disciplinary habits of mind [M]. Sterling, VA: Stylus Publishing, 2009.

③ Khishfe, R., Lederman, N. Teaching nature of science within a controversial topic: Integrated versus nonintegrated [J]. Journal of Research in Science Teaching, 2009,43(04),395-418.

④ Kelley, T.R., Knowles, J.G. A conceptual framework for integrated STEM education [J]. International Journal of STEM Education, 2016,3(11).

⑤ Sneider, C. Appendix B: Draft — Avision of engineering standards in terms of big ideas. [M]//Committee on Standards for K-12 Engineering Education (Ed.), Standards for K-12 engineering education? Washington: The National Academies Press, 2010:136-143.

⑥ Cooper, T.J. YuMi deadly Maths: Big ideas for mathematics: Prep to Year 9. Kelvin Grove, Australia: YuMi Deadly Centre, Queensland University of Technology, 2014.

⑦ Niemi, D., Vallone, J., & Vendlinski, T. The power of big ideas in mathematics education: Development and pilot testing of POWERSOURCE assessments (CSE Report 697) [M]. Los Angeles: CRESST 2006.

⑧ Piaget, J. Epistemology and psychology of functions. Dordrecht, Netherlands: D. Reidel Publishing Company, 1997.

个思维习惯大概念:(1)系统思维,是一种工程师解决问题时使用的方法;(2)鼓励和支持有效的团队合作的渴望,是有能力的工程工作的标志,因为没有一个人可能具有解决问题需要的所有必要的知识和技能;(3)关注技术的社会和环境影响,是技术和工程工作涉及个人价值以及知识和技能。[①]

舍恩菲尔德认为,应该给学生机会去学习重要的学科内容和实践,并培养其富有成效的学科思维习惯。[②]

大概念的建构有助于解决覆盖面和深度之间的紧张关系。面对落实课程教学任务,教科书往往以线性和划分的方式呈现内容,教师必须决定如何最有效地利用有限的和宝贵的学习时间。解决这一困境的一种方法是,不要把化学教育的目标设想为知识、过程和技能的主体,而是将其设想为朝着关键思想的方向发展,这样人们就能够理解与学生在校期间及之后生活相关的事件和现象。

构建有利于深入学习和了解跨学科课程单元的挑战,在很大程度上可以通过使用跨大概念连续统一体来应对:能应用在其他学科中的学科内大概念←→跨学科大概念←→包含大概念。

1. 能应用在其他学科中的学科内大概念

文献研究表明,如果在 STEM 学科的背景下有意义地应用化学学科的大概念,为学生提供科学探究的机会,将他们所学的知识应用于设计开发解决方案,则有助于增加学生的概念理解、兴趣和动机,以及知识的迁移。[③] 研究还发现,情境整合的 STEM 课程单元可以帮助学生发展能力,使他们无论是在熟悉的还是陌生的情况下,都能够做出高效决策和解决问题。[④]

2. 跨学科大概念

(1)《K-12 科学教育框架》中的跨学科大概念。

美国于 2012 年发布了《K-12 科学教育框架》(*A Framework for K-12 science education: Practices, crosscutting concepts, and core ideas*,以下简称《框架》)。针对以往美国科学教育标准中存在的"知识琐碎、逻辑不连贯,科学课程广而不深""忽视学习者参与科学工程实践的需求"等问题,并结合数年来科学教育领域的研究及重大发现,《框架》将科学领域的学习划分为科学与工程实践(science and engineering practices)、跨学科概念

---

① Kelley, T.R., Knowles, J.G. A conceptual framework for integrated STEM education [J]. International Journal of STEM Education, 2016,3(11).

② Schoenfeld, A.H. Solving the problem of powerful instruction. [M]//C. Csíkos, A. Rausch & J. Szitányi (Eds.), Proceedings of the 40th conference of the international group for the psychology of mathematics education. Szeged, Hungary: PME, 2016(01):3-18.

③ Daugherty, J. Infusing engineering concepts: teaching engineering design. Retrieved from ERIC database. (ED537384), 2012.

④ Marshall, S.P. Re-imaging specialized STEM academies: Igniting and nurturing decidedly different minds by design [J]. Roeper Review, 2010,32(01),48-690.

(crosscutting concepts)和学科核心概念(disciplinary core ideas)三个同等重要但又明显不同的维度。在以往的科学教育标准中,科学实践与科学知识、学科内与学科间知识总是被看成独立的部分,其关系被割裂,这不利于科学教育目标的实现。[1]《框架》强调不能将三者分开来看,应将其进行整合并体现在课程标准、课程内容、教学过程和评价中。为了强调跨学科概念在科学课程标准、课程内容、教学过程和评价中的重要性,《框架》将其作为独立的维度提出来,并定义了七个跨学科大概念:①**模式**(patterns),②**因果关系**(causeandeffect),③**尺度、比例和数量**(scale、proportion and quantity),④ **系统与系统模型**(systems and systemmodels),⑤**物质与能量**(energy and matter),⑥**结构与功能**(structureand function),⑦**稳定与变化**(stability and change)。

跨学科概念的构成要素依据性质可分为两类:第一类主要说明事物变化的特征,是对科学内容的高度抽象和概括,称为框架性要素,如物质、能量、结构、功能等;第二类主要反映事物运作的根本原因,是对事物进行外在描述,以及对事物进行分析的方法,重点指向科学本身,属于分析方法的范畴,称为工具性要素,如模式、机制、模型等。

根据构成要素的不同,可将跨学科概念分为两大类。一类是由工具性要素组成的跨学科概念,称为工具性跨学科概念;另一类是由框架性要素组成的跨学科概念,称为框架性跨学科概念。其中系统和系统模型既属于框架性跨学科概念,又属于工具性跨学科概念。学科核心知识是指在多个科学与工程学科内有着广泛重要性的核心知识点。在科学领域中存在着大量的知识,但学生的学习能力和学习时间都很有限。《框架》中提出的三大维度将以往零散的、互不相关的科学、工程、技术领域的知识进行了有效的整合。

美国于2013年颁布的《新一代科学教育标准(*next generation science standards*)》(简称NGSS)以四种知识形式对课程内容进行了描述,提出表现要求。这四种知识是学科核心概念、科学与工程实践、跨学科概念以及科学本质知识。NGSS将《框架》中提出的三大维度加以整合,并且将这三者的整合体现在课程、教学和评价中。为满足这一需求,NGSS将"表现期望"作为其主要内容,以呈现某个年级阶段结束后学生在科学与工程实践、学科核心概念及跨学科概念这三大维度方面应达到的目标。NGSS主要有两种编排形式,一种是按照"学科核心知识"(grouped by discipline coreideas,简称DCI);另一种是按照"主题"形式(Grouped by Topic)。在经济合作发展组织2018年提出的2030课程框架中,设计了支撑素养形成的课程内容体系,包括知识、技能、态度与价值观三个维度,其中,知识维度也由学科知识、跨学科知识、程序性知识、认识论知识(认知知识)构成。这两个课程框架中的概念类型与安德森的知识分类具有很高的相似性。由此,试将各种课程标准中出现的大概念分成以下四种类型。

---

[1] 邓阳,王后雄.科学教育的新篇章:美国《下一代科学教育标准》及其启示[J].教育科学研究,2014(05):69—74.

第一种类型,学科核心概念。NGSS 提出学科核心概念是课程内容的主轴,由物质科学、生命科学、地球与空间以及工程、技术与科学的应用四大学科领域提炼出的 13 个核心概念和 44 次级概念构成。这种构架课程的概念体系在科学、数学等课程设计中最为普遍,是在传统知识体系中确立的关键节点。这些核心概念可以聚合具体的、基础的事实性知识、信息、技能,由此形成可供学习的并相互联系、层级分明的内容体系。

第二种类型,跨学科概念。跨学科概念与其说是概念,不如说是一种观念,是经历一定学习历程后所形成的对自然与社会更加抽象的一般看法,是不同学科领域、不同学段学科核心概念的综合、连接与再抽象。NGSS 提出的"模型、原因和结果、尺度、系统和系统模型、结构和功能、系统稳定性和变化"等跨学科概念,澳大利亚科学课程中的关键概念如模式、顺序与组织、形式与功能、稳定与变化等,加拿大安大略科学课程的基本概念(fundamental concepts)如结构与功能、可持续与管理、变化与连续等,都有跨学科的性质。跨学科概念的学习需要在不同的年级、不同的课程中累积学科核心概念之后,才能得以概括领会。反过来,学生在事实性知识的探究、体验中领悟学科核心概念时,如果反复为其提供、使其使用跨学科概念,也会增强其对这些学科核心概念领悟的深刻性。通过跨学科概念的学习,学生可以超越学科间的壁垒,建立学科间的联系,完整地认识和解决真实世界的复杂问题。

第三种类型,思维与技能概念。思维与技能概念是以程序性知识为核心的思维方式、探究技能等方面的概念。在不同的课程标准中,思维与技能概念的表述方式差异很大。有的将其作为课程内容的核心线索。有的作为与学科核心概念并行的需要学生另外学习的一套概念体系。如 NGSS 中的"科学与工程实践",包含科学方法与工程思维两种侧重点不同的概念体系。

第四种类型,学科认识论概念。又称学科认识论知识(epistemic knowledge),是对学科本身的性质、功能的反省认知的知识。NGSS 及 OECD 课程框架中特别提到这种知识。NGSS 中的学科认识论概念包括对科学知识、科学探究过程、科学事业理解的知识。OECD 把学科本质知识称为认知知识,就是知道如何像专家一样思考与实践。其中所涉及的内容,诸如在这些学科中我学到了什么、为什么,这些知识是如何服务于人们的生活的,专家们是怎样思考这些专业问题的。这种类型的知识可以帮助学生认识到学习内容的价值和用途,可以目标明确地使用这些内容。

跨学科概念,既是大概念的一种类型,同时也是大概念的层级,这一层级的大概念的抽象程度高、更宏观,是学习积累后逐渐领悟获得的。跨学科高层级大概念组织内容可以打破原来的学科边界,以若干宏观思想作为课程体系的主干,"收纳"事实性知识等内容。跨学科高层级大概念作为多学科支撑的观念,更确切地说,已经成为一种思想、一种思维方式,是人智慧的深刻表达。

《新一代科学教育标准》帮助学生随着年龄增长逐步建构日益连贯的科学理解(cohesive

understanding)。① 跨学科概念帮助学生探索科学四大领域(物理科学、生命科学、地球与空间科学以及工程设计)之间的联系。当这些概念(如"因果关系")被清晰地告知给学生时,可以帮助学生形成对身边世界连贯的、科学的理解。跨学科概念之所以有价值,是因为它们为学生提供了跨越不同学科领域的连接及思考工具(intellectual tools),可以丰富他们的实践应用以及对核心知识的理解。②

(2) STEM 中的跨学科大概念。

有学者认为,STEM 中跨学科的大概念,是指位于两个或两个以上学科的内容所涉及的过程思想,包括**变量、模式、模型、计算思维、推理和论证、转化**等。因为这些大概念在两个或更多领域中都有应用,可以为教师提供跨学科认知手段或工具,设计和实施有意义的跨学科的课程教学单元。③

跨学科大概念的选择和归类方法多为学科整合的概念主题,能够以有意义、相关的方式将不同学科的内容纳入跨学科课程单元。

在 STEM 学科领域中,除了不同学科之间的同一概念具有相似之处从而可迁移应用之外,跨学科的大概念还可以帮助学生确定 STEM 学科之间的差异,从而大大提高在 STEM 领域的课程中使用的教学质量。尽管在不同的 STEM 学科中,定义和使用许多跨学科大概念的方式非常相似,但它们并不相同。研究表明,首先承认跨学科的宏观理念在不同的 STEM 学科中定义和使用的方式之间的差异,然后帮助学生在这些差异之间建立联系,教师可以支持深层概念理解的发展,帮助学生理解概念在学科领域中的特殊性和在 STEM 领域下的普遍性。④

3. 包含大概念

包含大概念,是指包含大概念的概念和包含大概念的内容等两类概念,可用于跨学科课程教学单元,以促进 STEM 之间的联系,提高 STEM 学习效率和深入理解相关概念、原理和方法。

包含大概念,是指能够帮助学生整合和建立一系列更具普遍性的 STEM 大概念,是跨学科共享的超级大概念、原则、理论、策略或模型等,如**表征、系统、编码、关系、变化**等。例如,包含在"表征"这个大概念下的是物理工具(操作)、符号、表格、图表、图表和模型(如数字、科学中的表格和图表、技术中的算法和工程中的比例绘图等)。学生们通常不会在不同学科之

① NGSS. Next generation science standards: for states, by States [J]. National Academies Press, 2013,14(03):534.
② 郭玉英,姚建欣,张静. 整合与发展——科学课程中概念体系的建构及其学习进阶[J]. 课程·教材·教法,2013,33(02):44—49.
③ Chalmers, C., Nason, R. Systems thinking approach to robotics curriculum in schools [M]//M. S. Khine (Ed.), Robotics in STEM education: redesigning the learning experience. Cham, Switzerland: Springer. (In press), 2017.
④ Moore, T. J., Stohlmann, M. S., Wang, H.-H., Tank, K. M., Glancy, A. W. & Roehrig, G. H. Implementation and integration of engineering in K - 12 STEM education. [M]//S. Purzer, J. Strobel & M. Cardella (Eds.), Engineering in precollege settings: research into practice. West Lafayette: Purdue Press, 2014:35 - 60.

间的表征形式之间建立联系。例如，一位高中既教化学又教数学的老师说："有一天我不得不教我的高一年级学生如何画柱状图。如果不是因为我也是他们的数学老师，而且我刚刚教完他们关于数学图表的知识，我对这个问题还不会有这么强烈的认识呢！"强调"表征"大概念在科学中如何使用以及不同类型的表征之间的相似和不同，可能有助于学生在他们的化学课和数学课之间建立联系。

包含大概念的内容，是指可以对挑战性问题进行更多层次和更深入的调查和学习的内容。[①] 其主要特点是认为化学是一个科学系统，在个人与社会、技术和日常生活等方面发挥着重要作用。课程的重点主要是学习和理解那些与人文社会和自然科学等问题背景相关的化学概念和化学过程。

包含大概念的内容，通常是基于一个主题，可以扩展到超越单一学科领域限制的背景性的主题大概念，可能是学生熟悉的与人类生存环境相关的科学、技术、工程和数学等方面的问题，有关社会议题、工业生产和日常生活情境中的学科或跨学科问题。例如，碳、氧、氢、氮、硫和磷的六种营养物质的循环，温室效应、物质的毒性、水质净化、垃圾处理和环境化学污染等。

作为"包含大概念的内容"主题，约翰逊等人将跨学科学习与学生的现实世界紧密联系起来，建构了跨学科课程单元的五个主题：因果关系、创新和进步、现实世界、可持续系统以及优化人类经验。[②]

（三）关于高质量学习的大概念

作为增强元认知策略的一部分，关于高质量学习本质的大概念是建立"课堂任务应该总是与相关的大概念和关键技能联系在一起"理解，旨在解决一个问题，即大多数学生无意识地完成任务，根本不知道可能会有一个大概念将任务联系在一起。另外，可以教学生重新认识和思考教师和学生的角色，以及教师和学生在专注于高质量学习的课堂上的角色是如何改变的。它涉及学生行为的改变，学生对自己的学习承担更多的责任，并将教师作为资源和促进者，而不是所有知识的来源。例如美国化学会考试协会所界定的十个大概念中的两个大概念"IX. 实验、测量和数据"和"X. 可视化"，不是指化学知识本身，而是指化学知识的使用。

元认知的结构需要被纳入大概念，这样教师就能够以促进学生学习的方式提出大概念。建立关于大概念的元认知的一个重要途径是，教师与学生谈论大概念以及他们在课堂活动中对大概念的想法，如教师如何推动学生学习活动的计划以及如何达成教学目的的路径轮廓等想法；每项课堂活动都有一个或多个可以用某个宏观大概念来讨论的目的。教师定期明确地与学生讨论关于学习的方式或方法方面的大概念。通过这种学习方式的分享，学生

---

① Bratzel, B. Physics by design with NXT Mindstorms (3rd ed.) [M]. Knoxville: College House Enterprises, 2009.

② Johnson, C.C., Peters-Burton, E.E. & Moore, T.J. (Eds.). STEM road map: A framework for integrated STEM education [M]. New York: Routledge, 2016.

可以了解化学知识、技能等学习活动是如何在彼此的思想基础上建立起来的,并发展出大概念。这对学生而言往往指明了一种新的看问题、看知识的方式,或者说是一种具有启发性和建设性的思想。

教师利用生成性和思想性强大的大概念建立和使用意义,以及围绕不同类型的发展技能构建大概念。教师可以对同一主题构建一个与所有任务相关的大概念,并将课程中的概念和活动相互联系起来。

开发和使用关于领域性质的大概念,可以选择一个科学内容主题,并为教师提供一两个来自科学史或与社会科学议题相关的故事,由故事提出少量关于科学本质的大概念,并决定如何将这些想法和故事融入到教学内容中。

开发或构建内容大概念,提倡使用比"主题"或"标题"更具教育性的、更丰富、更具生成力、提供内容想法之间的联结的方式来构建关于内容的大概念。这个过程包括教师审问内容,以及过去教授这一内容的做法,然后想象和设计可能的活动,提供相关性,提高学生的参与度,并克服学习障碍。

综上,关于学科内容的大概念,关于领域的大概念,以及关于高质量学习的大概念,这三种不同的大概念可以通过多种方式帮助教学。它们可以澄清是否应该教授以及为什么应该教授这些内容,帮助改进学习障碍,改善课程和单元规划,整合内容,促进高质量教学。大概念帮助学生贯通学习目标,建立更连贯、更紧密、更关联的理解和扩展认识。

三、课程标准中明确的大概念

化学学科大概念是指向化学学科的基本结构,承载着落实化学核心素养的重要功能,是在化学科学体系基础上抽象出来的深层次的、可迁移的核心概念,利用其中心性、网络状等特征把各种化学学科理解联系成一个连贯的整体。

(一)化学大观念

《义务教育化学课程标准(2022年版)》从"核心素养内涵""目标要求"两个层面,凝练出"化学观念""科学思维""科学探究与实践""科学态度与责任"等化学核心素养,具体阐释了其内涵和包含的内容。化学教师可以据此建构形成不同核心素养维度下的化学大概念。

"化学观念"是化学科学的基本观念,包含了元素观、分类观、结构观、变化观和转化观等观点,是基本观念维度上的化学大概念。

"科学思维"是化学科学的认识方式,包含了科学方法和思维能力等认知方式,是认知方式维度上的化学大概念。

"科学探究与实践"是综合运用化学等学科的知识和方法解决问题的学习和实践方式,

包括科学探究、自主学习、设计制作、调查实践和交流合作等学习实践方式,是学习实践方式维度上的化学大概念。

"科学态度与责任"是对化学促进社会可持续发展的正确认识和责任担当,包括了探究兴趣、可持续发展、科学精神、科学规范、生态文明、爱国强国等品格和价值取向,是必备品格和正确价值观维度上的化学大概念。

基于义务教育化学课程目标中的化学核心素养,建构"基本观念""认识方式""实践方式""必备品格和正确价值观"等四个维度的化学大观念,如表6-7所示。

表6-7 课程目标下的化学大观念

化学核心素养	大 观 念	维度
化学观念	元素观:物质是由元素组成的; 分类观:物质具有多样性,可以分为不同的类别; 结构观:物质是由分子、原子构成的,物质结构决定性质,物质性质决定用途; 变化观:化学变化有新物质生成,其本质是原子的重新组合,且伴随着能量变化,并遵循一定的规律; 转化观:在一定条件下通过化学反应可以实现物质转化。	基本观念
科学思维	科学方法:在解决化学问题中所运用的比较、分类、分析、综合、归纳等科学方法; 思维能力:基于实验事实进行证据推理、建构模型并推测物质及其变化的思维能力,在解决与化学相关的真实问题中形成的质疑能力、批判能力和创新意识。	认识方式
科学探究与实践	科学探究:以实验为主的科学探究能力; 自主学习:通过网络查询等技术手段获取和加工信息的自主学习能力; 设计制作:运用简单的技术与工程方法设计、制作与使用相关模型和作品的能力; 调查实践:参与社会调查实践、提出解决实际问题初步方案的能力; 交流合作:与他人分工协作、沟通交流、合作解决问题的能力等。	实践方式
科学态度与责任	探究兴趣:发展对物质世界的好奇心、想象力和探究欲,保持对化学学习和科学探究的浓厚兴趣; 可持续发展:对化学学科促进人类文明和社会可持续发展的重要价值具有积极的认识; 科学精神:具有严谨求实的科学态度,敢于提出并坚持自己的见解、勇于修正或放弃错误观点、反对伪科学的科学精神; 科学规范:遵守科学伦理和法律法规,具有运用化学知识对生活及社会实际问题作出判断和决策的意识; 生态文明:形成节约资源、保护环境的习惯,树立生态文明的理念; 爱国强国:热爱祖国,增强为实现中华民族伟大复兴和推动社会进步而勤奋学习的责任感。	必备品格和正确价值观

（二）主题大概念

《义务教育化学课程标准（2022 年版）》中的"教学建议"之"全面理解课程内容体系"中提到，重视大概念统领是课程内容设计的重要理念，学习主题 2、学习主题 3、学习主题 4 明确提出"物质的多样性""物质的组成""物质的变化与转化"等反映了化学学科本体论意义的大概念；学习主题 1 确立"化学科学本质"大概念，体现了化学学科的认识论与方法论意义；学习主题 5 则将"化学与可持续发展"作为大概念，凸显了化学学科的价值论意义。基于大概念可以帮助学生建构化学观念，形成化学学科思维方式和方法，树立正确的价值观，落实课程目标。[①]

《义务教育化学课程标准（2022 年版）》中的"课程内容"，规定了"科学探究与化学实验""物质的性质与应用""物质的组成与结构""物质的化学变化"和"化学与社会·跨学科实践"等五大核心主题，确立了统领相关学习主题内容的"化学科学本质""物质的多样性""物质的组成""物质的变化与转化""化学与可持续发展"等五个化学大概念，如表 6-8 所示。

表 6-8　义务教育化学课程内容学习主题下的化学大概念

学习主题	大概念	内　　容
1. 科学探究与化学实验	1. 化学科学本质	知道化学是研究物质的组成、结构、性质、转化及应用的一门基础学科，其特征是从分子层次认识物质，通过化学变化创造物质； 初步了解化学科学的发展历程，体会实验探究和模型建构是化学科学研究的基本方法； 认识化学科学、技术、社会、环境的相互关系； 了解化学科学对社会发展和人类文明进步的重要价值。
2. 物质的性质与应用	2. 物质的多样性	认识物质是多样的，知道物质既有天然存在的也有人工创造的，既有无机物也有有机物；认识依据物质的组成和性质，可以对物质进行分类，知道物质可以分为纯净物和混合物、单质和化合物等； 知道物质具有独特的物理性质和化学性质，同类物质在性质上具有一定的相似性； 知道物质具有广泛的应用价值，物质的性质决定用途。
3. 物质的组成与结构	3. 物质的组成	初步形成基于元素和分子、原子认识物质及其变化的视角，建立认识物质的宏观和微观视角之间的关联；知道物质的性质与组成、结构有关。

---

① 中华人民共和国教育部.义务教育课程方案(2022 年版)[S].北京:北京师范大学出版社,2022.

续　表

学习主题	大概念	内　容
4. 物质的化学变化	4. 物质的变化与转化	知道物质是在不断变化的,物质变化分为物理变化和化学变化;认识物质的变化过程伴随着能量变化,在一定条件下通过化学反应可以实现物质转化;化学反应中的各物质间存在定量关系,初步形成变化观。
5. 化学与社会·跨学科实践	5. 化学与可持续发展	知道科学和技术有助于解决社会问题,使用科学和技术时要考虑其对社会和环境的影响,理解科学、技术、社会、环境的相互关系; 认识化学在解决与资源、能源、材料、环境、人类健康等相关的问题中的作用,体会化学是推动人类社会可持续发展的重要力量; 树立建设美丽中国、为全球生态安全作贡献的信念; 主动践行节约资源、环境友好的生活方式,树立人与自然和谐共生的科学自然观和绿色发展观。

第三节　大概念教学设计

一、大概念的教学设计

（一）学科实践模式

实施大概念教学,不应在孤立的调查或问题解决情境中学习,而要与学科核心概念密切相关,在教授大概念和让学生参与适当科学实践的同时完成概念的拓展。即教学时要使学生处于某个大概念或跨学科概念的情境中,同时应组织学生参与到某种化学科学或跨学科实践中。

在实践中实施大概念教学。一是以表现预期作为学习目标,把实践、跨学科大概念、化学大概念的相关内容整合作为学习内容。把表现预期作为学习成果,将表现预期与大概念联系,是教学设计的出发点和归宿。如,为学生学习化学概念"从葡萄糖分子到生物体能量:结构和功能"设计教学时,要以表现预期画出葡萄糖的分子组成、结构以及理解这些结构如何发生燃烧等剧烈的氧化反应放出大量的热能,或者在生物体内发生缓慢的氧化反应以支持其新陈代谢,以科学、技术、工程和数学领域内容为支撑,设计化学实验方案,并成功演示葡萄糖的氧化反应,包括燃烧实验和缓慢氧化实验,能够解释实验现象的微粒作用的反应机制,反应条件和因果关系,将大概念"结构与功能"融合于教学。二是以科学探究作为学习路径,依托特定的情境和真实体验落实大概念的教学。在"做"中学习化学大概念和跨学科大概念。在真实情境中开展科学探究,联系学生熟悉的现实生活,结合学生的自身体验,注重大概念在具体内容学习中的运用,不断渗透、内化,逐渐养成、提升。开展实践活动,寻找真实问题及解决方案,解释观察到的现象,从中学习相关知识和技能。

注重学生的真实体验,教师需要提出一些问题和提示,让学生思考、感悟与大概念相适应的思想,如引导学生考虑寻找和提供证据,以理解为什么甲醇的沸点比乙烷高,尽管两者的分子量相似。事实上,许多学生可以回答比较传统的选择题"甲醇和乙烷哪个沸点高",并会选择"因为它存在氢键"作为理由。但多数学生倾向于把氢键画成 O 和 H 之间的共价键(这使得"当物质被供给足够能量,即被加热沸腾时,键会断裂"这一观点在一定程度上更容易理解)。为了设计这些支架性的问题,使之与"原子/分子结构和性质""能量(分子)"以及"静电和成键相互关系"的大概念相联系,如表 6-9 所示,可以设计连续递进的思考问题作为提示性思考的框架,要求学生:画出几个甲醇和乙烷分子结构;指出最强的分子间作用力所在,并确定它们;选择哪一个分子的沸点更高,并使用观点、证据和推理的论证框架解释原因(或使用力和能量的大概念解释甲醇和乙烷在沸腾时会发生什么)。

表 6-9 与"原子/分子结构和性质""能量""静电和成键相互关系"等大概念相联系的支架

(1)	画出 C_2H_6、CH_3OH 的分子结构示意图。
(2)	画出每种物质的三个分子,并指出分子间作用力最强的位置,并识别这些作用力。
(3)	你认为哪种物质的沸点最高?(这是你的观点)
(4)	哪些因素会影响这种物质的沸点?(这是你的证据)
(5)	这些因素是如何影响沸点的?(这是你推理的一部分)
(6)	为什么这些因素会影响沸点?(这也是你推理的一部分)

(二)三环设计模式

格兰特·威金斯,杰伊·麦克泰格等在《追求理解的教学设计》中强调了大概念和核心任务在理解科学知识内容方面的重要引领价值,提出了基于大概念的三环教学设计模式,即三个嵌套的椭圆形框架,如图 6-2 所示。

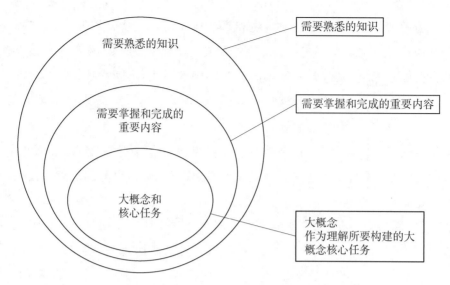

图 6-2　大概念确定教学优先次序的三个嵌套的椭圆形框架①

其中,三个嵌套的椭圆形框架中的核心层包含大概念和核心任务,例如:

表 6-10　核心层内容

大概念

变化观——质量守恒定律:参加化学反应的各物质的质量总和,等于反应后生成的各物质的质量总和,这个规律叫做质量守恒定律。

作为理解所要建构的大概念

科学本质——质量守恒定律的科学本质:化学反应的实质就是反应物的分子分解成原子,原子又重新组合成新的分子。在反应前后原子的种类没有改变,原子的数目没有增减,原子的质量也没有改变,所以化学反应前后各物质的质量总和必然相等。

核心任务

理解用参与化学反应物质和生成的物质的化学式来表示化学反应的含义。

正确书写完整的化学方程式。

三个嵌套的椭圆形框架中的中间层是需要掌握和完成的主要内容,例如:

表 6-11　中间层内容

需要掌握和完成的主要内容

(1) 宏观上,化学反应前后元素的种类没有改变,元素的质量也不变,所以反应前后物质的质量总和必然相等。

(2) 微观上,在化学反应中,反应前后原子的种类没有改变,数目没有增减,原子本身的质量也没有改变。所以,化学反应前后物质的质量总和必然相等。

(3) 符号上,正确书写化学方程式,旨在揭示、反映并表达化学反应过程中的质量守恒定律。

① 格兰特·威金斯,杰伊·麦克泰格.追求理解的教学设计[M].闫寒冰,宋雪莲,赖平,译.上海:华东师范大学出版社,2017.

三个嵌套的椭圆形框架中的最外层是需要熟悉的知识,例如:

表 6-12　最外层内容

质量守恒定律的应用

(1) 推断某反应物、生成物的组成元素。(依据:化学反应前后元素种类和质量不变)

(2) 推断化学方程式中的未知化学式及化学式前系数。(依据:化学反应前后元素种类、原子数目不变)

(3) 解释化学变化中的质量变化、密闭容器中化学反应的相关数据问题。(依据:化学反应前后反应物和生成物的总质量不变)

(4) 利用质量守恒定律进行简单的计算。(依据:化学反应前后反应物和生成物的总质量不变)

(5) 质量守恒定律的实验探究。(设计验证质量守恒定律的实验方案。例如,铁和硫酸铜反应生成铜和硫酸亚铁,没有物质逸出反应体系,反应前后容器中物质的总质量不变,故能直接验证质量守恒定律)

教学设计者需要对教学内容做出选择,并明确教学重点。围绕大概念确定教学优先次序的有用框架,可以用三个嵌套的椭圆形来描述,如图 6-2 所示。(1) 最大椭圆外的空白空间,表征化学学习领域中所有可能的内容(如主题、技能、资源),这些内容可能会在单元或课程中进行考察。需要在最大的椭圆范围内选择确定学生应该熟悉的知识。(2) 在中间的椭圆环中,通过确定重要的知识、技能和概念来强化和突出学习内容的选择,这些内容在单元和其他相关的主题单元学习中具有关联和传递效力。但是,还有另一种方式来看待中间的椭圆环:它确定了学生需要的先前知识和技能,这些知识和技能使他们能够理解有关学习内容,成功地完成其中的关键复杂操作,即执行任务。(3) 最内层的椭圆环,指向学习单元或课程的大概念,明确处于学科中心的迁移任务。

学术性的大概念对理解而言是非常必要的,也是容易产生误解的,如果要求学生不断重新思考大概念并逐步接近这些概念的核心内涵,这样的教学设计将起到最好的作用。大概念与定义不同,定义可以学习并记忆,也可以直接应用;大概念更像是"指导性猜想",当学生需要学习更多内容时,则要对它们进行细化和调整。

二、基于大概念的单元教学设计

基于大概念来组织单元教学内容,发挥大概念的统摄作用。[①] 由于大概念具有高度的抽象概括性,故利用大概念来统摄和组织教学内容时,将能更充分地揭示知识间的纵横关系,利于培养学生利用已有知识经验解决问题,促进学生将知识转化为能力。然而,围绕大概念组织的教学内容,不可能在一节课就完成,即学生大概念的形成是长期的过程,教学设计需要以"单元"的形式整体规划围绕大概念形成的教学内容。

① 中华人民共和国教育部. 义务教育课程化学课程标准(2022 年版)[S]. 北京:北京师范大学出版社,2022.

（一）单元：教学内容的基本组成单位

在课程标准与教科书的编写过程中，对教材的体例结构进行了体系化设计，单元构成了教科书的基本单位。《辞海》中将"教学单元"简称"单元"，单元是某一学科中知识或性质几乎相同或形似或者是有其内在联系的教材组成一个相对完整的部分，是教材的基本单位。[①]

在教育领域中，单元通常是基于一定的目标将学科内容划分为环环紧扣、紧密联系的一个有机的学习整体。核心素养与课程标准指导下的教科书更加注重知识的完整性，侧重体系化设计，教科书各单元有明确的主题，单元内容综合了该主题相关的学科知识和技能，体现了课程目标，落实了核心素养，从而形成相对独立且完整的教科书单元编排体系。《义务教育化学课程标准（2022年版）》中的"课程内容"，规定了"科学探究与化学实验""物质的性质与应用""物质的组成与结构""物质的化学变化"和"化学与社会·跨学科实践"等五大核心主题，以"化学科学本质""物质的多样性""物质的组成""物质的变化与转化""化学与可持续发展"等大概念统领相关学习内容。教科书的单元在性质上大致可以分为内容单元和实践单元。

1. 内容单元

内容单元是聚焦化学大概念组织教学的方式，以掌握化学知识和技能、培养化学问题解决能力为直接教育目标。现行教科书内容编排的大多数单元属于主题内容单元，也可以照课程标准建议的化学大概念设计单元教学。教学设计者依据具体教学目标和学生的情况，可以自行选择关于内容的大概念、关于领域的大概念以及关于学习的大概念等作为单元内容，将相关的知识获得、关键能力发展与必备品格培养相融合，展开大概念的单元教学设计。

2. 实践单元

实践单元是以实验室探究活动，项目研究活动或社会、生产、生活场景下的综合实践活动等活动形式为主的学习单元。实践单元是以主题或项目为组织形式，强调运用所学知识与已有经验，共同探究课题，实现问题解决，注重讨论、分享和交流观点，促进知识理解和迁移，强调学以致用以及跨学科探究、知识融合与综合素养发展。

（二）单元教学的课时

教科书内容的单元组织形式对教学的实施提出了挑战，教师需要树立以学生为中心，系统性、整体性的教学新理念，设计匹配课时计划的单元教学方案，建立整体教学设计策略与方法体系。

1. 单元教学的课时量

传统的课堂教学以课时为基本教学设计单位，教师对教学模式的运用、对教学过程的设

---

① 辞海编辑委员会.辞海:第6版彩图本[M].上海:上海辞书出版社,2009.

计围绕一个课时展开,体现了以课前、课中、课后的程序展开教学的课时观。而教科书的单元化组织,正在强有力地推动着教师从课时教学走向单元教学。单元教学是对教师课时教学经验与习惯的改变,改进整合零散知识使其成为一个系统认识的单元教学。单元教学设计在课时上可能需要几个课时甚至更多课时。

2. 单元教学的系统性

单元内容在教科书结构中是对化学大概念统摄下的知识、能力和品格的整体发展的设计,完整的单元教学会涉及多课时的教学时长,可能需要教师打破学习活动仅发生在课堂中的传统设计,进而对课时内师生在教室、实验室面对面发生的学习活动和课间学生在任意场所(图书馆)中发生的学习活动进行融合性、结构性、系统性的设计,使学生实现过程性、整体性与系统性的学习,以切实达成单元教学目标。在一个单元的学习周期内,课前、课中、课后的概念将没有边界,全过程学习活动根据教学目标与教学内容需要合理配置,并使学习活动在学校、社区等各种场域及线上线下等多空间内完成,各项学习活动相互支撑、相互关联。将主题内容单元或实践活动单元整合结构化,注重化学大概念的理解和运用。

3. 单元教学的递进性

单元教学,既关注单元整体的结构性、系统性,即教学环节的相互关联;又注重教学活动的连续性、递进性,即学习活动序列的有效组织,促进系统性化学知识的学习,发展学生的科学思维。明确单元学习目标,强调大概念统摄单元内容,使化学知识的学习、化学关键能力的发展、必备品格的养成有机整合,由低到高,层层递进。

(三)单元教学模式设计

学科单元教学模式需要根据具体教学单元性质进行针对性的设计,需要对整体教学环节与学习活动进行创新性设计,整体分析、把握构成教学模式的要素,进行教学模式的结构化设计。

1. 教学模式的构成

结合现代教育理论与学习理论,对已有教学模式解构、重组与再造,有效地融入单元教学模式构成要素之中。教学模式可以从三个层面进行理解:一是教师层面,是教师根据自己的教学风格、学生学情、教学内容等,采用的相对稳定的教学环节与教学活动,是教师经验性的教学模式;二是化学学科教学层面,是教师群体针对化学学科教学形成的超越个体教师经验性、具有化学学科教学共性的教学模式;三是教育层面,是在现代教育理论指导下形成的,或从多学科教学模式中归纳形成的,具有普适意义的教学模式。普适性教学模式不一定能够直接应用到化学教学中,需要化学教师根据所面对的具体教学情境进行再加工。

（1）教学模式由教学环节构成。

单元教学模式，从其实施程序的视角分析，通过以解决具有现实意义的问题为目标导向，其结构大致由六个基本环节组成，如图6-3所示。

明确任务目标 ▷ 制定方案 ▷ 开展探究 ▷ 交流分享 ▷ 评价反馈 ▷ 反思修正

图6-3 单元教学程序的基本环节

教学程序是由相对稳定的教学环节构成，各环节相互关联共同完成教学目标，不同的教学环节完成不同的教学目标，层次递进，最终达成相应的教学目标。

（2）教学环节由学习活动序列构成。

教学模式完成大概念教学，教学环节在教学实施过程中完成的是一个相对中等的概念或任务的教学，学习活动完成具体化、可操作的较小目标的教学。教学环节的进一步分解则形成学习（教学）活动，不同的教学环节，根据需要完成的教学目标与任务的大小，可分解成相应的活动序列。活动序列相互关联与支撑，达到既定的学习目标。表6-13为教学流程与学习目标的对应关系。

表6-13 教学流程与学习目标

教 学 环 节	学 习 活 动	学 习 目 标
教学环节1	学习活动1-1	学习目标1-1
	学习活动1-2	学习目标1-2
	学习活动1-n	学习目标1-n
教学环节2	学习活动2-1	学习目标2-1
	学习活动2-2	学习目标2-2
	学习活动2-n	学习目标2-n
教学环节n	学习活动n-1	学习目标n-1
	学习活动n-2	学习目标n-2
	学习活动n-n	学习目标n-n

根据具体教学任务与目标，教学环节需要的学习活动会有不同，同时根据学生的学情与教学资源情况，学习活动类型与数量也可以存在差异。

2. 单元教学设计流程

单元教学的优势在于降低教学内容的重复度，经过教师精心的梳理和重组，单元内容将具有高度的逻辑性和丰富的层次性，有助于加强单元知识点间的连贯性，升华原有学科知识的内涵。得益于单元教学中知识的整体性和连贯性,学生的核心素养也能得到有效培养。开展单元教学,从课时教学走向单元教学是一次巨大的挑战。学科单元教学设计可采用如图6-4所示的设计范式。同时,也需要结合自身化学知识与教学经验,从实际教学计划、教学方案的设计入手,在实践教学中不断总结、凝练、提升、修正和完善。

图6-4 单元教学设计流程

3. 学习活动序列的设计与组织

教师在已经建立单元教学观的基础上,完成单元教学目标的设计,并根据学科知识、学科能力进行目标解构设计,形成教学(学习)目标层次结构。单元教学不是一个课时的教学,也不是在连续的时间内持续完成的教学,单元教学需要对多个课时与课时之间以及学生在不同场所进行的学习时间进行统一设计,并把学习活动安排在不同的时间段内,把学生自主学习、学习资源、课时教学相互关联形成一个整体。

根据单元教学目标整体要求,当选择完成所有细化学习目标后,根据教学的前后顺序进行组织安排,形成一个初始的学习活动序列。初始学习活动序列会存在细化目标的相对独立性,这里需要根据上层目标与单元目标的要求对序列中的学习活动进行相应安排,构建一个完整的、前后关联的学习活动序列。

第四节 "物质性质与应用"大概念实践单元教学案例

化学大概念"物质性质与应用"涉及物质的制备与合成的化学原理,技术方面包含该实验操作要领和仪器应用。制备合成的物质实用性较强,因其需要在一定条件、设备、工艺下才能实现,因此一般都需要结合工程设计来学习。在工程设计上可以从物质的应用出发,利用"物质性质决定其用途"等化学大概念,从而将"物质制备与合成"的学习探索设计为有较强应用性的实践单元。

将"肥皂制作"这一化学课程内容设计为化学实践单元教学。[①] 肥皂的制作原理是甘油三酯与氢氧化钠溶液混合,发生碱性水解反应,这个过程被称为皂化反应。羧酸部分可能含有较长的碳氢链和不同数量的双键,从而会影响最终肥皂产品的性质。在制作肥皂的过程中需要不同量的氢氧化钠,因此学生必须通过计算确定皂化过程所需的氢氧化钠的量。

① Farrell, I., Hamed, K.M. Teaching with soap: examples of project-based units for students and future educators [J]. Science Activities, 2016, 53(02), 74-86.

一、实践单元的活动概述

在实践单元的开始,通过问题引发学生的思考与讨论:

"在日常生活中,使用肥皂对生活环境会产生什么影响?如何能够将这种影响降到最低?"传统的商业肥皂是从石油中提炼出来的,而且还含有磷酸盐,磷酸盐会对水资源造成危害。天然手工制作的肥皂只含有油和碱液,既不消耗石油,也不含磷酸盐。

接下来,学生们分组讨论,随后通过实施一系列的实验活动、小型讲座等学习有关内容的化学知识,同时教师会进行形成性评价来检查学生的学习进步情况。

在课堂教学结束时,学生们展示了他们手工制作的肥皂,并进行演示,包括肥皂的化学成分、制作肥皂的方案、如何将肥皂对环境的影响降到最低(没有副产品或磷酸盐)。此外,学生们还需结合市场营销方面的信息进行报告展示,包括肥皂产品的包装、目标受众以及选择这个群体的原因。

二、实践单元的教学目标

实践单元设计的系列学习活动及教学目标如表 6-14 所示。整个实践单元共包括十个活动环节,分别为确定肥皂的重要性、分子建模、极性和非极性、表面张力和分子间作用力、链长与物理化学性质的关系、饱和与不饱和、肥皂的 pH、肥皂吸引人的原因、塑料回收、肥皂制作。每个活动环节通过设置社会调查、教师讲解、小组实验、课堂展示等多种多样的活动,让学生在活动中学习科学原理。

表 6-14 "肥皂制作"实践单元环节、内容及其学习目标

	活动环节	学生活动内容	学习目标
1	确定肥皂的重要性	学生们设计并执行一项调查,确定肥皂的重要特性。然后设计并实施一个定量测量这些特征的实验。	定量与定性,调查研究,物理性质和化学性质
2	分子建模	学生们建立分子模型并演示脂肪分子的皂化过程。	官能团,酸,共价键,价电子,模型,顺/反式,双键,脂肪和脂肪酸
3	极性和非极性	学生们设计实验,用不同的清洗剂来测试不同类型的污渍。	极性与非极性,表面活性剂,电负性,亲水性与疏水性
4	表面张力和分子间作用力	向学生介绍表面张力,并检查表面活性剂的效果。学生们创建模型来演示极性和非极性分子的行为。学生学习表面活性剂对环境的影响。	胶束,表面张力,极性与非极性,表面活性剂,环境影响

续　表

活动环节	学生活动内容	学习目标
5 链长与物理化学性质的关系	学生们通过检测不同链长饱和脂肪酸的熔点,绘制出一条加热曲线,并确定其趋势。他们研究由特定脂肪酸制成的肥皂,比较它们的物理性能。	物理性质,熔点/冰点,相变,分子间作力
6 饱和与不饱和	学生们研究具有单键、双键和多重双键的化合物的熔点,然后研究不同饱和度的肥皂的物理性质。	饱和,不饱和,多不饱和,单键,双键,分子间作力,范德华力
7 肥皂的 pH	学生们研究 pH 值及其与肥皂的关系。	pH 值刻度,酸碱对比,中和,稀释,强酸和强碱
8 肥皂吸引人的原因	学生使用本单元所学的概念测试各种香皂。	实验设计,肥皂添加剂,酯
9 塑料回收	学生们观看一系列关于塑料的影响和回收的重要性的视频。然后要求他们找到家里的各种塑料。	环境影响,塑料,回收
10 肥皂制作	学生们根据自己的需要和市场设计开发配方来制作肥皂。	实验设计,皂化,碱基,营销,吸热与放热

三、实践单元的活动过程

氢氧化钠的腐蚀性很强,为了确保肥皂使用时无害,建议油过量,即 5% 以上。制造这种肥皂和制造氢氧化钠溶液还需要水。推荐的水量是所用油总质量的 30%—40%,并加入到计算出的氢氧化钠质量中。程序部分提供了典型肥皂的计算示例,但建议学生研究和开发自己的配方。

(一)实验仪器和药品

油(椰子油、橄榄油、棕榈油等)、氢氧化钠、香精、加热套或者微波炉(用于加热油)、护目镜、手套、实验服、肥皂模具或装有羊皮纸的盒子、1 000 mL 烧杯(可以用便宜的塑料碗代替)、500 mL 烧杯、天平、玻璃棒或搅拌药匙。

(二)准备肥皂模具

模具可以是任何形状,通常由塑料、橡胶或木头制成。不能使用金属制成的模具,比如铝会与氢氧化钠发生反应。如果学生使用橡胶或硅胶作为材料的模具,则不需要模具的内衬。而使用其他的材质,如木材或硬塑料,在倒入准备好的肥皂混合物之前,应该将羊皮纸衬里垫在模具当中。

（三）制备 NaOH 溶液

在实验之前,学生们需要确定他们要制作多少肥皂,要使用哪种油,需要的油、水(推荐的水量是所用油总质量的 30%—40%)、氢氧化钠的量。为了确定氢氧化钠的量,首先要计算使用的每种脂肪(油)的克数,然后从皂化表中确定皂化值(1 g 指定油所需碱的克数)。为了确保所有的氢氧化钠在皂化过程中完全反应,应使每种油的质量过量 5%。

比如,用 35% 的椰子油、25% 的橄榄油和 40% 的棕榈油制作肥皂,计划使用 500 克油。具体计算过程如下:

① 0.35×500 g=175 g

椰子油×0.95(5%过量)=166.25 g

椰子油×0.191 g

NaOH/g(皂化表值)=31.75 g NaOH

② 0.25×500 g=125 g

橄榄油×0.95=118.75 g

椰子油×0.135 3 g

NaOH/g(皂化表值)=16.07 g NaOH

③ 0.40×500 g=200 g

棕榈油×0.95=190 g

棕榈油×0.142 g

NaOH/g(皂化表值)=26.98 g NaOH

④ 将三份氢氧化钠的质量相加。

总 NaOH 的质量 31.75 g+16.07 g+26.98 g=74.8 g

学生用皂化表值计算实验所需的氢氧化钠后,向 500 mL 或更大的烧杯中加入 150—200 g H_2O。然后慢慢向烧杯中加入 74.8 g NaOH,同时用玻璃棒搅拌,直到所有固体都溶解。当溶液冷却到 35℃ 到 40℃ 之间时,继续进行接下来的实验。

（四）准备油

称量 175 g 椰子油,125 g 橄榄油和 200 g 棕榈油,加入到 1 000 mL 烧杯中。打开加热盘,调至低至中低温度,将油加热至 35℃—40℃。或者用微波炉加热油。

（五）肥皂的制备

当油与氢氧化钠溶液都冷却至 35℃—40℃时,将氢氧化钠溶液倒入盛有油的 1 000 mL

烧杯中,并搅拌约 10—15 分钟,直到混合物开始变稠,混合物顶部开始出现固体时停止搅拌。称取 20 g 所需的香精,加入到盛有肥皂浆的烧杯中。用玻璃棒搅拌浆液,使香味均匀分布在肥皂混合物中。

(六) 倒入模具

慢慢地将 1 000 mL 烧杯中的肥皂浆液倒入准备好的肥皂模具中。因为皂化过程很慢,此时肥皂混合物仍然具有很强的腐蚀性,所以应做好自身防护,戴好手套、护目镜。然后可以用毛巾覆盖和包裹肥皂模具,以吸收反应产生的热量。24—48 小时后,皂化过程基本完成。这时,可以将肥皂从模具中取出,切成所需的形状。

(七) 测量肥皂的酸碱性

在使用肥皂之前,必须测试其酸碱度,以确保它的碱性不是太强。一般来说,要求肥皂的 pH 值小于 10。刮取约 1 g 制作的肥皂,将其溶解在 20 mL 水中,使用 pH 试纸、pH 计或者 pH 传感器测量溶液的 pH 值。

四、实践单元的学习评价

在整个课堂学习活动中,教师会对学生进行形成性评价。具体的评价框架如表 6 - 15 所示。形成性评价由参与讨论、学习计划和家庭作业、实验部分笔记、小测验、考试、肥皂展示、学习感悟七个部分组成,分别贯穿于整个教学活动过程当中,且每个部分按照重要性有不同的占比。

表 6 - 15　形成性评价框架

评价要素	时间表	评价内容	占比	学习目标达成度
参与讨论	整个单元	在课堂讨论、老师讲解中的形成性评价	3%	理解
学习计划和家庭作业	整个单元	有机知识内容知识	20%	知道、理解、应用
实验部分笔记	每次活动结束后	10 个活动和实验,包括实验计划、实验过程中遇到的问题、数据表、实验结果和分析、实验后反思	15%	知道、理解、应用、分析、综合
小测验	每两周	实验和有机内容知识	12%	知道、理解、应用、分析
考试	单元学习结束后	有机内容知识	25%	应用

续　表

评价要素	时间表	评价内容	占比	学习目标达成度
肥皂展示	考试之前	展示包括学生制作的肥皂、化学解释、肥皂配方与化学推理、市场销售相关内容	20%	应用、分析、综合
学习感悟	考试之后	评估自己在课堂中学到了什么,以及如何改进自己的学习策略	5%	评价

　　该实践单元以制作手工肥皂为目的开展探究活动,教师将"在日常生活中,使用肥皂会对我们的环境产生什么影响? 如何能够将这种影响降到最低?"作为驱动性问题,在这一情境下,向学生介绍相关化学理论知识后,学生动手制作产品并围绕产品进行讨论,在合作探究的状态下完成手工肥皂产品的制作,实践了化学大概念"物质性质决定用途"。

　　化学实践活动一般都涉及 STEM 内容。本次实践单元将化学中肥皂的制作放在 STEM 教育背景下,在整个活动设计中体现了化学学科知识与数学、工程的紧密联系,使学生在学习皂化反应的同时,还掌握了如何用皂化值计算碱的用量、如何制作手工肥皂以优化商业肥皂对环境带来的不利影响。此外,在成果展示环节,教师还要求学生对市场营销方面的内容进行调查展示,包括肥皂产品的包装、目标受众以及他们选择这个群体的原因,将化学与社会、市场相联系。

　　整个实践单元活动激发了学生的创造力,让学生自己制作实验方案,激励其花更多时间思考相关的内容,从而能够在活动中提出更深层次的问题,也成为学生难忘的学习经历。在之后的学习中,学生们会经常谈论起这个肥皂制作活动项目,他们说从来不知道制作肥皂可以如此有趣。

本章学习任务

　　1. 你如何定义大概念的内涵? 如何能够全方位地驾驭和理解学科领域?

　　2. 学生学习一门学科课程,应该记住的最重要的信息是什么? 课程结束很久以后,学生还应该记住的是什么?

　　3. 解释大概念在你的日常生活中扮演什么角色。

　　4. 选择两节化学教科书中的内容并讨论它们是如何帮助学生理解"大概念"的。

　　5. 充分准确地解释这两节化学内容。结合你给出的大概念的定义,解释你选择的两节化学内容是如何挑战或加强你对大概念的理解的。

　　6. 使用课程或文献资源的信息,设计一份化学大概念教学方案。并特别强调说明大概念教学中的学习目标,如知识、技能和态度等。

7. 反思你所设计的大概念教学方案,解释该方案是否适用于该学习目标,以及如何适用。描述你认为学生将受到的挑战、需要加强的知识、技能和态度,以及还有哪些不足。

第七章　化学项目式教学

本章目标预览

通过本章学习,你能够:
- 理解过程导向的教学内涵和要素。
- 理解项目式教学。
- 学会项目式活动设计。
- 应用项目式活动实施教学设计。

本章内容引导

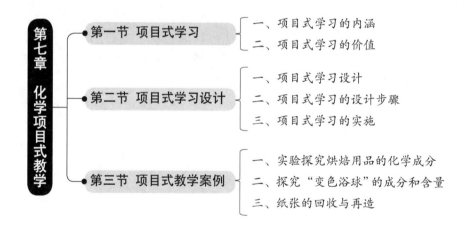

第七章 化学项目式教学

第一节　项目式学习
- 一、项目式学习的内涵
- 二、项目式学习的价值

第二节　项目式学习设计
- 一、项目式学习设计
- 二、项目式学习的设计步骤
- 三、项目式学习的实施

第三节　项目式教学案例
- 一、实验探究烘焙用品的化学成分
- 二、探究"变色浴球"的成分和含量
- 三、纸张的回收与再造

第一节 项目式学习

在项目式学习中,学生的学习是由解决一个真实的、结构不良的、真实世界的问题的需要所驱动的。这种教学方法旨在提高学生的学习动机,要求学生解决他们在未来的专业或个人环境中可能会发生的现实生活问题,掌握内容知识的相关性,激励学生去学习[1]。此外,项目式学习课程是根据问题或者案例来构建的。这种课程组织帮助学生构建并将其领域知识存储在一个基于案例的记忆结构中,以便在未来有效地检索知识[2]。在项目式学习中,使用结构不良的问题是为了帮助学生发展他们的能力,应用他们的知识来处理在现实世界中的复杂问题[3]。

一、项目式学习的内涵

项目式学习(Project-Based Learning, PBL)的理论基础是来自杜威"做中学"(learning by doing)的教育思想和建构主义教育思想。建构主义思想将学习范式从以教师为中心的学习转变为以学生为中心的学习。项目式学习克服了传统学习只注重知识传授而忽略实际问题解决能力的缺点,并受到国内外中学教学研究者的广泛关注。

克拉西克等人[4]指出了项目式学习的六个标志性环节,包括:(1)驱动问题;(2)对学习目标的关注;(3)参与教育活动;(4)学生之间的合作;(5)使用技术工具;(6)创造出作品。这个创建过程要求学习者共同努力,在知识整合、应用和构建过程中找到真实问题的解决方案。教师和同伴通常作为促进者,为学生提供反馈和支持,以协助他们的学习过程。在项目式学习中,任务的重点是让学生开发和应用知识来产生一些最终产品,并有明确而具体的成果展示,项目学习结束时师生共同评价项目成果。

托马斯以五项标准来定义项目式学习:(1)项目应被置于实验课程的中心;(2)项目式学习以驱动型问题为重点,驱使学生参与化学实验,在实验过程中掌握化学学科的核心概念和原理;(3)项目式学习能够让学生构建性地参与化学实验,而非"照方抓药";(4)在某种程度上,项目式学习是由学生驱动的,学生是这个过程中的主导者;(5)项目是真实的,而不是局

---

① Barrows, H.S. A taxonomy of problem-based learning methods [J]. Medical Education, 1986,20(06):481-486.

② Kolodner, J.L., Camp, P.J., Crismond, D., et al. Problem-based learning meets case-based reasoning in the middle-school science classroom: putting learning by design (tm) into practice [J]. The Journal of the Learning Sciences, 2003,12(04):495-547.

③ Wilkerson, L.A., Gijselaers, W.H. Concluding comments [J]. New Directions for Teaching and Learning, 1996,68(01):101-104.

④ Krajcik, J.S., Blumenfeld, P.C. The Cambridge Handbook of the Learning Sciences [M]. Cambridge: Cambridge University Press, 2005:317-334.

限在学校里、实验室中进行①。

项目式学习也可以被定义为一种系统的教学方法,学生通过深入探究复杂的主题和精心设计的任务来获得知识和技能。项目式学习是一种通过项目促进学生主动学习的过程性导向的教与学模式。项目是指一系列独特的、复杂的并相互关联的活动,这些活动有着一个明确的目标或目的,包括开放性活动和复杂任务(设计、问题解决和决策等)必须在特定的时间、预算、资源限定内,依据规范完成。区别于常规的探究性学习和"做中学",项目式学习更注重真实项目和真实情境,发展学生解决复杂问题的能力,培养学生的批判性思维和系统思维,因此,并非所有的化学实验都适用于项目式学习。

项目式学习是一种积极的、以学生为中心的过程导向的学习方式,鼓励学生就现实世界中的问题或挑战进行小组合作,以促进批判性思维、系统性思维和高阶思维的习得,其中教师充当学习的促进者。学生在教师的指导下,能够自己克服、处理项目工作中出现的困难和问题,有明确而具体的成果展示,学习结束时师生共同评价项目成果。项目式学习主要是通过广泛探究以突破和解决真实而复杂的问题和任务,精心设计产品和创造成果。通过扩展学习,学生获得必要的知识、品格和终生难忘的技能。

二、项目式学习的价值

(一)项目式学习促进学生认知发展

1. 自学能力

自学能力是决定学生学习成就的基本素质,是终身学习的基础。有研究②讨论了项目式学习在化学教学中的有效性,通过组织 125 名高中生参加有机化学关于烷烃、醇类和羧酸的主题内容的项目式学习活动来培养他们的自学能力。教师评估和学生自我评估中的数据显示,有机化学项目式学习对发展学生的自学能力产生了积极影响,学生的自学能力有统计学意义上的显著提升(前测、后测分数 $p < 0.05$)。学生自我评估结果如图 7-1 所示。

2. 学业成就

圣塔萨③等人研究了项目式学习(PBL)与直接教学(direct instruction)两种模式对不同水平的拖延症的学生学业成就的影响。研究数据来自于 124 名学生的学业测验和问卷调查。研究结果显示,在项目式学习和直接教授模式中,学生的学业成就(前测、后测分数 $p < 0.05$)

① Thomas, J. W. A review of research on project-based learning. Report prepared for The Autodesk Foundation. 2000.
② Dai, N. V., Trung, V. Q., Tiem, C. V., et al. Project-based teaching in organic chemistry through blended learning model to develop self-study capacity of high school students in Vietnam [J]. Education Sciences, 2021,11(07):346.
③ Santyasa, I. W., Rapi, N. K., & Sara, I. W. W. Project based learning and academic procrastination of students in learning physics [J]. International Journal of Instruction, 2020,13(01):489-508.

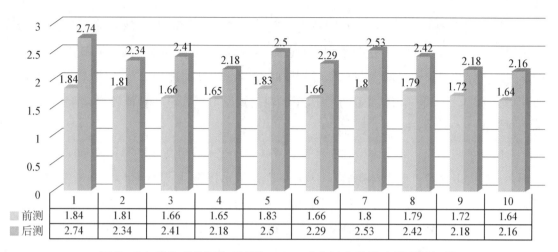

图 7-1　学生在前测和后测(p<0.05)中对自学能力的自我评估

存在显著性差异,采用项目式学习模式的学生的学业成就比采用直接教授模式的学生的学业成就得到了显著性提升,如表 7-1 所示。

表 7-1　项目式学习和直接教授对不同水平拖延症的学生学业成就的影响

学生类别	项目式学习模式		直接教授模式	
	前测 平均值(方差)	后测 平均值(方差)	前测 平均值(方差)	后测 平均值(方差)
低水平拖延症	12.7(4.5)	52.9(15.5)	12.2(4.7)	32.0(12.2)
高水平拖延症	11.8(3.6)	40.6(10.3)	8.7(4.1)	26.8(10.1)

在直接教授模式中,学生常常作为被动学习者,在课堂学习中从教师呈现的材料中获得知识。学生只是听老师关于这个话题的解释,只能识别这个概念而不能真正地理解它,课堂学习的效率较低,学生只是为了准备考试才去记住教师所给的学习材料。直接教授模式不足以支持学生构建自己的知识和逻辑。

而在项目式学习模式中,面对相关项目任务或问题,学生往往会更加努力地获取与之相关的知识和技能,能够主动地运用自己的思维逻辑解决所面对的问题,学生变得更加积极地参与到项目工作、执行任务、团队合作、分享交流、展示成果以及完成项目报告,将已有的学科知识、原理或概念与现实生活和现实问题紧密联系起来,享受学习活动,学生感知到他们的知识更有意义,可以用来解决日常生活中遇到的问题。因此,相比于直接教授模式,项目式学习模式更能提高学生的学业成就。

3. 元认知能力

相比线下学习,在线学习存在教师难以创造适合学生学习的情境氛围、学生自觉性不足、学习动机下降等问题,因此,教师设法将学生培养成独立的学习者,而关键能力之一就是元认知能力。通过元认知,学生将意识到自己是学习者,在任何条件下都必须调整监控自己的学习。良好的元认知会使学生在学习的同时对自己的思维过程进行计划、监控和评价。此外,元认知也是学生学习结果的预测因子。项目式学习模式是一种能够增强元认知技能的学习模式。

有研究表明[1],基于丰富虚拟的项目式学习(PBL)模式对提高学生的元认知技能有显著影响。该研究以学习模型为自变量,以因变量为元认知技能,控制变量为学业成绩和年龄。研究数据收集工具是前后测问卷和一份作业。采用单因素协方差分析来进行数据处理。测量元认知技能的量表含有陈述性知识、程序性知识、信息管理策略、监控和理解等因子,通过评估这些因素对学生的元认知水平的影响进行赋分,并根据在不同区间的累计得分,把学生的元认知水平划分为五个层次:极好(81—100 分)、好(61—80 分)、中等(41—60 分)、低(21—40 分)、极低(0—21 分)。分析结果显示,通过控制学生的初始元认知技能,两组不同学习模式下学生的元认知技能呈现出统计学意义上的显著差异($p < 0.05$)。此外,数据结果的描述性分析可以通过比较学习结果分数来表示,如表 7-2、7-3 所示。

表 7-2 两种模式学生元认知测验结果比较

学 习 模 式	前测 平均值(方差)	后测 平均值(方差)
基于丰富虚拟的项目式学习模式	30.75(9.76)	59.45(12.73)
传统课堂讲授学习模式	30.20(10.43)	39.20(9.90)

表 7-3 项目式学习和讲授学习对元认知水平的影响比较

区间	水平	项目式学习		讲授学习	
		频率	百分数	频率	百分数
81—100	极好	1	5%	—	—
61—80	好	7	35%	—	—
41—60	中等	12	60%	10	50%
21—40	低	—	—	9	45%
0—20	极低	—	—	1	5%
总数		20	100%	20	100%

---

[1] Nafi'ah, E.R., Purwanti, E., Permana, F.H., et al. Metacognitive skills of junior high school students in a pandemic period based on the enriched virtual model of PBL [J/OL]. Journal of Education Technology, 2022,6(01):29.

研究结果表明,项目式学习模式下,学生的元认知分数显著高于讲授学习模式($p<0.05$),元认知水平层次上,项目式学习模式下,学生都在中等及以上,而讲授学习模式下的学生都在中等及以下。研究结果有力地证明了项目式学习在提高学生元认知水平方面的有效性。

4. 发展 21 世纪技能

有研究[1]旨在探讨项目式学习对提高学生 21 世纪技能(4C)的影响,21 世纪技能即创造性思维(creative thinking)、批判性思维(critical thinking)、交流技能(communication)、合作技能(collaboration)。该研究样本包括由 12 名男性中学生组成的实验组,进行 21 世纪技能项目学习。在学生开始项目学习之前进行前测,在他们完成后进行后测。采用配对样本 t 检验进行数据分析,结果表明,学生 21 世纪技能前测、后测分数($p<0.05$)呈现出统计学意义上的显著差异,后测成绩表现较好,基于项目的学习方法对学生的 21 世纪技能的提高有显著影响。

表 7-4　21 世纪所需四种技能前后测的平均值与标准差变化

21 世纪所需技能	前测 平均值(标准差)	后测 平均值(标准差)
创造性思维	14.83(3.97)	19.16(3.58)
批判性思维	14.16(5.15)	18.92(3.96)
交流技能	18.33(4.44)	21.93(3.77)
合作技能	18.46(5.57)	22.08(3.96)
整体技能	65.70(10.73)	80.80(9.04)

(二) 项目式学习促进学生情感发展

有研究表明[2],通过 STEM 教育的项目式学习调查 11 年级学生的分析思维能力和对科学的学习态度。研究工具包括思维能力测验、科学学习态度测验、课堂观察、学生反思日记和半结构化访谈。研究结果表明,STEM 项目式学习活动成功地提升了学生的分析思维能力,促进了积极的科学学习态度。

学生自己主动组织和总结所学知识,而不是像在以讲授为主的学习环境中那样听老师

---

[1] Gabuardi V M F. Project-based learning: boosting 21st century skills [J]. Estudios, 2021(43):340-419.

[2] Chonkaew P, Sukhummek B, Faikhamta C. Development of analytical thinking ability and attitudes towards science learning of grade-11 students through science technology engineering and mathematics (STEM education) in the study of stoichiometry [J]. Chemistry Education Research and Practice, 2016,17(04):842-861.

的话。此外,学生有更多的机会操作探究教科书内容之外的实验。由此,学生能够应用和实践STEM的知识与技能,并深刻地理解相关的科学原理和理论,因为所有这些活动都是在练习相关知识和技能。与讲授形式相比,学生对课程更加兴奋和感兴趣。他们可以提出一些问题,并可以自己确定解决方案是否符合相关理论。学生应用知识的机会越多,理解就越透彻,学习氛围就越积极。学生对学习持有期待,比之前更加好奇,热衷于工作,更勇敢地表达自己的想法。其中一名学生在反思日记中提到:"学习活动挑战了我的想法,也帮助我科学地思考。"即使在课余时间,一些学生也会去实验室完成实验,去证明他们的假设或检验他们的答案和结果。学生在上课时注意力更加集中,总是问老师下一节课的内容会是什么。这些行为表现清楚地表明,在参与项目式学习活动后,学生的学习态度变得更加积极。

第二节　项目式学习设计

一、项目式学习设计

项目式学习是一种建立在真实活动基础上的教育,问题类型一般是人们日常学习和工作中而不是教室中存在的问题。学习者面对现实生活中的情境,应用他们的知识,并提出切实可行的解决方案,在解决问题的过程中,学习者自己收获知识和技能,树立正确价值观,而教师则充当学习过程的指导者[1]。卡雷特罗[2]认为,通过如下路径的项目式学习是有价值和有意义的学习,即:(1)通过协作建立并实现共同目标;(2)对自己的知识负责,接受教师的指导和调解学习过程;(3)发展团队合作和有效沟通技巧;(4)培养分析、综合和研究能力;(5)培养批判性思维。

规划一个成功的项目学习活动,需要考虑的是项目总体规划方案、项目引导(驱动)问题、项目教学设计方案、确定项目评价方案或标准、组织项目学习行为和策略等要素。

第一,教学设计者在设计项目计划时需要考虑为什么做这个项目,是否符合项目教学,相当于项目总体规划。选定项目主题,目标或任务需要达到的标准,应获得的技能,大量的学习服务的支持和反馈。

第二,编写引导问题(核心驱动问题)是为了激发学习者的兴趣,并通过引导问题促进学习者学习。能否提出一个真实的需要核心课程的知识来解决或答复问题或重要的问题,是引导学习者和全面推进项目学习的大关键。

第三,制定项目评估标准。不仅评估学习者学到的知识,还要评估掌握多少关键技能,

① Zancul, E. D. S. Sousa-Zomer, T. T., & Cauchick-Miguel, P. A. Project-based learning approach: improvements of an undergraduate course in new product development [M]. Production, 2017.

② Carretero, M. Constructivismo y Educación [M]. Madrid: Edelvives, 1993.

不仅评估学习者产品,还要评估项目过程。

第四,规划项目包含丰富的内容,相当于教学设计。分析教学需要、设计活动及项目学习内容。

二、项目式学习的设计步骤

正常教学课时下的项目式学习活动设计,可以称之为问题式学习活动,即把教学内容中的知识点设计成有关的情境问题的形式,呈现在学习者的面前,让学生在寻求、探索解决问题的思维活动中,掌握知识、发展智力、培养技能,进而培养学生自己发现问题、解决问题的能力。

为什么把问题作为教学过程的出发点?

第一,教学过程是一种特殊的认识过程,学生在教学过程中所学习的对象,大都是前人已经发现和创造的知识和经验,不是他们亲自得来的知识和经验,因此学生必须要经历一个"再发现"和"再创造"的过程。在这个过程中,如果没有学生自觉地参加,学习将不会取得好的效果。如何激发学生的学习动机是课堂教学首先要解决的问题。

如果在教学过程一开始,就提出对教学内容起关键性作用的、学生经过努力能完成的、富于挑战性的问题,激起学生已有认知结构与当前研究话题的认知冲突,学生将会以高度的注意与浓厚的兴趣投入到教学活动中来,并以跃跃欲试的状态试图去解决所提出的问题。这样形成了在迫切要求之下学习的情境,这就为后续课程内容学习的展开建立了一个良好的开端。

第二,创设了问题情境。问题是思维的出发点,有问题才会去思考,思维总是指向于解决某个任务的。对学生来说,提出一些他们想解决而又不能很好地解决的挑战性问题,激发他们去思考,使他们在迫切要求之下学习,激发其学习的心向。

解决问题的思维活动通常体现在四个环节上,一是提出问题:把教学任务转化为学习者个体的思维任务。二是明确问题:面对所提出的问题,加以分析,以便明确问题的核心。三是提出假设:找出并确定解决问题的原则、途径和方法。四是检验假设:或是通过实践、操作来检验;或是通过思维活动的逻辑推理和论证来检验。上述四个环节,创设了一种促使学生积极思维的教学情境,同时学生的思维是开放性的。提出什么样的问题?怎样提出问题?通常提出的问题要紧密围绕教学任务,要对教学内容起关键作用,是学生力所能及而又富于挑战性的,提出问题的方式要简练、明确,使学生在理解问题本身时不感到困难,一下就能拨动学生的心弦。

若需要多课时或多个教学周才能完成的项目式学习活动,其大致流程与上述环节相似,只是要解决的问题会更加复杂和具有挑战性,需要付出更多的时间去学习和实施。

表7-5　项目式学习的设计步骤

项目环节	具 体 内 容
第一步：选择项目主题	1. 学生在教师指导下提出项目想法(提出项目的名称、目标及将学习内容与现实生活联系起来的项目主题)。 2. 学生自我识别他们已经知道的相关的知识和技能,并为选定的项目主题提出需要解决的问题并写在笔记本上。教师可以指导学生如何计划项目的实施。 3. 学生决定从教师提出或介绍的主题中选择项目主题。教师将调查学生的选择并公布。
第二步：制定实施项目计划	4. 学生进行小组讨论,以确定他们所知道的与问题相关的知识和技能,并确定项目主题的目标和研究问题。 5. 学生制定一个实施项目计划,包括确定任务,确定执行学习任务的手段和方法,安排时间和预期结果,并分配任务给成员。 6. 学生讨论并同意项目成果或产品的评估标准。 7. 学生们交流讨论。在教师的支持下,各小组继续讨论和调整项目实施计划,使之更加合适。宣布该组的正式计划。
第三步：执行项目	8. 学生们收集/处理信息,以解决小组计划中分配的项目任务。 9. 学生在实验室进行实验活动或实地调查等。 10. 学生们根据计划,在每个阶段结束后,分享汇报个人取得的进展。针对新出现的问题和所遇到的困难,小组和教师讨论下一阶段的解决方法。教师授权组长对小组进行管理,积极组织会议,督促和提醒成员,并定期向教师汇报小组进展。当所有任务及其成果都可行时,组长将带领团队总结项目成果。 11. 学生小组讨论,需要使用电脑办公软件等准备分享汇报的文档材料,准备结项。小组设计和演练,展示项目成果。
第四步：评估项目	12. 各组分享汇报项目成果。 13. 教师评估、学生评估、同行评估。 14. 教师公布项目评价结果,以及学生个人和团队的学习态度,颁发相应奖励。 15. 小组讨论,以评估项目的实施情况和成员的贡献。每个学生对项目完成后的评估结果进行自我评估,识别项目实施过程中的局限性和错误,并提出补救措施。

在巴罗斯和迈尔斯的项目式教学模式[①]中,问题和假设-演绎推理过程尽可能地接近现实世界。并且有一个特色环节即"表现展示"活动。在这个学习活动中,学生必须报告他们的结论,该报告可以有多种形式,如口头汇报,书面或视听演示,展示艺术品、插图、图表、作品集或数学分析。

托普和塞奇[②]所描述的项目式学习模型针对更广泛的学生。该模式认为学生需要学会

---

① Barrows, H.S., Myers, A.C. Problem-based learning in secondary schools [J]. Unpublished monograph. Springfield, IL: Problem-Based Learning Institute, Lanphier High School and Southern Illinois University Medical School, 1993.

② Torp, L., Sage, S. Problems as possibilities: problem-based learning for K-16 education [J]. Association for Supervision & Curriculum Development, 2002:261.

用自己所拥有的知识去思考和应用所学到的东西。因此,学生必须通过解决现实的问题,积极参与对问题和主题的持续思考。项目式学习可以作为帮助学生学习的工具,而教师在学习过程中需要适当地帮助学生建模和指导学生的认知和元认知行为。

表7-6列出了上述两种项目式学习模式。

表7-6　两种项目式学习模式

巴罗斯和迈尔斯模式	托普和塞奇模式
开始一个新的问题: 1. 设置问题 2. 内化问题 3. 描述所需要的产品或性能 4. 分配任务(例如:仪器应用) 5. 推理问题(假设、事实、问题和行动计划) 6. 假设可能的结果 7. 学习问题 8. 资源识别 9. 计划跟踪 **自我学习计划期间:** 　自主学习 **问题跟进:** 1. 批判性使用资源 2. 重新评估问题(假设、事实、学习、问题和行动计划) **问题结束后的表现汇报:** 1. 知识、技能或研究摘要和总结 2. 自我评价(和来自小组的评论)	**教学和学习事件:** 1. 准备学习(可选) 2. 界定问题 **问题解决活动的重复周期:** 1. 确定已经知道的、需要知道的,以及想法 2. 定义问题表述 3. 收集和共享信息 4. 生成可能的解决方案 5. 确定最佳合适的解决方案 6. 呈现解决方案并评估 7. 汇报问题 8. 在教学和学习活动中指导和评估

三、项目式学习的实施

通过介绍学习活动、实施核心学习活动到结束学习活动等三个进程性板块,与直接教学相对比,设计项目式学习过程中需细化的活动环节,具体如表7-7所示。

表7-7　项目式学习和直接教学的活动设计

板块	项目式学习	直 接 教 学
介绍学习活动	教师向学生介绍并认识学习主题,激励学生学习 教师传达当天学习的基本能力和学习目标	教师传达学习目标 教师通过传达主题的重要性来激励学生

续　表

板块	项目式学习	直接教学
实施核心活动	教师分享有关基于项目的学习的学生工作表 教师指导学生设定项目主题 学生根据学生工作表中提出的问题探索项目想法	教师一般性地解释主题并分享学生工作表 学生记录教师的解释，学生做工作表
	学生设定学习背景 学生在小组中分工合作，回答工作表中的问题	教师指导学生完成任务 学生完成任务
	学生计划实际活动 学生浏览支持项目的学习资源 学生在工作表中收集支持项目的工具和材料	教师检查并评论学生的作业 教师对学生的作业结果给出结论 学生记录教师给出的结论
	学生遵循活动流程 学生在小组中勾画出与主题相关的项目	教师引导学生练习解决问题 学生练习从一个问题迁移到另一个问题
	学生应用活动 学生在小组中根据互联网资料、书籍和观察，寻找解决问题的方法 每组写一份报告并在课堂上展示	学生做解决问题的进一步训练 学生尝试解决更复杂的问题
结束学习活动	学生通过做教师给出的测试来检查自己的理解能力 当教师解释重要材料时，学生确认自己的理解能力 教师对学生的成功进行奖励 学生向教师确认下一堂课的内容	教师就当天的话题对学生进行测验 教师布置家庭作业和下一个话题 教师通过和学生说结束语结束课程

　　考查学生项目式学习的质量，可采用开放式问题的形式，使用 5 点刻度评价量规，每个的项目的分数从 0—5 记分。表 7-8 列出了评价量规的标准。

表 7-8　项目式学习学业成就测验的量规

分数	标　准
5	提供完整正确的解决方案
4	提供正确的解决方案，有点缺陷，但令人满意
3	提供正确的解决方案，有许多缺陷，但几乎令人满意
2	提供具有真实元素但不充分的解决方案
1	试图提供解决方案，但完全错误
0	根本不提供解决方案

项目式学习模型在取得化学学业成就方面往往优于直接教学。这一结果与埃尔多安等人①和岩本等人②进行的研究一致,该研究表明,学习使用项目式学习模式的学生在学业成就方面往往优于使用直接教学模式的学生。

项目式学习可以增加学生对科学概念的理解,提高学生在学习、情商和心理运动技能方面的成绩,因此可以替代传统学习③。项目式学习不仅可以提高学习成绩,还可以更好地改善学生对课程的态度,从而提高学生对课程的兴趣④。

项目式学习模式是一种建设性的学习模式,它是指学生在已有知识基础上对新知识的建构。因此,学生成为了积极的学习者。只要学生使用项目式学习模式学习,他们就会有很高的学术参与度,因为有趣、具有挑战性、与他们的日常生活现象相关以及与社区需求相关的项目促进了参与度的增加。从学习过程中的积极性可以看出,学生在收集与项目相关的信息方面变得更加积极,并能对他们获得的新事物或知识提出批评。学生在项目式学习中的高度参与为他们提供了机会,使他们的学习在他们的生活中更有意义、相关和有用。

在项目式学习过程中,面对相关项目的学生往往会更加努力地获取与项目相关的知识,并且更能够使用他们的思维逻辑来解决所获得的问题,并将在现实生活中获得的原理或概念联系起来。通过工作活动和与已完成项目相关的报告的介绍,学生变得更加积极地参与小组学习,根据分配的任务分工一起工作,并交流小组工作的结果和他们的知识。与现实生活相关的小组项目工作使学生更享受学习活动并增强了参与学习的动力,因为学生认为他们的知识更有意义,并且可以实施以解决日常生活中遇到的问题。在基于项目的学习活动中,学生对科学的态度和兴趣,以及在小组中良好的社交和沟通技巧,使其比使用直接教学模式学习的学生取得了更好的学习成绩。

直接教学模式的无效是由于其单调的性质,并且学生具有被动学习者的能力,这意味着在课堂学习中,学生是从教师提供的材料中获取知识的。学生只是听教师对题目进行解释,他们只能认出这个概念,而没有正确理解它。结果课堂学习的吸引力降低,学生只记住了教师给出的材料和公式,这是准备考试时需要做的活动。直接教学模式使学生成为没有发展意愿并且无法运用自己的知识和逻辑将概念与已有概念联系起来的个体,因为他们习惯于只接受教师提供的材料,这会影响学生学业水平的提升。

① Erdogan, N., Navruz, B., Younes, R., & Capraro, R. M. Viewing how stem project based learning influences students' science achievement through the implementation lens: a latent growth modeling [J]. Eurasia Journal of Mathematics, Science & Technology Education, 2016,12(08),2139-2154.

② Iwamoto, D. H., Hargis, & Vuong, K. The effect of project-based learning on student performsnce: an action research study [J]. International Journal for the Scholarship of Technology Enhanced Learning, 2016,1(01),24-42.

③ Baran, M., Maskan, A., & Yaşar, S. Learning physics through project-based learning game techniques [J]. International Journal of Instruction, 2018,11(02),221-234.

④ Julian, P. K. The effects of a project-based course on students' attitudes toward mathematics and students' achievement at a two-year college [J]. The Mathematics Enthusiast, 2017,14(01),509-516.

在学习工作表中安排的必须分组完成的任务时,学习能力低的学生往往依赖他们认为学习能力中到高的小组成员。但是当一个被认为很聪明的学生不能解决问题时,其他小组成员也不会通过共同努力解决问题,而是倾向于直接问教师。这说明直接教学并没有培养学生的学习毅力,而倾向于"宠坏"学生。学生所掌握的知识质量相对较低,只专注于回答文字测试题。由于对概念的理解不足和过于依赖教师,学生缺乏解决情境问题的能力。

遵循项目式学习模式的学生群体的学业成就优于遵循直接教学模式的学生群体,这可能是由以下几个因素造成的。

第一,对项目式学习模式适应得慢的学生,是因为他们习惯于遵循直接教学模式。在项目式学习期间,学生通常直接从教师那里获得材料,即学生所面对的是基于项目的工作表,并与小组一起按照项目式学习模型中的步骤获取与讨论材料相关的知识。学生在遵循这些步骤或在小组成员之间分配作业任务时,会遇到困难。除了学生的知识不足,撰写项目研究报告的技巧低下也是阻碍项目式学习实施的一个重要因素。在学习过程中,大多数学生只关注与项目工作明确相关的概念,而不考虑其他支持性概念。

第二,每个学生的先验知识和推理能力不同,因此在学习过程中,学业水平高的学生和学业水平低的学生之间存在差距。每个学生都有可能很好地学习相同的概念,但是由于认知结构的差异,每个人学习所需的时间不同。如果学习时间适合学生的能力,他们将能够获得最佳的学习成绩。

第三,学生对知识和技能的习得不完整是由于在日常考试中对材料的某些部分存在误解,对阅读缺乏兴趣是原因之一。与小组成员一起做项目学习时,学生更多地关注与正在进行的项目相关的材料,而不考虑其他材料,因为他们认为后者对完成作业和考试没有贡献。

有学者指出了项目式学习存在的缺点,如雷蒙[①]等人认为,项目式学习具有如下缺点:解决这个问题需要大量的时间;需要相当大的成本;许多教师对传统课堂感到满意,其中教师在课堂中扮演着核心角色;需采购一定数量的仪器设备;在实验和信息收集方面能力薄弱的学生将会遇到困难;有些学生在小组活动中不那么活跃;当每个组的主题不同时,学生则无法整体理解这个主题等。

由此可以看出,项目式学习的实施需要相当多的时间。在实施项目式学习前,首先需要培训教师,使其掌握项目式教学的实施和操作注意事项,帮助教师形成项目式教学的意识,具备组织项目式学习活动的能力。为了对项目式学习做好准备,教师不仅需要根据学习材料设计项目活动,也需要准备项目学习过程中使用的工具和材料,如学习者工作表、目标建议表、项目主题待解决问题、项目实施计划模板、项目产品评价表、项目绩效评价表等。

---

① Gabuardi, V. M. F. Project-Based Learning: boosting 21st century skills [J]. Estudios, 2021(43):340-419.

第三节　项目式教学案例

一、实验探究烘焙用品的化学成分

日常生活中的面点蒸制过程蕴含着丰富的化学知识和原理,通过探究烘焙用品的化学成分,设计基于化学实验探究分解生成二氧化碳的物质及其性质的项目式学习活动。

（一）项目目标

项目式学习的首要目的是认识面点烘焙过程中使用膨松剂的化学原理。面点烘焙过程中气体的散发会影响烘焙的体积和质地,这个过程会使用几种膨松剂。膨松剂的三种主要作用:第一种是酵母的作用;第二种是产生二氧化碳的物质的热分解;第三种是苏打与酸的作用。

其中,起酵母作用的酵母菌是一种单细胞真菌,它帮助将面包混合物中的糖转化为酒精和二氧化碳两种主要产物。起第二种和第三种作用的膨松剂也广泛应用于食品工业。如,碳酸氢钠(小苏打、$NaHCO_3$)是钠的重要化合物之一。碳酸氢钠与醋酸(醋的酸性成分)反应,产生醋酸钠、水和二氧化碳:

$$NaHCO_3(s) + CH_3COOH(aq) \longrightarrow CH_3COONa(aq) + H_2O(l) + CO_2(g) \qquad (1)$$

泡打粉,是碳酸氢钠与酸性化合物(如磷酸二氢钙)混合而成的膨松剂:

$$2NaHCO_3(s) + Ca(H_2PO_4)_2(s)$$
$$\longrightarrow Na_2HPO_4(s) + CaHPO_4(s) + 2CO_2(g) + 2H_2O(g) \qquad (2)$$

碳酸氢钠(小苏打)的替代品是碳酸氢铵(NH_4HCO_3)和氨基甲酸铵($NH_4CO_2NH_2$)的混合物。NH_4HCO_3 可被强酸或强碱分解为二氧化碳等气体:

$$NH_4HCO_3(aq) + HCl(aq) \longrightarrow NH_4Cl(aq) + H_2O(l) + CO_2(g) \qquad (3)$$

可以借助用不同的膨松剂来蒸馒头、烘烤饼干等日常生活情境,设计一系列通过化学实验活动展开的项目式学习。项目式学习中学生的学习内容涉及化学反应(1)、(2)或(3)的化学原理,有关物质和化学反应的化学计量学,化合物分解释放气体的质量、体积和数量的计算,理想气体方程等化学专业知识;学习技能涉及应用精确测量化学反应的方法;学习态度和价值观涉及培养学生"像科学家一样工作、思考"的能力,例如培养学生的设计研究方案、论证技巧和更新概念知识等。通过膨松剂及其在烘焙过程中与醋和水的反应的比较,基于压力传感器采集的实时数据分析证据,论证得出实验结论,支持学生获得显著的学习收益和发展能力。

表 7-9 项目式学习的目标与内容

项目式学习目标	具 体 内 容
化学原理	化学反应(1)、(2)或(3),即 $NaHCO_3(s) + CH_3COOH(aq) \longrightarrow CH_3COONa(aq) + H_2O(l) + CO_2(g)$ $2NaHCO_3(s) + Ca(H_2PO_4)_2(s)$ $\longrightarrow Na_2HPO_4(s) + CaHPO_4(s) + 2CO_2(g) + 2H_2O(g)$ $NH_4HCO_3(aq) + HCl(aq) \longrightarrow NH_4Cl(aq) + H_2O(l) + CO_2(g)$
化学计量	有关物质和化学反应的化学计量学
	化合物分解释放气体的质量、体积和数量的计算
	理想气体方程
化学技能	应用测量仪器(压力传感器)精确测量化学反应变化过程的方法
学习态度和价值观	像科学家一样工作、思考

（二）项目任务

恒定体积下,随着时间进程,应用气体压力传感器监测实验中释放气体的量(CO_2)。值得注意的是,由于温度升高导致压力增加,因此气体压力传感器不能用于测量物质的热分解。

这项活动能够发展学生的科学技能,使其参与实验计划和预测实验结果。在课程开始时,要求学生对他们期望的反应做出预测;在接下来的阶段,他们进行实验;最后,检查他们的观察结果并得出合理的结论。

（三）核心活动

在实验中,学生分别称取三种膨松剂(小苏打、泡打粉和碳酸氢铵)各 0.25 g。然后分别将膨松剂放入烧瓶中,用一个带有气体压力传感器的塞子塞住,如图 7-2 所示。[①]

检查装置的气密性。烧瓶内的压力通过阀门(打开和关闭阀门)与外界环境压力平衡,当用塞子堵塞烧瓶口时,烧瓶内的压力会增加。然后,将装有 10 mL 水的注射器联结安装到阀门上。持续测量时间不少于 60 秒。记录烧瓶内的初始压力,10 秒后,

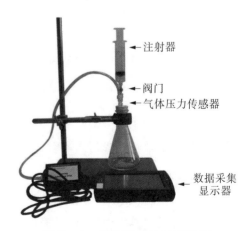

图 7-2 气体释放的测量装置

（标注）注射器、阀门、气体压力传感器、数据采集显示器

---

① Babincáková M. Leavening agents: the chemistry of baking discovered with a computer-based learning [J]. Journal of Chemical Education, 2020, 97(04):1190-1194.

打开阀门,按下注射器柱塞,并尽快关闭阀门以将液体引入烧瓶中。至少60秒后,测量结束。测量的结束也可以通过数据采集显示器上的数据图像直观地观察得出(如图7-3所示)。用每种膨松剂重复测量。然后重复整个过程,注意实验中加入的是醋而不是水。用水和不使用膨松剂进行一次空白测量,以测量并记录仅添加液体引起的压力增加。气压传感器测量的是气体的总体积(反应过程中释放的CO_2量),即烧瓶内压力的实时变化。

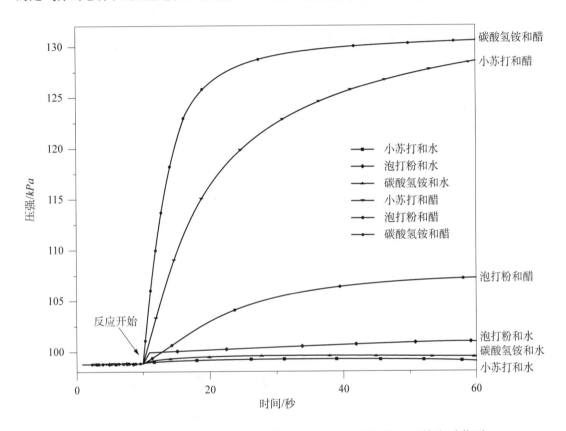

图7-3　空白校正后的蓬松剂分别与水、醋反应时气体压强的实时监测

(四) 项目结果

实验结果如表7-10和表7-11所示。使用图7-3所示的实时数据,学生通过从反应结束时的压力中减去反应开始时的压力来计算压力差。此外,空白实验的压力差则用于确定反应$t=0\,s$时的压力。

膨松剂与水的反应结果如表7-10所示,与醋的反应结果如表7-11所示。测量系统中的压强,是因为其中一种产物是气体。在一个封闭的刚性容器中,这种气体会引起压力的增加。因为压力的增加完全是由于新生成了气体,所以学生可以根据时间进程中有关压力变化和总压差来评估气体释放的速度。

表 7–10　不同种类膨松剂与水反应的测量和计算值

膨松剂的种类	p_1	p_2	p_2-p_1	Δp
小苏打	98.65 kPa	103.65 kPa	5.00 kPa	0.35 kPa
泡打粉	98.83 kPa	105.70 kPa	6.87 kPa	2.22 kPa
碳酸氢铵	98.84 kPa	104.17 kPa	5.33 kPa	0.68 kPa
空白	98.92 kPa	103.57 kPa	4.65 kPa	

注：p_1＝初始压强；Δp_2＝结束压强；Δp＝校正压强差，即 $\Delta p = p_2 - p_1 - \Delta p_{空白}$。

表 7–11　不同种类膨松剂与醋的化学反应的测量和计算值

膨松剂的种类	p_1	p_2	p_2-p_1	Δp	物质的量 （n/mol）	CO_2 体积 （V/cm³）
小苏打	98.83 kPa	135.21 kPa	36.38 kPa	31.73 kPa	0.0024	144
泡打粉	98.74 kPa	112.46 kPa	13.72 kPa	9.07 kPa		
碳酸氢铵	98.75 kPa	135.62 kPa	36.87 kPa	32.22 kPa		
空白	98.92 kPa	103.57 kPa	4.65 kPa			

注：p_1＝初始压强；p_2＝结束压强；Δp＝校正压强差，即 $\Delta p = p_2 - p_1 - \Delta p_{空白}$。

作为学习内容扩展的一部分，要求学生可以根据理想气体定律计算出实验中 CO_2 的释放量，然后在反应 1 的基础上，计算出物质的质量。这个计算可以用来验证所采用的方法，因为计算的质量和实际引入的质量应该是相似的。另一个学习内容扩展的例子是理想气体定律的应用，学生计算反应 1 中生成的 CO_2 的体积。在这个实验中，反应物的量很小，所以尽管反应 1 是吸热的，但预测的传热效应是非常小的。因此，在实验中的反应引起的温度变化不能用数据记录仪提供的温度传感器测量出来。测定泡打粉中碳酸氢盐的含量可作为另一项附加任务。学生可以将测量到的粉末加热到足以使其脱碳的温度。从质量损失和观察到的压力变化，可以计算出发酵粉中碳酸氢盐的含量。

（五）项目成效

通过学习和应用压力传感器研究监测这一动态过程并测量 CO_2 的释放总量，学生了解碳酸盐在膨松剂中发生化学反应的基本原理。学生发现膨松剂的化学成分不同，释放出的气体量也不同。反应在体积恒定的条件下进行，测量时间进程中 CO_2 的压强变化。在与水的反应中，泡打粉释放 CO_2 的量最大（Δp＝2.22 kPa），因为泡打粉中同时含有碳酸氢钠和弱酸。通过酸碱反应，二氧化碳的释放速度更快。在与醋反应时，小苏打释放 CO_2

的量最大（$\Delta p=32.22\,kPa$），因为小苏打比同样数量的泡打粉含有更多的碳酸氢钠。这些结果帮助学生得出关于烘焙过程的结论：在中性的面团中，最好使用发酵粉作为膨松剂，而在含有酸性成分的面团中，小苏打则更有效。作为碳酸氢盐与醋分解反应1扩展练习的一部分，要求学生学习计算释放的二氧化碳量（摩尔和立方厘米）。因为发酵粉是未知成分的商业产品，所以只用反应1进行计算。

90％以上的学生的参与度非常高。实验活动结束后，要求学生回答他们对教学活动的看法，部分示例如下：

"对我来说，用气压传感器的这个活动非常有趣。事实上，我不太喜欢化学。但这个活动能让那些不喜欢化学的学生参与进来，是个好方法。"

"我喜欢这个实验室，因为这个传感器能让我看到这个化学变化的过程。"

"我想这对我接下来的学习有很大的帮助。"

"从这个视角看烘焙过程非常酷。"

"这很有趣，我会再做一次。我会和妈妈一起尝试用这个传感器测测做蛋糕的过程。"

"这个活动太完美了。看到化学不仅出现在纸上，还出现在实际生活中，真是太棒了。"

"相当不错。我发现这个传感器很有用。虽然我更喜欢用书本学习，但这很有趣。"

从学生们的回答可以看出，实施动手仪器在提高学生对科学的兴趣和学习表现方面非常有益。应用仪器的实验与日常生活相结合是化学学习的有效教学方法。例如烘焙过程在实验室中的再现，是让学生参与化学学习的巧妙方法。它不仅让学生更大程度地参与进来，而且为引入社会议题和科学主题提供了更好的支点。

气体压力传感器的应用可以方便且精确地测定膨松剂在烘烤过程中分解释放的气体量。学生研究了碳酸氢盐的化学反应、反应条件和产物，学习了计算释放气体的体积、质量和物质的量，获得来使用气体压力传感器等科学测量工具的技能和信心，发展了读取数据图像和分析数据的能力。学生的反馈表明，教学活动有效地实现了这些教育目标。学生们很享受地在实验活动中实际应用数字传感器技术研究膨松剂这种常见而熟悉的家庭日用品，并充满热情地探究其中蕴含的化学知识。

二、探究"变色浴球"的成分和含量

（一）项目介绍

泡澡"变色浴球"很受儿童的欢迎。用泡澡的"变色浴球"可以进行一系列漂亮有趣的实验，因为它有两种不同的变色成分。

变色浴球可以由两种不同颜色的物质微粒组成，这些不同颜色的微粒会依次溶解到浴水中（如图7-4所示）。

图 7-4 外层黄色(粒度小)内层蓝色(粒度大)的变色浴球(见本书插页)

"变色浴球"的结构有两层,分别由不同粒度(微粒直径)的微粒构成,因此颜色变化是由于较小的微粒比较大的微粒更快地移动(如图 7-4 左图所示)。而且其内部的颜色与外部可见的颜色不同,在水中溶解过程中会改变洗澡水的颜色(如图 7-4 右图所示)。"变色浴球"的成分有柠檬酸和碳酸氢钠,它们在与水接触时相互反应,形成二氧化碳,使洗澡水冒出"气泡"。

本项目旨在利用纸色谱、智能手机光度计等化学分析技术探究"变色浴球"的成分和含量,并复制"变色浴球"。

(二)项目目标

在本项目中,学生能够通过"提出问题,规划实验,猜想假设,回答问题,评估实验"这一实践流程的学习,实现表 7-12 中所示的学习目标,包括理解掌握与"变色浴球"相关的化学知识内容,熟练应用与之相关的化学技术方法,展开科学探究实践,在做中学,在学中做,培养化学核心素养。作为一个日常生活用品的泡澡"变色浴球",提供了一个研究解决化学问题的实战情境,可以练习应用化学分析方法,学会利用智能手机作为分光光度计,以及使用纸色谱来检测物质性质,观察物质与酸、碱的化学反应现象,利用化学科学知识和手段,达成"变色浴球"的成分识别及其含量的测定。

表 7-12 "变色浴球"背景下的实验活动主题框架与学习目标

实验活动	学 习 目 标	
	物质检验的化学原理	技术方法
1. 成分检测 2. 含量检测 3. 复制产品	观察 CO_2 在水中的反应* 证明 CO_2* 焰色反应 有机物检测* 柠檬酸盐检测 碳水化合物检测	分离染料(纸色谱法)* 染料浓度的测定(分光光度法-智能手机法) 在吸光度标准线上判断染料的浓度(含量)
	基于已识别染料成分和检测出的浓度复制"变色浴球"	

注明:* 实验活动可在初中化学课程中实施和学习

项目活动中,可以设计多组实验,检测"变色浴球"成分。例如:

实验1:检测"变色浴球"中的柠檬酸盐。根据观察结果,可以得出结论,待检测的物质是否存在于"变色浴球"中。

实验2:用氯化钡检测硫酸根离子或用硝酸银检测氯离子。但结果是否定的,因为不含相应的离子。实验结果需要呈现产生明显现象的证据。

实验3:可以使用分光光度计来确定"变色浴球"中含有哪些染料。

可以设计提出一系列驱动项目的问题。为了进一步研究有关"变色浴球"的系列问题,首先可以在水中溶解变色浴球,观察其从黄色到蓝色的颜色变化。然后,请学生提出不同的问题,例如:

"变色浴球"是由什么组成的?

为什么水中的"变色浴球"会产生气泡? 产生了什么气体?

"变色浴球"的颜色变化是如何发生的?

"变色浴球"中含有哪些颜色的染料?

为了进一步探查,可以把"变色浴球"切割开来,以便显示外表面是黄色的"变色浴球",其内部隐藏了一个蓝色小球(如图7-4右图所示)。接下来的问题是,研究"变色浴球"通常由什么组成,以及除了染料之外,"变色浴球"的两个部分是否由相同的成分组成。可以切开一个"变色浴球",将黄色部分与蓝色部分分开。

随后,在2只试管中各加入1g的"变色浴球"的黄色和蓝色部分,分别加入5 ml水溶解。可以观察到"变色浴球"的两个部分都溶解在水中,颜色上似乎没有明显的差异。在溶解过程中产生的气泡是否是相同的气体?

为了研究这些问题,学生进行了以下项目实验。

(三)核心活动

1. 成分检测

(1) 实验一:检测"变色浴球"在水中溶解时产生的气泡是否是二氧化碳。

实验用具:刮刀,试管,试管架。

化学药品:"变色浴球",蒸馏水,石灰水。

实验方法:将一个"变色浴球"切开,分开黄色部分与蓝色部分后切碎。然后在试管中加入3 ml蒸馏水,将1g"变色浴球"的黄色部分和1g的"变色浴球"蓝色部分分别放入2只试管中加热。

实验现象:"变色浴球"的黄色和蓝色部分都产生了气泡,将产生的气泡通入石灰水,有可见的白色沉淀。

分析解释:当"变色浴球"在水中溶解时,黄色和蓝色部分都产生了二氧化碳,可用石灰水检测。

$$CO_2 + Ca(OH)_2 \longrightarrow CaCO_3\downarrow + H_2O$$

提出假设:"变色浴球"的内部和外部都含有碳酸氢盐,碳酸氢盐与水合离子反应生成二氧化碳和水。

$$HCO_3^- + H_3O^+ \longrightarrow CO_2 + 2H_2O$$

为了证明浴球中确实存在碳酸氢盐,随后用碳酸氢钠作为比较物质进行检测试验。

(2) 实验二:检测浴球中的碳酸氢盐。

实验用品:刀,试管,试管架。

化学药品:变色浴球,蒸馏水,石灰水,碳酸氢钠,盐酸(1 mol/L)。

实验①:检验"变色浴球"中的碳酸氢钠,加入盐酸。

实验②:检验"变色浴球"中的碳酸氢钠,不加入盐酸。

现象:实验①加入盐酸后,溶液膨胀,可见白色沉淀。

实验②如果将碳酸氢钠放入水中,则水不会膨胀,石灰水保持清澈,不会形成白色沉淀物。

分析解释:1.碳酸氢根离子在酸性溶液中反应生成二氧化碳。

$$HCO_3^- + H_3O^+ + \Longleftrightarrow CO_2 + 2H_2O$$

二氧化碳与石灰水反应生成碳酸钙。

$$CO_2 + Ca(OH)_2 \longrightarrow CaCO_3\downarrow + H_2O$$

碳酸氢钠在水中溶解并形成氢氧根离子。溶液略显碱性,几乎看不到气体的产生。

$$NaHCO_3 + H_2O \Longleftrightarrow CO_2 + H_2O + OH^- + Na^+$$

实验①已经表明,浴球中存在碳酸氢盐,并且当其与酸(水合氢离子)反应时,碳酸氢盐会积聚并形成二氧化碳。由于"变色浴球"同样在水中积聚并形成二氧化碳,因此其中也必须含有酸性物质。否则,如在实验②中"不存在泡沫/几乎没有生成气体"。由此,产生了另一个问题,即在变色浴球中含有哪些杂质,使得该杂质在溶解过程中积聚。下面的实验表明,"变色浴球"中也存在有机物。

(3) 实验三:检测浴球中的有机物。

在以下实验中使用了浓硫酸,因此操作过程中应特别小心。

实验用品:烧杯(50 ml),酒精灯,过滤设备,移液管。

化学药品:硫酸(浓),变色浴球。

实验方法:称取 1 g 变色浴球的黄色粉末,放在烧杯中。然后小心加入约 10 毫升浓硫酸,当泡沫和气体释放完全后,在酒精灯上小心地加热烧杯。

实验现象:当添加硫酸时,可以清晰地看见泡沫(气泡)。在加热之前,在硫酸中的"变色浴球"已经显得稍暗(如图 7 - 5 左图所示)。当溶液被加热时,溶液变成深褐色/黑色(如图 7 - 5 右图所示)。

图 7 - 5　加硫酸时加热之前溶液变得稍暗(左图)和加热后溶液变成深褐色(右图)(见本书插页)

解释:最初产生的泡沫和气体,可归因于酸与碳酸氢根的反应(参见实验二)。溶液的棕色/黑色是具有强脱水性的浓硫酸把"变色浴球"粉末中的水脱去后形成的黑色的碳。反应后溶液的深色表明"变色浴球"中可能含有有机物。

通过对日常生活中常用的几种有机酸的考虑,学生很快就会想到可能有柠檬酸。为了证实这一假设,可用氯化钙检测柠檬酸盐。由于该检测试验可能会由浴球中存在的碳酸氢钠引起,因此首先需要除去碳酸氢根离子。于是,本次实验中"变色浴球"不是溶解在水中,而是被溶解在盐酸中。另外,可以使用酸柠檬酸钠溶液(w=10%)作为对照溶液,将"变色浴球"的试验结果与之比较。

(4) 实验四:检测浴球中的柠檬酸盐。

实验仪器:刀、酒精灯、烧杯(50 mL)、移液管。

实验药品:"变色浴球",蒸馏水,盐酸溶液(w=10%),柠檬酸溶液(w=10%),氨溶液(w=10%),氯化钙溶液(w=10%),指示剂纸。

实验步骤:

① 将 10 ml 稀释盐酸(w=10%)和 1 g 黄色部分、1 g 蓝色部分放入两个烧杯中,在第三个烧杯中加入 10 ml 柠檬酸(w=10%)。

② 这三只烧杯分别加入 6 ml 氨水(w=10%),直到溶液呈中性至微碱性。

③ 分别加入 10 ml 氯化钙溶液(w＝10％)。

④ 将烧杯在酒精灯上加热至溶液沸腾,然后取下进行分离。在这种情况下,应注意不要过度加热溶液,否则会有飞溅的危险。

实验现象:在加热过程中,已经形成白色浑浊(沉淀物)。分离溶液后,可以清楚地看到白色沉淀物(如图 7-6 所示)。

图 7-6 加热后溶液出现白色浑浊(见本书插页)

分析解释:所有三种溶液都检测出了柠檬酸盐。因此,变色浴球的两个部分都含有柠檬酸或柠檬酸盐。通过向柠檬酸中加入氨,使柠檬酸完全脱去质子(如图 7-7 所示)。

图 7-7 柠檬酸、二氢柠檬酸、一氢柠檬酸、柠檬酸盐的去质子化

加入氯化钙后,在室温下形成水合络合物:

$$Ca^{2+} + 2C_6H_5O_7^{3-} \rightleftharpoons [Ca(C_6H_5O_7)_2]^{4-}$$

在加热时,溶液与高浓度的钙离子反应,形成柠檬酸三钙,以白色固体形式沉淀。

$$[Ca(C_6H_5O_7)_2]^{4-} + 2Ca^{2+} \rightleftharpoons Ca_3(C_6H_5O_7)_2 \downarrow$$

查看"变色浴球"的成分说明发现,除了柠檬酸之外,它还含有柠檬酸钠。钠离子的存在可以通过焰色反应实验来证明。"变色浴球"中还含有两种碳水化合物(海藻糖和麦芽糊精)。在糖水解实验和随后的斐林检测中无法检测到这些。然而,使用所谓的莫里斯反应(Molisch reaction)可以成功地证明这两种碳水化合物的存在。

(5)实验五:检测浴球中的碳水化合物。

莫里斯反应是用 α-萘酚和浓硫酸与糖反应,生成紫红色。具体做法是在少量样品(如

1ml 1%葡萄糖溶液)中加入几滴莫氏试剂(3% α-萘酚乙醇溶液),混匀后倾斜试管,沿管壁缓慢加入1ml浓硫酸。立起试管后溶液分为两层,界面处有紫红色环出现,所以又叫紫环反应。

在以下实验中使用浓硫酸需要特别小心。α-萘酚可以通过皮肤接触而发生毒性反应(第3类),在使用α-萘酚进行试验时,应戴防护手套避免皮肤接触。此外,必须在通风橱中工作。

实验仪器:试管,烧杯(50 ml),移液管。

实验药品:硫酸,α-萘酚,乙醇,变色浴球。

实验步骤:

① 配置α-萘酚乙醇溶液,将0.25 g α-萘酚溶于5 ml乙醇中。

② 将2 g"变色浴球"蓝色部分置于烧杯中,加入5 ml水后溶解。

③ 将1 ml"变色浴球"溶液转移到试管中。向该试管中加入0.4 ml α-萘酚乙醇溶液,通过摇晃将两种溶液充分混合。然后加入2-3滴硫酸,剧烈反应后,气体和泡沫不再产生时,略微倾斜试管,再沿着试管壁慢慢加入2 ml浓硫酸,出现分层。

④ 用"变色浴球"黄色部分重复上述步骤实验。

实验现象:在两相边界处出现紫色环。

⑤ 处理废液。将反应后溶液放入有机废物的容器中(无卤素)。

观察现象:在两相之间的边界层形成一个紫色的环(如图7-8所示)。

图7-8　浴球的蓝色部分(左)、黄色部分(右)溶液两相边界处出现紫色环(见本书插页)

分析解释:加入浓硫酸后,在已加入α-萘酚的"变色浴球"溶液和浓硫酸的界面上引起分子内脱水。糖在浓硫酸或浓盐酸的作用下脱水形成羟甲基糠醛及其衍生物,再与两个分子的α-萘酚作用进行质子催化反应,形成紫红色三芳基甲烷染料,在糖液和浓硫酸的液面间形成紫环。莫里斯反应(α-萘酚反应)是鉴定糖类最常用的颜色反应。以α-D-葡萄糖为例,该条件下发生了如下反应(如图7-9所示)。

在探明了变色浴球中含有哪些重要成分之后,接下来需要研究变色浴球中含有哪些染料以及这些染料的浓度的问题。如果有分光光度计,学生就可以利用分光光度计测量它们

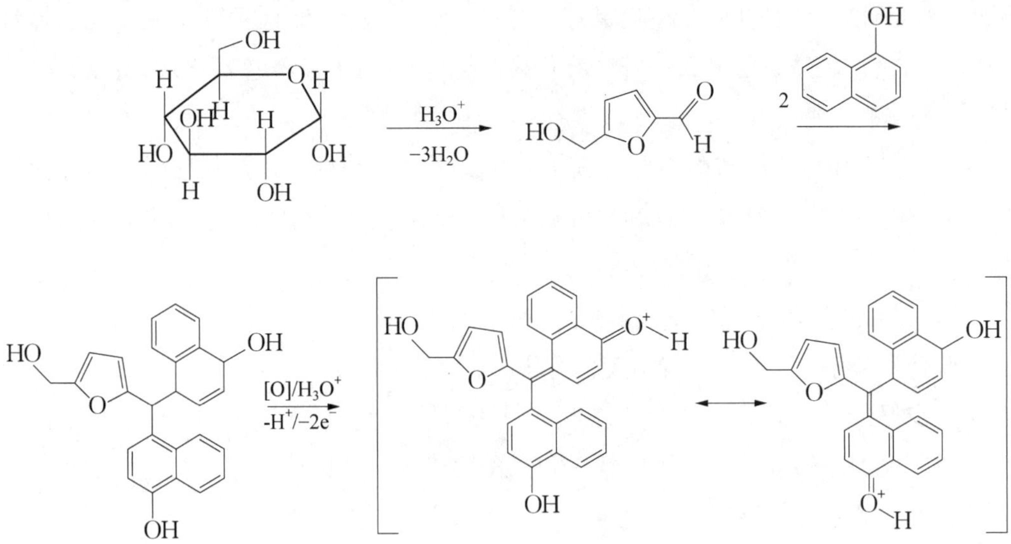

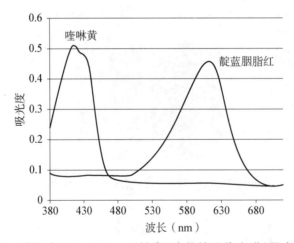

图 7 - 9　α - D - 葡萄糖发生莫利斯反应

的最大吸收峰来识别这些染料。

在通常情况下,将 0.03 g"变色浴球"的黄色或蓝色部分溶解在 10 ml 的水中,用紫外-可见分光光度计进行的吸光度测量只显示了蓝色染料在波长 612 nm 和黄色染料在波长 413 nm 的最大吸收值(如图 7 - 10 所示)。

图 7 - 10　染料在 380—720 nm(钠米)波段的吸收光谱(见本书插页)

如果没有可用的分光光度计,或者如果分光光度计的使用超出了学习小组的能力,教师则需要给出所含的染料。根据商品说明书,"变色浴球"含有着色剂胭脂红 A(Cl 16255),喹啉黄(Cl 47005)和靛蓝胭脂红(Cl 73015)等成分。浴球中实际上还含有一种红色染料。但实际上用肉眼只能看到"变色浴球"的黄色和蓝色。所以问题来了,红色染料藏在哪里?

2. 含量检测

（6）实验六：分离红色染料。

实验仪器：烧杯（250 ml），试管，玻璃棒，滤纸，移液管。

实验药品：蒸馏水，"变色浴球"。

实验过程：

① 将变色浴球的黄色和蓝色部分各 1 g 分别放入 2 只试管中，并加入 5 ml 水。

② 将一张大滤纸切成两半，然后将两半滤纸固定挂在一根玻璃棒上。

③ 将 2—3 滴"变色浴球"溶液滴在距离滤纸条下边缘大约 1 cm 的一个点上。等滤纸条上的液体干燥。

④ 在距离下边缘 1 cm 的地方，将两到三滴黄色"变色浴球"溶液滴在一起，并等待，直到所产生的液滴干燥。

⑤ 在距离下边缘 1 cm 的地方，将两到三滴蓝色"变色浴球"溶液滴在一起，并等待，直到所产生的液滴干燥。

⑥ 将烧杯用水冲洗，并将滤纸条插入其中，使得滤纸的下边缘而不是滴有浴球溶液的部分伸入水中。

（实验后的处理：将滤纸丢弃在垃圾箱中）

实验现象观察：黄色"变色浴球"溶液在滤纸上首先出现黄色，然后出现红色带。而蓝色浴球溶液在滤纸上只出现蓝色相（如图 7-11 所示）。

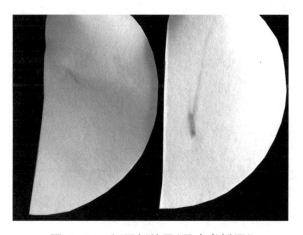

图 7-11　纸层析结果（见本书插页）

分析解释：染料胭脂红 A 和喹啉黄混合在"变色浴球"的黄色部分，可以用纸色谱法分离。在"变色浴球"的蓝色部分，只有染料靛蓝胭脂红。

（7）实验七：智能手机光度计检测染料浓度。

浴球中染料的浓度可以在智能手机（确定有 RGB 值的应用程序）的帮助下确定。在数字系统中,图像或颜色是以 RGB 系统编码的。监视器上可见的颜色是根据加色混合的原则,通过改变红色(R)、绿色(G)和蓝色(B)子像素的强度而产生的。其中一个子像素的最大发光强度被编码为 255 值。当红、绿、蓝子像素发出最大的发光强度时,就会产生白色,因此白色的颜色编码是 R=255,G=255,B=255。相反,黑色是在发光强度最小或没有发光强度的情况下产生的,因此颜色编码是 R=0,G=0,B=0。蓝色是由红色和绿色子像素的强度下降和蓝色子像素占主导地位而产生的。因此,一个"纯蓝"的颜色编码是 R=0,G=0,B=255。某种有色物质的一系列已知浓度稀释溶液具有不同的颜色。通过使用智能手机应用程序,这些不同的颜色可以转移到数字系统中,通过分析 R-G-B 值,可以研究像素的发光强度随着浓度的增加而降低的程度。在传统的分光光度计浓度测定中,考查的是通过介质后光强度的下降。在光强度测定中,测量的是吸光率,可以表示为

$$A = \lg \frac{I_o}{I_t} = Kbc \quad A = \lg(1/T) = Kbc$$

A 为吸光度,T 为透射比(透光度),是出射光强度(I_0)比入射光强度(I_t)。

K 为摩尔吸光系数,它与吸收物质的性质及入射光的波长 λ 有关。

c 为吸光物质的浓度,单位为 mol/L,b 为吸收层厚度,单位为 cm。

在借助智能手机进行测量时,可以通过测量的 RGB 值来确定吸光度。在 RGB 系统中,最大光强 I_0 对应于 255 的最大可能值,而 FG R I_1 可以使用分别测量的 R、G 或 B 值,因此适用

$$A = \lg \frac{255}{R;G;B}$$

朗伯比尔定律(Lambert-Beer)用于测定物质浓度。这意味着:

$$A = k \cdot c \cdot b$$

通过以已知浓度的物质浓度序列为标准参照,来确定未知浓度的溶液的浓度,即"变色浴球"中染料的浓度。最简单的方法是通过确定校准直线中未知浓度的测量吸光度来确定浓度。这里的前提条件是学生能够求解线性方程组。

本研究使用"变色浴球"的蓝色部分,因为它只添加了一种染料,因此 FG R 更适合本定量实验。

利用智能手机光度计研究蓝色染料浓度。

实验设备:带有 Color Grab 应用程序(安卓)或 ColorAssist Lite 的智能手机,作为光源的高射投影仪,无色的 7 天药盒,电子天平,容量瓶(10 ml),带刻度的移液管(0.1 ml;5 ml),裁纸刀,尺子,白纸,胶带,小纸板/木块。

实验药品:"变色浴球"的蓝色部分,靛蓝胭脂红,蒸馏水。

实验步骤:

① 准备一系列稀释的靛蓝胭脂红溶液。将 0.01 g 靛蓝胭脂红溶解在 10 ml 水中。对靛蓝胭脂红进行稀释,然后用水配置一系列浓度梯度的稀释液(如表 7-13 所示)。注:4×10^{-5} mol/L 的浓度开始,就超过了极限浓度,所以染料浓度和吸光度之间不再有线性关系。

表 7-13 配置一系列浓度梯度的靛蓝胭脂红溶液

实验组次	靛蓝胭脂红色素含量	蒸馏水体积	溶液浓度
1	0.04 mL	10 mL	8.580×10^{-6} mol·L^{-1}
2	0.05 mL	10 mL	1.027×10^{-5} mol·L^{-1}
3	0.06 mL	10 mL	1.286×10^{-5} mol·L^{-1}
4	0.07 mL	10 mL	1.501×10^{-5} mol·L^{-1}
5	0.08 mL	10 mL	1.715×10^{-5} mol·L^{-1}
6	0.10 mL	10 mL	2.144×10^{-5} mol·L^{-1}

② 用移液管将每种溶液的 5 ml 注入药盒的一个格子里(如图 7-12 所示)。

图 7-12 一系列浓度的靛蓝胭脂红溶液颜色(见本书插页)

③ 将约 0.03 g 的蓝色浴球溶于 10 ml 水中,并将 5 ml 该溶液也移入药盒格子里。药盒的一个格子里装上 5 ml 水作为空白样品。溶液的厚度可用尺子测定。

④ 使用智能手机,确定 RGB 值。首先,将一张白纸固定在投影仪上,打开投影仪,并将装有 Color Grab 或 ColorAssist Lite 应用程序的智能手机,使相机的焦点指向投影仪。然后将药盒放在下面,在应用程序的帮助下确定每个样品的 RGB 值。要确保智能手机不被移动,始终保持在同一位置,以便照明条件保持不变。为了从一个溶液换到下一个,药盒在投影仪上移动,直到下一个要检查的溶液在摄像机的焦点上。

观察现象:确定的 RGB 值(表 7-14)。值得注意的是,G 值和 B 值几乎是恒定的,只有 R 值有很大变化。药盒里溶液的厚度 d=1 cm。

表 7‑14　智能手机测量的 RGB 值

实 验 组 次	R 值	G 值	B 值
1	229	241	255
2	193	231	255
3	183	229	255
4	178	227	255
5	176	228	255
6	168	225	255
变色浴球	162	220	255
空白样品	229	241	255

分析解释:图 7‑13 显示了用智能手机测定的 RGB 值和用公式(1)计算的靛蓝胭脂红稀释系列的吸光度值与浓度的关系的一个例子。只有红色像素观察到强烈的光强度变化,这就是为什么可以用这些数据作进一步的浓度测定。

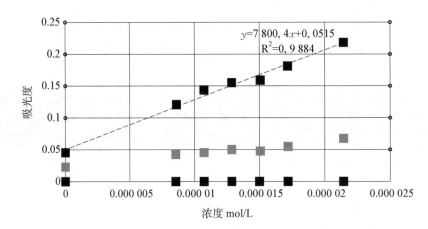

图 7‑13　用智能手机记录的"吸光度 y—靛红溶液序列浓度"(见本书插页)

浴球中染料的未知浓度现在可以通过在校准线($y = 7\,800,4x + 0,0515$)上减去未知浓度($E = 0.197$)的测量吸光度来确定。

因此,浴球中染料靛蓝胭脂红的浓度为

$$c = 1.865 \times 10^{-5} \ \mathrm{mol \cdot L^{-1}}$$

为了比较,使用 UV‑VIS 光度计的浓度测定,其中在 612 nm 的波长下测量其浓度为

$$c = 1.858 \times 10^{-5} \ \mathrm{mol \cdot L^{-1}}$$

与分光光度计的测量结果相比较,智能手机的误差不到 1%。因此,使用智能手机的测

定是相对准确的。图 7 - 14 显示了用光度计测量的吸光度值与浓度的关系。在光度计中测得的未知溶液的吸光度为 E＝0.454。在确定了浓度之后，可以确定浴球中使用的染料的质量。

$$n = c \cdot V = 1.865 \times 10^{-5} \, mol \cdot L^{-1} \times 0.01 \, L = 1.865 \times 10^{-7} \, mol$$

$$m = 1.865 \times 10^{-7} \, mol \times 466.36 \, g \cdot mol^{-1} = 8.697 \times 10^{-5} \, g$$

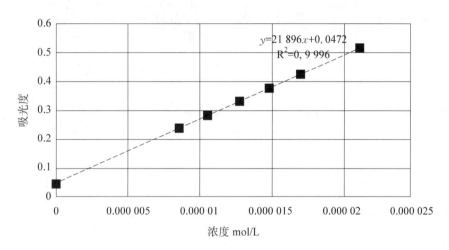

图 7 - 14　用分光光度计记录的"吸光度 y—靛红溶液序列浓度 x"（见本书插页）

因此，在 0.038 8 g"变色浴球"的蓝色部分中约有 8.697 × 10⁻⁵ g 的靛蓝胭脂红。"变色浴球"蓝色部分约占总重量的 6 g。因此，整个"变色浴球"的蓝色部分含有大约 0.013 g 的靛蓝胭脂红。假设"变色浴球"黄色部分的染料浓度相同，并忽略少量的红色染料，则"变色浴球"黄色部分应该有大约 0.094 g 喹啉黄。

"变色浴球"中所有组成部分都已被实验确认和证明，在项目结束时可以复制这样一个浴球。也可以使用淀粉来代替相对昂贵的碳水化合物麦芽糊精。此外，可以在"变色浴球"中添加些作为粘合剂的无水乙醇，乙醇在干燥"变色浴球"时会被蒸发掉。

3. 自制"变色浴球"

实验仪器：烧杯（250 ml）、玻璃管、吸管、手套、保鲜膜。

化学药品：柠檬酸、小苏打、淀粉、乙醇、靛蓝胭脂红、喹啉黄。

实验步骤：

（1）称量 5.5 g 淀粉、14 g 柠檬酸、28 g 小苏打和 8 ml 乙醇，并在烧杯中混合。

（2）取 6 g 混合物，与 0.013 g 的靛蓝胭脂红混合。剩余部分与 0.094 g 喹啉黄混合。也可以使用其他黄色或蓝色的食用色素。

（3）将蓝色成分混合物制成一个小球，然后在其外面包裹一层浴球混合物的黄色部分。

可以根据需要在浴球中添加香料。

（4）自制浴球可立即使用，并且可观察到与买来的"变色浴球"类似的颜色变化（如图 7 – 15 所示）。

图 7 – 15　自制浴球溶解于水时的颜色变化（见本书插页）

如果用保鲜膜包裹，可在冰箱里存放一个晚上，然后让其风干，使其完全干燥，乙醇的气味消失，则效果更好。也可以用小的硅胶模具来代替保鲜膜。

（四）项目思考

利用日常生活用品——泡澡的"变色浴球"作为实验探究活动背景，为将化学原理的学习融入化学实践提供了可能性。

在初中化学课程的学习中，学生已经学会相关物质的性质及其检验的技术方法，如通过物质定性检测的化学方法，结合实验现象和证据解释、论证，推断得出存在或不存在某物质的结论。如果学生已经学习过解线性方程等数学知识和方法，通过将测量数据绘制成坐标图等数学表征，作为确定溶液浓度的一种标准或尺度，那么智能手机和分光光度计等作为化学分析的技术工具也可以给初中学生使用。

这些实验可以在高中化学课程以同样的方式使用。对实验现象的意义解释，不只是用化学反应方程式等在符号层面解释，还要在更深广的微观层面上描述化学反应机制。在探究浴球成分时，引入了化学分析和仪器分析两种方法，并将数字媒体整合到实验中进行测量。特别是最后一点，除了"变色浴球"可以作为探究对象，获得日常化学品的意义外，还能积极影响学生的学习态度、兴趣和科学思维。

教学设计者在项目式学习活动设计中，强调以学生的学习实践活动为中心，通过学习活动串联所有各个要素，为学生规划学习路径、学习节奏和学习体验。学习活动设计应遵循让学生做、促进学生学习、帮助学生达到学习目标、提供反馈等原则。

学习评价设计应紧扣项目式学习活动学习目标，开展持续性、有深度的评估与反馈，重视总结性评价和学生自主评价。学习评价应设计以形成性评价为主、总结性评价为辅的系统性学习评价方案，有明确的评价方式、评分标准和反馈设计。好的评价设计应该能通过持续的评价与反馈，帮助学生生成可直接用于总结性评价的成果。教学设计者通过精心设计项目式学习活动任务,给学生以明确的、分层级的执行活动任务评分标准,以及详细的反馈与评价,引导学生"做中学,学中做"。同时,学习反馈应遵循三明治原则,即在认同肯定学生积极可取方面的基础上,指出存在的问题与改进的建设性意见,兼具鼓励与期待,以科学评价促进学生的发展。

三、纸张的回收与再造

(一)项目介绍

迄今为止,纸已经成为人们生活中的一个重要元素。大多数纸是由木浆制作形成的,其主要成分是纤维素。纤维素是一种有机聚合物,由几个葡萄糖单位连接在一起,使纸张具有独特的特性。

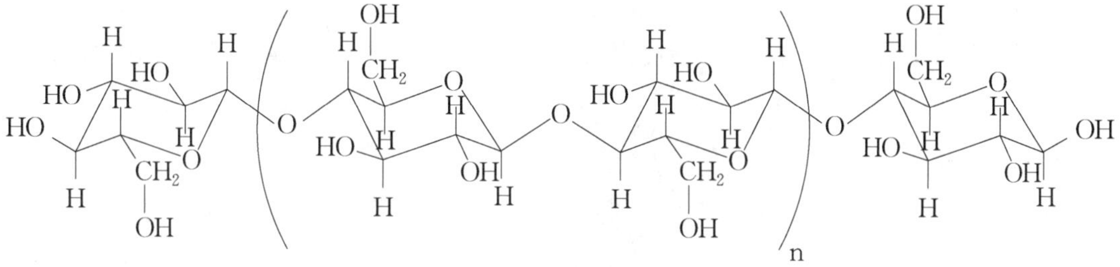

图 7 - 16 纤维素分子结构

目前,全世界生产的纸张中有很高比例的回收材料,因为纸张的回收与其他材料相比要容易得多。

图 7 - 17 "报纸→新纸"的循环(见本书插页)

1. 纸张回收处理过程

首先,将用过的报纸或废旧纸片切成小条。然后,将纸条放入一个容器中,将水倒在纸

图 7－18　搅拌机搅拌纸张后的纸浆

条上,直到纸被覆盖。将混合物浸泡 30 分钟,然后用厨房搅拌机搅拌纸张以获得纸浆。

获得的纸浆用不同的化学品(如氯气、次氯酸盐、过氧化氢和过氧乙酸)进行漂白。纸浆准备好后,将一个模具放入容器中,形成纸片,并将其水平取出,然后将水排出来。得到的纸被放在一块毛毡上并被压制。最后,纸张被风干。根据所使用的原始材料和所制备的纸的类型的不同,进行拉力测试。

在制造新纸的过程中,将木浆加热到 30℃,蒸发掉其中的水,作为一种由重复的葡萄糖分子形成的线性聚合物的纤维素,蒸发水分时,纤维素分子彼此之间靠氢键形成了新的纸。

2. 造纸过程

造纸有三个过程:制备纸浆,漂白处理,纸浆层压。纸浆的制备,可以采用两种方法:化学方法和机械方法。

(1) 制备纸浆。

化学方法(也称为经典方法)是将纤维素从木浆的其他成分中分离出来。首先,需要高温和高压溶解木质素,促进纤维素纤维的形成。随后,使用化学物质(亚硫酸钠、硫酸钠和氢氧化钠)进行化学处理(卡夫和亚硫酸盐工艺),这样可以形成更强的纤维素纤维。

在机械方法中,整个树干被磨成纤维大小的碎片,从而得到了包含纤维素、木质素和树脂的机械纸浆。

此外,还可以使用这两种方法的组合。

(2) 漂白处理。

根据纤维素纸浆的初始亮度和制造商希望最终产品获得的白度,可以使用两种主要的漂白方法:依赖氯和无氯法。最传统的策略是依赖氯的漂白。无氯法(完全无氯)可以得到质量更好的纸张,并使用更少的有毒化合物,如含氧和过氧化氢物。

(3) 纸浆层压。

需要纸浆层压工艺。它包括将纤维素纤维悬浮在水中(4 g/L—12 g/L),使纤维能够连接,然后使用重物或干燥器使混合物干燥,以获得水分含量为 7%—9% 的纸张。

(二) 项目目标

纸张回收再利用这一有价值的项目活动中蕴含了有关"高分子化学""分子间的作用力""化学清洗过程(使用漂白剂)"等化学知识,还应用了溶解、搅拌、蒸发等化学实验方法。

表 7 - 15　项目式学习目标

项目式学习目标	具 体 内 容
化学原理	纤维素、葡萄糖的结构与性质
	分子间的作用力
	亚硫酸钠、硫酸钠和氢氧化钠的化学性质
	氯气、次氯酸盐、过氧化氢和过氧乙酸的漂白原理
化学技能	溶解、搅拌、蒸发等化学实验方法
学习态度和价值观	造纸工作及相关思想

（三）核心活动纸张的回收实验

实施纸张的回收实验,具体包括实验材料的准备和实验操作过程。

1. 实验材料

不同类型的废纸、碗、海绵、次氯酸钠、氢氧化钠、氯化氢、过氧化氢、3 个模具、纱网;

模具由三部分组成。其中两个是 25 cm×20 cm 的框架,由木制板条制作。两个模具用订书针将纱网固定在其外面,用来盛放纤维素纸浆并排水。另一个是一个稍小的、可以放在其他模具内部的空心框架。另取一个纱网固定在这第三个框架上。这一块将用于挤压纤维素浆,并挤出所有剩余的水。

2. 实验步骤[①]

(1) 把每一种用过的纸放在一个单独的碗里(例如,报纸、用过的笔记本纸、工业回收的纸、旧的练习簿),然后把它们撕成 4cm 的碎片。

(2) 在每个碗中加入足够的水,覆盖纸片,浸泡 5—10 分钟,以确保每张纸都完全浸泡饱和。

(3) 用搅拌机低速混合,直到形成光滑的浆(纤维素浆)。同时,在混合物中加入肥皂以去除墨水。

(4) 除去肥皂水以及去除肥皂产生的泡沫(含墨水)。水被除去后,用干净的水重新填满碗,重复步骤(3)(不添加新的肥皂)和步骤(4)直到所有的肥皂都被除去。这是一个必要的步骤,因为肥皂可能会阻止连接纤维素纤维的氢键的形成。

(5) 将每个纤维素纸浆均匀分配在两个不同的容器中,分别应用两种漂白处理:过氧化氢和次氯酸钠。将模型完全淹没到容器中(请参见下面步骤(6)的说明来构造模型),使所有

---

① Staff, J. New paper from newspaper [J]. Journal of Chemical Education, 2001,78(11):1512A - 1512B.

样品均匀化。

（6）浸泡模具，将其装满纤维素浆。用盖子按压它，从纸浆中挤压出最大量的水。然后，用海绵吸收尽可能多的水。

（7）取下盖子，将层压的纤维素纸浆放在纱网上，然后压紧。使其晾干。一旦纸干燥，就将其从纱网中取出。

（四）项目说明

项目活动中，需要在实验过程中注意的有关问题，说明如下。

1. 本实验活动中制得的再生纸是灰色的，粗糙，很容易向任何一个方向撕裂。可以在上面写字，但墨水等字迹或标记往往会渗漏出来。

2. 一般来说，再生纸的质量可能会低于大多数商业纸。

3. 纸浆中的纤维素分子在水分从纸中蒸发时即相互形成氢键。

4. 纸可以几乎由任何纤维材料制成，包括碎布、木屑等。

5. 回收的纸张可能需要去除某些杂质等物质，如非纸张材料、额外的填充物和之前在纸张上使用的墨迹等。

本章学习任务

1. 你希望学生在项目式学习结束一到两年后能记得哪些活动内容以及相关联的知识技能？

2. 你是否经历过项目式学习？如果有，项目式学习与你的专业知识、应用、情感态度、学会如何学习有何关系？

3. 结合一个化学内容主题并讨论如何理解"项目式学习"。

4. 充分准确地解释这个化学内容主题。结合你给出的项目式学习的定义，解释你选择的这个内容如何挑战你对项目式学习的理解。

5. 基于教科书、课程或文献资源的信息，设计一份项目式学习的方案。特别强调说明项目式学习中的学习目标。

6. 反思你所设计的项目式学习方案，解释该方案是否适用于该学习目标，以及如何适用。描述你认为学生将受到的挑战、加强的知识、技能和态度，以及还有哪些不足。

第八章　跨学科实践

本章目标预览

通过本章学习,你能够:

- 理解跨学科的含义。
- 理解跨学科实践的含义。
- 能够设计和实施跨学科实践。
- 知道跨学科实践的过程性评价。

本章内容引导

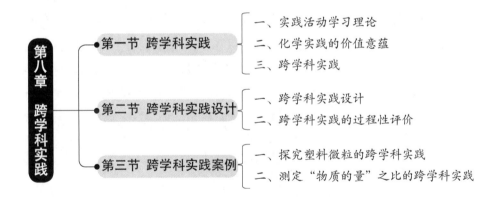

化学领域综合性的科学实践活动是指基于化学学科知识的一种探索性、尝试性的活动，包括科学观察和科学实验。化学科学实践活动通过综合运用化学知识和方法，采用一定技术手段，使学生在解决真实情境问题和完成实践活动的过程中提升学科素养。《义务教育化学课程标准（2022 年版）》中明确指出学生要经历科学探究，在实践活动中从化学视角对问题展开探讨，运用简单的技术、工程方法解决与化学有关的实际问题，增强实践能力，形成自主、合作、探究的能力。[①]

但需要注意的是，传统的单一学科知识无法解决复杂的科学和社会问题，特别是在化学领域。化学是一门研究物质的组成、结构、性质及变化规律的科学，在此基础上，化学还是创造新物质、新产品的科学。既然是创造，就涉及创造过程中的技术，就需要从工程的角度考虑创造对象，因此在化学学科中开展跨学科实践非常必要。

第一节　跨学科实践

一、实践活动学习理论

（一）体验学习

大卫·库伯的体验式学习模型是体验式学习理论的代表。库伯认为学习不是内容的获得与传递，而是通过经验的转换创造知识的过程。他在总结了杜威、勒温和皮亚杰的经验学习模式的基础上，提出自己的经验学习模式，也就是广为人知的经验学习圈理论（experiential learning）。他认为经验学习过程是由四个适应性学习阶段构成的环形结构，包括具体体验、反思观察、抽象概括、主动检验，如图 8-1 所示。具体体验是让学习者完全投入一种新的体验，依靠真实具体的东西来感觉直接经验的过程，即感知过程；反思观察是指体验中分析对

图 8-1　库伯"体验学习系统"

---

① 中华人民共和国教育部.义务教育化学课程标准(2022 年版)[M].北京:北京师范大学出版社,2022.

应的驱动性问题或观察现象,分析总结体验,内涵缩小的内部反思过程,对已经历的体验加以思考;抽象概括是指将碎片知识整合,进行高度合乎逻辑的概括,应用概念解释和学术符号表征的认知过程,理解所观察的内容的程度并且吸收它们,使之成为合乎逻辑的概念,即领悟过程;到了主动检验阶段,学习者要验证这些概念并将它们运用到制定策略、解决问题中去,将此次体验结果运用到下一次学习活动中,在相似环境中制定策略、解决问题,进而调整和改进,是积极主动操纵外部客观世界的外延扩大过程。学习过程包括两个基本结构维度,(1)领悟维度,包括两个对立的掌握经验的模式:一是通过直接领悟具体经验;二是通过间接理解符号代表的经验。(2)改造维度,包含着两个对立的经验改造模式:一是通过内在的反思;二是通过外在的行动。在学习过程中两者缺一不可。经验学习过程是不断的经验领悟和改造过程。

如果学生积极参与实践的学习过程,并在实践中积极开展切实活动,那么他们就会理解化学课程和教科书中的相关概念、原理的含义并赋予这些概念、原理适当的意义。因此,真实的实践可以作为设计学习过程的灵感来源,使学生看到他们所做事情的意义,并有动机去扩展他们的化学知识。

(二)活动理论

实践活动理论(activity theory,简称 AT)是描述和阐明人们如何参与活动的理论框架。该理论认为,人参与活动并完成活动任务需要人与实物、工具、环境以及其他参与者接触并发生互动。

1978 年,维果斯基首次提出了以"中介"的概念[①]等为代表的活动理论。基于研究儿童发展,维果茨基认为,人类作为主体,在某种刺激的作用下,利用中介工具,作出反应并采取行动。如图所示,S 是刺激,R 是反应,刺激与反应之间的联系更多是一个"复杂的、中介的"行为 X(如图 8-2 右所示)。主体、客体和中介工具的三合一模型,主体是指参与活动的主要参与者,客体是活动任务或目标,中介工具常指某些参与活动的技术工具。该理论强调在学习活动中"中介工具"的重要性。

图 8-2 维果斯基的中介模型

---

① Vygotsky, L. S. Mind and society: the development of higher mental processes [M]. Cambridge: Harvard University Press. 1978.

该活动理论只是简单地阐述了活动和工具的中介作用,分析单元只是一个活动本身,结合这一局限性,恩格斯霍姆提出了"文化-历史活动理论"(cultural-historical activity theory,简称 CHAT)[①],主要集中在解释人类的思维过程,着重阐述了个人通过工具在社区活动中互动的思维过程,加入了个人与社区、历史、情境、活动之间的相互关系。在"中介"概念的基础上,将活动理论概念化[②],扩展了学习理论在活动理论中的发展,将活动理论与学习理论相结合。对学习理论中四个问题作了回答:(1)谁是学习的主体,是如何被定义的?(2)学习的主体为什么学习,学习的动机是什么?(3)学习的主体的学习内容和结果是什么?(4)学生如何学习,学习的关键行为或者过程是什么?

主体是参与活动的个体或个体群体,客体是主体参与活动的激励因素,一般指活动目标。连接主体和客体活动的工具,物理或心理的符号,或者一些概念理解都是活动系统中的中介。社区是指包括活动主体在内的一个社会和文化群体,该社区有明确的规则或社会规范来规范和影响行为。一般来说,完成一个活动需要多个活动主体的参与,劳动分工规定了当主体参与一个活动时,他们对任务和责任是如何进行分工的[③]。"文化-历史活动理论"提供了一个概念性的框架,从这个框架中,人们可以理解活动、行动、操作和工件、主体的动机和目标,以及这些活动所在的社会、组织和社会环境的各个因素之间的相互关系。

随着活动理论的不断发展,人们注意到人们参与一个活动并不会完全独立于其他的活动,多个活动是相互交叠在一起的。人们在完成一个活动目标的同时,也是在为其他活动做准备,此外,某一个活动也可拆分成多个活动,人们合作分工进行,以求得高效地完成任务,如图 8-3 所示。

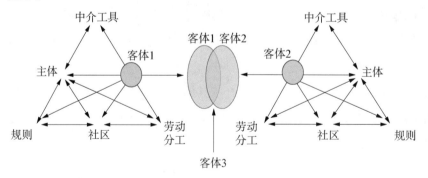

图 8-3 活动理论

① Engeström, Y. Learning by expanding: an activity-theoretical approach to developmental research (Helsinki, Orienta-Konsultit). 1987.

② Engeström, Y. Expansive learning at work: toward an activity theoretical reconceptualization [J]. Journal of Education and Work, 2001, 14(01), 133-156.

③ Doris Nussbaumer. An overview of cultural historical activity theory (CHAT) use in classroom research 2000 to 2009 [J]. Educational Review, 2012, 64(01).

简而言之,活动理论是对人们使用的工具和活动要素之间的相互作用的分析,其中"社区"属于学习共同体的要素,强调学习共同体在学习活动中的重要作用。在教学活动中,学生是学习活动的参与主体,学习活动对应的任务是活动客体,而各种学习工具,多媒体工具及学科概念都是中介工具。在完成任务活动的过程中,学习者在技术工具等要素的中介作用下,与学习共同体发生交互,完成学习目标。

(三) 跨学科实践的指导思想

针对不同实践共同体或学习共同体之间发生的跨学科实践,多数均以"活动理论"作为重要的指导思想。活动理论最主要的特征是将"活动"而不是"行为"作为分析单元。学习作为意义建构的过程,包含了丰富的活动过程要素。学习活动本质上是所有参与者积极的、自觉的、建构的实践活动。

在对共同体在实践过程中的学习进行全面认识的基础上,恩格斯霍姆将人类学习归结为3个隐喻:(1)获取式学习,即学习被看作知识习得的过程;(2)参与式学习,即学习是通过个体参与实践,在与他人和环境等相互作用的过程中,形成能力并提高社会化水平;(3)扩展性学习,即对现有标准的实践产生质疑和批判,通过个体质疑走向群体质疑,而后寻求在共同体中实现对知识的建构和创造。恩格斯霍姆的扩展性学习(expansive learning)是活动理论中最为重要的部分,为蕴藏冲突与质疑的跨界学习共同体良性发展指明了方向。在扩展性学习中,学习共同体、实践共同体等都是常用于描述学习者所处集体的概念。从一个集体走向另一个集体,个体及其群体之间的互动是扩展性学习研究的主要内容。恩格斯霍姆认为,质疑、冲突是学习发生最重要的契机,特别是在联合构造新的边界目标的过程中,应积极寻求共同体在学科文化、学科历史方面的相似性,从而在实现各自发展的同时,产生选择范围更广的学习可能性。扩展性学习揭示了共同体中蕴藏的学习行为序列,表征了蕴藏于共同体中因冲突、矛盾而产生的一系列跨界学习行为,成为第三代活动理论支持学习共同体构建的重要依据。

基于"文化-历史活动理论"的指导,在跨学科实践中构建集体参与的、以实践为中介的、以共同关心问题为导向的活动,通过分析所有参与者在跨学科合作活动系统中的交互过程,形成相对稳定的学习共同体,本质上就是扩展性学习。有效促进跨学科实践共同体发展,需要营造包容、多元话语的情境,从活动自身的历史中探寻参与者关心的问题和潜在的解决方案,从矛盾中寻找完善与发展的契机。

二、化学实践的价值意蕴

基础教育提供的课程侧重于教授与单一学科相关的教学材料。相比之下,多学科、跨学科和跨学科教学可以改善情感和认知学习以及批判性思维，为学生提供获得广泛的一般知识基础的机会。与现实世界的真实问题的研究重点相结合，自然是跨学科的。化学是一门位于科学、技术、工程、数学和医学科目交界处的学科。化学可以作为各个知识领域之间的桥梁，为学生提供发展硬技能和软技能的机会，以及在不同学科领域之间交流思想的能力。因此，化学是纳入跨学科实践的重要学科，因为化学与其他知识领域相结合，在潜在的多学科、跨学科和跨学科解决方案中发挥着重要作用，以解决复杂现实问题。

基于跨学科的背景学习化学科学，其优点包括：改善学生间的交往合作，改善学习和理解能力，提高应用概念和参与创造性大概念及大观念思维的能力，提高阅读、写作和数学技能，更大程度的个人成长、自信和学习动力，使学生在完成课程后能够在实践中展示深厚的专业知识。

（一）化学实验是化学教与学的重要实践方式

以实验为基础是化学学科的重要特征之一，化学实验对全面发展学生的核心素养有着极为重要的作用。建议教师在教学中高度重视和加强实验教学，充分发挥实验的教育功能。通过化学实验激发学生学习化学的兴趣，创设生动活泼的学习情境，帮助学生理解和掌握化学知识和技能，引导学生学习科学方法，发展学生的科学思维和创新意识，培养学生的科学态度与责任。[①]

科学探究是一种重要的科学实践活动，是化学课程要培养的核心素养不可或缺的组成部分。教师应充分认识科学探究对促进学生核心素养发展的独特价值，根据学生的认知发展水平，精心设计探究活动，有效组织和实施探究教学。

强调以实验为基础的跨学科实践，注重综合应用化学知识，设计和开展具有挑战性的实践任务，充分利用学习资源，让学生经历调研访谈、创意设计、动手制作、展示表达、方案评价、反思改进等多样化活动，促进学生形成运用多学科知识、技术、工程融合解决问题的系统思维，鼓励学生有意识地使用信息技术解决问题。设计跨学科实践，注重将问题解决线、知识逻辑线、素养发展线紧密结合，拆解复杂任务和设计系列活动，实现问题解决过程与核心知识的获得、能力和素养的发展自然融合，让学生经历自主思考，合作探究，深度互动、交流，总结、反思等完整的问题解决过程，实现深度学习，提升解决真实问题的能力，促进学生核心素养的融合发展。综合运用体验和表达、成就和激励、反馈和深化等策略，促进学生知、情、意、行的统一，充分发挥跨学科实践对课程内容和教学实施的整合功能。

化学课程教学选择重视实验探究活动，围绕核心知识精选实验内容，设计有科学探究意义的实验活动，为学生提供亲身经历和体验实验探究的机会，充分发挥化学实验的教学功

---

① 中华人民共和国教育部. 义务教育化学课程标准(2022年版)[S]. 北京：北京师范大学出版社，2022.

能,培养学生的创新意识和实践探究能力。高度关注实验安全问题,引导学生养成规范操作的习惯和自觉的安全意识。

(二)跨学科实践是化学教与学的重要组织形式

学科是关于知识的分类,学科的问题本身就是知识组织的问题,以及知识与现实的关系问题。[①] 从知识论视角来看学科的分类,它是随着科学知识的不断增长,满足人们认知需要而按照知识内容体系的划分,并且这些学科有着自己独特的内容和方法论。[②] 学科的出现意味着人们对知识进行分类管理,建立了知识的学术化标准。每门学科课程大致是按照学科的知识体系构建内容,基础教育阶段中的学科,如语文、数学、物理、化学等,都是按照核心概念、原理及方法的结构化体系建立起来的,代表了有关社会或自然某个层面的探究领域,提供了一种观察世界的视角、一套解释或诠释各种现象的特殊技巧或过程,从而在学科知识中形成一种具有共识的范式。

分科教学在联系实际时,因受到学科的局限,往往只局限于某一环节,而不能解决真实情境下完整的问题。真实情境下完整的实际问题的解决,往往需要综合运用多学科的内容,如果仅局限在学科教学,就难以解决实际问题。现实的、真实的问题一般具有综合性,没有学科界限,即使某些问题具有明显的学科特征,但要真正解决这些问题,也需要运用多学科的知识、方法和技能。

在发现和解决实际问题的过程中,当单一学科的知识和方法不够用时,才会产生跨学科的需要。但是,仅用单一学科就可以发现和解决的实际问题大量存在,没必要为了形式上的跨学科而跨学科。无论如何,单一学科核心概念的理解和掌握是基础,离开了学科基础,跨学科也很难开展。

单一学科难以反映、说明、解决现实问题,因此,跨学科教育要在知识精细化发展的基础上将以学科为中心转向以学科为依托,即扎根于学科内容,同时打破学科壁垒,把不同学科的内容和方法融为一体。要实现以学科为中心到以学科为依托的转移,意味着在跨学科教育中解决问题要优先于学科边界,也就是要以解决问题为中心[③]。

跨学科教育是以实践为中心的教育。化学中许多知识是建立在理想状态的基础之上的,但现实问题往往是复杂的和不确定的。教育应该帮助人们为那些目前尚不存在,也无法被清楚定义的未来工作而做好准备。跨学科教育更加重视真实情境中实际问题的阐述,为学生提供一个"思考"的知识框架,用以取代以学科为中心时的"记忆"的知识框架。以实践为

① 华勒斯坦,等.学科·知识·权力[M].刘健芝,等编译.北京:生活·读书·新知三联书店,1999.
② 郭元祥,李新.遇见与预见:学科想象的生成及想象教学[J].教育研究,2021,42(09):39-49.
③ Spelt, E.J.H., Biemans, H.J.A., Tobi, H., et al. Teaching and learning in interdisciplinary higher education: A systematic review [J]. Educational Psychology Review, 2009,21(04):365-378.

中心的跨学科教学,其构成要素包括具有高度不确定性的社会性、自然性和人本身,可以在一定程度上还原真实情境的复杂状态,从而可以考察、锻炼学生在面对不确定性时的综合各学科内容的能力、应变能力等。

跨学科教育具有目的性、学科性和统领性。首先,跨学科教育具有目的取向,在于引导、促进学生认识涉及多门学科的实际问题。其次,跨学科教育具有学科性,一方面是学科知识,如氧化还原反应、电池等具体化学学科知识,以及固态 PV 电池等化学科学研究成果。另一方面是学科思维模式,如化学的宏微观、变化观念、平衡思想等。最后,跨学科教育具有整合性,尝试将各学科整合,打破不同学科知识体系的壁垒,并达到整体大于部分之和的效果。跨学科教学有许多优点,如扩大学生对各学科的理解和成就,提高他们的沟通能力。多项研究[①]为整合多学科实验的跨学科实践对学生知识的促进作用提供了直接证据,研究分析显示,跨学科实践有效提高了学生对电解主题知识的理解,有助于解决现有实验室活动在知识建构方面的局限性,还可以直接促进学生对活动主题所涉及的科学知识的理解[②]。跨学科不仅对学生学习任何一门学科或综合解决问题很重要,而且还丰富了学生终身的学习习惯和学术技能,让学生更多地参与到学习中来,培养学生从容运用课程整合知识应对并解决问题的能力和品格,在这个过程中成长为独立的个体,培养跨界技能。

美国于 2012 年发布了《K-12 科学教育框架》(以下简称《框架》)。《框架》将科学的学习划分为科学与工程实践、跨学科概念和学科核心概念三个维度。

科学与工程实践对科学家研究自然界以及工程师设计、构造系统时所进行的工作加以描述。参与科学与工程实践,可以帮助学生建构、深化和应用学科核心概念和跨学科概念,促进意义学习的发生和科学世界观的建立。基于此,《框架》共定义了八大科学与工程实践程序性环节,它们分别是:(1)提出(科学)问题,定义(工程)问题;(2)开发与使用模型;(3)规划与开展研究;(4)分析和解释数据;(5)应用数学思维和计算思维;(6)建构(科学问题的)解释,设计(工程问题的)解决方案;(7)参与基于证据的论证;(8)获取、评估和交流信息。[③]

科学与工程实践既有共同的要素,也有各自不同的侧重点。科学致力于从自然现象中发现问题,然后通过科学方法收集数据,利用数学知识或计算机处理数据并形成模型或理论,以回答"是什么"或"为什么"的问题;工程实践侧重于解决实际生产中的问题,设计解决方案并加以实施,回答"怎么办"的问题。科学与工程实践的总目标是让学生有意愿、有能力

① Daman, H. N. H., Karpudewan, M. Evaluating the effectiveness of integrated STEM-lab activities in improving secondary school students' understanding of electrolysis [J]. Chemistry Education Research and Practice, 2019,2(03): 458-495.

② Daher, W., Awawdeh, S. J. Design of STEM activities: Experiences and perceptions of prospective secondary school teachers [J]. International Journal of Emerging Technologies in Learning (iJET), 2020,15(04):112-128.

③ Quinn H, Schweingruber H, & Keller T. A framework for K-12 science education: practices, crosscutting concepts, and core ideas [J]. Science Scope, 2012(36):400.

去做这些实践活动,并通过单一或多项实践活动支持学习或者证明他们对科学和工程的理解。

以化学学科为中心的跨学科实践可以促使学生综合应用自身所掌握的科学、技术、工程、技术等方面的知识,综合分析、思考、解决相关问题,通过参与真实问题解决过程,培养学生应对真实情境挑战的核心素养和关键能力。这与《义务教育化学课程标准(2022年版)》中的"注重学科内的融合及学科间的联系"课程理念相契合。教师应重视跨学科内容的选择和组织,加强化学与物理、生物学、地理等学科的联系,引导学生在更宽广的学科背景下综合运用化学和其他学科的知识分析、解决有关的实际问题。[①] 化学教学中,要注重选择密切联系学生的生活经验和社会发展现实,要反映时代特点和现代意识,体现跨学科知识内容,帮助学生了解科学、技术、社会、环境的相互关系,可以借鉴《框架》中科学与工程实践的模式,设计跨学科实践,结合某些社会问题实施探究实践,促进积极思考和给出决策,培养学生从化学学科及跨学科视角分析和解决实际问题的能力,为学生的终身发展奠定基础。

三、跨学科实践

(一)跨学科的内涵

学术学科是一个知识分支,可以在整个初等、中等和高等教育中进行教学,并在高等教育机构中进行研究。然而,高等教育的研究人员认为,学科的概念是有细微差别的。[②] 文献中使用了多学科和跨学科等术语,施滕贝尔[③]的定义如下:(1)单学科,指在单一学科内工作。(2)多学科,指来自不同学科的人一起工作,每个人都借鉴他们的学科知识。(3)跨学科,指从另一个学科的角度看待一个学科或者是整合不同学科的知识和方法,使用真正的综合方法。(4)跨学科方法,指理解超越学科观点的知识框架的统一性。

目前在现实世界中遇到的各种复杂问题需要通过智能、创造性和创新解决方案的干预来仔细解决。多学科、跨学科和跨学科的观点为解决此类复杂问题提供了机会,而单学科方法可能受到限制。多学科、跨学科和跨学科方法分别是加法、互动和整体。

本书中跨学科强调多学科、跨学科和跨学科方法之共同要素,即加法、互动和整体。加法,指跨学科是超越一个单一的学科边界而进行的运用两个或两个以上学科的知识和方法创造与解决问题的方式;互动,指跨学科是通过不同学科间的联结、转换和合作,以融合互通

① 中华人民共和国教育部.义务教育课程化学课程标准(2022年版)[S].北京:北京师范大学出版社,2022.

② Klaassen, R.G. Interdisciplinary education: a case study [J]. European Journal of Engineering Education, 2018, 43 (06), 842 – 859.

③ Stember, M. Advancing the social sciences through the interdisciplinary enterprise [J]. Social Science Journal, 1991, 28 (01), 1 – 14.

的方式处理问题,让不同学科课程内容相互交织,将彼此联系在一起;整体,指跨学科通过整合两个及更多学科或专业知识体系的信息、数据、技术、根据、视角、概念以及理论,以促进基础理解或解决单一学科或领域难以解决问题。跨学科的目的是从更加广阔的学科背景下深化和拓展学生对学科知识与学科方法的理解和应用。

跨学科主要包括三个维度:一是目标维度,跨学科并不是一门学科,而是为了解决单一学科无法解决的问题而形成的一种思想;二是方法维度,是指主动地运用和整合两个或两个以上学科的方法,打破学科壁垒,解决一个真实情境中的问题或项目,而这些学科的方法应该具有一定的逻辑关系;三是内容维度,是指学科知识在其他学科知识或活动中得到拓展或改变,学科间建立起了联系。从这三点可以看出,跨学科与学科并不是二元对立的,而是以学科为基础的。[①]

跨学科实践是综合运用多门学科知识和方法,不依赖单一学科领域的知识或技能,去解决复杂的问题或任务跨学科实践以是某一研究问题为核心,以某一学科课程内容为主干,运用并整合其他学科课程内容的相关知识和方法,引导学生开展实践活动。跨学科实践是一种学习方式,这种学习方式是在分科课程学习的基础上,运用两个或两个以上学科的知识或方法,去解决真实世界的问题或理论问题的一种学习方式,跨学科学习的过程必须整合知识,以创造一种新的理解问题的方式。其目的是深化和拓展学生对学科知识与学科方法的理解,以更好地发展学生的高阶思维技能。跨学科实践的内容是基于学科重要的知识,包括概念、原理、规律、方法和技能,选择学生生活和社会实践中真实的问题,在学科教师的指导和引领下,学生运用某学科和跨学科的知识、技能和方法解决问题,从而达成学科内容的学习要求。在真实场景中获得解决实际问题的体验。在这一过程中,围绕问题解决,需要什么就用什么,用什么就学什么。从而建立起一个以解决问题为线索的认知体系。学科知识体系和以解决问题为中心的认知体系是不同的,但又是相辅相成、相得益彰的。

跨学科实践要求引导学生学以致用,将所学的知识和方法应用迁移到真实的情境或其他领域中,或者是将学习过程中形成的积极态度、创新精神、规范行为、正确价值观以不同的形式迁移到日常生活及未来的学习和生活中。

(二)跨学科实践的特征

跨学科实践包括跨学科、在实践中学习、趣味性、情景性、协作性、实证性和技术性等要素。跨学科实践的任务目标是由多个科学和数学学科的内容和实践定义的。跨学科实践中各学科内容的整合要从多个学科的实践角度出发,涉及到工程设计、技术手段等,需要使用

[①] 万昆.跨学科学习的内涵特征与设计实施——以信息科技课程为例[J].天津师范大学学报(基础教育版),2022,23(05):59—64.

数学或科学概念来解释。跨学科实践强调实践性,即在实践活动中学习,通过资料检索、设计、建模等方法,对问题展开探究,在这个过程中发展学科知识综合运用能力、分析和解决问题的能力。

第一,学习内容从零散走向整合。跨学科实践是学习者在真实情境中理解知识、应用知识解决具体问题并动态地加工建构新知识的学习过程。跨学科实践中,知识是在个体与环境相互作用的过程中逐渐被建构的,同时,知识的生成与知识的建构也强调个体对客观知识的主观能动性。学生在具体情境背景下,通过操作任务的实践活动中不断加深对学科知识的领悟理解,对不同学科知识之间的纵横向联系。跨学科学习的关键在于知识的迁移和运用,运用多学科知识解决生活中结构不良和复杂的生活问题。知识的生产和发展是在不断变化的,学生通过综合运用多学科知识,以产生新的思想和知识,实现知识的再生产,因此跨学科学习过程中知识也是动态生成的。

第二,学习内容从知道走向应用。在跨学科学习过程中,学生置身于真实情境中,在这一过程中,学生运用知识展开概括、关联、整合、说明、论证和推导等科学思维和科学探究,依据已有知识和方法,搜索并建构能够解决问题的新知识和新方法,加以整合应用,实现跨情境的问题解决或任务执行。

第三,学习内容从孤立走向关联。跨学科实践中的学习过程是多个学科知识的融合、应用、分析和创造性地解决问题,支持学生对不同学科知识的概念进行科学转化与理解重构,建立意义关联。学习者通过两个以上学科知识和经验的反复学习,逐步形成跨学科思维来解决真实情境中的复杂问题以实现学习内容的关联融合。

第二节 跨学科实践设计

一、跨学科实践设计

跨学科实践有多种活动形式,如基于问题解决的跨学科实践、基于项目的跨学科实践等。

重视跨学科实践的设计,如目标、问题、任务、过程、结果和评价,以及时间安排、组织形式、指导方式等。加强跨学科实践的监控,确定任务目标总目标,明确实践活动过程中每一环节的目标要求和评价标准,引导学生自觉、主动、有序和有效地完成整个任务。

以制作产品为主要方向的跨学科实践,可采用项目式学习的方法。其大致环节有:指导学生对产品的功能进行分析(最好有原型作为参照);提出并论证自己的改进设想、产品设计;开展产品制作和调试,最终形成产品;写出产品原理和使用说明、产品改进创新点和产品优势;开展交流、展示和评价活动等。以建立概念为主要方向的跨学科实践,可采用探究式的方法。一般经历发现问题或提出问题、定义问题并提出猜想、设计方案、实施方案并获取证据、分析结果并得出结论、交流评价并修正结论(获得形成新概念)等。

跨学科实践需要引导学生利用两个或两个以上学科知识去解决真实的、具有一定复杂程度的化学课程的问题或项目,促进并发展学生化学学习的核心素养,如"化学观念、科学思维、科学探究与实践、科学态度与责任",并据此进行跨学科学习活动设计。基于化学课程标准设计跨学科实践的学习目标、活动形态和评价方式,从整体上强调真实情境案例、紧密联系生活及学生已有的经验。跨学科实践的设计包括四个基本要素:跨学科实践的学习目标设计、任务设计、过程设计和评价设计。跨学科学习设计的四个要素"目标、任务、过程、评价"是紧密联系且内在统一的。

(一)强调真实问题的跨学科实践设计

真实问题解决是跨学科实践的一种重要途径。真实问题情境往往具有复杂性和挑战性,靠单一学科知识和方法未必能够解决,可能需要关联不同学科的知识、方法或思维逻辑。跨学科实践中的问题要求运用两个或两个以上学科的知识或方法去共同解决。

真实情境问题序列和任务群的设计成为跨学科实践的关键环节。不仅要基于化学知识的基本逻辑,还要从学生逻辑的视角出发,考虑学生学习的先验知识、基本需求等,切实地结合两个或两个以上学科的知识的基本逻辑,并明确提供支持学生理解领悟学科知识背后的意义的路径以及经历体验科学方法的机会,通过自主或制作探索,提取先验知识、运用两个以上学科的知识解决问题。开展问题驱动或任务驱动的跨学科实践不仅能激发学生的认知冲突,还能催发其对化学知识的融会贯通和有效应用,建构形成化学核心素养。

设计目标导向的教学模式的真实问题序列来达成跨学科实践的学习目标,需要逆向分解终极学习目标为连续衔接的小目标,每个小目标需要设计成一个或若干个串联起来的需要解决的问题或完成的任务,可以称之为问题串或任务群。

以问题解决为导向设计跨学科实践,其最大特点就是跨学科学习发生的过程要以问题或项目为依据。在开展化学跨学科学习之前首先需要设计好问题或项目,然后根据问题解决的步骤进行学习环境设计和支持,同时,跨学科学习环境设计的要素也应为问题解决的过程服务。其次,跨学科学习目标设计要综合运用多学科知识,共同来解决问题。跨学科实践项目的设计可以核心概念(或大概念、大主题、大任务)为中心,对多个学科学习内容进行分析、解构、重组、整合。基于学科课程的跨学科学习应立足化学本学科原有的"大概念""大单元"或"大主题"。一方面,少而精的大概念处于学科体系的核心位置,体现学科本质,由大量事实和观点概括而成,具有高度聚合性和有效迁移性,为跨学科学习创设条件。另一方面,基于学科大概念的跨学科学习可以反哺学科学习,从更广的视角,在更真实的情境中实现深层次认知和持久性理解,更好地落实学科课程标准。

美国《K-12科学教育框架》指出,模式、因果关系、规模、系统和系统模型、能量与物质、结构和功能、稳定与变化是七个跨学科概念。^①围绕跨学科概念开展跨学科实践，也是值得探索的路径之一。将跨学科概念渗透在物质科学，生命科学，地理和空间科学，工程、技术和科学应用等学科领域之中，跨越学科边界，融会贯通多学科知识。

《义务教育化学课程标准(2022年版)》中的"基于碳中和理念设计低碳行动方案"跨学科实践项目，是针对二氧化碳过量排放导致气候变暖等社会性科学议题而设计的化学与环境领域的实践活动。该项目以碳元素在大气圈、岩石圈、水圈的循环为主要研究对象，探究二氧化碳的性质与转化，承载学生必做实验"二氧化碳的实验室制取与性质"，融合生物、地理、物理、数学、道德与法治等课程的相关内容。

"基于碳中和理念设计低碳行动方案"项目涉及多个学科的内容：二氧化碳的性质与转化是化学学科"物质的性质与应用"学习主题的核心知识，促进学生发展元素观、变化观等化学观念，建构"可持续发展""系统与模型"等跨学科大概念。

绿色植物可以通过光合作用将二氧化碳转化为有机物，在维持生物圈中碳氧平衡方面具有重要作用，属于生物学学科的重要内容。

认识人类活动对环境产生影响并造成气候变化，属于地理学科的内容。

相关低碳行动方案中物质的计量处理等建模和计算问题，涉及数学学科内容。

了解关于节能减排的政策法规，关注与温室效应有关的新闻，理解在环境、经济等问题上各国的依存关系，理解碳中和的意义等，融合应用科学、技术、工程等多领域知识，解决所面对个人生活需要、国家发展、人类发展与低碳要求两难的真实问题情境，形成国际视野，构建人类命运共同体的意识，强化社会责任、国家认同和国际理解，促进知、情、思、行的统一。这些都涉及道德与法治课程的内容。

（二）注重挑战性任务的跨学科实践设计

围绕化学核心素养，在学习任务设计时，一方面要注重从简单到复杂转变，也可以是自上而下，将复杂任务分解为简单任务；另一方面要强调学科知识的结构性和关联性。学习任务设计是跨学科学习的基础，单一学科学习中的学习任务设计可能会聚焦单一学科知识点，在跨学科学习过程中，教师要将化学核心素养内容转化为学生主动参与的学习任务。而这些学习任务具有挑战性、跨学科性，学科知识的关联性很强，学生需要运用多种技术手段去寻找资源，并通过小组间持续探索、不断查找资料、小组合作等方式来解决问题。跨学科实践的设计需要根据具有挑战性的学习任务探索学科知识与方法之间联结的"点"，并连接起不同学科知识，也可以借助思维工具，确定学科知识之间的逻辑关系。因此，跨学科实践过程注重

---

① National Research Council. A framework for K-12 science education: practices, crosscutting concepts, and core ideas [M]. Washington, DC: National Academy Press, 2012:3.

知识的结构性和关联性,在任务的选择和设计上要注重以化学大概念统领不同学科知识。

学科核心概念指各门学科中非常重要的关键性概念,是反映学科本质及其特殊性的学科框架概念,它们能为理解或研究更复杂的概念和解决问题提供工具与支持,对于教学具有重要的价值。

跨学科概念是指那些能应用于所有科学与工程领域的通用概念,它们都具有解释的价值,如模式、原因与结果、比例、尺度及数量、系统与模型、结构与功能、物质与能量、稳定与变化。

在义务教育阶段,可以相对侧重后 4 个,即系统与模型、结构与功能、物质与能量、稳定与变化。在这 4 个跨学科概念的基础上,再引导学生关注模式、原因与结果、比例、尺度及数量。

跨学科概念与学科核心概念是一个有机统整的模式,在建构相应的学习策略或帮助学生设计学习材料时,仍然以学科为基础,在学科核心概念的基础上再引导学生关注和发展跨学科概念。反过来,跨学科概念也能为学科核心概念的学习提供一种认知支架,促进学生对核心概念的深度理解和灵活迁移,跨学科概念还能加强学科之间的融会贯通,有助于学生连贯、系统地建构各学科及整个科学领域的知识体系。

(三)依据学习场域的跨学科实践设计

跨学科实践中学习发生的过程包括经验调取、知识整合、概念理解和意义建构等认知加工阶段。经验提取的关键在于跨学科问题的设计要与学生化学先验知识和学习环境相关,与学生真实生活世界中发生的事物、事实具有较强的关联性。知识整合强调学生要以化学核心素养为基础,对不同学科知识进行整合以产生新的理解,并通过学科知识之间的逻辑联系来深化化学核心素养。概念理解强调化学教师要为学生搭建与跨学科实践中学习对话的脚手架等。意义建构强调学生能根据自身经验主动对化学知识和其他学科知识进行意义建构,以提升自己解决真实情境问题的能力。

应用化学大概念统摄不同学科的知识和方法。化学大概念是化学学科的框架性、格局性的概念,可以联结学科内的概念、原理,达成化学知识的融会贯通。跨学科实践中不只是强调本学科的知识和方法的学习和应用,更加强调以化学大概念为中心,不仅将各个零散的化学知识、方法联系起来,还要与其他学科知识、方法进行密切联结,支持促进化学知识的整合建构和有效迁移。利用化学学科知识结构的大概念整合不同学科的知识与方法,设计跨学科实践,如设计不良结构、质疑驱动等特征的跨学科问题群或任务群,应用新旧知识、方法解决真实问题,引导学生由浅入深展开科学探究。

构建跨学科实践的场域(field)。跨学科实践既需要学生以产生跨学科理解为目的,还需要检视学生在跨学科学习过程中能否实现学科整合。实现学科整合的核心是学科内容的整合以及问题的情境化,明确地整合各学科的知识来共同解决问题,并在此过程中建立起跨学科思维。学生在跨学科学习过程中的思维变化绝不仅仅是个体自我的变化,而是需要和同学们一起进行协商、讨论、沟通、解释等,同时还需要依赖跨学科学习的场域。

法国社会学家皮埃尔·布迪厄提出了场域理论(fieldtheory):场域可以被定义为在各种位置之间存在的客观关系的一个网络(network),或一个构型(configuration)。场域是由社会成员按照特定的逻辑要求共同建设的,是社会个体参与社会活动的主要场所。人的行为均受到其所在场域的影响,场域并非纯粹地指物理环境,还包括该场域中其他人的行为以及与此相关联的诸多因素。跨学科实践即是学生平等对话、相互协商、共同解决目标问题的场域,蕴含着相互影响的力量、勃勃生机和无限潜力。

美国社会心理学家库尔特·勒温结合物理学中"场"的概念提出了场动力理论,包括场论和动力论两大理论,由生活空间和心理紧张系统两大核心概念构成。在界定场的概念时他援引了爱因斯坦的定义:"场是相互依存事实的整体。"勒温场动力理论中"用紧张系统这一概念来代表心理需求,已明确含有一种场论的意义",其中紧张指一种系统的状态与其周围诸系统状态的关系,已经体现了场的动力特点。生活空间就是人的行为发生的心理场,人与环境被看作是一个共同的动力整体。它包含三层意思:(1)构成生活空间的要素是人和环境,而这个环境只有在同人的心理目标相结合时,才能起到环境作用,即生活空间才成立;(2)生活空间具有动力的作用,表现为吸引力和排斥力,这种动力作用驱使一个人克服排斥力,沿着吸引力方向,朝着心理目标前进;(3)生活空间的动力作用是逐级展开的,行动者越过一个个需要破壁的领域,最后实现目标。跨学科实践的场动力会催动学生为了不断解决一个又一个问题,寻求学习资源,积极补充可用的新知识,探索新方法,修正错误认知,直至解决问题,从而建构累积起了灵活可用的坚实的新知识结构,逐渐形成了有效解决真实问题的方法等迁移能力,即达成终极学习目标。

在设计跨学科实践或项目时,需要基于学生对学科核心概念和跨学科概念的深度理解和应用迁移,在真实、复杂的问题驱动的实践活动中,引导学生通过观察、收集、比较、提取相关信息,辨别、选择可靠的科学证据,并运用分析与综合、抽象与概括、归纳与演绎、类比与迁移、应用与创新等思维方式,提出科学问题和解决科学问题。

依据学习场域的跨学科实践设计包含如下基本步骤:(1)解决一个现实世界的问题;(2)产生多种假设;(3)锻炼解决问题的技能并需要批判性思维;(4)需要满足课程目标的知识和技能;(5)融合多个学科。

综上,可以按照真实问题、挑战性任务和学科领域等不同线索,来设计跨学科实践的学习目标。

例如,有研究开发了一种便携式有机太阳能电池套件[①],该套件适合高中生在化学实验

---

① Nicolaidis, N.C., Hollott, P.V., Stanwell, B., et al. Developing a portable organic solar cell kit suitable for students to fabricate and test solar cells in the laboratory [J]. Journal of Chemical Education, 2020,97(10):3751-3757.

室开展制造和测试太阳能电池的跨学科实践,是一种结合 3D 打印的低成本有机太阳能电池实验室跨学科实验。该跨学科实践旨在促进学生对可再生能源领域的发展和太阳能技术的认识和理解。该实验室套件专门针对制造有机光伏(太阳能电池)和测试发电效率。通过采用无毒涂料油墨和无铅合金,将化学危害降至最低。通常,有机太阳能电池的制造需要使用仅在大学或工业环境中才能找到的昂贵的实验室设备,例如通风柜、大型旋涂机、氮气手套箱和金属蒸发系统。该太阳能电池套件经过专门开发,无须使用这种大型且昂贵的设备;使用无毒墨水,因此不需要通风柜;已开发出便携式微型旋涂机,因此不需大型旋涂机;低熔点(62℃)无铅合金已经过试验,因此无须使用高真空金属蒸发设备。该跨学科实践让学生接触有机化学、物理和材料科学等跨学科概念,利用设备优化和工程的实际验证来阐明太阳能电池的关键工作原理,以及提供反馈和评估。

按照真实问题情境来设计太阳能电池制造与性能测试的跨学科实践的学习目标,如表8-1所示。

表 8-1　太阳能电池制造与性能测试的跨学科实践中不同情境问题下的关键学习目标

序号	问题	学习目标
1	如何应用氧化还原反应解释电池结构和工作原理?	理解几个基本概念:氧化还原反应,电池,电池结构和基本组件,电池工作原理,有机太阳能电池。
2	如何设计和操作 3D 打印微型旋涂机?	技术应用:3D 打印,旋涂机,数字万用表。
3	如何设计制作有机太阳能电池?	认识、理解有机太阳能电池的结构及其构成材料的性质、作用;构造制作电池方案的设计与实践。
4	如何处理光敏层和界面层的溶液?	化学实验技术,认识并使用化学物质如无毒的甲基苯甲醚、D-柠檬烯等涂料油墨。
5	如何计算所制作的太阳能电池的功率转换效率(η)?	使用数字万用表,测量在-0.5 到+1.0 V 范围内的多个施加电压下的光电流,生成 I-V 曲线;根据电池面积,将电流(A)转换为电流密度(J) 从 J-V 曲线中提取开路电压(V_{oc})、短路电流密度(J_{sc})和填充因子(FF),利用方程 $$\eta = \frac{V_{oc} J_{sc} FF}{P_{in}}$$ 计算太阳能电池的功率转换效率(η)。

按照挑战性任务的活动环节,设计描述太阳能电池制造与测试的跨学科实践在不同活动环节的关键学习目标,具体如表 8-2 所示。

表 8-2　太阳能电池制造与测试的跨学科实践中不同活动环节的关键学习目标

任务活动	序号	学 习 目 标
新学知识	1	了解有机太阳能电池的基本操作,包括对两相供体-受体光敏层和正负电荷传输层的需求。
装置制作	2	预测层厚的变化如何影响太阳能电池的性能。
	3	成功地将电活性油墨溶液处理成厚度可控的层[空穴传输层(HTL)、光敏层、电子传输层(ETL)和阴极]。
性能测试	4	了解溶液处理在太阳能电池生产中的主要优势。
	5	使用数字万用表测量太阳能电池的电流-电压输出。
过程评价	6	使用电流-电压曲线的简单几何分析来预测填充因子。
	7	计算电池的功率转换效率。
	8	确定学生是否了解光伏电池的工作原理、有机半导体的颜色可调性以及有机电子学的应用。

　　按照涉及的学科领域,对制造和测试太阳能电池的跨学科实践的学习目标进行学科分类,具体如表 8-3 所示。

表 8-3　制造和测试太阳能电池的跨学科实践所涉及的学科领域学习目标

学科领域	学习目标	所解决问题或执行任务
化学	有机太阳能电池工作原理、半导体、涂层	有机太阳能电池的工作原理、结构以及制备要点。
物理	电路设计	有机太阳能电池性能测试电路设计。
数学	计算	有机太阳能电池制备中各药品用量的计算。
技术	万用表、3D 打印微型旋涂机	有机太阳能电池工业制造中高技术设备的模拟、有机太阳能电池性能的测试。
工程	结构建模、成本控制	设计有机太阳能电池结构模型、选择合适组件材料、确定各组件功能和位置、全过程成本计算。

二、跨学科实践的过程性评价

　　学业评价是指以国家的教育教学目标为依据,运用恰当的、有效的工具和途径,系统地收集学生在各门学科教学和自学的影响下认知行为上的变化信息和证据,并对学生的知识和能力水平进行价值判断的过程。[1]

国外学者对学生的学习评价习惯用"学习成果评估"(learning outcomes assessment)，我国学者更倾向使用"学业评价""学业质量评价""学业成就评价"等表述。学业即学生学习的课业，学业评价即对学生完成课业学习情况的评价。

跨学科学习是否达成预期结果，不仅要看学生"做"出来的样子，更要看他们在完成学习任务的过程中，思维能力、合作意识、综合素养是否得到提升。

化学学业评价是学生在化学课程学习过程中的学业评价。化学学业评价是教学实施的关键环节，也是验证与促进教学成效的重要依据。在化学教育教学中，通过学业评价可判断学习目标达成度，发现学习问题，有针对性地指导与调整教学。

评价是指通过详细、仔细的研究和评估，确定对象的意义、价值或者状态。其具体含义包括两方面：第一，评价的过程是一个对评价对象的判断过程；第二，评价的过程是一个综合计算、观察和咨询等方法的一个复合分析过程。

评价是一个非常复杂的过程。它本质上是一个判断的处理过程。布卢姆将评价作为人类思考和认知过程的等级结构模型中最基本的因素。在人类认知处理过程的模型中，评价和思考是最为复杂的两项认知活动。评价就是对一定的想法、方法和材料等做出的价值判断的过程。它是一个运用标准对事物的准确性、实效性、经济性以及满意度等方面进行评估的过程。综合多方面的因素，评价就是指，评价者根据评价标准对评价对象的各个方面进行量化和非量化的测量过程，最终得出一个可靠的并且符合逻辑的结论。

跨学科实践是过程导向的教学活动，也是凸显学生主体地位的学习活动，在关注学生学习结果的同时更加关注学生在学习过程中的所思、所想、所做、所行等全方位的变化和收获。学生在跨学科实践中，结合学习结果评估的同时，可以实施基于表现的过程性学业评价和基于证据的过程性学业评价等。

（一）基于表现的过程性学业评价

面向跨学科实践的学习评价可以采用多元方式或技术对学习过程进行信息、数据的收集、整理和分析，并采用伴随式数据采集方式，及时对学生跨学科实践表现进行反馈和调节，帮助学生达到综合运用不同学科知识的目标。

学生在跨学科实践过程中的表达表现，是学习评价的重要组成部分。这可以通过学生在解决问题过程中的外显行为进行判断。同时进行及时反馈，促进学生自我认识、评估与管理。具体包括三个维度：一是"可观察的外显表现"，如学生在学习过程中的具体行动和作为等；二是"具体化的学习结果"，如问题的解决、任务的完成、结论的发现、实验的报告、作品的

---

[1] 袁振国. 当代教育学(修订版)[M]. 北京：教育科学出版社,1999:279.

呈现、模型的建立、创意的设计、方案的制定等;三是"与他人的互动交流",清晰而有逻辑地表达自己的观点、接受追问、进行辩论、开展演讲等,同时能认真倾听并努力理解他人的观点和结论。

(二)基于证据的过程性学业评价

基于证据的学业评价秉持证据理性,依据评价标准、证据推理等对学业的质量或状态进行价值判断。[①] 它强调证据在学生学业评价中的重要作用,注重学业证据的识别、采集、分析和使用。基于证据的学业评价可概括为五个方面:(1)学业评价的最终目的不是鉴定和甄别,而是促进学习。(2)学业评价不仅包括终结性评价,更应包括形成性评价,且形成性评价在过程导向的教学中更居核心地位。学业评价不仅要评价学生对事实性知识和基本技巧的掌握情况,更要对学生的成长和学习过程进行评价。[②] (3)学业评价是对学生学习行为和结果的逻辑推理和价值判断,应依靠多方面的学业证据而不仅仅是学习测量。因为只能测量到学习中那些能够测量的部分(如基本知识、基本技能),而学习投入、表现及学习品质等重要的内容却不易测量。一个完整的评价必须包括对量的记述(测量)、对质的记述(非测量)以及价值判断。[③] 学业评价需要依据充分的证据实施评价,证据不仅包括测量所得的量化证据,还包括通过观察、评价表、访谈等获得的质性证据。证据推理主要涉及三个问题,即关于什么的证据、什么样的证据最有价值、如何发挥证据的作用和意义。(4)学业评价需要优质的、可靠的证据,无关的证据、劣质的证据反而会影响对结果的判断。(5)学业证据可以运用一定技术工具和专业化手段进行收集。[④] 能获取教育目标所指的各类行为的有效证据的任何途径,都是一种恰当的评价方法。[⑤]

基于证据的学业评价的操作框架,是连接理论与实践之间的桥梁。为促进基于证据的学业评价应用,国外学者提出了若干操作框架。麦斯雷弗等人提出"以证据为中心的设计"(evidence centered design)框架[⑥],该框架侧重评价活动设计,强调学业评价是一种基于证据的推理过程。美国学习成果评估中心(naional institute for learning outcomes assessment,简称 NILOA)提出了基于证据实施评价的"透明框架"(transparency framework)[⑦],该框架

[①] Pellegrino, J. W., Chudowsky, N., & Glaser, R. Knowing what students know: the science and design of educational assessment [M]. Washington, DC: National Academy of Sciences, 2001:42.

[②] Cilliers, F. J. Is assessment good for learning or learning good for assessment? a. both? b. neither? c. it depends? [J]. Perspectives on Medical Education, 2015,4(06):280-281.

[③] Gronland,N. E. Measurement and evaluation in teaching [C]//瞿葆奎.教育学文集.北京:人民教育出版社,1989:149.

[④] 王慧君,赵紫薇,李宇婷.基于证据的学业评价:观点、框架与实践路径[J].中国考试.2022,(02):64—72.

[⑤] 拉尔夫·泰勒.课程与教学的基本原理[M].施良方,译.瞿葆奎,校.北京:人民教育出版社,1994.

[⑥] Mislevy, R. J., Haertel, G. D. Implications of evidence-centered design for educational testing [J]. Educational Measurement: Issues and Practice, 2006,25(04):6-20.

[⑦] National Institute for Learning Outcomes Assessment. Providing evidence of student learning: a transparency framework.

包括学习成果陈述、评价方案、评价资源、评价活动、学生学习证据及证据的使用六个环节，具有较强的操作性。美国教育考试服务中心（educational testing service，简称ETS）提出了"针对学生学习成果的循证问责系统"（evidence-based accountability system for student learning outcomes），就此特别强调学业评价中的证据及证据文化。该系统包括明确学生学习成果、评价审核、评价扩充、评价改进、从活动中学习、确保学习成功、保持证据文化七个环节，又称"七步模型"①。

赫里蒂奇提出了基于证据的十环节评价模型，如图8-4所示。② 该评价模型以促进学生发展为目标，充分发挥了证据在评价中的作用，在美国K-12教育领域产生了较大影响。

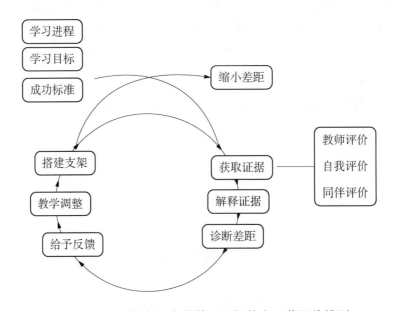

图8-4 赫里蒂奇提出的基于证据的十环节评价模型

赫里蒂奇设计的评价模型共分为十个环节，各环节之间的关系是动态且互动的，也就是说，一个环节的变化将会导致过程中其余部分的变化。

学习进程（learning progressions）由学习经验描述构成，旨在交代特定内容领域或某一时间段的学习将如何发展、进步。因此，学习进程可以提示、引导学生接近更直接的学习目标和成功标准。

学习目标（learning goals）描述了学生在学习活动中将学到什么。学习目标必须清晰、可控，符合学生的学习需要，并与成功标准相一致。学生不仅理解学习目标，而且彼此可以交流学习目标。

---

① Millett, C. M., Catherine, M., et al. A culture of evidence: an evidence-centered approach to accountability for student learning outcomes [R]. Educational Testing Service, 2008.

② Heritage, H. M. Formative assessment: making it happen in the classroom [M]. Thousand Oaks: Corwin, 2010:11.

成功标准(criteria for success)是学生表达学习目标的基本方式。学生可以通过解释、示范、演示、问题解决等,证明他们的目标。有效的成功标准必须清晰,与学习目标一致,公平且毫无偏见。成功标准还应方便学生交流和理解,并且可以让学生通过案例来证明自己达到了标准。

获取证据(eliciting evidence of learning),指通过特定策略和方法,系统搜集学生学习过程中出现的各种证据。所采取的策略与方法必须与学习目标、成功标准保持一致。此外,所搜集到的证明必须能够反映重要概念和技能的掌握情况。

解释证据(interpreting the evidence),指教师根据证据信息分析学生学到了哪里,进而明确哪里需要增加教学。

诊断差距(identifying the gap),指教师分析学生与学习目标和成功标准之间还有多少距离。

给予反馈(feed back),指对学生的学习给予反馈是促进学生不断进步的关键。详细且具有针对性的反馈信息能够支持学生的学习,这些信息提出了怎样才算成功以及需要改进的部分,而不是仅仅列举解决问题的所有措施。

教学调整(instructional modifications)。接下来就是通过教学调整来支持学生的学习。教师可以通过提供额外的学习经验,鼓励学生参加讨论,或是引导性地发问来帮助学生改进学习。

搭建支架(scaffolding new learning)。给新的学习搭建支架包括给学生提供适当水平的支持,从而使学生能够独立地说、写、制作等。

缩小差距(closing the gap),指推动学生沿着他们的学习轨迹缩小他们目前知道的、说的、做的和学习目标之间的差距。这是教学和学习最为关键的一步。

在实践活动过程中或结束后,可设计如表 8-4 所示的自我评估问卷,以此了解学生在实践活动中的收获或变化。

表 8-4　实践活动自我评估问卷

学 生 作 答	评分范围为 1—5,1 表示"完全不同意",2 表示"比较不同意",3 表示"不确定",4 表示"比较同意"5 表示"完全同意"。				
	1	2	3	4	5
这个话题很有趣。					
我以前在这方面有经验。					
这次活动符合我的预期。					
讨论的主题的深度令人满意。					
这种做法的持续时间是足够的。					

续　表

学生作答	评分范围为1—5,1表示"完全不同意",2表示"比较不同意",3表示"不确定",4表示"比较同意"5表示"完全同意"。				
	1	2	3	4	5
任务单里面的内容都写得很清楚。					
我认为这个活动对我的事业很有帮助。					
我会把这个活动推荐给其他同学。					
活动是困难的。					
活动是原创的。					
我在这次活动中学到了很多。					
我想在未来继续探索这些话题。					

第三节　跨学科实践案例

一、探究塑料微粒的跨学科实践[①]

（一）介绍

在化学科学和工程设计的支持下创设有关"塑料微粒"的实验室探究活动。塑料微粒是牙膏、洗面奶和洗手液中的一种塑料成分,它们不断在海洋和淡水系统中被发现,对环境有不利影响。该活动允许学生使用廉价、易得和安全的化学品进行调查、发现和工程设计。此外,测试牙膏、洗面奶和洗手液等生活用品,对学生来说是熟悉的,也强调了化学无处不在的特点。该活动通过设计和测试程序培养了学生的信心,向他们介绍了一个大多数人不知道的话题,并在调查相关现实问题的同时达成了学习目标。

自20世纪40年代末大规模生产塑料以来,环境中的塑料数量逐渐增加,塑料污染被视为海洋环境中最普遍的人为污染形式。20世纪70年代,在海洋环流中发现的大量漂浮塑料,被确认为由大块的大塑料（直径＞5 mm）组成。在随后的几年里,人们又发现了微塑料（直径＜5 mm）。塑料微粒是微塑料的一种,是许多牙膏、洗手液和洗面奶等个人护理产品的主要成分。

塑料微粒半径的小尺寸导致了其很高的表面积,这是它们为什么与有机污染物相互作

---

① Hoffman, A., Turner, K., Microbeads and engineering design in chemistry: No small educational investigation [J]. Journal of Chemical Education 2015, 92(04), 742 – 746.

用的一个重要因素。肥皂和磨砂膏中的塑料微粒是聚乙烯或聚丙烯等有机聚合物。现在许多消费者经常使用含有塑料微粒的日用品,塑料微粒被排入水生系统时会造成一个问题,即它们可以被水生生物摄入,通过生物积累影响食物链,充当持久性有机化合物的粘合剂,充当疾病和入侵物种的载体,并可能导致摄入的生物受伤或死亡。塑料微粒最初是在海洋系统中检测到的,后来在淡水生态系统的采样中也发现了。塑料微粒的这些缺点已导致各国和国际组织呼吁限制其使用,如禁止在个人护理产品中生产和分销塑料微粒。

跨学科实践需要设计、分析的迭代循环,不仅涵盖科学探究,还涵盖工程设计,二者是相互关联、相互结合的。科学探究寻求将观察到的事物、现象转化为符号、概念或问题,而工程设计则将它们转化为事实或产品(如表 8 - 5 所示)。[①]

表 8 - 5 科学探究与工程设计步骤的比较[②]

科 学 探 究	工 程 设 计
观察/质疑现象	
提出一个可研究的问题	确定/识别需求
进行文献搜索	定义问题
提出假设	明确设计限制
选择一个研究设计	从文献搜索或试验观察中收集信息
规划方法细节和程序	根据新信息修改问题陈述
进行调查并收集数据	集体讨论可能的解决方案
根据需要修改程序	根据可用资源选择行动方案
呈现与分析数据	创建原型或模型
解释调查结果	测试和评估每个原型/模型
得出结论并重新审视假设	评估并优化可能的解决方案
讨论发现并说明对未来研究的影响	传达结果
交流结果	

有研究者提出了一个重要的问题:"科学教师、教育工作者需要多少工程背景? 他们将从哪里获得这些背景?"有研究表明,[③]如果教师倾向使用教材上原本的固有内容,则必须要从根本上改变,因为未来社会需要一个能够懂得多学科领域知识的公民,他们需要做出对人类社会负责任的决定,并采取科学思考和深思熟虑的行动。为此,本次活动被设计为基于化学但综合了科学技术与工程设计的跨学科实践。将化学科学探究活动背景与工程设计挑战在一定程度上人为地分离开来阐述,但这并不意味着实际上需要以这种方式展开活动。

① Mioduser, D., Betzer, N. The contribution of project-based learning to high-achievers' acquisition of technological knowledge [J]. Int. J. Technol. Educ. 2007,18,59 - 77.

② Roth, W. Learning science through technological design [J]. J. Res. Sci. Teach. 2001,38(07),768 - 790.

③ Padilla, M., Cooper, M. From the framework to the next generation science standards: What will NGSS mean for STEM faculty [J]. J. Coll. Sci. Teach. 2012,41(03):6.

本案例中描述的跨学科实践具有很强的适应性,教师可以创造性地利用各种丰富资源进行因地制宜的跨学科实践设计。教师可以选择在 1 课时完成实践活动的一部分,也可以在多个课时完成全部的活动,将它们设计为独立或小组项目;可以在课堂环境中使用,也可以作为课外实践活动或拓展实践活动,以不同的形式来支持化学课程的学习目标。

探究塑料微粒的跨学科实践涉及的学科领域的学习目标及其解决的问题,如表 8-6 所示。

表8-6　跨学科实践涉及的学科领域的学习目标及其解决的问题

领域	学 习 目 标	解决的问题
化学	聚乙烯(PE)、聚丙烯(PP)、聚对苯二甲酸乙二酯(PET)、聚甲基丙烯酸甲酯(PMMA)、尼龙(Nylon)	塑料微粒的成分是什么?
	称重、过滤、溶解(异丙醇溶液分离滤纸上的塑料微粒)	如何得到塑料微粒?
	极性、非极性分子、表面粘附(咖啡粉的吸附性)	
	絮凝剂	
生物学	塑料微粒存在于水生系统中,会造成一个问题,即它们可以被水生生物摄入,通过生物积累影响食物链,充当持久性有机化合物的粘合剂,充当疾病和入侵物种的载体,并可能导致摄入的生物受伤或死亡	塑料微粒如何影响生态系统?
物理	材料之间的物理特性的变化(替换塑料微粒)	如何用生物可降解材料替换塑料微粒?
技术	实验操作和工具使用,如将干燥的塑料微粒放在解剖显微镜下,用微尺测量	如何更精确地测量塑料微粒尺寸?
工程	工程设计	如何解决塑料微粒通过污水处理系统不会发生变化的问题。
	设计一种可能的解决方案,如添加絮凝剂来沉淀塑料微粒	
数学	自变量、控制变量、因变量的实验设计	加热对塑料微粒过滤效率有影响吗?
	差量法计算	如何测量塑料微粒的质量?
	测量数据的误差计算	

活动首先介绍了探究塑料微粒的跨学科实践中有关塑料微粒的物理和化学特性等信息,呈现了相关的科学探究、工程设计等跨学科实践的方法,描述了学生的讨论和结论。

（二）活动

1. 塑料微粒的物理和化学特征

塑料微粒，也叫塑料微珠或柔珠，通常指直径小于 2 mm 的塑料颗粒，主要由聚乙烯（PE）制成，其次为聚丙烯（PP）、聚对苯二甲酸乙二酯（PET）、聚甲基丙烯酸甲酯（PMMA）和尼龙（Nylon）等。具有磨砂功能的个人护理用品中就含有塑料微粒。

用咖啡过滤器过滤少量（<0.1 g）含有塑料微粒的样品（例如贴有聚乙烯或聚丙烯标签的磨砂膏、牙膏等）。有几种溶液能够溶解塑料微粒周围的相关物质。用 50∶50（V/V）的异丙醇溶液分离滤纸上的塑料微粒效果良好，再用空气或烘箱干燥过滤器上的塑料微粒。

为了获得塑料微粒尺寸的近似范围，用 50 μm、100 μm 和 500 μm 三种尺寸的预称重滤纸过滤小样品（<0.1 g）。为了确定塑料微粒的质量作为原始样品质量的分数或百分比，用 50∶50（V/V）异丙醇溶液冲洗滤纸，风干过滤器及其滤纸，重新填充滤纸，通过差值计算塑料微粒的质量。最后，将干燥的塑料微粒放在解剖显微镜下，用微尺测量，可以获得更精确的尺寸测量。

塑料微粒的另一个重要化学特性，即易于粘附溶剂或化合物，这一点可以利用咖啡来吸附它。塑料微粒的这一特性可以用于教授多种主题，从极性、非极性分子，到表面粘附，再到化学反应。由于许多塑料微粒是由聚乙烯制成的，故易于被非极性溶剂吸收或可能被溶解。

咖啡是一种容易被测量的溶剂。将塑料微粒样品置于 100 μm 的咖啡过滤器上，控制对照组是在过滤器的滤纸上不放置塑料微粒，实验组则在每个滤纸上加入 3 滴（约 0.15 ml）咖啡，静置 5 分钟。5 分钟后，将每个滤纸压实。分别称量吸附塑料微粒的咖啡与没有吸附塑料微粒的咖啡的质量，通过差量法来确定塑料微粒的质量。可以要求学生平行测量三次或结合班级其他人的测量数据来计算误差。水或其他溶剂与塑料微粒和过滤器的相互作用可以很容易地用同样的方法测试，并可以作对照比较。

2. 塑料微粒的工程设计

在实验前，学生的任务是对塑料微粒问题进行独立的文献搜索。要求找到整体问题中三个或更多方面的认识，提出一个陈述完整的问题，界定任务目标。

许多学生在工程设计实践方面可能几乎没有经验，所以当教师组织实践活动时，要正确处理关键环节，如定义解决方案、设计解决方案和优化解决方案等。要求学生提出对塑料微粒问题各方面的看法，并在黑板、电脑或者论坛上等写出来。整合各方面的小问题，据此设计它的解决方案，设计与塑料微粒有关的整体问题。告知各小组可以选择问题的任何部分进行研究，每个小组形成并陈述一个问题，然后头脑风暴出可能的想法来解决问题。例如：学生将确定并陈述一个小问题，如塑料微粒通过污水处理系统不会发生变化。一种可能的设计解决方案是添加絮凝剂来沉淀塑料微粒。界定这个问题（确定设计条件和评估标准）可能包括：(1)这个过程应该能够在一个社区设施中使用；(2)絮凝剂必须是无毒的；(3)该过程应在合理的时间段内(<15分钟)诱导絮凝；(4)该过程应该产生可以用沉降或过滤系统去除的絮凝体；(5)添加絮凝剂必须考虑成本效益。

　　学生小组将研究各种絮凝添加剂，并确定一个程序，根据上述标准测试相关衡量指标。与教师讨论流程，检查材料的可用性，避免任何安全问题。最终，在教师批准之后，学生进行测试和优化设计方案等系列活动。学生具有创造性，很可能会提出一系列多种可行的设计解决方案，例如通过确定材料之间的物理特性的变化来研究用生物可降解材料替换塑料微粒(如表8-7所示)。

表8-7　学生测量塑料微粒及其替代品的物理特性

混合物	直径(cm)	表面积(cm²)	体积(cm³)	表面积/体积
塑料微粒	4.1×10^{-3}	5.2×10^{-5}	3.5×10^{-8}	1.5×10^{3}
沙子	4.0×10^{-2}	5.0×10^{-3}	3.4×10^{-5}	1.5×10^{2}
燕麦	6.0×10^{-2}	1.1×10^{-2}	1.1×10^{-4}	1.0×10^{2}

　　有一组选择分析不同的磨砂，以确定不同产品之间的塑料微粒的差异；有一组研究了加热前后各种塑料微粒的尺寸分布(如图8-5所示)；有一组尝试用各种溶剂溶解塑料微粒；还有一组研究在含有塑料微粒的混合物中添加絮凝剂。

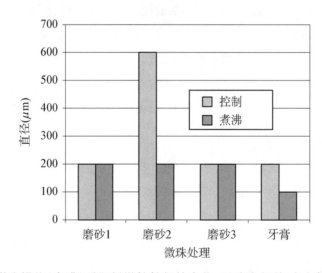

图8-5　学生操作(煮沸)后塑料微粒粒径的变化，以确定加热对过滤效率的影响

3. 优化解决方案并沟通结果

　　若因课时限制，可以安排一个简短的讨论，也可以发展成一轮头脑风暴，要求学生展示

他们的过程和成果,以发现问题并进一步优化方案,然后测试改进后的优化方案。同时在他们的实验报告中添加一个章节或"下一步"。"下一步"可以是一两段话,说明他们下一步要做什么,以及他们采取这一行动的理由。

需注意的是,学生在实验过程中应佩戴护目镜。如果使用异丙醇或其他类似的易燃液体冲洗塑料微粒,应采取适当的保护措施,如确保学生戴上手套,并确保没有明火。

(三) 结论

本案例有必要就塑料微粒对海洋环境健康的直接和长期威胁对学生进行教育,这个跨学科活动非常有效,不仅提醒了学生一个之前不知道的问题,而且让他们认识到了塑料微粒的存在(大多数学生在活动开始时对塑料微粒一无所知)。

通过前后测试评估学生们在跨实践活动中对呈现的材料内容、知识等的留存率,并进行学生学习收益评估调查,以衡量学生对活动的感受以及从该活动中获得的学习收益。参加调查的学生全都表示,通过这次跨学科实践活动,他们在了解塑料微粒对环境的影响方面取得了巨大的收获。图8-6显示了学生在完成活动前(前测)和后(后测),答对问题的百分比有大幅提升(n分别为32和27),反映了学生对塑料微粒和跨学科实践的理解有所增加。

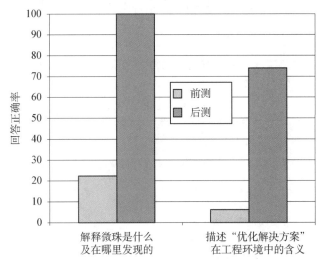

图8-6 跨学科实践学生答对(前后测)的百分比

许多学生对跨学科实践进行了评论:

我真的对塑料微粒、它们的组成以及它们对环境的影响一无所知,虽然我目前在所有科目上都受过良好的教育。

我通常不喜欢化学实验室,但这个跨学科实践确实向我展示了在现实生活中,化学是非常有用的。在化学实验室可以设计、操作,而且非常投入地专注于把事情搞清楚,我们可以自己安排活动,而不是简单地遵循一个给定的步骤,这让我觉得很愉快。

我真的能够将研究的问题与现实联系起来,并想出方法来解决日常产品及其与市场相关的现实问题。

我知道了工程师必须经历的整个工作过程以及他们可能会失败很多次,但要不断尝试,在错误中学习。

评估学生从该活动中学到的技能,以确保实现学习目标。通过学习收益评估调查,表明学生在 6 个技能方面(如表 8-8 所示)取得了"良好"或"巨大"收获,如图 8-7 所示。

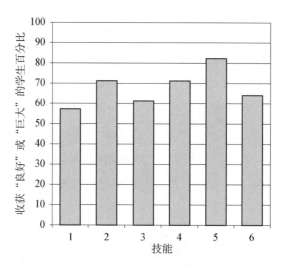

图 8-7　跨学科实践 6 方面技能上取得"良好"或"巨大"收获的学生百分比

表 8-8　6 个技能及其内涵

技能	内　涵
1	在专业期刊或其他地方找到与该问题相关的文章或信息
2	制定实验测试程序
3	准备和发表口头报告
4	与他人有效合作
5	调查研究现实世界的问题
6	用合适的风格和格式写实验报告

最重要的或许是这次跨学科实践影响了学生对化学科学的看法。超过 60% 的学生表示该活动提高了他们对化学学习的热情,发展了沟通和合作技能。近 70% 的学生表示该活动使他们有信心利用跨学科知识和技能规划一个项目。跨学科实践有助于培养学生对化学科学是什么及其有何用等更广阔背景下的认识,深刻影响他们选择未来所从事的职业。

二、测定"物质的量"之比的跨学科实践

大量研究表明,学生对科学的态度和愿望是在中学期间形成的。在中学期间学习科学的学生,更有可能在大学选择相关学科课程来继续学习,这直接影响了学生们从事与科学相关的职业。[①] 中学教育是培养学生对科学的兴趣、信心和利用的重要阶段。[②] 许多研究证实,教师是保证学生成绩增长的关键因素。[③] 教师可以通过提供各种不同的教学和学习方法或活动来激励促进学生,为有意义的学习体验提供一个温馨的环境,给予学生鼓励,支持他们协作,使学生能够在先前知识和新发现的基础上加强科学知识。促进学生对科学的相关性和实用性的认识的重要方式之一就是提供真实的和现实生活情境。[④] 这为学生创造了建立假设、做出决定、解决问题、执行复杂、有意义且具有挑战性的任务创造了机会。通常,教师会引导学生回答和解决问题,并要求学生应用知识去完成并向班级展示成果。

化学是一门基础自然科学科目,通常被学生描述为一门困难的科目,因为化学是对看不见和不可触及的事物的研究。[⑤][⑥] 化学需要将宏观、微观、符号和过程的理解联系起来。[⑦][⑧] 在化学课程中,化学计量的概念是理解其他相关概念的基础,例如溶液、酸碱、化学平衡。许多学生在理解和解决相关的化学计量问题方面有困难,[⑨]化学反应中各物质化学计量系数之比在化学计算中非常重要。为了深入理解化学概念,课堂上讲授的课程内容应该向学生提供与现实情况相结合的情境。[⑩] 但若要解决任何日常生活问题,单一的化学概念或原则是不够的,[⑪]而是需要科学、技术、工程和数学等不同学科的概念和原则的整合以解决真实

① Maltese, A., Tai, R. Pipeline persistence: Examining the association of educational experiences with earned degrees in STEM among U.S. students [J]. Sci. Educ. 2011,95(05),877 – 907.

② Maltese, A., Melki, C., & Wiebke, H. The nature of experiences responsible for the generation and maintenance of interest in STEM [J]. Sci. Educ. 2014,98(06),937 – 962.

③ Han, S., Capraro, R.M., & Capraro, M.M. How science, technology, engineering, and mathematics project based learning affects high-need students in the U.S [J]. Learning and Individual Differences. 2016,51,157 – 166.

④ Thamarasseri, I. Convergence of information and communication technology (ICT) tools in project based learning (PBL) [J]. Sch. Educ. Technol. 2014,10(01),1 – 7.

⑤ Ayas, A., Demirbas, A. Turkish secondary students conception of introductory chemistry concepts [J]. J. Chem. Educ. 1997,74(05),518 – 521.

⑥ Barak, M., Hussein-Farraj, R. Integrating model-based learning and animations for enhancing students' understanding of proteins structure and function [J]. Res. Sci. Educ. 2013,43,619 – 636.

⑦ Barak, M., Dori, Y. J. Enhancing undergraduate students' chemistry understanding through project-based learning in an IT environment [J]. Sci. Educ. 2005,89(01),117 – 139.

⑧ Dori, Y.J., Hameiri, M. Multidimensional analysis system for quantitative chemistry problems: Symbol, macro, micro and process aspects [J]. J. Res. Sci. Teach. 2003,40(03),278 – 302.

⑨ Huddle, P.A., Pillay, A.E. An in-depth study of misconceptions in stoichiometry and chemical equilibrium at south african university [J]. J. Res. Sci. Teach. 1996,33,65 – 77.

⑩ Banerjee, P.A. A longitudinal evaluation of the impact of STEM enrichment and enhancement activities in improving educational outcomes: research protocol [J]. International Journal of Educational Research. 2016,76,1 – 11.

⑪ Gorghiu, G., Draghicescu, L.M., Cristea, S., Petrescu, A.M., & Gorghiu, L.M. Problem-based learning-an efficient learning strategy in the science lessons context [J]. Procedia Social and Behavioral Sciences. 2015,191,1865 – 1870.

问题。学生需要接触到不同类型的教学方法,以提高他们的学习技能,即提问、实验和合作。[①] 然而关于化学计量学,这一被认为是个困难的话题,似乎与日常生活情境或活动无关。

应用多学科知识和方法来设计测定化学反应中各物质化学计量系数之比的跨学科实践,涉及化学、物理、技术、工程和数学等学科领域内容及其学习目标,如表 8-9 所示。

表 8-9　跨学科实践涉及多学科领域内容及其学习目标

领域	学习目标	解决的问题
化学	$Mg(s) + 2HCl(aq) \longrightarrow MgCl_2(aq) + H_2(g)$	设计氢气、氧气的制备和收集装置的依据。
	$2H_2O_2(aq) \xrightarrow{酵母} 2H_2O(l) + O_2(g)$	
	盖-吕萨克定律 阿伏伽德罗定律	如何确定多少个氢气分子能与一个氧气分子完全反应?
	$2H_2(g) + O_2(g) \longrightarrow 2H_2O(g) + 能量$	
	氢气与氧气的化学计量体积比	哪种氢气与氧气的化学计量体积比产生的能量推力最大、行程最远?
物理	排水法收集气体	收集氢气和氧气方法的原理是什么?
	弹射运动理论	如何设计利用氢气和氧气反应产生的能量来发射绳索?
技术	电火花发生器(点火器)	如何点燃氢气和氧气?
工程	测定氢气和氧气反应的化学计量比的实验所需材料	哪些材料和用品可用来搭建符合要求的氢气、氧气的制备和收集装置?
	设计并搭建氢气、氧气的制备和收集装置	如何搭建符合要求的氢气、氧气的制备和收集装置?
	制作由氢气和氧气反应产生的能量驱动的有实用价值的物品(或工具)	如何制作向消防队员发送绳子的工具?
数学	化学反应计量比例、物质质量和能量计算	如何知道或确定氢气和氧气反应的化学计量比?
	自变量、控制变量、因变量	如何设计实验中的量化研究?
	投射角度与水平位移的关系	如何测量发射器的性能?

本活动的目标:一是探究氢气与氧气反应过程中氢气与氧气的化学计量体积比;二是设

---

① Wright, J. Authentic learning environment in analytical chemistry using cooperative methods and open-ended laboratories in large lecture courses [J]. J. Chem. Educ. 1996,73(09),827.

计并制作由氢气和氧气发生化学反应产生的能量驱动的有实用价值的物品(或工具)。

(一)实验部分

1. 实验器材

实验药品有金属镁片、稀盐酸、双氧水。

用于制备氢气和氧气、测定氢气和氧气放热反应的化学计量体积比的实验用品和实验材料,带帽尖嘴塑料瓶(作为气体反应容器),与尖嘴口径配套的棒状塑料管、烧杯、点火器等。

实验装置示意图,如图 8-8 所示。

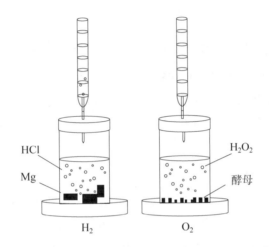

图 8-8 氢气、氧气的制备和收集装置示意图[①]

2. 实验步骤

(1) 气体的制备。

首先,将干净的、空的、透明的、无色棒杆状塑料容器的盖子取下。将塑料容器的主体标记为六个相等的部分,如图 8-9(a)所示。然后,塑料容器内充满水以收集产生的氢气和氧气,如图 8-9(b)所示。

用镁片与盐酸在塑料瓶内发生化学反应制取氢气,如图 8-9(c)所示。

$$Mg(s) + 2HCl(aq) \longrightarrow MgCl_2(aq) + H_2(g) \tag{1}$$

过氧化氢与酵母在另一个塑料瓶中发生化学反应制取氧气,如图 8-9(c)所示。

$$2H_2O_2(aq) \xrightarrow{\text{酵母}} 2H_2O(l) + O_2(g) \tag{2}$$

---

① Chonkaew, P., Sukhummek, B. & Faikhamta, C. STEM activities in determining stoichiometric mole ratios for secondary-school chemistry teaching [J]. Journal of Chemical Education 2019, 96(06), 1182-1186.

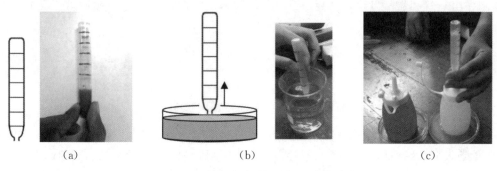

(a)　　　　　　　　　(b)　　　　　　　　　(c)

图 8-9　氢气和氧气的制备和收集步骤

注:(a)有标记线的棒状塑料容器;(b)容器灌满水;(c)排水法收集气体。

为了收集不同体积比的氢气和氧气的气体混合物,将棒状塑料容器的主体充满水,再将它安装在制取气体的反应容器,即塑料瓶(氢气瓶和氧气瓶)盖子上的导管尖嘴上,以使制取产生的气体通过,直到收集到所需的气体量。氢气与氧气的体积比分别为 0∶6、1∶5、2∶4、3∶3、4∶2、5∶1、6∶0。棒状塑料容器装满后,关闭制取气体的塑料瓶的盖子,并保存气体容器以备进一步使用。

(2)氢气与氧气的体积比。

要求学生确定氢气和氧气发生彻底反应时的化学计量体积比,利用氢气被氧气氧化反应产生的能量来推动像火箭一样的工具。利用工具的水平移动距离和在空气中飞行的时间来验证氢气和氧气的反应程度,以此来确定反应物与氢气和氧气的化学计量体积比。每个气体混合物容器具有不同体积比的氢气和氧气,并且容器以 45°的固定投射角度发射,如图 8-10 所示。用打火器的电火花引发氢气的氧化反应。测量每个容器的水平位移和飞行时间,并记录三次试验的平均值。

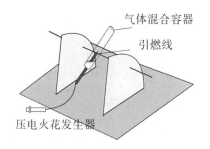

气体混合容器

引燃线

压电火花发生器

图 8-10　盛放有不同氢气和氧气的混合物反应的容器的发射设备

(3)投射角度与水平位移的关系。

学生通过改变投射角度并记录发生的水平位移来确定投射角度与水平位移的关系。氢气和氧气的气体混合物体积比固定在 4∶2,而投射角度则依次变化(0°、30°、45°和 60°)。学生制作了一套新的气体混合物容器,记录与投射角度相对应的水平位移。

(4) 构建由氢气和氧气反应产生的能量驱动的有实用价值的物品(工具)。

在获得化学计量体积比和适当的投射角度后,教师要求每组学生利用化学计量概念相关的知识和经验,创建一个有应用价值的物品或工具。

(二)实验结果

1. 氢气与氧气的化学计量体积比

为了确定氢气和氧气的化学计量体积比,使用气体引燃器以 45°的固定投射角度发射各气体混合物容器,其配比为 0∶6、1∶5、2∶4、3∶3、4∶2、5∶1 和 6∶0。并记录平均水平位移,如表 8-10 所示。

氢气和氧气反应的程度可以通过两个指标来量化。第一个指标是视觉上气体容器被推动的距离。如表 8-10 所示,一方面允许容器移动且水平位移最长的氢气和氧气气体的体积比值为 4∶2,或简化的比值为 2∶1,另一方面,前三个比例(0∶6、1∶5 和 2∶4)的气体容器由于缺乏足够的能量而没有成功发射。因此,氢气和氧气体积比在 2∶1 时发生了完全彻底的化学反应,说明没有剩余物质,反应产生的能量最大。第二个指标是气体容器在空中飞行的时间。结果表明,气体反应容器在空气中被推进飞行的最长时间也是在 4∶2 的体积比下。此外,根据盖-吕萨克定律(反应物和产物气体的体积比保持不变,可以用简单的整数表示)和阿伏伽德罗定律(在相同的温度和压力下,所有气体的体积相等,具有相同数量的分子),并根据氢气气体和氧气气体的体积比为 4∶2(最小体积比为 2∶1)时的推进时间和水平距离,说明两个氢气分子与一个氧气分子完全反应。因此,氢气的氧化反应可以写为 $2H_2(g) + O_2(g) \longrightarrow 2H_2O(g) + $ 能量。

表 8-10　氢气和氧气气体的体积比、时间和水平位移的关系[a]

氢气-氧气体积比	平均时间(s)	平均位移(m)
0∶6	N/A[b]	0.000
1∶5	N/A	0.000
2∶4	N/A	0.000
3∶3	0.97±0.056	0.523±0.0217
4∶2	1.03±0.017	0.558±0.0615
5∶1	0.81±0.079	0.384±0.02334
6∶0	0.44±0.061	0.247±0.0404

注:[a] 记录在 45°的固定拍摄角度;[b] N/A 表示气体容器没有发生推进力。

2. 投射角度与水平位移的关系

根据上述实验结果,氢气和氧气反应中物质的量之比为 2∶1,用于研究投射角度与水平位移的关系。以不同角度(0°、30°、45°和 60°)发射气体混合物容器,水平位移的结果如表 8-11 所示。

表 8-11　投射角度与水平位移之间的关系

投射角度(°)	平均时间(s)	平均位移(m)
0	0.51±0.045	0.333±0.0189
30	0.97±0.026	0.420±0.0034
45	1.29±0.042	0.516±0.0085
60	1.02±0.172	0.393±0.0134

由表 8-11 所示的实验结果表明,最长位移和飞行时间分别为 0.516 m 和 1.29 s,其中气体混合物容器在 45°发射,由此证明了"弹射运动理论"这一学生在物理课上已经学习过的理论,在实践探索过程中建立自己的射弹知识(在此项实验中,影响物体运动的空气阻力忽略不计)。这项活动也可以用来评估学生对"弹射"概念相关知识的掌握情况。

3. 制作有使用价值的物品

在完成前两个实验后,教师要求学生利用他们对化学计量概念的了解和从过去的实验中获得的经验,创建制作一个由氢气和氧气反应产生的能量驱动的、有实用价值的物品或便捷的工具产品。

学生们设计了一种向消防队员发送绳子的发射工具。图 8-11 为设计图,图 8-12 为自

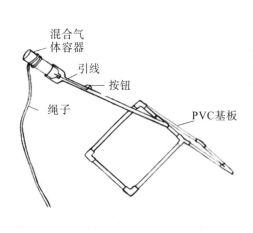

图 8-11　自制的发送绳索工具的示意图　　　　图 8-12　自制的发送绳索工具

制的发送绳索工具。还有其他类型的有用物品,如钓鱼工具等。学生们尽了最大的努力来制作有实用价值的产品,但并不是所有的小组都成功了。但学生们还是表达了对如何将概念知识和程序技能应用于复杂现实问题的理解。

(三)活动反思

知识的跨学科性对于解决复杂问题至关重要。结合实验探究的跨学科实践对学生理解不同学科领域的知识、发展高阶思维技能和动手操作能力都会产生积极影响。[①] 通过利用实验室工具器材,学生自己动手操作实验,使其在享受学习活动的同时,还能创造出有实用价值的物品或工具。当学生们看到自制的火箭式储气罐成功发射和行进飞行时,他们都非常激动,他们无比好奇,热烈的学习氛围感染并激励着学生,激励他们积极参与,轮流尝试。学生在反思日记中写到:

这个活动挑战了我的想法,我还得好好地琢磨。

我喜欢所有这些活动。这些活动将我以前的知识与新知识联系起来。看到大家一起制作工具,这很有趣,也很令人兴奋。

我们与同学的合作比以前更多了。找到问题的解决方案并与他人交流想法让我觉得很有趣。我也觉得分享我的想法和听取其他同学的想法很有意义,也让我变得很自信。

老师带着我们做的这个活动既有趣又新颖,是书上没有的,我非常愿意搞明白其中的道理。

这清楚地表明了学生们参与跨学科实践的积极态度。学生们对知识的看法也发生了深刻的变化,明白了学科知识与现实问题之间的紧密联系。跨学科实践为学生提供机会,让他们学习如何处理和应对具有挑战性的情况,并将他们所学到的知识应用到现实问题中。

本章学习任务

1. 你如何定义跨学科实践的概念?

2. 解释跨学科在你的日常生活中扮演什么角色? 跨学科与你的专业有何关系?

3. 选择两个在化学课堂上看到的概念,并讨论它们是如何帮助你理解"跨学科"的。

4. 基于教科书和文献资源,设计一份跨学科实践的方案。并对跨学科实践中

① Sanders, M.E. STEM, STEM education, STEMmania [J]. Technology Teacher. 2009,68(04),20-26.

的学习目标进行特别强调说明。

5. 反思你所设计的该项跨学科实践方案,解释该方案是否适用于该学习目标,以及如何适用。描述你认为学生将受到的挑战,应加强的知识、技能和态度,以及还有哪些不足。